나는 누구인가

한자경 철학저서 서문·서평집

나는 누구인가

한자경 철학저서 서문·서평집

한자경의 제자들 편

서광사

나는 누구인가

한자경 철학저서 서문·서평집

한자경의 제자들 편

펴낸이 | 이숙
펴낸곳 | 도서출판 서광사
출판등록일 | 1977. 6. 30.
출판등록번호 | 제 406-2006-000010호

(10881) 경기도 파주시 회동길 77-12 (문발동)
대표전화 (031) 955-4331 팩시밀리 (031) 955-4336
E-mail : phil6060@naver.com
http://www.seokwangsa.co.kr | http://www.seokwangsa.kr

제1판 제1쇄 펴낸날 — 2025년 3월 30일

ISBN 978-89-306-0240-2   93100

편집자 서문

한자경 선생님의 정년을 맞아 저를 비롯한 제자들은 선생님의 학문적 여정을 기념하기 위해 무엇을 할지 깊이 고민하였습니다. 그 결과, 선생님의 저술 활동을 기념하는 책을 출간하기로 뜻을 모았습니다. 처음에는 한자경 선생님 저서에 수록된 서문과 목차를 모은 『한자경 철학저서 서문집』과, 그 저서에 대한 서평들을 모은 『한자경 철학저서 서평집』을 각각 한 권씩 출간하려 했으나, 편집 과정에서 두 책을 하나로 합치기로 최종 결정하였습니다. 또한, 한자경 선생님의 철학을 대표할 수 있는 주제를 반영하여 책의 제목을 『나는 누구인가―한자경 철학저서 서문·서평집』으로 정하였습니다.

이 책은 한자경 선생님의 저서 23권과 역서 5권을 출간 연도순으로 배열하여 구성하였습니다. 다만, 역서들을 한곳으로 모아두기 위해 일부 순서를 조정하였고, 이에 따라 피히테의 『인간의 사명』(서광사, 1996)과 『전체 지식론의 기초』(서광사, 1996)를 『자아의 연구』(서광사, 1997)와 『자아의 탐색』(서광사, 1997) 뒤로 배치하였습니다. 이는 독자들이 한자경 선생님의 철학적 여정을 연대기적으로 따라가는 동시에, 저서와 역서를 구분하여 파악할 수 있도록 한 편집상의 고려입니다.

각 저서와 역서는 '서문-목차-서평'의 순서로 구성하였고, 후기가 있는 경우에는 '서문-후기-목차-서평'의 순서로 배열하였습니다. 이러한 배열은 독자들이 각 책의 서문과 목차를 먼저 살펴보고, 이어서 해당 저서에 대한 서평을 읽을 수 있도록 한 설계입니다. 만약 한자경 선생님의 철학적 탐구의 여정을 연속적으로 조망하고 싶은 독자가 있다면, 서평 부분을 생략하고 서문만 읽어나가도 좋을 것입니다.

　서평은 각 저서에 대한 기존의 서평 10편과 이번에 새로 작성된 서평 21편으로, 총 31편이 각 저서별로 배열되어 있습니다. 한 저서에 서평이 여러 편이 있는 경우에는 출간 연도순으로 배열하였으며, 기존 서평에는 각주를 통해 서지사항과 저자의 현재 소속을 밝혔습니다. 서평 저자의 이름 뒤에는 현재의 소속을 괄호 안에 기재하되, 기출간 서평의 경우 서평 작성 당시의 소속을 표기하였습니다. 서평 사용을 흔쾌히 허락해 주신 김치온, 고영섭, 박찬구, 박태원, 이기상, 이재영, 이효걸, 조성택 선생님께 깊이 감사드리며, 새로운 서평을 써주신 염승준, 전준모 선생님께도 감사의 말씀을 드립니다.

　애초에 우리 제자들은 『한자경의 철학을 토론하다』와 같은 형식의 논문집을 기획했습니다. 이는 한자경의 철학 자체를 심도 있게 분석하고 토론하기를 바라는 마음에서였습니다. 이런 형식의 책이 나와야만 한자경 선생님의 철학이 우리 철학적 탐구의 중요한 대상으로 자리 잡을 수 있으며, 이를 통해 한자경 선생님의 학문적 여정과 성취를 제대로 평가하고 기념할 수 있다고 생각했기 때문입니다. 그러나 우리 제자들의 학문적 성숙이 충분치 못하여 이와 같은 작업을 감당하기 어려운 점이 있었습니다. 그래서 우선 서문·서평집을 출간하는 것으로 이 일을 대신하기로 하였습니다. 그러나 한자경 철학 토론집의 출간을 포기한 것은 아닙니다. 서문·서평집의 출간은 토론집 출간을 위한 마중물입니다. 우리 제자들은 학문 연구에 더욱 매진하여 그 과업을 반드시 완수할 것입니다.

　이 책은 한자경 선생님의 학문적 성과를 기념하기 위한 것이자, 철학을 공부하는 후학들에게 훌륭한 모범을 제공하기 위한 것입니다. 이를 위해 우리 제자들은 진심 어린 노력을 기울였습니다. 서문을 정리하고 서평을 쓰는 데에 기여한 여러 동학들에게 감사드리며, 특히 이 책의 편집을 맡아 수고를 아끼지 않은 김도연 님과 기존 서평의 사용 허락을 받아준 박정원 님에게 깊은 감사를 드립니다. 또한, 서문, 목차, 표지 사용을 허락해 준 출판사들에 감사의 말씀을 전하며, 흔쾌히 출판을 결정해 준 서광사에도 진심으로 감사드립니다.

한자경의 제자들 대표 신상후 씀

나의 철학 공부를 되돌아보며

1. 한국 대학에서의 철학 공부

나의 철학 공부의 동기는 아주 단순하다. 이 세상에서 삶을 살아가다 보면 누구나 언젠간 한번쯤은 물었을 물음들이 내게도 찾아왔었다. 도대체 나는 왜, 그리고 어떻게 살아야 하는가? 삶의 의미는 무엇인가? 도대체 인간이란 무엇인가? 나는 누구인가? 어느 날 그런 물음들이 내게 떠올랐고, 한번 떠오른 물음은 좀처럼 가라앉지를 않았다. 중학교 그리고 고등학교 학창 시절의 꿈이었다. 반드시 그 답을 찾으리라! 그 답만 알게 된다면, 그 순간 인생이 끝난다고 해도 아쉬울 것 같지 않았다. 그것을 모르는 채 나의 삶의 방향을 정한다거나 나의 미래를 계획한다는 것은 불가능했다. 인간이 무엇인지, 어떤 삶이 의미 있는 삶인지 알지 못한 채 어떻게 내 삶을 꾸려갈 수 있단 말인가? 그렇게 나는 천성적으로 '행동적 삶'이 아닌 '관조적 삶'을 지향하는 인간이었던 것 같다. 대학을 가기 위해 진로를 결정해야 하는 순간, 나는 나의 해결되지 않는 물음을 계속 묻고 생각해도 되는 학과가 있다는 것이 무척이나 반가웠다. 그 물음을 묻기 위해 나는 철학과를 택했다. 1978년 봄 그렇게 나는 이화여대 문리대에 입학했다.

흔히 대학생이 되면 성인이 된 해방감에 자유롭게 놀기도 하고, 세상을 직접 경험하기 위해 여행도 다니고, 부조리한 사회 현실에 저항하며 데모나 농촌 봉사 활동도 하고 그렇게 활동적 삶을 살겠지만 나의 대학생활은 극히 단조로웠다. 내겐 풀어야 할 문제가 있었기에 그 답을 찾기 위해 나는 당시 열람실 문을 여는 아침 8시부터 문을 닫는 밤 10시까지 학교 도서관에서 살았다. 혹 그 답이 철학이 아닌 문학이나 정신분석학, 심리학이나 물리학 등에 비밀스럽게 감추어져 있을지도 모른다는 생각에 틈만 나면 철학 이외의 다른 분야도 기웃거려 보았지만, 어느 정도의 탐색이 끝나면 결국은 빈손으로 다시 철학으로 되돌아와야 했다. 철학에서 답을 찾는 방식이 우선은 그 물음에 대한 남들의 답을 경청하면서 나의 생각을 확장하는 것이기에 과거 철학자들의 생각에 관심을 가질 수밖에 없었다. 그리고 내가 동양인이고 한국인이라는 자각이 생기면서부터 나는 서양철학과 동양철학을 모두 공부하리라 마음먹게 되었다. 대학 교과 과정상 강의는 주로 서양철학 위주로 들을 수밖에 없었지만, 학부 1학년 국어과목 기말논문으로 「공자의 도와 노자의 도의 비교연구」라는 소논문을, 2학년 국사과목 기말논문으로는 「퇴계와 율곡의 사단칠정론 비교」라는 소논문을 제출했었다. 러셀의 『서양철학사』, 풍우란의 『중국철학사』, 라다크리슈난의 『인도철학사』를 읽으면서 후일 『한국철학사』를 쓰리라는 뜻을 세운 것도 그즈음이었다.

그렇게 동서철학을 두루 공부하리라 마음먹어도 그 둘을 동시에 하는 것은 불가능하기에 공부에 순서를 정할 수밖에 없었다. 당시 이대 철학과에 계신 선생님들이 모두 서양철학 전공자이기 때문이기도 했겠지만, 일단 서양철학을 먼저 공부하기로 마음먹었다. 그때 생각에는 나는 동양인이라 동양사상이 더 익숙할 테니 동양철학 공부는 나중에 시작해도 너무 늦지 않을 것 같았다. 반면 서양철학은 내게 낯선 것일 테니 나중에 시작하면 너무 늦을 수 있다고 여겨졌다. 학부 졸업논문 제목은 「데카르트의 신(神)과 후설의 초월자아의 비교」였고, 신옥희 선생님 지도하에 쓴 석사 학위 논문 제목은 「후설 현상학에서 보편의미와 개별대상의 관계」였다. 나는 처음부터 인간 내지 자아의 본질을 나와 세계, 의미와 대상, 정신과 물질의 이원성을 아우르는 초월자아 내지 영성에서 찾았던 것 같다.

2. 독일 유학 시절의 서양철학 공부

대학원을 졸업한 1983년 여름 후설 현상학을 계속 공부하기 위해 독일 프라이부르크

대학으로 유학을 떠났다. 프라이부르크 대학은 현상학의 창시자 후설과 그의 제자 하이데거가 교수로 있었던 곳이다. 그때에는 하이데거의 제자 폰 헤르만 교수가 거기 있었는데, 차인석 교수가 그를 소개시켜 주어 그 대학으로 가게 되었다. 입학 후 데카르트, 라이프니츠, 칸트 등 근세철학 강의를 듣다 보니 현상학보다 더 근원으로 소급하여 근세사상을 공부하는 것이 낫겠다 여겨졌고, 결국 지도교수와 이야기하여 박사 학위 논문 주제를 칸트의 인간관으로 결정하였다. 당시 독일 대학은 전공 이외에 부전공두 개를 요구하여서 나는 둑스 교수에게서 사회학을, 카스퍼 교수에게서 신학을 배웠다. 또 그리스어 시험과 라틴어 시험도 통과해야 해서 몇 학기에 걸쳐 플라톤과 키케로의 원전을 읽어야만 했다. 그러다 보니 독일에서의 생활도 한국에서와 별다를 바 없이 주로 집과 도서관을 오가는 것이 일과의 전부였다. 다만 그 둘 사이를 오가는 길이 복잡한 찻길이 아니라 드라이잠 시냇물을 끼고 나 있는 아름다운 산책로라는 것만 달랐다. 비가 오나 눈이 오나 하루 두 번 이삼십 분간 자전거를 타고 그 산책로를 달리면서 춘하추동 변화하는 자연의 아름다움을 느낄 수 있었던 것은 내게 참으로 아름답고 소중한 추억으로 남아 있다. 수년간을 철학과 도서관의 동일한 한자리에 앉아 어떻게 칸트의 두 주저 『순수이성비판』과 『실천이성비판』을 하나의 체계로 엮어낼 것인가를 고민하였는데, 연결 고리는 역시 초월자아였다. 서울에서 프라이부르크까지 나를 이끌고 간 물음이 결국 '나는 누구인가?'였던 것이다. 그 물음에 대한 칸트의 답을 내 나름대로 정리한 것이 나의 박사 학위 논문 「존재론으로서의 초월철학」이다.

3. 서양철학 강의와 불교철학 공부

유학생활을 마치고 1988년 초 한국으로 돌아오면서 이제 본격적으로 동양철학 공부도 시작하겠다고 마음먹었지만 실제로는 그럴 여유가 없었다. 일단 시간강사로 이대와 인하대에서 강의를 맡았는데, 교양과목 〈철학개론〉 강의를 위해 읽고 준비해야 할 것도 너무 많았지만 과감하게 전공과목 교재로 택한 헤겔 『정신현상학』을 쉽게 풀어 강의하기가 여간 힘든 게 아니었다. 결국 한 학기 내내 헤겔을 붙잡고 씨름하느라 정신이 없었다. 서양철학 분야에서 칸트 이외에 공부해 보고 싶은 사람이 신비주의자 플로티누스와 에카르트 그리고 칸트 이후의 독일관념론자들이었다. 한국에 오자마자 피히테의 『인간의 사명』을 번역하면서 일단 독일관념론을 공부하자는 생각을 했고, 강의 내용을 헤겔 『정신현상학』으로 잡은 것은 그 때문이었다.

학기가 끝나면 여름방학부터 한문 공부를 위해 민족문화추진회에 등록할 계획이었는데, 1988년 2학기 대구 계명대학교에 전임으로 가게 되는 바람에 한문 공부 계획은 무산되었다. 새로 시작한 전임생활은 또 다른 적응 기간을 필요로 했다. 하지만 더 늦출 수는 없었고 1989년 2학기부터 동국대학교 불교학과 대학원 석사과정을 다녔다. 불교 중에서 내가 특히 공부해 보고 싶은 분야는 유식(唯識)불교였다. 유식불교는 이대 학부 시절 강의와 책을 통해 불교를 처음 알기 시작한 때부터 줄곧 내 마음을 사로잡은 가장 심오한 철학이었다. 인간의 마음, 존재의 신비를 이보다 더 깊이 있게, 이보다 더 철저하게 다룰 수는 없을 것이라고 여겼다. 유식은 인식론이고 형이상학이며, 존재론이고 윤리학이다. 서양철학에서는 철저하게 나뉘어져 있는 각 분야들이 유식불교에서는 모두 하나로 연결되어 있다. 연구분야의 세분화는 결국 통합되지 못한 채 갈가리 찢겨진 영혼, 소통하지 못한 채 섬처럼 고립된 개인, 그 분열과 소외를 대변해 줄 뿐이다. 인간 마음을 그 심층으로 깊이 파고 들어가면 결국 그 안에서 모든 것이 다시 만난다. 표층의 분열과 갈등은 심층의 하나를 망각하고 피상적으로 바라본 그림자에 지나지 않는다. 이것이 내가 유식을 통해 얻은 기본 통찰이다.

3학기 동안 매주 이틀은 서울에서 강의를 들었고, 1991년 8월 오형근 교수 지도하에 「유식불교에서 인식과 존재」라는 제목의 석사 학위 논문을 쓰고 졸업하였다. 그리고 더 깊이 있는 연구를 위해 1996년에 동국대 박사과정에 들어갔는데, 그 사이에 적지 않은 일들이 있었다. 1992년 1월에 결혼해서 그해 11월에 딸을 낳고 1994년 2월에 아들을 낳았다. 큰애를 낳자 시어머니께서 대구 집으로 오셔서 계속 애들을 키워주셨기에 나는 계속 원하는 만큼 공부를 할 수 있었고 다시 동국대학교 박사과정에 입학하여 다닐 수 있었다.

불교 공부를 계속했지만 서양철학 공부에서 손을 뗄 수도 없었다. 계명대학교에서는 주로 서양철학 강의를 하였다. 독일에서 썼던 박사 학위 논문을 우리말로 번역하여 『칸트와 초월철학』(1992)이란 제목으로 출간하였다. 그리고 그 사이 수업에서 읽었던 독일관념론자들의 책을 번역해서 출판하였는데, 피히테의 『인간의 사명』(1996)과 『전체 지식론의 기초』(1996)와 셸링의 『인간 자유의 본질』(1998), 『철학의 원리로서의 자아』(1999), 『자연철학의 이념』(1999)이 그것이다. 나는 지금도 논문은 자기 자신과 소수 전공자만을 위한 작업인 데 반해 번역은 일반 대중을 위한 일종의 봉사 내지 사회적 책무라고 생각한다. 번역은 하기도 어렵고 아무리 공들여 해도 '잘된 번역'이 되기 어려우니 꺼리게 된다. 나는 중요한 서양철학자의 주저 다섯 권을 번역함으로써 나의 번역 책무는 다한 것이라고 생각하기로 했다. 그리고 그간의 서양철학 공부를 일단락 짓는다는 의미에서 데카르트부터 푸코까지 열다섯 명의 근현대 서양철학자들의 자아관을 정리하여 『자아의 연구』(1997)란 제목의 책을 내고, 곧이어 불교를 공부하며 떠올려 봤던 내 나름의 생각들을 모아 『자아의 탐색』(1997)이란 제목의 책을 내었다.

그리고 1998년 일 년 동안 연구년을 받아 대만에 가서 대만사범대학교 국어중심(중국어학당)을 다녔다. 동양철학 공부를 제대로 하자면 아무래도 한문뿐 아니라 백화문도 잘해놓으면 도움이 되겠다 싶어 대만을 택한 것이다. 어린 애들을 어머님과 남편에게 맡겨놓고 가서 미안한 마음에 놀지도 여행을 다니지도 못하고 (현재는 다 잊어버린) 중국어를 열심히 배우다 돌아왔다. 그때 미숙하지만 양백의의 『唯識要義』, 모종삼의 『中國哲學十九講』, 진래의 『宋明理學』 등 몇 권의 중국어책들을 읽었었다. 한국으로 돌아와서 1999년 1학기에 「『성유식론』에서의 식(識)과 경(境)의 관계 연구」란 제목으로 박사 학위 논문을 써서 1999년 8월에 졸업하였고, 이 논문을 조금 손보아 다음 해 『유식무경: 유식불교에서의 인식과 존재』(2000)라는 제목으로 출판하였다. 그리고 그동안 동서양 사상을 공부하면서 고민했던 물음, '인간은 어디에서 와서 무엇을 하다가 어디로 가는가?'라는 물음에 대한 답을 희랍철학, 기독교, 불교, 유교 순으로 구분해서 정리하여 『동서양의 인간 이해』(2001)라는 제목으로 출판하였다. 인간 존재의 시작과 중간과 끝을 동서양 사상이 어떻게 달리 파악하는지를 살펴본 것이다.

4. 불교철학 강의와 유학 공부

계명대학교에서 서양철학과 불교철학을 함께 공부할 수 있어 부족함이 없었지만, 2001년 2학기에 모교 이화여대 철학과로 오게 됐다. 서울로 와서는 주로 불교철학 강의를 하면서 남는 시간에는 유학(儒學) 공부를 했다. 이대에 와서 유학 방면으로 공부해서 처음 쓴 논문이 정도전의 불교 비판에 대한 것이었고, 그다음 학술진흥재단 연구 프로젝트로 연구한 것이 동학사상이었다. 당시 『동경대전』을 읽으면서 동학의 매력에 푹 빠졌는데, 나는 지금까지도 동학의 '인내천(人乃天)'은 동서고금을 통틀어 가장 심오한 진리를 가장 간명하게 표명한 뛰어난 철학사상이고 종교사상이라고 생각한다. 그리고 그다음으로 17, 18세기 실학자, 주로 남인 학자들이, 동양에 기독교를 전파한 서양 신부 마테오 리치의 『천주실의』를 어떻게 받아들였는지를 연구하였다. 처음에는 이익, 신후담, 안정복의 서학 비판을 공부했고, 그다음에는 정약용을 공부하였다. 당시 나는 정약용을 한국의 뛰어난 천재로서 동양 정신 내지 한국 정신을 빛내준 철학자일 거라 기대하며 한껏 부푼 마음으로 공부를 시작했었다. 기대가 크면 실망도 큰 것일까. 애증이 둘이 아닌 때문일까. 서양 선교사들이 자신의 선교 전략에 따라 동양의 성리학적 세계관을 멋대로 폄하해서 서술한 『천주실의』를 이익, 신후담, 안정복과 같은 조선의 초기 남인 학자들은 제대로 비판하고 있었는 데 반해, 정약용은 분명 조선인임에도 불구하고 『천주실의』 방식대로 성리학을 오독하고 있다는 생각이 들자, 정약용을 향했던 내 마음속의 기대와 애정이 그대로 실망과 미움으로 바뀌고 말았다. 정약용에 대해 그 실망감을 그대로 표현한 논문 한 편을 쓰고 난 후 나는 나의 판단이 그에 대한 나의 지나친 기대 탓일지도 모른다고 생각했고 지금은 그 애증 모두가 내 안에서 함께 가라앉기를 기다리고 있다.

시간이 흐르고 공간이 바뀌어도 내 맘속의 화두는 계속 '인간이란 무엇인가?' '나는 누구인가?'였다. 공부를 하다 보니 인간, 아니 모든 생명체는 결국 '한마음', '일심'이라는 생각을 하게 됐고, 이런 생각을 표현한 그간의 논문들을 한데 묶어서 『일심의 철학』(2002)을 출판했다. 그러면서 그동안 불교 강의를 위해 작성했던 원고를 정리해서 『불교철학의 전개』(2003)를 출판하였는데, 이 책은 석가모니의 기본 교설을 설명한 후 인도불교와 중국불교와 한국불교의 전개를 각각 (해탈을 지향하는) 이상주의, (성과 상의 융합을 주장하는) 현실주의, (일심의 자각을 강조하는) 주체주의의 전개로 풀이한 것이다. 초기불교는 철저한 무아사상이었는데 후기 대승으로 오면서 여래장과 불성, 진여와 일심을 긍정함으로써 무아에서 멀어지고 비불교화되었다는 일부 학자들의 주장에 맞서 오히려 한국의 대승불교가 석가 가르침의 핵심을 꽃피운 불교의 완성이 아니겠냐고 말하고 싶었다. 이러한 무아의 문제를 좀 더 체계적으로 초기불교, 유부, 경량부, 유식을 따라 논한 것이 『불교의 무아론』(2006)이다. 그렇다고 동양철학 공부만 할 수는 없었고 늘 동서사상의 비교를 염두에 두고 있었으므로 서양철학 공부도 함께 하였다. 칸트의 3비판서와 사회역사철학 저술까지를 함께 다루는 칸트철학 입문적 성격의 책을『칸트 철학에의 초대』(2006)라는 제목으로 출판하였다.

철학 공부 이외에 내가 하고 싶어 하는 것은 그림이다. 삶의 의미를 철학적으로 사유하여 개념적으로 명료화하는 것도 의미 있지만, 생명의 약동, 자연의 아름다움을 보며 느끼는 영혼의 감동을 그림으로 그려낼 수 있다면 얼마나 좋을까! 나는 화가를 부러워한다. 특히 시서화를 하나로 담아낸 옛 선비의 문인화를 보면 한없이 부러워진다. 그래서 어느 날 뜬금없이 문인화를 흉내 내보았다. 시답지 않은 시에다 그림 같지 않은 그림을 더하고 거기에다 철학적 단상을 덧붙였는데, 그것을 붓글씨로 써 내려가지 않고 인쇄 활자로 찍었으니 제대로 된 흉내는 물론 아니었다. 그것이 여태까지의 철학책과는 다른 형식의 글인『나를 찾아가는 21자의 여정』(2006)이란 제목의 책이다. 주제는 여전히 인간, 자아, 나이다. '나는 누구인가?'의 물음을 특정 철학자를 언급하지 않고 그냥 나의 생각대로 나의 언어로 써내려간 것이다.

서양철학과 달리 동양철학의 특징은 철학이 종교와 하나이고 따라서 존재론이 곧 수행론 내지 명상론을 포함하는 것이라고 본다. 동양 유교, 불교, 도교의 명상과 그 철학적 기반을 논하면서 그것을 서양 프로이트와 융의 무의식분석 그리고 명상심리치료와 비교하여『명상의 철학적 기초』(2007)를 써보았다. 그리고 2008년 다시 일 년간의 연구년을 맞았는데, 그때는 집의 아이들이 중3, 고1이라 외국으로 나갈 수도 없었고 결국 한국에서 애들 뒷바라지를 하게 됐다. 강의가 없는 여유로움 덕분인가,『한국철학사』를 쓰고 싶은 오래된 꿈을 떠올리며『한국철학의 맥』(2008)을 써보았다. 물론 맥(脈)은 풍부한 내용을 담고 흐름으로 이어지는 사(史)가 되기에는 부족하다. 다만 어느 순간 단군신화, 아니〈웅녀신화〉를 일심사상으로 읽어낸 환희심에 젖어 그것을 출발점으로 삼아 대략의 맥을 짚어본 것에 지나지 않는다. 그리고 불교사상을 좀 더 쉽게 풀어 쓰고 그것을 서양사상과 비교해 본 몇 편의 글을 묶어서『불교철학과 현대윤리의 만남』(2008)이란 책을 내었다. 그리고 다음 해 그동안 가끔씩 강의했었던 헤겔『정신현상학』을 내 방식대로 풀어서 해석한『헤겔 정신현상학의 이해』(2009)를 냈다.

5. 교(敎) 너머 선(禪)의 추구: 간화선 수행

동서철학을 함께 공부하니까 남들이 보기에는 폭넓게 공부하는 것같이 보일지 몰라도 그 주제가 늘 '자아' 하나에 머물러 있고 또 그 답이 늘 '일심' 하나로 귀결되고 마니, 나는 늘 나 자신이 참으로 한심하기도 하고 또 참으로 불쌍하기도 하고 그랬다. 어떤 트라우마 때문일까, 아니면 어떤 못 잊을 그리움을 타고났기에 이렇게 평생을 두고 나를 찾아 헤매는 것일까? 문득 '자아라는 유령에 홀린' 내가 철학은 무슨 철학, 차라리 철학을 그만두는 것이 낫지 않을까 싶을 때도 있었다. 철학을 이론으로서가 아니라 실천 수행으로, 마음공부로 해야 하는 것이 아닐까? 불교교학이 아니라 선(禪) 수행을 해야 하는 것이 아닐까? 이런 생각이 마음 깊이 있었지만, 내겐 기회가 없었다. 소극적인 성격 탓에 큰스님이나 선사를 찾아다니는 대범함을 꿈꿀 수가 없었다. 선지식 없는 서러움이여! 이 말이 늘 가슴을 때렸었다.

그러다가 2009년 말, 뜻하지 않은 일이 일어났다. 나는 여러 스님들과 몇몇 교수들 틈에 끼어 부산 안국선원을 찾아갔고 거기서 수불스님 지도하에 간화선 집중수행을 하게 되었다. 기간은 단 7박 8일이었지만, 그 짧은 기간에 간화선 선어록에 등장하는 의심, 의정, 의단이 무엇이고 화두참구와 화두타파가 무엇인지, 견성(見性)이 무엇이고 돈오(頓悟)가 무엇인지를 머리가 아닌 온몸으로 체험한 것이다. 수년에 걸쳐 불철주야 화두참구하여 활연관통하는 선사들의 깨달음과는 물론 다르겠지만, 상사각(相似覺)이 구경각(究竟覺)과 하나가 아니라고 해서 어찌 완전히 다르다고 하겠는가? 한 잔의 물에 만족하지 못하고 늘 바다를 그리워하던 나의 안타까움으로부터 해방되었다고나 할까. 내 마음이 떠도는 허공 전체가 자비로 물들면서 성불(成佛)은 내가 다른 중생을 부처로 대하는 순간 완성되는 것임을 느꼈다. 불교가 왜 지혜와 자비를 함께 논하고, 동학이 왜 '인내천'과 '사인여천(事人如天)'을 함께 말하는지를 알 것 같았다.

2009년 수불스님 지도하에 간화선 집중수행을 마치면서 환희심에 젖어 앞으로 불교 공부에 전념하고 사람들에게 불교를 알리는 데 힘을 다하겠다고 마음먹었고, 그 후에는 진짜로 그 소망대로 서양철학이나 유학 공부는 최소한으로 줄이고 주로 불교 공부만 하면서 그 핵심 사상을 드러내는 데에 주력했던 것 같다. 당시의 체험과 그 이후의 생각들을 정리해 놓았던 원고를 그 후 몇 년이 지나서『화두: 철학자의 간화선 수행체험기』(2013)라는 제목의 책으로 출간하였다. 철학과 종교, 사유와 깨달음, 이성과 감성, 그 둘 사이의 갈등과 방황 그리고 그 극복과 융합을 그려본 글이라고 생각한다. 교에서 선으로의 이행 기록이라고 할 수 있을까? 그리고 그동안 대학원 수업에서 강의를 위해 준비했던 원고를 정리하여『대승기신론 강해』(2013)와『선종영가집 강해』(2016)

를 내놓았고, 그동안 불교의 마음에 대해 연구했던 성과물들을 모아서 『심층마음의 연구: 자아와 세계의 근원으로서의 아뢰야식』(2016)을 출간했다.

6. 철학 공부의 회향

불교는 상구보리와 더불어 하화중생의 이념을 갖고 있다. 그런데도 평상시에 책을 낼 때 나는 늘 나를 위해, 즉 나의 생각을 정리하기 위해 책을 낸다고 생각해 왔다. 그러나 사실은 남들과 그리고 세상과 소통하고자 하는 열망이 숨어 있었을 것이다. 불교의 진리가 아무리 심오하고 어렵고 복잡하다고 할지라도 그 내용을 글로 쓸 때는 정말로 누구나 다 알아들을 수 있는 평이한 말로 간단명료하게 설명하고 싶은 바람이 있어왔다. 물론 쉽게 읽히는 글이 쉽게 쓸 수 있는 것이 아니기에 늘 성공적이지 못했다. 그래도 다시 한번 또 과감하게 시도해 본 것이 바로 『마음은 이미 마음을 알고 있다: 공적영지』(2018)이다. 이 책은 제목뿐 아니라 본문의 서술 방식에 있어서도 학술서 아닌 교양서 형식을 따라 그동안의 나의 불교철학의 이해를 간단하게 정리해 본 것이다. 그리고는 나의 유식 이해의 바탕이 된 유식의 주요 논서 『성유식론』의 전반부를 번역하고 풀이한 『성유식론 강해 1: 아뢰야식』(2019)을 내놓았고, 그동안의 나의 서양철학 공부를 정리할 겸 14명의 서양철학자들의 실체관을 분석한 『실체의 연구: 서양 형이상학의 역사』(2019)를 출간했다. 그 후 불교방송에서 5번의 강의를 할 기회가 내게 주어졌는데, 그때 강의를 위해 만든 원고를 다듬어서 『마음은 어떻게 세계를 만드는가: 한자경의 일체유심조 강의』(2021)라는 제목의 책을 내놓았다. 그리고 가장 최근에야 비로소 그동안 내가 가장 많이 아끼고 좋아하던 책 『능엄경』을 번역하고 풀이한 『능엄경 강해 I』과 『능엄경 강해 II』(2023)를 완성하여 출간하였다.

이제 곧 퇴임이다. 퇴임 후에도 늘 하던 대로 공부는 계속할 것 같다. 독자와의 약속을 지키기 위해 『성유식론 강해 2/3/4』도 완성해야 하고, 그 외에 『원각경 강해』, 『금강경 강해』도 내고 싶다. 강의노트가 있으니 건강이 허락한다면 『유식이십론 강해』, 『이장의 강해』도 내고 싶다. 그리고 의상의 「화엄일승법계도」를 알기 쉽게 설명하는 『의상 법성게 연구』도 쓰려고 하고, 언젠가는 『한국철학(K-Philo)의 정신: 한마음』이라는 책을 쓸 수 있으면 좋겠다.

나는 궁극적으로는 한국의 정신이 무엇인가를 밝히고 싶어 하는 것 같다. '나' 대신에 '우리'라는 말을 더 많이 그리고 더 즐겨 사용하는 우리 한국인의 정신을 정확히 밝혀내고 싶고, 그 정신을 우리 모두에게 알리고 각성시키고 싶은 바람이 있다. 나는 대승불교가 논하는 일심은 곧 '우리의 마음'이라고 생각한다. 나 안의 우리가 곧 너 안의 우리이고, 우리는 그렇게 '하나의 마음'이라는 믿음을 갖고 사는 것 같다. 37년간의 교수 생활을 마감하면서, 내가 마지막 수업으로 선택한 과목은 그래서 〈한국철학〉이다. 젊은 시절 세웠던 꿈, 『한국철학사』 저술의 목표를 달성하지 못한 채 교직을 떠나야 하는 것은 아쉽지만, 뒤를 잇는 후학들이 훨씬 더 뛰어난 통찰을 담아 멋진 『한국철학사』를 만들어낼 것이라고 믿는다.

나의 퇴임을 기념하기 위해 제자들이 나의 지난 책들의 서문과 그 책들에 대한 서평을 모으고, 서평이 없는 경우 새로 서평을 써서 〈서문·서평집〉을 만들어주겠다고 하니, 고마울 따름이다. 내가 그동안 무슨 생각으로 책들을 썼는지를 밝히기 위해, 예전에 정리해 놓았던 글에다 다시 최근까지를 덧붙여서 완성한 이 글을 여기 〈서문·서평집〉 앞에 놓는다.

처음 떠올린 제목 〈한자경의 철학저서 서문·서평집〉을 부제로 돌리면서 〈나는 누구인가〉를 제목으로 제안한 사람은 서광사 이숙 대표님이시다. 나의 첫 저서에서부터 지금까지 줄곧 이어져온 좋은 인연과 더불어 수익성 없을 이런 퇴임기념서까지도 선뜻 내주시는 대표님의 호의에 감사한다. 〈나는 누구인가〉의 제목이 그동안의 나의 저서들의 중심 주제를 말해주기도 하고 또 동시에 그 주제를 탐구해 온 한자경은 누구인가를 묻기도 하므로, 그런 중의성을 갖는 좋은 제목 같다고 말해준 사람은 남편 팽철호 교수이다. 긴 세월 동안 학문과 일상 모두에서 좋은 도반이 되어준 남편에게 감사한다. 그리고 이렇게 세월이 흘러 뒤로 물러나는 나를 위해 수고를 마다하지 않고 정성들여 책을 만들어주는 제자들에게도 깊이 감사한다.

2025년 2월 정릉산장에서
북한산을 바라보며
한자경

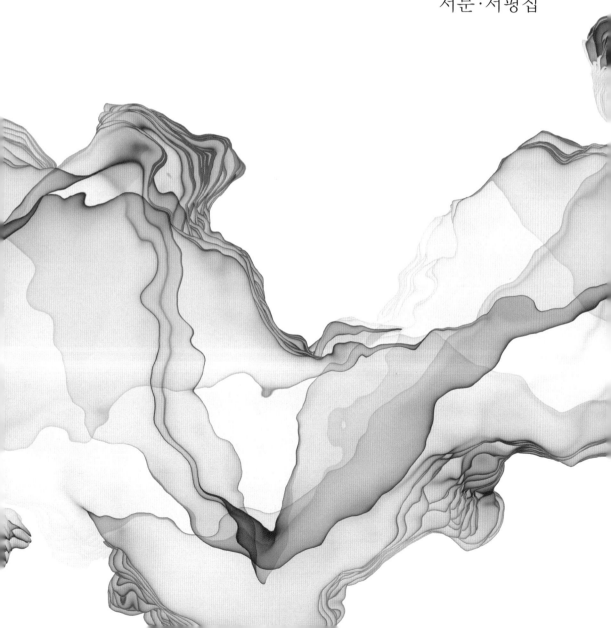

한자경

철학저서 28권
서문·서평집

1

『칸트와 초월철학: 인간이란 무엇인가』

발행 연도 1992년
펴낸곳 서광사
259 페이지
제5회 서우철학상 수상, 1993.

지은이의 말

삶의 의미에 대한 실존적 고민으로부터 출발하여 철학적 사색에 접해보고자 칸트의 『순수이성비판』을 손에 들었던 사람은 누구나 그 문장의 딱딱함과 난해함 내지는 무미건조함에 실망했던 적이 있을 것이다. 그러나 그럼에도 불구하고 그 문장들을 읽어 내려가며, 글자 뒤의 뜻과 행간의 의미를 알아보기 시작하게 되면 우리는 다시 한번 더 놀라게 된다. 그렇게도 무미건조하고 딱딱한 문체의 서술 체계 이면에서 우리가 발견하게 되는 것은 바로 인간 본질과 삶의 의미에 대한 끈질기고도 집요한 추구이기 때문이다. 도대체 이 세계 안에서 내가 알 수 있는 것이란 무엇인가, 나의 행위의 지침이 될 만한 도덕적 규준이란 과연 존재하는가, 나는 어떤 희망을 갖고 살아나갈 수 있는 것인가라는 아주 기본적인 물음, 자신의 삶에 대해 진지한 반성을 하는 사람이면 누구나 한 번쯤은 스스로에게 묻고 이미 대답했거나 아니면 끊임없이 그 대답을 찾아나갈 수밖에 없는 그런 평범하고 자연적인 물음에 의해 철학적 사색의 길에 들어섰으면서도, 그 사유를 전개하고 서술하는 데 있어서는 냉정하리만큼 무미건조하고 논리적이며 감정으로부터 거리를 취하고 있다는 것은 그러나 칸트 사유의 진지함과 성실함의 표현 이외의 것이 아니라고 본다. 그것은 곧 칸트 자신의 삶의 진지함과 성실함의 표현이리라. 휘몰아치는 태풍의 힘은 거세지만 그 태풍의 눈은 오히려 고요하다. 나 자신의 본질, 나 자신의 삶의 의미에 대한 물음, 나의 실존 자체의 핵심에 놓여 있는 물음은 그것이 너무나도 심각하고 중대한 것이기에, 그 안에서의 작은 소리도 너무 격렬하고 작은 미동도 너무 광폭할 것이다. 그러기에 그 사유의 걸음걸이가 그렇게도 미세하고 치밀하고 조심스러운 것이라고 생각한다.

대학에서 철학을 전공하는 사람에게든 또는 비전문인으로서 철학적 사유에 접해보고자 하는 사람에게든 칸트는 필히 짚고 넘어가야 할 근세 서양 철학자 중의 하나로 간주된다. 그런데도 우리는 『순수이성비판』이나 『실천이성비판』을 읽으면서 그 무미건조함이나 난해함으로 말미암아 그것이 바로 우리에게 친숙한 인간 자신에 대한 물음을 다루고 있다는 점을 쉽게 간과한다. 따라서 스스로의 사유로써 칸트의 사유를 좇아가기보다는 철학사의 문맥 안에서 이미 굳어진 도식적인 칸트 해석을 따라가는 경향이 있다고 본다. 나는 이 책에서 칸트의 두 주저 안에 들어 있는 인간 본질의 물음에 초점을 맞춰 그의 사유를 따라가 보고자 노력하였다. 이런 의도로 씌어진 이 책은 본래 칸트 후기의 글 「라이프니츠와 볼프 시대 이후 독일에서 형이상학이 이룬 실제적 진보는 무엇인가?」를 바탕으로 하여 칸트의 『순수이성비판』과 『실천이성비판』을 하나의 통일적 체계로서 해석한 나의 박사 학위 논문의 완역이다. 이 책에서 나는 이론과 실천, 존재와 당위라는 서로 다른 영역을 그 상호 연관성 안에서 체계적으로 해명하고자 하였으며, 그 매개의 역할을 하는 것이 바로 다름 아닌 초월자아의 자발적 활동성임을 드러내고자 하였다. 따라서 여기서는 칸트의 이론적 물음인 '나는 무엇을 알 수 있는가?', 윤리적 물음인 '나는 무엇을 해야만 하는가?', 그리고 신앙적 물음인 '나는 무엇을 바라도 되는가?'의 세 물음이 필연적으로 서로 연결되는 물음이 되며, 이 세 물음이 궁극적으로 '인간이란 무엇인가?'라는 철학의 유일한 근본 물음으로 귀결된다.

이와 같이 칸트 철학의 기본 물음인 '인간이란 무엇인가?'에 대한 칸트 자신의 사색을 여기서는 될 수 있는 한 알기 쉽게 서술하기 위해 문제가 되는 철학적 사태 자체를 현시화하려고 노력하였으나 나 자신의 한계 때문에 많이 부족하리라고 생각된다. 물음의 친밀함에도 불구하고 그 답을 찾아나가는 사유의 길에 아직도 많은 딱딱함과 난해함이 남아 있으리라고 본다. 이 책 서론 후반부와 1장에서 어려움을 느끼는 사람은 건너뛰어 2장부터 마지막 장까지 먼저 읽어서 초월철학 자체를 이해하고 난 후에 다시 1장으로 되돌아가도 좋을 것이다.

결국 '인간이란 무엇인가?', '나는 누구인가?'라는 물음을 안고 그 답을 찾아 헤매는 길이 인생인가 싶다. 독일의 잿빛 하늘 아래로 이어졌던 그 길 한 모퉁이에 서서 고개 숙여 칸트의 말을 들으며 그 생각들을 정리해 본 것이 이렇게 활자화되고 나니 재삼 부끄러울 따름이다. 예술이 '천재의 예술'이듯이 진정한 사상도 어쩌면 '천재의 사상'으로서만 가능한 것일지도 모른다. 진리에 있어서의 모방, 사유에 있어서의 추종, 그것만큼 나 자신을 돌아보아 나를 가슴 아프게 하는 것이 없다. 더구나 이 책이 궁극적으로 해명하고자 하는 것이 인간의 본질이란 바로 인간 영혼의 자발적 활동성이라는 점이기에 더욱 그렇다. 그러기에 이 책의 마지막 문장을 끝맺으면서도 기쁨보다는 서글픔이, 홀가분보다는 삶의 무게가 더욱 짙게 느껴진다.

1991년 10월 12일

한자경

목차

서평: 인간의 초월성을 자리매김하다

최서린(이화여자대학교 철학과 박사수료)

1. 들어가며

오늘날에도 여전히 300년 전 머나먼 유럽 땅에서 태어난 칸트의 철학이 사유할 만한 가치가 있는 것이라면, 그 가치는 무엇이며 어디에서 오는 것일까? 철학은 우리를 자유롭게 하는 것이고, 철학(적 사유)을 통해 우리는 비로소 자유로움을 느낀다고 할 수도 있을 것이다. 하지만 철학을 통해서 얻는 자유 혹은 우리가 확인하는 인간의 자유라는 것은 그만큼 우리로 하여금 일종의 책임, 사명을 확인하도록 하는 것이기도 하다.

『칸트와 초월철학: 인간이란 무엇인가』의 저자(한자경)[1]가 말하는 칸트 철학의 핵심은 인간을 바로 자유와 사명을 동시에 지닌 것으로 규명한 것에 있다. 칸트가 말하는 인간은 '초월적 자아(transzendentales Ich)'로서 자연 필연성의 현상에 종속되지 않는 무규정적인 존재이지만, 동시에 근원적으로 도덕적 임무를 안고 있는, 그래서 스스로를 도덕법칙에 구속시키는, <u>스스로를 규정하는 존재</u>이기도 하다.

칸트가 제기한 여러 가지 문제들에 대해서 칸트 이후의 칸트 연구자들은 각자 자신의 대답을 내놓았다. 『칸트와 초월철학: 인간이란 무엇인가』 역시 칸트가 가졌던 한 철학적 물음에 대한 저자의 답이라고 할 수 있다. 1983년 스물네 살의 저자가 현상학을 공부하기 위해 독일로 건너갔다 스물아홉 살에 고국으로 돌아왔을 때, 저자의 마음속에 자리 잡은 것은 '초월적 자아'라는, 자유를 지닌 궁극적 주체로서의 인간이었다. 저자의 박사 학위 논문의 완역본인 이 책에는 저자가 물음을 묻고 답을 내렸던 과정이 고스란히 담겨 있다.

어쩌면 본격적인 철학 공부에로의 첫발을 내디뎠다고 할 수 있는 박사과정에서 저

---

1 본 서평에서 "저자"는 『칸트와 초월철학: 인간이란 무엇인가』의 저자인 한자경을 가리킨다. 또한 본 서평에서 굵은 글씨로 표시된 부분은 저자나 칸트가 아닌 평자의 강조임을 밝힌다.

자가 물었던 물음은, 처음부터 저자의 내면에 마치 피부처럼 붙어 있어, 떼어내려 해도 떼어낼 수 없었던 것이었고 이후에 저자로 하여금 평생을 철학적 사유에 헌신하도록 했던 듯하다. 저자에게 있어 '자아'에 대한 물음은 "멀리하고자 달아나 다른 곳으로 가보아도 나보다 먼저 그곳에 와 있어 나를 맞이하는 물음"[2]이지만 동시에 "매일같이 유령에 홀린 것처럼 같은 내용을 같은 방식으로 되풀이하고 있는 것"[3]과 같은 느낌을 들게 하는 것이었다.

한 사람이 그토록 오랜 시간 동안 자신의 인생을 바쳐 하나의 문제에 골몰할 수 있다는 것은 특별한 재능이라는 식의 말은, 그러나 저자가 철학을 하면서 느꼈을 좌절감과 슬픔을 덜어줄 수 있었을 것 같지는 않다. 그것은 저자 스스로가 늘 말하듯, 본질적으로 저자가 묻는 물음에 대한 답이 '전체'로서의 인간, 일심(一心), 초월적 자아, 무한 자아이기 때문이다. 인간은 무규정적 존재이고 일체를 포괄하는 무한한 전체이기에 그것을 묻는 것은 곧 아무것도 물은 바가 없는 것이기도 하다.

그럼에도 불구하고 저자는 이 문답의 과정을 포기하지 않았고, 오히려 철학자들이 사용했던 개념들이라는 우회로를 냄으로써 인간이란 무엇인가라는 물음을 묻는 여러 갈래의 길을 터놓았다. 그리고 이 책은 인간 존재에 대한 하나의 물음에 철학으로 배수진(背水陣)을 칠 수밖에 없었던 저자가 낸 첫 번째 길이라고 할 수 있다. 철학자는 오로지 하나의 이념만을 전개할 수도 있지만, 한 철학자로서의 저자에게 어떤 유일무이한 질문, 즉 젊음의 어느 주어진 순간에 사유와 삶을 꿰뚫고 생겨나는, 어떤 대가를 치르더라도 해답의 길을 발견해야 하는 질문으로부터 저자의 철학은 탄생했다고 할 수 있다.[4] 그 물음이 절박했던 만큼 이 책은 저자의 치밀한 사유의 과정과 꾸밈없음을 담고 있으며 진지함과 엄격성, 독립성이라는 저자의 이후의 학문적 태도를 예비하고 있다.

모든 것이 가시적인 입증의 부담을 짊어지는 오늘날, 비가시적인 것의 존재와 그 중요성을 강조한 철학이 살아남기 힘들다는 점을 칸트와 저자는 모두 알고 있었을 것이

---

2   한자경, 『동서양의 인간 이해: 희랍, 기독교, 불교, 유가의 인간관 비교 연구』, 서광사, 2001, 5쪽 〈지은이의 말〉.
3   한자경, 『자아의 탐색』, 서광사, 1997, 239쪽 〈후기〉.
4   퀑탱 메이야수, 『유한성 이후: 우연성의 필연성에 관한 시론』, 정지은 옮김, 도서출판 b, 2010, 7쪽 〈알랭 바디우의 서문〉 참조.

다. 하지만 그 어려움이 그러한 철학적 정신의 절대성과 중요성을 탈각시키는 것은 아니다.

> 나와 너가 구분되지 않고, 정신과 자연이 구분되지 않는 초월 자아란 개체화 이전의 완전한 동일성을 의미한다. (…) 신(神)일 수도 있고 공(空)일 수도 있는 것을 자아(초월 자아)라고 이름한 것은 무슨 까닭이겠는가? 신 또는 공이라고 할 때 우리가 그것을 모든 분별을 넘어선 절대적 존재, 그러나 우리가 다 파악하기에는 힘든 어떤 신비한 것으로 이해한다면, **바로 그런 것을 초월 자아라고 칭함으로써 칸트가 의도한 바는 자아가 그렇게 신비한 존재라는 것을 말하고자 함일 것이다. 신의 신비나 자연의 신비를 물을 때 그 묻고 있는 자아 자신은 다 알려진 존재라고 생각한다면 그것은 착각이다. 나에 대해서는 더 이상 알 것이 없고, 자연이나 역사에 대해서만 알 것이 더 많이 남겨져 있는 것은 아니다. 오히려 자연과 역사에 대해 무수한 앎을 가지고 있음에도 불구하고, 그것을 아는 자기 자신에 대해서는 별로 아는 것이 없는 것이 바로 우리 자신의 실상이다.**[5]

우리는 37년 전 저자가 "독일의 잿빛 하늘 아래로 이어졌던 그 길 한 모퉁이에 서서 고개 숙여 칸트의 말을 들으며" 정리했던 생각들이 어떤 것이었는지를 이 책에서 되짚어 볼 수 있다. 이 책에서 저자는 비가시적인 것으로서 인간의 '초월적 의식(초월적 통각)'이 인간과 세계를 정립시키는 최후의 근거로서 칸트에게뿐만 아니라 철학의 영원한 탐구의 대상임을 밝히고 있으며 우리는 그 물음의 유효성을 음미할 수 있다.

이 책에서 저자가 이뤄낸 성과는 크게 세 가지라고 할 수 있다. 하나는 저자가 말하듯, 종래의 인식론적 칸트 해석이 갖는 한계를 비판하면서 칸트의 철학을 존재론적으로 해석했다는 것이다. 또 하나는 그러한 존재론적 해석을 아직까지도 그 연구가 활발하지 않은 칸트의 「형이상학의 진보」라는 저술을 관통하면서 진행함으로써, 이 저술에서의 칸트 철학의 형이상학적 측면을 잘 드러내고 있다는 것이다. 마지막으로 저자는 이 책에서 일찍이 칸트의 철학에서 언제나 문제가 되고 있는 물음들에 대한 통찰을 제공함으로써 칸트 철학에 대한 해석의 문제를 상당히 선취하고 있다.

본고에서는 저자의 저술의 구분 순서에 따라 각 단원의 핵심적인 내용이 무엇인가

---

5   한자경, 『자아의 연구: 서양 근·현대 철학자들의 자아관 연구』, 서광사, 1997, 143쪽.

를 살펴보는 과정에서 칸트 철학에 대한 저자의 해석이 어떻게 칸트의 사유의 중심을 관통하고 있는지를 밝혀보도록 할 것이다.

2. 형이상학에 대한 칸트의 물음

형이상학은 "개념의 구성에 의한 인식"이 아니라 "개념에 의한 인식"이라는 칸트의 말은, "계속적으로 끊임없이 진보해 나갈 수 있"는 수학 혹은 경험적 자연과학과 달리 형이상학은 인간의 본질이 변하지 않는 한 그렇게 진보해 나갈 수 없다는 것을 의미한다.[6] 저자의 말대로 "인간이 존재하는 한 형이상학적 사태는 언제나 이미 거기" 즉 "인간의 본성 안에 이미 존재하고 또 작용"하고 있는 것이므로 철학의 과제는 저자의 말대로 개념을 분명하고 명료하게 하는 것 이상의 어떤 것이 아니라고 할 수 있다.[7] 이런 점에서 볼 때 저자의 이 책은 (물론 다른 여하의 저자의 책들에서도 마찬가지이지만) 그러한 철학의 본질을 실현하고 철학자의 의무를 다하고 있는 책이다. 저자는 형이상학이 무엇인가라는 물음에 대해 다음과 같이 말한다.

> 이 물음은 어디서 출현하는가? 그것은 누구에게 던져진 물음인가? 누가 이 물음에 답해야 하는가? 형이상학적 사태로서 이성이 바라는 궁극 목적은 인간의 본질 자체에서 찾아져야 할 것이며, 그것도 형이상학을 학문으로 탐구하는 **몇몇 사람이 아니라, 모든 사람 가운데서** 그가 단순히 인간인 한 그 인간 안에서 찾아져야 할 것이다.[8]

이러한 형이상학의 본질에 대한 칸트의 해석이 무엇인가를 탐색하기 위해 저자가 주목한 칸트의 물음은 "우리가 표상이라고 부르는 것과 대상의 관계는 무엇에 근거하는가?"이다. 이 물음은 일상적 혹은 자연적 태도에서는 너무나 자명한 것으로 받아들여지므로 진지하게 물어지지 않는다. 하지만 인식 주관으로서의 인간과, 인격을 갖지 않는 대상이 갖는 차이를 생각해 보면 인간이 대상에 대해 인식할 수 있다는 것은 인식론적 차원에서 나아가 형이상학적 차원의 물음을 제기하도록 한다.

이러한 칸트의 물음은 적어도 사람들에게 잘 알려진 『순수이성비판』에서는 '선험적

---

6   한자경, 『칸트와 초월철학: 인간이란 무엇인가』, 서광사, 1992, 61쪽.
7   위의 책, 43쪽.
8   위의 책, 44쪽.

종합판단은 어떻게 가능한가?'로 물어지고 있는데 이 물음에 대한 답변을 초월적 자아에서 찾는 것, 즉 대상에 대한 주관의 인식이 어떻게 가능한가에 대한 근거를 현상 너머의 영역에서 구한다는 것은 저자의 말대로 자명한 것은 아니다. 이 책의 원제목인 "존재론으로서의 초월철학(Transzendentalphilosophie als Ontologie)"에서 잘 드러나듯 저자는, 여러 연구자들이 칸트 철학의 인식론적 해석에 다시 반발하여 존재론적 해석을 내놓았지만 『순수이성비판』의 일부분만을 존재론적으로 해석하는 것에 그치고 만 것을 비판하며[9] 『순수이성비판』, 나아가 『실천이성비판』까지도 하나의 존재론으로서 체계적으로 설명될 수 있음을, 그리고 그러한 체계를 가능하게 하는 근거는 어디까지나 현상계에 제약되지 않는 인간으로서의 초월적 자아에 있음을 밝히고 있다.[10] 그리고 이러한 저자의 칸트 철학의 해석은, 철학적 사유의 깊이와 방향성이 주객 포괄의 차원으로까지 나아가지 않는다면 인식과 존재, 표상과 대상, 정신과 물질의 이원성에 따른 대립은 해소될 수 없음을 지적한 것이라고 할 수 있다. 특히 이러한 주객 포괄의 근거를 "초재적인 제3자를 통해 신비적 내지 신학적으로 설명"하는 것에 만족하지 않은 것이 칸트의 기조라는 것을 분명히 한 저자는 칸트 철학에서 기본이자 핵심이 되는 개념들인 '비판', '종합', '선험', 그리고 '초월'의 의미가 무엇인가를 명료하게 설명하고 있다.[11]

---

9 칸트의 철학에 대한 인식론적 해석을 주도한 신칸트학파와 20세기 초에 나타난 형이상학적 칸트 해석에 대해서는 『칸트와 초월철학: 인간이란 무엇인가』, 서광사, 1992, 18~24쪽을 참조. 철학사적 맥락에서 보았을 때 칸트 철학에서 남겨지는 문제를 형이상학적으로 해결하고자 했던 독일관념론은 다시 신칸트학파의 인식론적 해석의 반발에 부딪혔고, 신칸트학파의 해석은 현대에 와서는 경험주의적이고 과학주의적인 관점이 지배하도록 한 것은 그만큼 초월적 자아는 그 비가시성, 공성(空性)으로 인해 일상성에 가려지거나 회의에 붙여지기 쉽기 때문일 것이다.

10 저자의 철학적 삶 전체를 관통하고 있는 인간 존재에 대한 끊임없는 물음과 그 저제 비이 있으니 일체의 근거로서 존재하는 초월적 자아의 중요성을 이후의 저술들에서 강조하고 초월적 자아의 자발적 활동성을 칸트 이후 독일관념론 논의의 핵심으로 보아 이에 관한 다섯 권의 역서들을 출간하였다.

11 "이와 같은 초월철학적 물음은 주객을 각각의 실체로서 전제한 주객 분리의 도식 위에서 인식 내지 경험을 설명하는 것이 아니라, 그와 같은 주객 관계의 가능 근거 자체를 물어나간다는 점에서 **'비판'**이 된다. 그리고 초월철학에서 문제가 되는 우리의 표상이란 것은 단순히 논리적 동일률 내지 모순율로부터 귀결되는 분석적 인식이 아니라 우리의 경험 대상이 되는 실제 세계에 대한 인식이라는 점에서 **종합적** 인식이다. 나아가 주객의 분리 위에서 성립하는 인식이 경험적 인식이라면, 그 분리 자체를 가능케 하는 근거에 해당하는 인식은 경험에 앞선 인식, 곧 **선험적** 인식이 된다. 이렇게 볼 때 "어떻게 표상이 대상에 관계할 수 있는가?"라는 주객 관계의 근거에 대한 물음은 곧 "어떻게 선험적 종합 인식이 가능한가?" 하는 물음과 다를 바 없다. 이것은 주객 도식 위에 성립하는 경험의 차원을 그 가능 근거에로 향

또한 세밀한 사료 분석에 기반하여 저자는 「라이프니츠와 볼프 시대 이후 독일에서 형이상학이 이룬 실제적 진보는 무엇인가?」(이하 「진보」로 약칭)라는 칸트의 논문이 그의 말년의 철학의 관점을 담고 있고, 그런 점에서 「진보」를 통해 두 비판서를 통일적으로 이해하는 것은 칸트 철학에 대한 일관된 해석을 제시해 줄 수 있다고 보고 있다. 「진보」가 그 내용적 깊이에도 불구하고 체계적 탐구에서 도외시되었으며 총괄적 해석이 여전히 미비하다는 점에서, 저자의 이 책은 출간된 이래로 아직까지 칸트의 「진보」에 대한 최고의 해석서라고 할 수 있을 만큼 치밀한 분석을 제공하고 있는바, 칸트 철학의 연구에 빠질 수 없는 중요한 작업이라고 할 수 있다.

3. 선험과 초월의 칸트적 의미

이 책의 제2장에서 저자는 형이상학이 어떤 것이어야 하는가에 대한 칸트의 답변을 분석하며, 칸트적 형이상학의 체계에 대한 자신의 해석을 『순수이성비판』의 순서를 따라 제시해 나간다. 『순수이성비판』에서 '우리가 표상이라고 부르는 것과 대상의 관계는 무엇에 근거하는가?'라는 칸트의 물음은 '어떻게 선험적 종합판단은 가능한가?'라는 보다 구체적인 물음으로 바뀌게 되는데, 이는 곧 인간의 사유가 형식 논리를 따라 내재적인 분석만을 하는 것에 그치지 않고 세계 자체에 대한 인식, 그것도 경험적이지 않은 인식을 할 수 있는가를 묻는 것이다. 선험적 종합 인식의 가능성을 이전과 다르게 물었다는 지점에서 칸트의 초월철학이 출발한 것이라고 할 수 있다. 저자는 이 물음을 구성하는 요소들의 의미가 무엇인가에 대한 분석을 제시한다. 분석적이고 경험적인 인식과 구분되는 종합적이고 선험적인 인식, 선험적 종합 인식을 도출할 때 작동하는 인간의 근원적 인식능력에 대한 설명을 제시하면서, 저자는 형이상학에 뿌리내리는 초월 논리학이 무엇인가를 설명한다. 칸트가 집중하는 것은 인간의 순수한 인식 형식이 무엇인지, 그것이 어떤 방식으로 일종의 선험적 종합판단을 가능하게 하는가이다.

선험적 종합판단이 어떻게 가능한가를 보이기 위해 『순수이성비판』에서 칸트가 가장 먼저 행하는 것은 경험적인 것과 선험적인 것을 구분하는 것이다. 이론적 인식 일반은 인식의 종류와 원천에 따라 분석적 인식과 종합적 인식, 경험적 인식과 선험적

해 넘어선다는 의미에서, 그리고 그 경험에 앞서 있는 가능 근거가 비로소 경험을 가능케 한다는 의미에서 '초월'의 문제인 것이다." 한자경, 『칸트와 초월철학: 인간이란 무엇인가』, 서광사, 1992, 17쪽.

인식으로 구분될 수 있다. 그런데 칸트는 우리에게 가장 가까이 있는 경험적 인식으로부터, 그러한 경험적 인식을 가능하게 하는 선험적인 요소들을 가려내고, 그러한 선험적 요소들이 무엇인지 밝혀낸다.

선험적 종합판단, 즉 "선험적 종합 인식"은 인간의 근원적 능력인 감성이 갖는 수용성과, 지성[12]이 갖는 자발성을 통해 이루어진다. 감성과 지성이 갖는 순수 형식인 공간과 시간, 그리고 범주가 선험적 종합판단을 구성하는 근본 요소들이다. 범주에 따라 시간을 개념화하여 원칙으로 나타낸 것들이 바로 8가지의 선험적 종합판단들이며, 이 판단들은 물리학의 기본 법칙들이 된다.

칸트가 이 법칙들을 선험적 종합 인식들이라고 함으로써 하고자 하는 것은, 현상 세계에 존재하는 물리적 대상들이 우리 인간의 인식과 독립적으로 갖고 있다고 생각하는 것에 대한 사유의 전회를 일으키는 것이다. 그리고 칸트는 일체의 종합의 결과들은 전체성과 통일성, 단일성을 지향하는 통각으로 수렴된다고 주장한다.[13]

제3장에서 저자는 선험적 종합판단이 시작되는 근원적 지점을 "순수 통각"에서 찾은 바 있다. 그 자신은 경험적 대상 세계를 넘어 있으면서도, 경험적 대상 세계를 형성하

---

12 본고에서 '지성'으로 말하는 것은 칸트가 사용하는 페어슈탄트(Verstand)의 한글 번역어이다. 저자는 자신의 저술들에서 당시의 번역 문화에 따라 이 개념을 지성이 아닌 오성으로 표현하였는데, 본고를 포함하는 이후의 필자의 글들과 인용되는 저자의 글들에서는 모두 지성으로 바꾸어 표현할 것임을 밝힌다.

13 그럼에도 불구하고 저자의 이 책에 대해 콘하르트(1995)는 이 책의 제목이 호기심을 불러일으킬 뿐만 아니라 모순적으로 보이기까지 한다고 말한다. 콘하르트는 전통적인 형이상학에 대한 근본적인 비판 후에 칸트가 비판적으로 정화된 새로운 형이상학을 확립하기 위해 그의 초월철학을 존재론으로 생각해야 했는데 이것은 부정적으로는, 존재론이 객관적이고 논리적일 필요가 없다는 것을 의미한다고 말한다. 나아가 콘하르트는 저자가 칸트의 실천철학을 존재론적으로 해석하는 것도 경계한다. 자유와 신천천하이 측면에 대한 칸트이 통합을 존재론으로 부르는 것은 묘호함을 넘어서 존재론이리는 개념을 완전히 불분명하게 만드는 것이라고 비판한다. 콘하르트는 궁극적으로는 칸트의 철학을 존재론으로 부를 수 있는가에 대해 회의적인 듯하다. 그러나 칸트 철학에 대한 존재론적인 해석이 비객관성과 비논리성을 함축한다는 것은 주객의 대립을 해소시키는 최종 근거를 다시 주객 대립의 차원에 놓는 것이며 칸트가 말하는 초월 논리학을 일반 논리학의 층위로 축소시켜 이해하는 것이다. 또한 인간의 존재, 그 본질에는 도덕적 행위를 통한 실천이라는 것이 의무로서 규정되어 있다는 점이 저자가 말하고자 한 바였으므로 존재론이라는 개념을 모호하게 만드는 것이 아니다. 저자의 책에 대한 콘하르트의 평가에 대해서는 K. Konhardt, "Transcendental Philosophy as ontology: Kant Interpretation of his 'Kritik der reinen Vernunft' and 'Kritik der praktischen Vernunft' in his other work 'Welches sind die wirklichen Fortschritte, die die Metaphysik seit Leibnizens und Wolff's Zeiten in Deutschland gemacht hat'", *Kant-Studien*, 86 (4), pp. 461-465. 1995 참조.

고 그에 대해 인식하며 존재하는 초월적 주관으로서의 '통각(Apperzeption)'은 내감의 대상인 경험적 통각, 즉 경험적 자아와 구분된다.

일체의 인식의 구성요소는 바로 초월적 통각에서 온다. 여기에서 저자의 해석은 칸트 철학에서 물자체의 문제에 대한 통찰을 제시한다고 할 수 있다. 저자는 칸트 철학의 가장 난해한 부분으로 여겨졌던 물자체를 다시 초월적 객관과 초월적 주관성으로 구분한다. 먼저 흔히 아랫물자체로 논의되는 초월적 대상은 "주관과 독립적인, 외부에 즉자적으로 있는 존재자를 뜻하는 것은 아니며, 오히려 통각의 통일성에 따라 생각된 '존재자 일반'을 뜻한다."[14] 그리고 우리의 통각을 "초월적 주관성으로서의 물자체"로 본다.[15] 이때 통각이 물자체로 해석될 수 있는 것은, 통각은 현상에 종속되지 않는, 절대의 지점에 있으면서 현상을 성립시키는 역할을 하기 때문이다.

저자에 따르면 칸트가 순수 자아와 인격을 이따금 물자체로 부른다는 이유로 초월적 자아를 다시 실체로서 규정한다고 보는 것은 오해이다. 왜냐하면 '실체(Substanz)'는 하나의 지성 개념, 즉 범주로서 제약된 현상에 대해서만 타당하게 적용될 수 있다는 것을 칸트가 분명히 하고 있기 때문이다. 따라서 칸트가 현상과 물자체를 구분하고, 초월적 자아를 물자체의 영역에 있다고 주장할 때 그가 강조하는 것은 인간이 그런 제약된 사물이 아니라는 점이라는 것이 저자의 해석이다. 무제약자로서의 인간에게 물자체라는 개념을 사용하는 것은 인간의 "비현상적 성격", "존재론적인 즉자성"을 강조하기 위함이지 인간을 현상적 대상으로 실체화하기 위함이 아니다.[16]

칸트가 말하고자 하는 것은 일상적 차원에서 나의 인식 여부와 관계없이 그 자체로 존재하는 것으로 여겨지는 세계가 사실은 우리 인간의 인식 형식인 공간과 시간, 범주에 따라 제약된 대상이라는 것이다. 그러므로 현상보다 더 깊은 차원에서 작동하고 있는 근원적 통각과의 연관성을 사상한 채로 대상에 대해 논할 수는 없다.

4. 무제약자에 대한 물음과 심성론적 해결

칸트가 지성이라고 부르는 통각은 그러나 현상 세계 내의 대상들에 대한 인식에만 머무르지 않는다. 인간에게는 경험적 체계의 완결성을 넘어서서 이념들에 대한 인식을

---

14   한자경, 『칸트와 초월철학: 인간이란 무엇인가』, 서광사, 1992, 144쪽.

15   위의 책, 145쪽.

16   위의 책, 161쪽, 주 1 참조.

하고자 하는 욕구가 있기 때문이다. 저자는 통각의 본질이 바로 이 자유라고 주장한다. 이때 자유는 "순수 자아로서의 통각의 자기 활동성"이며 무제약자로서의 자유는 "우리 자신 밖으로 나갈 필요가 없"는, 인간에게 그 이행이 허락된 "우리 자신의 주관에 관한" 것이라고 할 수 있다.[17]

저자는 "자연법칙에 따라 나아가는 현상의 계열을 스스로 시작하는 원인의 절대적 자발성"이라는 의미에서의 자유는 그것이 없다면 "제약된 현상 자체가 불가능"한 것으로 이해한다.[18] 단, 이렇게 현상의 계열을 시작한다고 했을 때 그 시작은 시간적인 의미에서의 시작은 아닌데, 절대적 자발성이 시간적 시작의 의미를 가질 경우, 그것은 현상의 시간적 시작점을 묻는 물음으로, 그 답을 찾을 수 없는 무의미한 물음이 되기 때문이다.[19] 저자는 현상의 시간적 시작점을 묻는 것, 우주 발생의 최초의 시간적 시작이 언제인가를 묻는 것은 오히려 "이성이 찾고자 하는 무제약자로의 길을 차단할 뿐"이라는 것을 분명히 한다.[20]

칸트가 말하는 자발성으로서의 자유는 시간적 의미의 시작이 아닌 인과성에서의 절대적 시작이다. 그러므로 저자는 칸트가 말하는 자유는 시간을 넘어서는 절대적 자유라는 점에서 시간적 제약성을 넘어서 있는 것이며, 오히려 "시간의 흐름 속에서도 늘 매 순간을 마치 시간의 시작인 것처럼, 이미 있는 현상에 대해 자유롭게 새로운 현상의 시간 계열을 시작할 수 있는 자발성"이라고 해석한다.[21]

칸트에게서 진정으로 문제가 되었던 것은 "전체로서의 인간 자신"이며, 이것은 순수 이론 이성과 순수 실천 이성이 서로 다르지 않다는 것을 체계적으로 연관지어 밝힘으로써만 해결될 수 있는 문제이다.[22] 따라서 처음 제기했던 물음, 즉 '우리가 표상이라고 부르는 것과 대상의 관계는 무엇에 근거하는가?'는 『순수이성비판』과 『실천이성비판』에서 '이렇게 선험적 종합판단은 가능한가?'로 바뀌었다면, 궁극에는 '인간은 무엇인가?'라는 "인간의 가장 심각한 기본 물음"으로 귀착되는 것이다.[23]

---

17 위의 책, 198쪽.
18 위의 책, 200쪽.
19 위의 책, 200쪽 참조.
20 위의 책, 200쪽.
21 위의 책, 201쪽.
22 위의 책, 253쪽.
23 위의 책, 253쪽.

5. 도덕의 규명과 실천철학

저자가 강조하는 것은 이론적 차원에서의 순수 통각이 그 자신의 자발적 활동성에 기반하여 현상을 형성하는 것뿐만 아니라, 이 순수 통각의 자발성에 따른 활동이 행위하는 주체의 실천적 자유로 의식될 때 도덕법칙이 될 수 있고 비로소 실천적 인식을 가능하게 한다는 것이다.

제4장에서 저자는 초월적 통각의 자기 직관의 불가능성이 칸트에게서 좌절로 남겨지지 않는다는 것을 지적한다. 완전한 존재자로서의 신에게서만 생각될 수 있는 지적 직관은 인간에게는 실천의 대상으로 남겨지게 된다. 이때 실천의 대상으로 남겨진다는 것은 인간이 인식적 차원에서 갖는 불완전성을 실천의 차원에서 이뤄내기 위해, 도덕적 행위를 한다는 것이다. 이것을 저자는 '지적 자아가 갖는 도덕적 성격'으로 규명한다. 초월적 자아가 갖는 일종의 소극적 자유, 즉 그것이 자기 인식이 불가능한 존재로서 갖는 근원적인 한계는 도덕적 행위를 통해 극복될 수 있다. 이 근원적 한계로 인해 인간에게는 도덕법칙이 명령으로 나타나며 감성적 자아가 갖는 욕망을, 인간은 법칙에 대한 존중을 통해 이겨낼 수 있다.

> 인간은 인간인 한 누구나 도덕적 의지의 원천으로서의 순수이성에 관여한다. 인간이면 누구나 생의 몇몇 순간 자신의 자유를 의식하게 되며 결단의 심각성과 책임성을 통해 자신의 도덕성을 확인하게 된다. 그러나 중요한 것은 인간이 **때때로** 도덕적이고 가끔 양심의 소리를 들을 수 있다는 것이 아니다. 문제는 인간의 도덕성에의 부분적 참여가 아니라 **전체적 참여, 즉 전체성으로서의 인간과 도덕성과의 합일**인 것이다. 다시 말해 문제가 되는 것은 인간이 도덕적 행위의 능력이 있는가 없는가 하는 것이 아니라, 오히려 인간이 그 전체로서 순수하게 도덕적일 수 있는가 아닌가 하는 것이다. 즉 인간이 가끔 그의 도덕성과 의무를 의식하게 되는가 아닌가 하는 것이 아니라, 오히려 인간이 **언제나 그리고 영원히** 그의 **모든** 행위를 오직 도덕성에 따라 수행할 수 있는가 아닌가 하는 것이다.[24]

일명 '의무론'으로 표명되는 다소 엄격한 윤리학은 행복이라는 개념을 마주할 때 문제가 된다는 것을 칸트 스스로도 인지하였다. 칸트는 행복을 덕과 복이 일치하는 최고

---

24   위의 책, 223쪽.

선으로 규정하였는데, 최고선 역시 칸트에게서는 의무의 일종이다. 덕과 복이 일치하는 것은 악행에 대해서는 불행한 내세가, 덕행에 대해서는 축복이 있는 내세가 담보되어야 한다는 인간 일반이 갖고 있는 상식 혹은 바람이다. 칸트는 이러한 일반적인 상식을 부정하지는 않는다. 다만 칸트가 강조하는 것은 그러한 바람을 갖기 전에 인간이 행복에 상응하는 덕행을 했는지, 스스로가 그럴 만한 사람인지를 먼저 살펴보아야 한다는 것이다. 즉, 인간이 먼저 스스로가 행복을 누릴 자격이 있는 존재자가 되어야 한다는 것이 칸트의 주장이다.

> 그러므로 덕과 행복의 종합적 결합은 오직 도덕성이 행복의 근거가 되는 방식으로만 가능하다. (…) 그러나 아직도 우리의 물음은 도덕의 순수성을 위해서 의지의 규정 근거로부터 행복이 배제됨에도 불구하고, 어떻게 다시 도덕성이 행복의 근원이 될 수 있는가 하는 것이다. (…) 이 물음은 **감성세계에 대한 우리의 시선 자체가 달라지지 않고서는 대답될 수 없다.** 즉 행복이 그 자리를 갖게 되는 감성 세계가 단순한 감관의 대상인 물리적 자연으로서가 아니라, 오히려 도덕적인 지적 세계가 시간·공간적으로 전개되어 가시적으로 나타난 세계로 이해되어야 한다. 이성 존재로서의 나의 자유와 도덕성이 결국은 나의 행위를 통해 감성 세계에 전개되는 것이므로, 즉 순수 도덕법칙에 따른 나의 도덕적 행위가 결국은 감성적인 모습을 띠고 나타나야 하는 것이므로, 이 점에서 볼 때 **감관 세계는 더 이상 단순한 사물의 집합체일 수가 없다.** 그것은 더구나 **나의 도덕적 심성을 어지럽히는 감성적 경향성의 총체에 그칠 수는 없다.**[25]

감관세계, 즉 현상이 인식 형식에 의해 제약된 것이라는 의미에서 단지 주어진 소여가 아닐 뿐만 아니라, 도덕적 의미에서도 현상은 초월적 자아의 지배에 기반한 행위를 통해 구성되는 점이라는 점에서 즉자적 존재가 아니라는 것이다. 또한 그러한 행위가 근원적으로 도덕성을 지향한다는 점에서 현상이 단지 인간의 경향성(Neigung)만을 촉발하는 대상일 수는 없다는 것이 저자의 주장이다.

> (…) 우리에게 이미 확실한 것은, 최고선은 도덕성의 본질로부터 지향된 것이며, 따라서 지향

---

25 위의 책, 229-230쪽.

된 대상으로서 이미 인간의 도덕적 의무라는 점이다. 왜냐하면 자신의 행위를 도덕법칙에 따라 규정하려는 사람이면 그는 이미 스스로 도덕적 인간이 되어야 한다는 것을 전제하고 있기 때문이다. (…) 즉 전체로서의 나를 도덕적으로 만들어야 한다는 것이 더욱더 근원적인 도덕적 의무이다.[26]

물론 그럼에도 불구하고 저자는 인간의 본질인 자유에는, 그 무한한 본질인 자유를 비자유로 규정할 자유도 포함하고 있다는 점에서 인간 자유의 한계를 다음과 같이 지적하고 있다.

한 인간의 심성이 도치되었다는 것은 그가 자연 충동으로부터 자유롭게 의지를 규정할 수 있는 그의 본질로서의 자유를 사용하되, **그 자유 사용을 통해 스스로를 오히려 자연 충동에 의해 결정된 자로 규정함으로써 스스로 자유를 포기**하는 그런 도치된 양상을 띠기 때문이다. 즉 그는 자유에 저항하고, 자유로부터 도피하기 위하여, 그의 자유를 사용한 것이다. 그는 자신의 자유로운 본질을 사물과 자연 충동에 의해 결정지어진 것으로서, 즉 비자유로서 규정하기 때문에, 준칙 선택에 있어 자연 충동을 자유의 도덕법칙보다 앞자리에 놓을 수 있는 것이다. (…) 그러므로 결국 근본악의 근거가 바로 자유 안에 있는 것이다. **인간의 본질은 자유이다.** 그는 자신을 자유롭게 규정할 수 있다. **그러나 또한 그렇기 때문에 자신을 비자유로서 규정할 수도 있는 것이다.** 즉 인간의 본질인 자유에는 그 자유로부터 도피할 수 있는 자유도 함께 속해 있다.[27]

그럼으로써 저자는 인간이 갖는 한계를 극복하기 위한 믿음과 실천에 대해서도 이 책에서 해명한다. 인간이 자신의 유한성을 자각하고 나면, 즉 인간의 자유가 "이론적 인식 대상이 아니라는 것이 확인되면 오히려 그때부터 본격적인 형이상학이 시작"된다는 것이다.[28] 즉, 칸트의 초월철학은 단지 전통 형이상학과의 부정적 단절이 아닌 것이다.

저자는 '믿음'을 "나와 내 자신의 행위에 직접적인 영향을 끼치는 것"으로, "그 내용

---

26 위의 책, 232쪽.
27 위의 책, 235쪽.
28 위의 책, 242쪽.

자체가 믿는 자 자신에게 큰 의미를 지니는 것"이며 "믿음의 내용에 따라 그의 생의 방식 자체가 달라질 수 있는 것"이라고 말한다.[29] 이는 결국 인간이 자기 자신을 자유 의지로서 인정하는 것이 곧 도덕법칙의 타당성을 믿는 것이 된다. 저자는 이를 통해 칸트적 의미의 필연성을 도덕적 차원에서 규명한다. 저자에 따르면 내가 자유를 포함하는 초감성적인 것(신, 영혼 불멸)을 요청할 것인가 말 것인가 하는 '믿음'의 문제는 객관적 사실, 이론적 인식을 통해서 결정될 수 없고 "오직 나의 자유로운 결단의 문제"라고 주장함으로써 인간의 자유에 대한 믿음 역시 인간 자신으로부터 자유로운 결단을 통해 이루어진다고 강조한다.

6. 나가며

강단에서의 은퇴를 앞둔 저자는 가장 최근에 출간한 『능엄경 강해 I · II』(2023, 서광사)에서 다음과 같이 말하고 있다.

> 현대 우주과학은 138억 년 전의 시간과 반지름 465억 광년 공간의 우주 공간에서 펼쳐지는 별들의 신비를 파헤치고, 양자역학과 나노과학은 수억 분의 1mm보다 더 작은 미시세계의 신비를 드러내면서 우리에게 인간과 세계에 대한 무수한 정보를 제공해 주고 있다. 그러나 정작 천체망원경과 전자현미경을 통해 **온갖 신비를 들여다보고 알아가는 인간의 의식 내지 마음이 무엇인가에 대해서는 어느 과학도 그럴듯한 답을 제시하지 못하고 있다.** 우리는 우리에게 보여지는 대상 내지 현상을 알 뿐, 그것을 보고 아는 자기 자신이 어떤 존재인지는 잘 알지 못한다. 자신을 알기 위해 스스로를 대상화해서 파악하면, 그렇게 알려진 나는 다시 또 보여진 나, 대상화된 나이지 그 나를 보는 나 자신이 아니기 때문이다. 일체 앎의 체계를 완결하는 그 마지막 한 지점은 그 체계 안에서 설명되지 않는다. 과학은 그것은 '괴델의 불완전성 정리'라고 하고, 철학은 그것을 '거짓말쟁이 역설'로 표현한다. 보고 아는 나를 보여지고 알려진 나와 동일 차원에 놓으면 역설이 성립한다.[30]

이러한 역설을 피하기 위해서는 사람들은 대개 보고 아는 나를 부정한다. 저자는 이

---

29   위의 책, 242-243쪽.
30   한자경, 『능엄경 강해 I』, 서광사, 2023, 5쪽.

에 대해서도 다음과 같이 말한다.

그러나 그 마지막 지점은 **부정하고 제거하려는 순간에도 여전히 거기에 남아 있어 역설은 피할 수 없다.** 화자는 언제나 그 지점에서 말하기 때문이다. (…) 실제로 우리는 처음부터 끝까지 그 마음자리를 벗어난 적이 없다.[31]

저자는 그 피할 수 없는 역설을 해결하는 것이 바로 무한한 전체로서의 마음의 존재를 인정하는 것이라고 보고 있다. 『칸트와 초월철학』의 출간 이후로 31년이 흐른 2023년의 『능엄경 강해』에서도 여전히 저자는 그 중요성을 강조하고 있는 것이다. 기술적인 발달과 물질적인 풍요를 누리고 있는 현대를 살고 있는 우리는 오히려 더 그러한 마음의 본질로부터 멀어지도록 사유하고 있는 것은 아닌가? 이런 시대에 저자의 『칸트와 초월철학』이 더 의미 있게 다가오지 않을 수 없다.

〈참고문헌〉

퀑탱 메이야수, 『유한성 이후: 우연성의 필연성에 관한 시론 Après la finitude: Essai sur la nécessité de la contingence』. 정지은 옮김. 도서출판 b, 2010.
한자경, 『능엄경 강해 I』, 서광사, 2023.
한자경, 『동서양의 인간 이해: 희랍, 기독교, 불교, 유가의 인간관 비교 연구』, 서광사, 2001.
한자경, 『자아의 연구: 서양 근·현대 철학자들의 자아관 연구』, 서광사, 1997.
한자경, 『자아의 탐색』, 서광사, 1997.
한자경, 『칸트와 초월철학: 인간이란 무엇인가』, 서광사, 1992.

Jakyoung Han, *Transzendentalphilosophie als Ontologie: Kants Selbstinterpretation der Kritik der reinen Vernunft und Kritik der praktischen Vernunft in seiner Schrift "Welches sind die wirklichen Fortschritte, die die Metaphysik seit Leibnizens und Wolff's Zeiten in Deutschland gemacht hat?"* [Würzburg]: Königshausen & Neumann, 1988.
K. Konhardt, "Transcendental Philosophy as ontology: Kant Interpretation of his 'Kritik

---

31 위의 책, 6쪽.

der reinen Vernunft' and 'Kritik der praktischen Vernunft' in his other work 'Welches sind die wirklichen Fortschritte, die die Metaphysik seit Leibnizens und Wolff's Zeiten in Deutschland gemacht hat' ", *Kant-Studien*, 86 (4), pp. 461–465. 1995.

『자아의 연구: 서양 근·현대 철학자들의 자아관 연구』

발행 연도 1997년
펴낸곳 서광사
337 페이지
문화체육부 추천도서

지은이의 말

인간이란 무엇인가? 자아란 무엇인가? 나는 누구인가? 이 물음은 철학 연구를 통해 비로소 제기되는 물음이 아니다. 짙은 안개 속에서 가까이 왔던 자가 다시 안개 속으로 흔적 없이 사라져 가는 것을 바라볼 때, 퍼붓는 빗줄기 속에 마지막 낙엽을 다 떨구고 그 자리에 앙상히 남아 있는 겨울나무를 바라볼 때, 차들이 질주하는 아스팔트 길 위에 부적처럼 붙어 있는 강아지의 형상을 발견할 때, 가까이 지내던 자의 육신이 재 되어 사라지는 화장터에서 돌아설 때, 아기의 탄생을 기뻐하는 사람들의 웃음 소리를 들을 때, 우리 안에 자연스럽게 생겨나는 물음이 바로 이런 물음일 것이다. 이 물음은 어느 날 문득 스치듯 떠올랐다가 사라져 갈 수도 있고, 벗어날 수 없는 운명처럼 그 영혼을 사로잡는 수도 있을 것이다. 그래서 누군가는 이 물음이 이미 해결난 듯 자신 있게 생을 사는 사람도 있을 것이고, 누군가는 어김없이 꼭대기에서 다시 굴러 떨어지는 시지프스의 돌을 그럼에도 불구하고 다시 끌고 올라갈 수밖에 없는 그런 비극적 삶을 사는 사람도 있을 것이다.

나는 내가 이 중 어떤 부류에 속하는 사람인지를 잘 모르겠다. 철학 이외의 다른 분야에 대해서는 별로 관심도 없고 능력도 없는 것을 보면 인간을 사유하는 존재로 확신하며 자신 있게 사는 듯싶은데, 실제 사유의 내용에 있어서는 언제나 하나의 동일한 물음을 놓고 헤매고 있는 것을 보면 시지프스적인 반복적 삶의 비극을 벗어나지 못한 것 같다.

여기에 실린 글들은 모두 그런 돌 굴리기 작업의 결과인 듯싶다. 항상 같은 물음으로 시작하여 올라가다가 정상에 반도 못 가서 굴러 내린 것도 있을 것이고, 걸음을 떼자마자 되돌아오는 제자리걸음의 것도 있을 것이다. 떨어진 곳에서 다시 시작하니까 오르고 내리는 방향도 이쪽저쪽 제멋대로일 것이고, 올라간 돌이 다시 떨어지니 헛된 작업의 연속에 지나지 않는 것인지도 모른다.

이 책은 '서양 근·현대 철학자들의 자아관 연구'라는 부제가 말해 주고 있듯이, 서양

철학사에서 대표적인 철학자들의 자아관을 가능한 한 있는 그대로 밝히고 해명하고자 한 것이다. 물론 해석 역시 또 하나의 창작일 수 있으니 그 철학자들을 해명하는 과정에서 나 자신의 관점에 의해 왜곡되거나 오해된 부분이 있을지도 모르겠다. 그러나 반증주의적 논리에 따르자면 오해의 바로잡음이 곧 이해에 이르는 첩경일 수 있으므로 그것을 크게 겁낼 필요는 없다고 본다.

　근세철학의 합리론과 경험론을 다루는 제1부의 근본 물음이 자아의 본질은 보편적 이성인가 아니면 개별적이고 이기적인 본성 또는 감정인가 하는 것이라면, 이 물음을 제2부의 칸트 및 독일관념론에 이르면 인간의 본질은 무한성의 초월적 자아인가 아니면 유한성의 경험적 자아인가. 자유의 정신인가 아니면 필연성의 물질(신체)인가 하는 문제로 이어진다. 이것이 마찬가지로 제3부의 현대 철학자 또는 탈현대 철학자들에 의해서는 자아는 능동적이고 주체적인 세계 구성자인가 아니면 역사와 문화 또는 언어에 의해 비로소 형성되는 제약적 존재인가 하는 물음이 된다.

　이처럼 일반적인 철학사적 시기 구분에 따라 3단계로 구분지어 묶기는 하였지만, 어쩌면 이들 역시 동일한 것의 반복이라는 인류 역사의 운명을 실현하다가 간 유사한 정신들일지도 모른다. 어찌 완전한 다름을 기대할 수 있겠는가? 각 철학자들의 차이는 아주 미세한 차이, 마치 초록색이라고 불리는 한 그루 나무의 나뭇잎들 중에도 옅은 연두와 짙은 연두, 옅은 초록과 짙푸른 초록의 차이가 있듯이 그렇게 미세하게 작은 차이들일 것이다. 그러나 인생의 모든 중대사가 실제로는 그런 작은 차이들에서 비롯되는 것인 만큼, 그 작은 미세한 차이들을 놓치지 않고 포착하여 개념화해 보고자 노력하였다. 그럼에도 불구하고 나의 둔감성과 무능력의 틈을 따라 훨씬 더 많은 중요한 차이들이 빠져 나갔을 것이라는 느낌이 드는데, 그런 것들은 훗날 다시 보충하자는 생각은 해본다.

　여러 가지 측면에서 허점이 많을 이런 글들을 왜 굳이 책으로 엮어 내고자 하는가에 대해서는 별로 할 말이 없다. 사실 『자아의 연구』에 수록된 글들 중 반 이상은 이미 학회지에 실었던 글들이다. 그런 글들을 모으고, 다시 그 전체적 연관을 위해 필요하다고 생각되는 철학자들의 자아관을 새로 정리해서 만들어진 이 한 권의 책은 왠지 처음부터 독자를 위해서라기보다는 오히려 나 자신을 위해서 만들어지는 책이라는 생각이 든다.

　자기 자신과 인간의 삶을 풍요롭고 다각적인 색채로 경험하고자 하는 사람은 이 책보다는 유명한 소설이나 위대한 사상가의 자서전을 읽는 것이 더 효과적일 것이고, 서양 근현대 철학의 큰 줄거리를 잡고자 하는 사람은 이 책보다는 힐쉬베르거나 러셀의 서양철학사를 읽는 편이 더 빠르고 정확할 것이며, 근·현대 철학자들을 전문적으로 연구하고자 하는 사람 역시 이 책보다는 각 철학자들의 저서를 직접 읽는 것이 더 유익할 것이다. 결국 독자를 위해 내세울 만한 것이 없는 부끄러운 글이다. 그럼에도 불구하고 이런 글들을 책으로 엮어 내는 것은 그렇게 함으로써 나 자신의 사유를 정리해 보고 싶다는 단지 그 욕심 때문이다.

두 가지 측면에서 나는 나의 사유를 정리해 보고 싶다는 생각을 했다. 하나는 서양철학으로 편중된 나의 사유와 공부 방식을 정리하고 싶다는 것이다. 물론 나는 처음부터 철학을 구체적 삶으로부터 분리된 추상적인 학문적 고안물이라고 생각해 본 적이 한 번도 없었다. 그러므로 우리의 철학은 우리의 삶과 우리의 역사와 우리의 정신과 분리될 수 없는 것이어야 한다고 생각했다. 수학이나 물리학, 경제학이나 정치학이 서양으로부터 들어와 그 학계를 지배하는 것은 그것이 어차피 삶의 편리함과 서로 간의 지배를 위한 기술의 학문이니 어쩔 수 없다고 할지라도 우리 자신의 정신의 본질을 다루는 철학이나 종교에 있어서까지 서양의 것이 지배하는 것에 대해서는 말할 수 없는 굴욕과 분노의 감정을 지울 수 없었다. 서양철학 공부를 시작할 때의 내 생각은 이러하였다. 어차피 내 안에는 한국인의 피가 흐르니 나의 정신은 한국적 또는 동양적일 것이다. 그러한 나의 정신을 되살리고 그 정신 안의 철학을 끄집어 내는 것은 서서히 시작해도 너무 늦지는 않을 것이다. 그러나 서양철학은 내게 낯선 것이니까 기회를 놓치면 다시 시작하기 힘들다. 동양 정신을 밝히기 위해서라도 서양의 정신을 알 필요가 있다. 학문뿐만 아니라 실제적인 우리의 삶의 방식까지 바꿔 놓고 마는 이 서양 정신의 본질은 무엇인가? 도대체 어떤 '서양적인 것' 앞에서 우리가 그렇게 무력해지는 것인가? 나는 그 '서양적'이라는 것은 바로 기술 문명과 자본주의와 민주주의 등이 발전하기 시작한 서양 근세의 정신에서 찾아져야 한다고 생각했다. 그래서 나의 서양철학 공부는 주로 근세를 맴돌았던 것이다. 물론 나의 물음들이 완성된 해답을 찾은 것은 아니다. 서양 근세 이후 현대까지 인간이 자기 자신을 어떤 존재로 이해하였고 자연이나 세계, 신(神) 또는 절대자를 어떤 방식으로 이해하였는가에 대한 막연한 상(像)만을 얻었을 뿐이다. 완벽한 답을 찾지 못한 것은 공부가 짧은 탓도 있겠고 나의 공부 방식이 혹시 본질을 빗나간 방식이었기 때문인지도 모르겠지만, 어쨌든 일단 그다음 단계로 나아가기 위해서는 서양 근·현대 철학에 대한 내 자신의 사유를 정리하는 것이 필요하다고 생각했다.

또 다른 측면에서 나를 정리해 보고 싶다는 것은 언제나 나의 철학의 주제가 되어 온 '자아'라는 주제를 벗어나고 싶다는 것이다. 물론 그것을 벗어나 다른 무엇을 주제로 삼고자 하는지가 이미 결정되어 있는 것은 아니다. 어쩌면, 나는 영원히 그 문제를 벗어나지 못할 것이라는 그런 이상한 예감이 들 때도 있다. 큐피드의 화살 끝에 묻어와 나의 전신을 타고 흐른 독이 바로 '너 자신을 알라'는 그 한마디였는지도 모르겠다. 아니면 자아가 본래 영혼과 신체를 가지고 언어를 사용하며 타인 및 세계와 관계하고 문화와 역사를 이루는 존재이므로 완벽한 자아의 이해란 영혼과 신체, 언어와 세계, 자연과 문화 등 철학의 거의 모든 주제를 다 해명함으로써만 비로소 얻어질 수 있는 무한한 문제 영역이기에, 나의 짧은 생으로 끝장낼 수 없을 것이라는 점을 간파한 때문인지도 모르겠다. 그러나 어쨌든 이제까지 내가 해온 방식의 자아에 관한 사유는 일단 정리하고 뭔가 새로운 시작을 해보고 싶다는 그런 바람이 내게 너무나 크게 밀려왔다. 그리고 이런 나의 바람이 이 책의 출간을 결심하게 한 것이다.

이 책은 원래 자아를 주제로 구상했던 두 권의 자아론 중의 제1권이다. 근·현대 철학자들의 자아관을 공부하면서, 그리고 나의 개인적인 관심에 따라 불교를 공부하면서 자아에 관해 가지게 된 나 자신의 생각은 『자아의 탐색』이라는 제목하에 다른 한 권의 책으로 엮어보았다. 동일한 주제이긴 하지만, 그 글의 성격이 서로 다르기에 두 권의 책으로 분리한 것이다.

오직 나 자신을 위해, 나의 사유의 정리를 위해 내는 책이라고 생각하니 여기저기 미안한 생각과 고맙다는 생각이 교차한다. 우선 이런 별 볼일 없는 책도 선뜻 출판해 주는 서광사에 무척 고맙다는 생각이 든다. 독자에 대한 미안한 생각은 그가 이 책 안에서 아주 작은 사유, 아주 작은 통찰이라도 발견할 수 있다면 좀 덜하겠지만 자신이 없다. 어쩌면 이 책은 나와 비슷한 문제로 나와 비슷한 고민을 하는 사람이 또 있다면, 적어도 이 세상에 그와 비슷한 사람이 또 있다는 단지 그 사실을 그에게 알려 주기 위해 탄생한 것일지도 모르겠다. 그리하여 우리의 비극적인 시지프스의 돌 굴리기 작업이 그래도 그다지 외로운 것은 아니라고 서로 위로하고 위로받고자 함인지도 모르겠다.

1997년 4월

한자경

목차

서평 1: 끝날 수 없는 자아 찾기

이기상(한국외국어대학교 철학과 교수)[1]

1. 서양철학의 시작에 이미 소크라테스가 "너 자신을 알라"고 외치며 철학함과 자아 인식과의 뗄 수 없는 연관성을 선언하였다. 그러나 철학이 실제로 자아 문제와 씨름을 하기 위해서는 그로부터 거의 2천 년을 더 기다려야 했다. 주제로의 전환과 개인의 발견을 자신의 철학적 특성으로 자부하고 있는 근세에 이르러 비로소 〈자아〉 문제가 철학의 전면에 등장하게 된다. 현대는 그러한 자아 찾기가 신체의 발견을 통해 새로운 국면을 맞고 유한성과 그 흔적들이 중요한 철학의 화두로 부상하게 된 시기라 할 수 있다.

자타가 모두 인정하고 있는 우리 시대의 근본 가치는 자유, 평등, 인권이며 이 근본 가치는 모두 신체를 가진 구체적 개인으로서의 인간이 스스로의 삶을 계획하고 영위해 나갈 수 있는 기본권에 초점이 맞추어져 있다. 이제는 인간 개개인이 각자 자신이 무엇이며 무엇이 되어야 할지를 스스로 결정할 수 있으며 해야 하는 실존적 자유가 인간 개개인에게 부여되어 있다. 이제 인간은 자기 스스로 자신이 누구인지를 찾아 알아야 하며 그래서 각기 그가 대신될 수 없는 각자의 고유한 그로서 존재하는 그런 존재자(자기 자신)가 되어야 한다. 자아와 관련된 현대의 화두는 이제 "너 자신이 되어라!"인 셈이다. 각자가 되어야 할 각자의 〈자기 자신〉은 신이, 국가가, 사회가, 가족이 부과해 주는 정해진 '자기 자신'일 수 없고 각자가 자신의 양심의 소리에 따라 되기로 결단하는 〈자기 자신〉이다.

이렇듯 〈자아〉와 관련된 철학적 논리는 근세 이후의 서양철학사의 핵심 문제이다. 그러면서도 이러한 자아 문제가 세계 내지 사회 문제, 역사 내지 문화 문제, 인식 내지

1　현 한국외국어대학교 철학과 명예교수. 본 서평은 『철학』 55집(한국철학회, 1998), 344-348쪽에 게재되었음.

존재 문제 등등의 철학의 근본문제들과 밀접히 연관되어 있기 때문에 독립적인 주제로 다루기에는 넘어야 할 난관이 너무나 많다. 그런데 바로 이러한 어려운 철학적 탐구가 한 한국 철학교수의 끈질긴 집념에 의해 세상의 빛을 보게 되었는데, 그것은 한국 철학계로서 대단히 경축할 만한 사건이다. 한자경 교수는 〈자아〉에 대한 서양철학의 문제사적인 연구조사와 서술에 만족하지 않고 그러한 다양한 서양의 〈자아관〉이 갖고 있는 한계와 문제점을 인식하고 자신의 독특한 문제의식과 폭넓은 시각으로 자아에 대한 연구에 새로운 방향과 지평을 제시함으로써 자아 문제에 결정적인 철학적 기여를 하고 있다.

2. 한자경 교수는 자신의 집요한 〈자아〉에 대한 탐색의 결과를 두 권의 책으로 묶어 출간함으로써 그 자신의 〈자아 찾기〉에 다른 사람도 초대하고 있다. 그 한 권은 서양의 유명한 근·현대 철학자들의 자아관을 연구 조사하여 정리한 책으로서『자아의 연구』라는 제목을 달고 있다.

이 책의 제1부는 근세의 합리론과 경험론의 자아 문제를 정리하고 있으며 주된 논리는 자아의 본질이 보편적 이상인가 아니면 개별적이고 이기적인 본성 또는 감성인가 하는 근본 물음을 다루며 전개되고 있다. 각 장의 제목이 벌써 자아에 관심을 갖고 있는 독자들의 호기심을 불러일으키며 가슴을 뛰게 만들기에 충분하다. 제1장은 〈데카르트: 의식 주체로서의 자아〉로서 "나는 생각한다. 그러므로 나는 존재한다."라는 철학의 제1명제로서 근세의 자아 찾기를 〈사유하는 나〉로 시작한 근세 자아철학의 아버지인 데카르트를 다룬다. 제2장은 〈스피노자: 신의 양태로서의 자아〉, 제3장은 〈라이프니츠: 모나드로서의 자아〉, 제4장은 〈홉즈: 이기적 욕망 주체로서의 자아〉, 제5장은 〈흄: 관념의 다발로서의 자아〉이다. 저자는 단순히 유명한 철학자들의 자아에 대한 논의를 수집해서 정리하는 것이 아니라 문제사로서, 논쟁사로서 유명철학자들이 자아관을 탐구하고 있으며 그래서 앞서간 철학자의 어떤 문제를 풀기 위해 후대 철학자들이 논쟁을 펼치면서 자신들의 자아관을 개진하고 있는지를 뒤밟고 있기 때문에 한 편의 드라마를 보는 것처럼 서로 다른 자아에 대한 논의가 꼬리에 꼬리를 물며 연결되어 가고 있다.

제2부는 독일 근세철학자들을 다루고 있는데, 여기에서는 인간의 본질은 무한성의 초월적 자아인가 아니면 유한성의 경험적 자아인가, 자유의 정신인가 아니면 필연성의 물질(신체)인가 하는 문제들이 논의된다. 제6장은 〈칸트: 현상 구성의 초월자아〉,

제7장은 〈피히테: 무한과 유한 사이에서 유동하는 자아〉, 제8장은 〈헤겔: 보편을 실현하는 개체로서의 자아〉, 제9장은 〈포이에르바하: 감성적 자아〉, 제10장은 〈니체: 초인으로서의 자아〉를 다루고 있다.

제3부에서는 현대 철학자들의 자아에 대한 논의가 다루어지는데, 자아는 능동적이고 주체적인 세계 구성자인가 아니면 역사와 문화 또는 언어에 의해 비로소 형성되는 제약적 존재인가 하는 물음이 논의의 주제로 등장한다. 제11장은 〈후설: 세계 구성의 지향적 주체로서의 자아〉, 제12장은 〈메를로 퐁티: 신체성의 자아〉, 제13장은 〈하이데거: 실존과 탈존의 자아〉, 제14장은 〈푸코: 인간학적 잠 속의 자아〉, 제15장은 〈라캉: 형성된 욕망 주체로서의 자아〉를 탐구 주제로 삼고 있다.

이상의 제목에서도 드러나듯이 한자경 교수는 그의 책 『자아의 연구』에서 근·현대의 거의 모든 유명 철학자들의 자아관을 연구 조사하여 정리하고 있다. 이것만 해도 대단한 연구성과이며 저자 자신이 밝히듯이 〈자아 문제〉에 대한 〈편집증적인 집착〉 없이는 이러한 어렵고 방대한 작업을 완성해 낼 수 없었을 것이다. 저자의 그러한 노력에 힘입어 이제는 서양의 근·현대 철학자의 자아관에 관한 한 쉽게 찾아서 연구의 단초로 삼을 귀중한 연구서가 마련된 셈이며 이것은 한국 철학계에 대단한 자산이 될 것이다.

3. 그런데 한자경 교수는 그러한 서양 철학자들의 자아관에 대한 연구가 자신의 자아문제에 대한 집착의 전부도 아니며 본래의 의도도 아님을 천명한다. 한자경 교수는 자기가 근본적으로 자신에게 던지고 있는 물음은, 학문뿐만 아니라 실제적인 우리의 삶의 방식까지 바꿔놓고 마는 서양 정신의 본질은 무엇인가? "도대체 어떤 서양적인 것 앞에서 우리가 그렇게 무력해지는 것인가?"라고 말한다. 그래서 한교수의 자아 찾기는 서양인들의 〈자아관에 대한 연구〉에서 그칠 수가 없으며 당연하게도 그가 속해 있는 역사와 문화의 현장, 생활세계에서의 구체적이고 생생한 자아 찾기로 이어져야 할 것이다. 이러한 〈자아 찾기〉의 결과를 한 교수는 다른 책 『자아의 탐색』에 모아서 출간하였다.

한자경 교수의 『자아의 탐색』은 그가 〈자아 찾기〉라는 숨바꼭질을 하며 고민하고 사색해 온 것의 결산으로서 그의 〈주체적 철학함〉의 산물이다. 〈자아 찾기〉에서 찾아야 할 〈자아〉는 이러저러하게 규정된 자아일 수가 없다. 오히려 한 교수가 밝히고자 하는 것은 인간이란 본질적으로 그런 일체의 규정을 넘어선 존재라는 점이다. 그러한 무규정성이 한 교수의 〈자아 탐색〉의 단초이며 그는 그것을 인간의 무한성과 초월성 또는 자유로서 해명하고 있다. 한 교수가 관심을 두고 있는 것은 "인간이란 무엇인가, 자아란 무엇인가?"를 묻는 바로 그 나 자신이다. 그렇기 때문에 그 〈나〉는 그 자체로 객관화 또는 실체화될 수 없으며, 유(有)로도 무(無)로도 규정될 수 없으며 그래서 그것을 한 교수는 불교의 용어를 빌려 〈공(空)〉이라고 본다. 따라서 한 교수가 〈자아 탐색〉을 시도하고 있는 주체적 철학함의 토대는 불교인 셈이다.

한 교수는 이 책 제1부 〈마음을 찾아서〉에서 인간의 마음을 일체의 규정을 넘어선 공, 나아가 그 공의 신묘한 자각으로 밝혀 보이고 있으며, 제2부 〈마음의 공성과 무한성〉에서는 그 공 또는 마음이 함축한 무한성과 무분별성을 해명하고 있다. 공의 자각으로서의 우리 각자의 마음은 유한한 것들에 관한 상대적 자유를 넘어서는 무규정자이고 무제약자라는 것, 마음으로서의 우리 각자의 자아는 그 자체 상대를 넘어서는 절대, 유한을 초월하는 무한이라는 것이 한 교수의 논제이다. 제3부 〈유한한 관념의 세계와 그로부터의 해탈〉에서는 그러한 절대와 무한을 은폐하는 인간의 유한한 현상 세계를 분석한다. 한 교수는 인간의 현실세계가 관념으로 구성된 가(假)의 세계이며, 그 관념의 틀에 따라 존재를 규정함으로써 인간의 마음까지도 상대화시킴을 드러낸다. 저자는 마지막으로 인간은 과연 어떻게 그러한 관념의 규정을 벗어나 마음의 공성과 무한성을 회복할 수 있겠는가 하는 문제를 다룬다.

이 책은 저자 자신이 천명하듯이 자아라는 주제에 계속 매달려 있으면서도, 과연 그 자아가 무엇이냐고 다시 물으면 공(空)이라는 것 이외에는 다른 대답을 주고 있지 않다. 저자의 이러한 결론은 호기심 속에 흥미진진하게 이 책을 끝까지 읽은 독자를 허탈감 속에 세워 놓는데, 그것은 어찌 보면 공으로서 자아를 깨닫게 되는 사람이 느껴야 할 마땅한 느낌일지도 모르겠다. 그렇지만 모든 중심이 허물어져 가는 탈중심의 시대에 자신의 중심마저도 잡지 못하고 허무의 심연 속으로 빨려 들어가 끝없이 방황하는 현대의 이름 없는 〈익명인들〉에게, 중심을 잡고 새로운 자신의 세계를 구축하기 위해 자아 찾기의 먼 길을 나선 사람들에게 최종적으로 주어진 공(空)이 무의미와 무가치의 한가운데 놓여있는 그들에게 아무런 위안이 되지 않는 것은 너무나 당연한 이야기가 아닌가? 공으로서의 자아에 대한 깨달음이 갖는 철학사적인 의미와 시대사적인 의의를 밝혀주는 것이 공(空)을 안고 허탈해하는 독자들에게 저자인 한자경 교수가 해야 할 다음의 과제이리라.

서평 2: 『자아의 연구』 한자경 저, 서광사(1997)

박찬구(한국외국어대학교 철학과 교수)[2]

서양 근·현대 철학에 있어서 '자아의 이해'라는 주제는, 저자의 말처럼 "영혼과 신체, 언어와 세계, 자연과 문화 등 거의 모든 주제를 다 해명함으로써만 비로소 얻어질 수 있는 무한한 문제 영역"(9쪽)일 것이다. 따라서 이러한 주제를 놓고 데카르트에서 시작하여 합리론과 경험론, 또 칸트를 비롯한 독일관념론, 니체를 거쳐 현상학, 그리고 푸코와 라캉에 이르는 방대한 흐름을 추적한 이 책은 매우 야심적이고도 집요한 문제의식의 산물이라 여겨진다. 아마도 서양근세철학 또는 근세철학에서 현대철학으로의 이행에 관심이 있는 독자라면, 그는 이 책을 통해 문제의 핵심을 보다 분명하게 포착할 수 있을 것이며, 특히 그 철학 사상의 흐름을 정리하는 데에도 큰 도움을 받을 수 있을 것이다. 평자 또한 매년 학생들에게 '서양 근·현대 철학사'를 강의하고 있는 사람으로서 이 책의 가치를 한눈에 알아볼 수 있었으며, 평소 다소 불분명하게밖에는 이해하지 못했던 사상 내용들의 상당 부분이 이 책을 읽는 가운데 보다 명료해지는 느낌을 받았다.

이 책의 내용을 개략적으로 살펴보자면 다음과 같다.

데카르트(R. Descartes)가 '생각하는 나의 존재의 확실성'을 선언한 이후, 독자적으로 사고하는 주체가 '어떻게' 외부 세계를 인식할 수 있느냐 하는 문제가 대두됨으로써, 인식론 중심의 서구 근대철학이 전개되기 시작하였음은 잘 알려진 바와 같다. 그런데 이 책의 저자가 무엇보다도 주목하는 것은, 데카르트가 발견한 이른바 근대적 자아, 즉 사고활동 가운데 그 자신의 존재를 확인하는 자아, 그리고 더 나아가서 "일체의 존재를 이러한 자아의 활동성 속에서 이해하는 초월적 주관주의"의 입장이다. 저자는

---

2 현 서울대학교 윤리교육과 명예교수. 본 서평은 『철학연구』 제42집(철학연구회, 1998), 361–366쪽에 게재되었음.

이러한 자아 개념이 라이프니츠에서는 모나드로, 칸트에서는 초월적 통각으로, 독일 관념론자들에 있어서는 절대 자아 또는 절대 정신으로, 후설에서는 초월적 주관성으로 나타난다는 것을 지적한다(23쪽-24쪽). 다음 내용은, 데카르트에 의해 근대 사유의 특징이 된 주-객 분리의 이원적 구도, 정신과 물질의 이원론이라는 문제를 해결하기 위한 합리론자들—스피노자(B. Spinoza)와 라이프니츠(G. W. Leibniz)—의 시도이다. 한편, 경험론자들은 자아를, 능동적이고 활동적인 사고 능력을 지닌 주체로서가 아니라 단지 수동적으로 외부 세계를 반영하는 관념의 다발로서 이해하려 하는데, 이러한 입장은 결국 자아와 세계의 참 모습을 탐구하는 일체의 학문들조차 인간의 주관적 상상력에 기반한 허구일 뿐이라는 회의주의로 귀결되고 만다(114쪽). 여기서 우리는, 저자가 초월적 자아의 활동성을 부인하는 경험론 일반의 입장에 대해 비판적임을 읽을 수 있다. 경험론은 정신을 상실하고 무한자를 상실하게 됨으로써, 인간으로부터의 반성적 삶의 기회를 앗아갈 수 있다는 것이다. 이런 맥락에서 다음과 같은 저자의 지적은 시사하는 바가 크다.

> 유한한 세계와 무한자, 즉 자연과 신을 분리시키면 무한자는 결국 유한한 세계로부터 추방당하고 유한한 것이 절대화되는 오류를 낳게 된다. 다시 또 유한한 것들 중에서 사고체와 연장체를 두 실체로 분리시키면, 결국 그중의 하나인 정신이 배제된 연장성만이 유일한 실재로서 절대화되는 오류를 낳게 된다.(50쪽)[3]

다음으로 저자는, 자아를 '자연 필연성에 속하는 존재이면서 동시에 그러한 제약을 넘어서는 자유의 존재'로 이해하고 '자아는 자체 안에 그 양극적 대립적 측면을 모두 포함하고 있다'고 생각한 칸트(I. Kant), 자아의 본질을 '바로 이와 같은 대립 안에서 그 양극 사이를 오가는 유동성 또는 활동성'으로 이해한 피히테(J. G. Fichte), 이러한 피히테적 변증법에 근거하여 '우리의 유한한 정신 안에서 무한성의 이념이 어떻게 실현되어 가는지'를 밝힌 헤겔(G. W. F. Hegel)의 사상을 소개하고 있다(116쪽). 다시 말해서, 합리론자와 칸트가 무한의 관점에서 자아를 규정하려고 했고, 경험론자(또는 현

---

3 물론 이 구절은 데카르트 철학이 야기한 문제를 비판하는 가운데 나온 것이지만, 무한과 초월을 상실한 관점에 대해 시종 비판적인 저자의 일관된 입장을 잘 보여준다.

대의 해체론자)들이 유한의 관점에서 자아를 규정하려고 했다면, 피히테는 자아를 그 둘 중의 어느 하나로서가 아니라 오히려 그들 사이의 관계이자 그 둘 사이의 유동적 활동성으로 파악하고자 했으며, 피히테가 강조한 이러한 모순과 유동을 적극적으로 사유하여 그것을 정신 및 자연의 자기 생성 과정의 본질적 요소로 설정한 철학자가 바로 헤겔이다(170쪽).

그러나 이러한 양극을 종합하려는 관념론자들의 시도는 아무래도 무한의 관점에 치우쳐 있음으로써 인간의 근본적 유한성, 즉 어떠한 동일성으로도 환원될 수 없는 감성적 측면이 결여되어 있다는 비판이 제기되었던 바, 여기서 포이에르바하(L. A. Feuerbach)와 니체(F. Nietzsche)의 관점이 소개된다. 포이에르바하는, 무한(신, 초재적인 객체)을 유한(개별 존재자)에 내재화시키려 했던 이제까지 관념론의 시도가 일면적-추상적임을 비판하고, 인간이 단순한 이성적-사유적 존재가 아니라 이성이나 사유로 환원될 수 없는 감성적 존재임을 지적함으로써, 사변 철학은 이제 인간학이 되어야 한다고 주장했던 것이다(205쪽). 니체는 이제까지 인간에게 있어 보편적인 것, 즉 동일성에만 주목해 왔던 기존 철학을 비판하고, 인간의 개체성과 고유성을 되찾을 것을 역설하였던 것인데, 여기서 우리가 특히 주목할 만한 것은, 전통적 철학에 대한 단순한 부정과 파괴 외에 그의 철학에는 인간 사유에 대한 새로운 통찰이 내포되어 있다는 것이다. 즉 그것은, 인간의 사유가 진리를 있는 그대로 드러낼 수 있다는 기존의 주장이나 전제의 허구성을 폭로하고, 모든 사태에 대한 이해는 언어의 매개를 통해서만 비로소 가능하다는 것을 보여준 점이다(240쪽).

후설(E. Husserl) 및 초월철학의 공통된 특성을 소개하는 가운데 저자는 현대 문명의 기조를 비판하는 철학자로서의 모습을 다시금 보여준다. 초월과 무(無), 다시 말해서 형이상학을 상실한 현대 문명은 인간 본질의 상실, 자아의 상실을 초래하고 만다는 것이다.

> 유동적인 현상을 다시 붙들어 세우고 고정시키려는 우리의 경험[과학]의 논리는, 자신의 그림자를 밟으려고 자꾸만 더 빨리 뛰어보는 슬픈 헛수고에 지나지 않는다. 초월의 관점에서 보자면 경험의 논리 안에서 고정화되고 법칙화된 객관 세계의 확실성이라는 것은 마치 흘러가는 강물 위의 배에서 배 바닥에 자신의 위치를 표시해 놓고 만족해 하며 느끼는 그런 확실성에 불과할 뿐이다 … 현대는 죽음과 초월이 삶의 경험 밖으로 밀려나고 도외시된 채 그저 '살

아가기에 바쁜' 시대이다(254쪽–260쪽).

이어서 저자는, 인간의 신체성과 '근원적 자각'을 강조한 메를로-퐁티(M. Merleau-Ponty), 현대의 기술적 사유를 비판하고 '초월적 주관성의 철학'을 전개한 하이데거(M. Heidegger), 자아와 언어의 관계에 주목한 탈현대 철학자로서 푸코(M. Foucault)와 라캉(J. Lacan)의 자아 이해를 차례로 검토함으로써 논의를 끝맺고 있다.

이제 이 책의 특성 및 장·단점을 필자 나름대로 살펴보자면 다음과 같다.

첫째, 저자는 주제를 따라 다양한 철학 사조들 및 철학자들을 뚫고 지나가면서 필요한 탐색을 계속하고 있다. 따라서 이 책은 단순한 논문 모음집이 아니라, 그 주제 의식이 돋보이는 하나의 단행본으로서 손색이 없는 모습을 보이고 있다.

둘째, 이 책은 각 장의 시작 부분에서 앞으로 다룰 문제를 같은 형식으로 밝혀줌으로써, 시대를 따라 진행되는 사상 발전 맥락을 보다 용이하게 파악할 수 있도록 해준다. 뿐만 아니라, 논의 진행 과정에서도 끊임없이 반성적 질문을 던짐으로써 문제의 초점을 향해 독자들의 주의를 환기시키고 긴장감을 유지할 수 있게 해준다.

셋째, 이 책은 잘 소화된 언어를 나름대로 재구성한 체계에 따라 구사함으로써 우리 서양철학계 제2세대의 모습을 확실히 보여주고 있다. 우리 이전 세대가 서세동점(西勢東占)의 분위기 속에서 서양 사상을 받아들이기에 급급하였고, 어쩔 수 없이 서양의 언어와 문화의 위세에 얼마간 주눅이 들은 모습을 보였다고 한다면, 이제 유학 제2세대들의 연구가 양적·질적으로 쌓여가는 요즈음이라면 우리도 이전 단계를 벗어나 서양 사상을 '있는 그대로' 혹은 '나름대로' 바라볼 수 있는 단계에 이르지 않았나 싶다. "우리의 철학은 우리의 삶과 우리의 역사와 우리의 정신과 분리될 수 없는 것이어야 한다"(8쪽)는 당위성에도 불구하고, 우리에게는 우리 자신을 알기 위해서라도 오늘의 세계를 지배하고 있는 서양 사상의 패러다임을 우선 이해할 것이 요구되고, 따라서 그러한 과업이 어느 정도 정리된 후 다시 우리 정신의 뿌리를 탐구하는 일로 되돌아와야 한다는 저자의 문제의식은 매우 정당해 보인다. (실제로 저자는 다른 한 권의 책을 통해 이 과제를 동시에 수행하고 있음을 밝히고 있다.) 그리고 우리는 이 책에서 그러한 방대한 과제를 위한 준비의 모습을 읽을 수 있다.

한편, 다소 아쉬운 점을 들자면 다음과 같다.

첫째, 논의의 비중이 합리론 내지는 독일관념론에 기울어져 있고, 상대적으로 경험론에 대한 검토가 양과 질 면에서 다소 미약하다는 것이다. 특히 흄(D. Hume)의 경우, 저자는 불과 6페이지의 분량으로 다루고 있으나, 현대 영미 철학자들 가운데 상당수가 흄을 가장 중요한 철학자로 여기고 있음에 비추어 자칫 편파적이라는 인상을 주기 쉽다. 예를 들어, 저자가 주로 인용한『인성론(Treatise of Human Nature)』에서의 흄의 입장은 객관적 세계의 실체성을 부정하는 것이지만(144쪽), 후기의 저술인『인간 이해력에 대한 연구(An Enquiry Con cerning the Human Understanding)』에서는 이와 다른 입장을 보이고 있다.

> 아무런 추론 없이도, 혹은 우리가 이성을 사용하기 전에도, 우리는 항상 외부에 있는 하나의 우주를 전제한다. 이 우주는 우리의 지각에 의존하는 것이 아니라, 우리를 비롯한 모든 감각 생명체가 없거나 멸절된다 하더라도 존재하는 그런 것이다.[4]

또한, 경험론의 중심 인물인 로크(J. Locke)는 아예 다루어지지 않고 있는데, 이는 또 다른 의미에서 아쉽다. 왜냐하면, 저자는 홉스(T. Hobbes)의 인간관을 다루는 곳에서 "그의 계약론의 바탕이 되는 투쟁적인 힘의 추구의 인간관이 사실 오늘날 자본주의 사회의 기본 구조의 실태를 적나라하게 보여주는 것임을 지적함으로써, 오늘날 우리에게 암묵적으로 전제된 우리의 인간 이해에 대해 비판적이고 회의적인 시선을 던져 보고자 한다"고 천명하고 있는데, 바로 이런 시각이라면 인간을 '재산을 소유한 자'로, 또 인간의 자유와 권리를 '재산처분권'에서 찾으려 한 로크야말로 서구 자본주의 문명의 원조라 할 수 있을 텐데도, 바로 그 부분이 빠져 있기 때문이다.

둘째, 홉스와 계약론을 언급하는 가운데 저자는 홉스적 인간 이해를 넘어서 사회적 자아에 주목하고 이러한 관점에서 잠시 루소(J. J. Rousseau)의 인간관을 다루어 주는데(107쪽), 기왕이면 루소에서 마르크스(K. Marx)에 이르는 인간 개념까지를 제대로 다루어 주었으면 하는 아쉬움이 남는다. 물론 이것은 평자의 욕심일 뿐, 논의의 범위를 (사회철학의 영역으로까지) 지나치게 확대하는 데에도 문제는 있었을 것이다.

---

4 *Enquiries Concerning the Principles of Morals*, ed. by L. A. Selby-Biggge, rev. by P. H. Niditch, Oxford, 1975, 151쪽.

셋째, 문제의식을 가지고 한 가지 주제를 꾸준히 탐구해 온 저자인 만큼, 자신의 종합적인 견해를 밝히는 정리의 변(辯)이 있었더라면 하는 아쉬움이 있다. 짐작컨대, 저자가 예고한(9쪽) 후속 연구서(『자아의 탐색』)에는 그러한 언급이 있으리라 기대되지만, 문제 해결을 위한 어떤 아이디어나 암시 정도라도 밝혀주었더라면 궁금증이 조금 덜해질 수 있었겠다.

그러나 물론 위와 같은 비판 아닌 비판으로 이 책의 가치가 조금이라도 손상되는 것은 아니다. 거듭 강조해 두거니와, 저자가 다룬 자의식의 본질, 인간의 세계 인식의 허실, 인간의 실존적 자기반성 등의 주제는 그야말로 철학의 핵심 주제로서, 그것을 직접 자신의 발로 하나 하나 답사한 이 책을 통해 우리는 참으로 '철학함'의 진면목을 발견하게 된다. 아울러 앞으로의 저자의 연구 성과에 더욱 기대를 걸게 된다.

서평 3: 나는 누구인가? 벗어날 수 없는 영원한 철학적 물음

이재영(조선대학교 철학과 교수)[5]

1. 이 책의 저자 한자경 교수는 이미 독일관념론 분야에서 많은 논문을 발표하였고, 피히테와 셸링의 원전들을 번역해 냄으로써 이 분야의 전문가로 널리 알려져 있는 인물이다. 『자아의 연구』는 저자의 박사 학위 논문인 『칸트와 초월철학』(서광사, 1992) 이후에 저자가 내놓은 실질적인 최초의 저서라고 할 수 있다. 이 책은 6개월 뒤에 나온 저자의 또 다른 책인 『자아의 탐색』(서광사, 1997)과 함께 철학계의 주목을 받아서 이미 두 차례나 서평이 게재되었을 뿐만 아니라, 서양 근·현대 철학과 관련된 강좌에서 아마도 거의 예외 없이 참고 도서로 지정되어 더 이상 새로운 책이라고 할 수 없을 정도로 우리에게 친숙한 책이다. 이 책은 3부로 이루어져 있고, 각 부마다 5명의 철학자들을 다루는데 앞의 세 철학자는 연속의 관점에서, 그리고 뒤의 두 철학자는 그것에 대한 부정과 비판의 관점에서 서술하고 있다. 각 부의 맨 앞에는 두 쪽 분량의 내용 요약이 있으며, 각 장을 시작하면서 그 장에서 다룰 문제를 여러 가지 물음의 형식으로 제기한다. 그리고 각 장의 마지막은 "남는 문제"나 "비판적 검토"라는 제목으로 되어 있어서 그다음 장과 문제의식이 연결되어 있다. 이러한 구조로 볼 때 이 책은 마음에 드는 철학자를 골라 읽기보다는 먼저 처음부터 끝까지 저자의 의식의 흐름을 따라 통독하는 편이 나으리라고 생각된다.

1부의 주제는 자아의 본질은 보편적 이성인가 아니면 개별적이고 이기적인 본성 또는 감성인가 하는 것이다. 구체적으로는 데카르트의 의식 주체로서의 자아, 스피노자의 신의 양태로서의 자아, 라이프니츠의 모나드로서의 자아라는 합리론의 자아관과 홉즈의 이기적 욕망 주체로서의 자아와 흄의 관념의 다발로서의 자아라는 경험론의

---

5   현 조선대학교 철학과 명예교수. 본 서평은 『철학과 현실』 제42호(철학문화연구소, 2000), 285-292 쪽에 게재되었음.

자아관이 대비되고 있다. 근세 합리론자들이 개체적 자아에서 출발해서 그 안의 보편적 존재 근거나 원리를 찾아냄으로써 개체성과 보편성, 유한성과 무한성, 인간과 신을 조화시켜 신 즉 자연의 사상으로 나아가고자 한 반면에, 경험론자들은 자아 안의 보편성이나 무한성을 부정하고 자아를 철저하게 경험적 차원에서 개체적 존재, 이기적 욕망 주체 또는 경험적 관념들의 다발로 이해하고자 한다. 그들은 현상적인 개체성을 넘어서는 인간의 보편적 본질, 다양한 관념들을 하나로 묶어 주는 근본적 단순성과 통일성으로서 자기 동일적 자아성을 부정한다.

　2부의 주제는 인간의 본질은 무한성의 초월적 자아인가 아니면 유한성의 경험적 자아인가, 자유의 정신인가 아니면 필연성의 물질인가 하는 것이다. 구체적으로는 칸트의 현상 구성의 초월 자아, 피히테의 무한과 유한 사이에서 유동하는 자아, 헤겔의 보편을 실현하는 개체로서의 자아라는 칸트와 독일관념론자들의 자아관과 포이에르바하의 감성적 자아, 니체의 초인으로서의 자아라는 반형이상학자들의 자아관이 대비되고 있다. 자아가 자체 안에 유한과 무한, 경험과 초월, 제약과 무제약이라는 양극의 대립을 포함한다는 것이 칸트의 통찰이라면, 이와 같은 대립 안에서 그 양극 사이를 오가는 유동성 또는 활동성을 자아의 본질로 밝힌 사람이 피히테다. 헤겔은 구체적으로 우리의 유한한 정신 안에서 무한성의 이념이 어떻게 실현되어 가는지를 밝힌다. 포이에르바하는 헤겔로 완성되는 관념론 철학에는 인간의 근본적 유한성 즉 어떠한 동일성으로도 환원될 수 없는 감성적 측면이 결여되어 있다고 비판하며, 니체는 어떠한 이성적 사변으로도 설명될 수 없는 구체적 신체성이 결여되어 있다고 비판한다.

　3부의 주제는 자아는 능동적이고 주체적인 세계 구성자인가 아니면 역사와 문화 또는 언어에 의해 비로소 형성되는 제약적 존재인가 하는 것이다. 구체적으로는 후설의 세계 구성의 지향적 주체로서의 자아, 메를로-퐁티의 신체성의 자아, 하이데거의 실존과 탈존의 자아라는 현상학자들의 자아관과 푸코의 인간학적 잠 속의 자아, 라캉의 형성된 욕망 주체로서의 자아라는 탈현대 철학자들의 자아관이 대비되고 있다. 근세 형이상학의 부정과 와해 뒤에 제1철학의 이념을 안고 탄생한 현상학은 다시 이전의 형이상학적 주제들에 대한 논의를 되풀이한다. 근·현대의 형이상학자들이 이해하는 자아는 현상 세계를 구성하고 그것에 대해 직관하고 사유하는 활동적 주체, 현상 너머의 초월적 존재다. 그러나 탈현대 철학자들은 초월적 존재가 현상과 맺는 관계에 주목한다. 그들에게 그 관계를 규정하는 결정적 요인은 언어다. 언어가 담고 있는 상징적 질서는 나와 독립적으로 내가 태어나기 전부터 있었던 사회와 문화의 구조를 반영하면서, 그러한 관계의 그물 속에 놓인 나의 위치를 지정해 준다.

2. 저자는 서양 철학에 편중된 사유와 공부 방식을 정리하고, 항상 저자의 철학의 주제가 되어온 "자아"라는 주제를 벗어나고 싶어서 이 책을 펴내게 되었고, 단지 서양 철학사에서 대표적인 철학자들의 자아관을 가능한 한 있는 그대로 밝히고자 한 것이라고 겸손하게 말한다. 하지만 이 책은 저자의 표현대로 단순한 요약과 정리가 결코 아니다. 우선 저자는 여기서 거론된 철학자들의 주요 원전들을 꿰뚫고 있을 뿐만 아니라, 2차 문헌의 도움을 받지 않고 원저자들보다도 더 그들의 자아관을 잘 파악하여 산뜻한 우리말로 원전의 내용을 정확히 전달하고 있다. 이 책은 15명의 철학자들의 자아관 연구가 아니라 서양 철학 소사(小史)라고 할 만하다. 이 책은 일반인들이 자아를 찾기 위해 참고할 책이라기보다는 철학을 전공한 사람들이 공감할 전문 서적이며, 철학의 대중화를 외치며 무조건 더 쉽고 더 재미있는 책을 강조하는 이 시대에 더욱 소중한 가치를 느끼게 한다. 그다음으로 우리를 감탄하게 하는 것은 저자의 문제의식이다. 저자는 『자아의 탐색』에서 "자아라는 유령에 사로잡혀서 어느 철학자의 어떤 저서를 대하든 관심은 항상 인간과 자아를 어떻게 이해했는가 하는 것이었다"고 밝히고 있다. 저자의 글이 한 줄 한 줄 생명력 있게 다가오는 것은 바로 이러한 문제의식을 갖고 철학자들을 파헤쳤기 때문이다. 저자는 같은 길을 찾는 구도자의 입장에서 철학자들과 공감한 것을 확인하는 식으로 서술하고 있다. 저자가 그런 식으로 철학자들을 보았기에 독자들에게도 강의를 하려 하거나 자기를 주목해 달라고 강요하지 않는다. 정신없이 살아가기에 바쁜 이 시대에 깨어 있는 눈으로 세상을 지켜보고 있는 철학자가 있다는 사실만으로도 우리에게 든든함과 아울러 경각심을 불러일으키기에 충분하다.

한 권의 저서로서 나무랄 데 없는 이 책에 평자로서 아쉬운 점을 몇 가지 지적하고자 한다. 첫째, 저자의 말대로 자아의 이해는 철학의 거의 모든 주제를 다 해명함으로써만 얻어질 수 있는 무한한 문제 영역이긴 하지만, 자아란 무엇인가 하는 물음은 철학 연구를 통해 비로소 제기되는 물음은 아니다. 그것은 인간에게 누구나 생기는 자연스러운 물음이며, 따라서 철학자들 말고도 아마도 제목에 이끌려서 이 책을 찾게 되는 사람들도 있을 것이다. 철학사에서도 이 물음이 근대에 와서 시작된 것은 아니며, 자아에 관심이 있는 사람들을 위해서 1부의 맨 앞에 고대와 중세의 자아관을 간략하게 언급했으면 좋았을 것이다. 아울러 자아의 문제에 관한 철학적 논의에는 어떤 것들이 있는지, 이를테면 심리철학에 자아 동일성, 다른 사람의 마음, 몸과 마음의 관계, 행위와 같은 주제들이 있다는 것과, 이 책은 근·현대가 망라된 것은 아니고 저자의 전공 분야를 중심으로 이루어진 것임을 밝혔더라면 독자들에게 도움이 되었을 것이다. 왜냐하면 이 책의 곳곳에서 저자가 비트겐슈타인, 콰인, 퍼트남, 로티와 같은 현대 영미 철학자들에 관한 연구의 동향 파악을 게을리하고 있지 않음을 볼 수 있기는 하지만, 전체적으로 유럽 철학 중심의 논의라는 인상을 피할 수 없기 때문이다.

둘째, 1부의 합리론과 경험론의 대비에서 경험론이 지나치게 소홀히 다루어졌다는 느낌이 든다. 우선 홉스를 합리론자들에 대한 비판적 철학자로 보기는 힘들다. 연대별로도 그는 데카르트와 같은 시기에 활동했던 인물이며, 순수한 경험주의자라고 분류하기엔 너무도 데카르트적인 이성주의의 요소를 많이 갖고 있고, 자기 보존의 욕구를 기본으로 하는 그의 인간관은 근세 철학 전반에 깔려 있는 것으로 볼 수 있기 때문이다. 평자의 생각으로는 홉스보다는 차라리 로크를 다루었다면 흄이나 칸트와 잘 연결되었을 것 같다. 로크는 실체의 존재를 인정하고 자의식이 인격의 본질을 구성한다고 보는 점에서 데카르트의 그늘을 벗어나지 못했지만 자아 동일성이 신체나 실체의 동일성을 함축하지 않는다고 주장하는 점에서 데카르트와 결별한다. 그는 보상과 처벌, 미래의 삶, 상거래 문제가 모두 자아 동일성이 유지되리라는 믿음 위에 서 있으며, 기억의 지속성에 의해 자아 동일성이 성립된다고 봄으로써 자아 동일성 문제를 처음으로 체계적으로 다룬 철학자다. 다음으로 철학사에서 데카르트의 자아관에 정면으로 맞서는 중요성을 띤 흄의 자아관을 지나치게 간략하게 언급한 것은 부당하게 보인다. 각 철학자가 평균 21쪽의 분량으로 다루어졌고, 가장 분량이 많은 헤겔은 33쪽인 데 비해 흄이 6쪽의 분량으로 언급되었다는 것은 형평에 맞지 않는다. 더구나 경험을 하나로 통합하는 능동적 수체인 칸트의 초월 자아는 자아가 지각의 나발에 불과하다는 흄의 결론을 받아들이지 않을 뿐 정신적 실체로서의 자아를 부정한다는 점에서는 흄과 같은 입장이며, 저자도 흄의 경험론적 회의주의가 초월적 주관주의를 함축한다(114쪽)고 정확하게 진단하고 있으면서도 흄의 의의에 대해서 좀 더 논의를 전개시키지 않은 점이 못내 아쉽다.

셋째, 저자가 학문뿐만 아니라 삶의 방식까지도 바꿔 놓은 서양 정신의 본질을 알기 위해 기술 문명, 자본주의, 민주주의가 발전하기 시작한 서양 근세 철학을 공부해 왔지만 그것은 어디까지나 동양 정신을 밝히기 위한 서양 학문 공부였기에 그다음 단계로 나아가기 위해 그 공부에 대한 자신의 사유를 정리할 필요에서 이 책을 내게 되었다고 밝힌 데서 알 수 있듯이 이 책은 '예비서'의 냄새가 많이 난다. 불교의 무아관이 주체의 죽음과 해체를 주장하는 탈현대의 사유와 유사하다(322쪽)거나, 초월철학과 자아 해체의 철학이라는 상이한 입장이 동일한 오류를 범할 수 있는 것은 둘 다 자아를 규정하려고 했기 때문(323-24쪽)이라거나, 나아가 "자아는 결핍, 공(空)이기에 모든 의미 부여된 것을 탈의미화하고, 모든 형성된 것을 해체시키는 끊임없는 부정의 운동일 뿐"이라는 마지막 장의 언급에서 우리는 이 책에서 이미 '인간이란 본질적으로 일체의 규정을 넘어선 존재'라는 『자아의 탐색』의 결론이 내려지고 있음을 알 수 있다. 아울러 저자는 네덜란드 출신 화가인 에서의 "그림 그리는 손"이라는 작품(118쪽)을 예시함으로써 실재론과 관념론, 경험의 논리와 초월의 논리, 삶의 논리와 죽음의 논리, 존재의 논리와 공의 논리, 유한의 논리와 무한의 논리, 제약의 논리와 무제약의 논리, 시간의 논리와 영원의 논리, 계산의 논리와 비정상의 논리가 일상에서뿐만 아니라 철학에 있어서도 함께 뒤섞여 공존하고 있음(246쪽)을 주장한다. 하지만 현대는 초월과 무(無)의 논리가 상실된 시대(247쪽)며, 우리가 되찾아야 할 초월, 무한, 순간, 무와 죽음의 논리는 인간을 인간답게 하는 인간 본질 즉 형이상학의 논리(260쪽)라고 주장하면서 인간의 본질이 본래 초월이라는 것이 왜 인간에게는 하나의 역설인가(261쪽) 하고 묻는 저자한테서 우리는 초월의 논리에 대한 짝사랑을 발견한다. 해체 작업의 선구자라고 볼 수 있는 니체의 철학을 자아 개념을 중심으로 해서 하나의 체계로 재구성해 본다는 것은 오늘날과 같이 일체의 형이상학적 체계를 해체시키는 탈현대의 시대에 역행하는 것처럼 보일지도 모른다(220쪽)며 겸연쩍어 하면서도 형이상학의 회복을 외치는 것은 저자도 "한 인간이 어떤 철학을 선택하는가는 결국 그가 어떤 인간인가에 달려 있다"(260쪽)는 명제에 예외가 아니기 때문일까?

한자경이라는 이 시대의 걸출한 철학자의 문제의식에서 또 어떤 책이 우리에게 주어질지 "자아라는 주제를 벗어나 다른 무엇을 주제로 삼고자 하는지 아직 결정되지 않았다"는 그녀의 말에도 불구하고 벌써부터 두근거리는 가슴으로 기대해 본다.

3

『자아의 탐색』

발행 연도 1997년
펴낸곳 서광사
240 페이지

지은이의 말

'자아란 무엇인가, 인간이란 무엇인가?' 철학은 말할 것도 없고 그 외 일상이나 과학에서 우리가 던지는 모든 물음들은 결국 이 하나의 근본 물음으로 향해 있을 것이다. 이물음을 외면하고 우주 운행의 법칙과 원리에 대해서만 몰두하는 것처럼 보이는 자연과학자들도, 사실은 인간이란 이 우주 전체 속의 시공간적 일부분이라는 생각 위에서인간 자아의 거주지인 우주를 연구하는 것이므로 결국 우주의 해명을 통해 인간 자신을 해명하고자 하는 것이다. 또한 자아의 물음보다는 사회 정치적 문화 현상에 대해몰두하는 것처럼 보이는 사회 과학자도 실제로는 인간이란 사회 정치적 배경과 환경에 의해 형성되는 존재라는 판단 위에서 그런 인간 형성의 조건들을 연구하는 것이므로 결국 사회 현상의 해명을 통해 인간 자신을 해명하고자 하는 것이다.

이렇게 보면 모든 물음이 다 인간 또는 자아의 물음에 귀속되므로, 그저 '인간이란무엇인가, 자아란 무엇인가?'라는 물음은 너무나 광범위하고 무규정적이며 따라서 애매한 물음 같아 보일 수도 있을 것이다. 보다 구체적인 탐구를 위해서는 자아 내지 인간을 일단 어떤 특정한 존재로서 규정해야 하며, 그 특정한 측면의 연구를 통해서만자아가 본격적으로 해명될 수 있는 것처럼 보일 수도 있을 것이다. 그렇다면 이 책은자아를 무엇이라고 규정하며, 무엇을 통해 그 자아를 해명하고자 한 것인가? 무엇을통해 자아에 접근한 것인가?

그러나 이 책은 탐색에 앞서 미리 자아를 이러저러한 존재로서 먼저 규정해 놓지 않으며, 탐색을 마침에 있어서도 자아를 이러저러하게 규정된 존재로서 결론 내리지도않는다. 오히려 이 책이 밝히고자 하는 것은 인간이란 본질적으로 그런 일체의 규정을넘어선 존재라는 것이다. 그리고 바로 그런 무규정성을 인간의 무한성과 초월성 또는자유로서 해명하였다. 다시 말해 이 책이 대상으로 삼은 것은 규정된 나(me)가 아니라, 오히려 '인간이란 무엇인가, 자아란 무엇인가?'를 묻는 바로 나 자신(I)이다. 그러기에 그 나는 그 자체로 객관화 또는 실체화될 수 없으며, 유(有)로도 무(無)로도 규정될 수 없기에, 한마디로 공(空)이다. 어찌 보면 이 책은 내 나름대로 풀어 써 본 불교적 공(空) 또는 아공(我空)의 해명이다.

제1부에서는 인간의 마음을 일체의 규정을 넘어선 공, 나아가 그 공의 신묘한 자각으로 밝혀보았으며, 이어 제2부에서는 그 공 또는 마음이 함축한 무한성과 무분별성을 해명하였다. 공의 자각으로서의 우리의 마음은 유한한 것들에 대한 상대적 사유를 넘어서는 무규정자이고 무제약자라는 것, 마음으로서의 우리의 자아는 그 자체 상대를 넘어서는 절대, 유한을 초월하는 무한이라는 것이 이상의 논제이다. 그리고 제3부에서는 이러한 절대와 무한을 은폐하는 우리의 유한한 현상세계를 분석하여 보았다. 우리의 현실 세계는 관념으로 구성된 가(假)의 세계이며, 그 관념의 틀에 따라 존재를 규정함으로써 우리의 마음까지도 상대화시킨다. 우리는 과연 어떻게 그러한 관념의 규정을 벗어나 마음의 공성과 무한성을 회복할 수 있겠는가, 이것이 바로 이 책이 마지막으로 다루고자 한 문제이다. 따라서 이 책은 계속 자아라는 주제에 매달려 있으면서도, 과연 그 자아가 무엇이냐고 다시 물으면 공이라는 것 이외에는 달리 무엇이라고 할 말을 가지고 있지 않다. 다시 말하자면 이 책은 처음부터 끝까지 자아를 논함에도 불구하고, 자아에 관한 산뜻한 정의나 확실한 정보를 제공하는 그런 책이 아니다.

오히려 이 책은 이 세상에 생겨날 모든 과학, 이 세상에 쓰어질 모든 책이 결국 '태양 아래 새로운 것은 없다'라는 진리를 벗어나지 못하리라는 것, 모든 과학적 설명은 근본적으로 본질을 비껴가리라는 것, 우리는 끝내 우리 자신을 다 알지 못하리라는 것을 슬픈 운명처럼 예감하는 사람, 그러나 과학이 답하지 못하고, 네가 알지 못하는 그것이 과연 정확히 무엇이냐고 물으면 할 말을 잃고 마는 사람, 그런 사람만이 공감할 수 있는 책일 것이다.

이 책은 특정 철학자의 사상이나 체계를 정리하거나 해석한 것이라기보다는 서양철학 및 불교를 공부하면서 자아에 대해 가지게 되었던 나 자신의 생각들을 정리한 것이다. 이 책이 단순히 개인적 감상이나 수필에 그치는 것이 아니기를 바라면서, 유사한 논리를 펴거나 연관되는 논의를 하는 철학자는 간단히 주를 달거나 괄호 속에 언급하는 방식을 취하였다. 그들에 관한 더 자세한 논의는 서양 철학에 관해서는 이미 출판된 『자아의 연구』(부제: 서양 근·현대 철학자들의 자아관 연구, 서광사, 1997)에서 밝힌 바가 있고, 불교철학에 관해서는 후일 연구서의 형식으로 발표할 계획이다.

여기 실린 대부분의 글은 일반적인 철학회와는 달리 엄격한 학문적 성격을 띠지 않은 글도 자유롭게 논의될 수 있는, 계명대학교의 〈목요철학 세미나〉에서 발표되었던 글들이다. 이 글들 역시『자아의 연구』와 마찬가지로 자아를 주제로 삼은 것이지만, 글의 성격이 앞의 책과는 전혀 다르기 때문에 별도의 책으로 엮은 것이다. 자아에 관한 글들을 왜 군이 책으로 엮어 내는가에 대해서는 이미 앞의 책에서 말한 바 있으므로 여기서는 다시 언급하지 않겠다. 그 대신 자아에 관한 사유를 정리하고 싶었던 나의 바람에 대한 실존적 고백을 다소간의 부끄러움을 간직한 채 이 책 말미에 덧붙여 놓았다.

인연으로 맺어진 많은 사람들에게 고맙다는 생각을 해본다. 누구보다도 지금 이 책을 펴 든 당신에게.

1997년 6월
한자경

후기: 들고 가기 위해서가 아니라 두고 떠나기 위해

가방 가득 철학책을 들고 다니던 대학 시절, 나는 이미 나 자신이 어떤 의미에서는 자폐증 혹은 실어증 환자라는 의식을 가지고 있었다. 그리고 그 증세는 아직까지도 나를 따라다닌다. 그러나 그 병의 기원은 아주 어린 시절로 이어진다. "생각할 줄 아는 사람과 생각 없이 사는 사람의 차이는 자신의 감정을 얼마만큼 순화시켜 표현하는가 하는 것이다. 시인의 시나 화가의 그림은 아름답게 순화된 감정의 표현이지만, 폭발적인 울부짖음이나 웃음 또는 직설적 표현 등은 아름답지 못하다." 이것이 언젠가 내가 한 번 귀로 듣고, 그 후로는 줄곧 마음으로 들어왔던 아버지의 말이었다. 그런 말을 들으면서 나는 시인이 되거나 화가가 되기를 꿈꾸기보다는 시인도 못 되고 화가도 못 되는 나 자신에 대한 서러운 감정만을 더 크게 키워왔을 뿐이다. 시로도 그림으로도 표현되지 못하는 나의 얽힌 감정들은 말 아닌 말, 독백으로만 남아 있을 뿐이었다. 내게 있어서 말은 곪아터진 종기에서 고름이 새어나오듯 그렇게 안에서 표면으로 흘러내리는 독백의 신음이었지, 특정한 어느 누군가에 의해 이해받고자 하는 의사소통 수단으로서의 대화의 말이 아니었다. 말이 가지는 〈기술적 기능〉은 나를 무기력하게 만들었다. 이미 모든 것이 있는 그대로 있는 것이라면 내가 말을 한들 무엇이 달라지는가? 그러나 말이 가지고 있는 〈수행적 기능〉 역시 나를 무기력하게 만들었다. 말해야 할 것이 따로 있는 것이 아닌데, 무엇을 왜 말하고자 하는가?

타인과 대화하지 못한다는 것은 타인과의 영혼의 만남이 없다는 것이고, 그런 만남이 없는 영혼은 견딜 수 없는 공허를 짊어지고 사는 영혼이다. 그리고 자신 안에서 채워지지 않는 공허의 아픔에 시달리는 자는 운명적으로 형이상학자가 될 수밖에 없다. 그 공허를 오히려 인간의 본질이고 인간의 운명이라고 변론하게 되고, 따라서 모든 것에 실체가 없다는 관념론, 모든 개체를 외로운 단독자로 완성하는 유아론을 벗어날 길이 없게 된다.

이와 같이 하여 철학은 내게 있어서 나의 영혼의 외로움을 토로하는 유일한 의사소통 수단이 되어 주었다. 남들은 자기 자신의 감정을 직접 표현하든지 아니면 시나 노래나 소설이나 그림으로 표현하겠지만 내게 남아 있는 길은 철학밖에 없었다. 내가 철학으로 표현하고자 하는 것은 항상 나 자신이었다. 그냥 삶 자체, 존재 자체가 던져 주는 아픔일 뿐이었다. 그리고 그것은 지금도 마찬가지이다. 먹고 살 양식이 없어서도 아니고, 함께 생활할 가족이 없어서도 아니고, 사회에 부조리와 부정의가 팽배하기 때문도 아닌, 그 모든 외적인 조건을 떠나 그 모든 상황에 앞서 그냥 삶 자체가 던져 주는 아픔과 고통을 표현하고 싶을 뿐이다.

그리고 나는 그것을 철학 이외의 다른 어떤 방식으로도 표현할 줄을 모른다. 나는 100명이 넘게 모인 세미나에서 '인간의 본질은 공이다'는 것을 말할 줄은 알아도, 어느 누구 한 사람 앞에서도 '나는 요즘 외로움을 느낀다'고 말할 줄은 모른다. '인간은 본래 사회성을 추구한다'는 말을 할 줄은 알아도, 특정 사람을 향해 '당신과 같이 있고 싶다'는 말은 차마 할 줄을 모른다. 가장 추상적이고 가장 일반적인 개념으로써 가장 구체적이고 가장 개인적인 내 가슴속의 생각들을 쏟아놓을 때 느껴지는 것은 비애감이다. 무수히 많은 말들이 가슴에 가득한데 그것이 철학적으로 표현되지 않기에 차마 표출하지 못하는 그런 슬픔이 나를 내리누르는 경우가 있다. 그때 독백처럼 흘러나오는 말, 슬픔이 배인 말, 그런 많은 말들을 썼다가 지우고 또 썼다가 지운다.

여기 묶어 내놓는 글들은 그렇게 해서 씌어진 후, 아직 지워지지 않은 글들이다. 대부분의 글들이 엄격한 철학적 논문의 형식을 갖추지 않은 채 철학이라는 이름 아래 말해져도 좋은 〈목요철학 세미나〉에서 발표되었던 글들이다. 몇 개의 글을 제외하면 하루 저녁 그렇게 발표된 후 그냥 나의 서랍 속에 들어 있었던 것들이다. 큰 소리로 읽혀졌지만 어느 누구에 의해서도 기억되지 않기에, 다시 나의 외로운 독백의 흔적으로 남아 있는 것들일 뿐이다.

이것이 책으로 묶여 나와야 할 이유가 무엇인가? 그것은 어느 날 순간적으로 내려진 결단이다. 〈목요철학 세미나〉 자료모음에 있던 글들을 무심히 읽어보다가 나는 내가 자아라는 하나의 유령에 사로잡혀 있다는 섬뜩한 느낌이 들었다. 물론 그것은 내가 익히 알고 있던 일이기는 하다. 나의 다른 철학적 논문들의 주제도 항상 '자아'였다. 「데카르트의 자아와 신」, 「후설의 초월자아」, 「칸트의 자아」, 「니체의 자아의 이해」 등등, 어느 철학자의 어떤 저서를 대하든 나의 관심은 항상, 그는 인간과 자아를 어떻게 이해하였는가 하는 것이었다. 그것만 이해되고 나면, 그의 나머지 사상에 대해서는 사실 별다른 관심이 가지 않았다.

그런데 문제는 나의 자아 이해에 그다지 근본적인 변화가 나타나지 않는다는 것이다. 매일같이 사유하고자 하는 자가 그 사유의 발전을 경험하지 못한다면, 도대체 그가 사유하고 있는 것일까? 매일같이 단지 같은 것을 반복하여 사유할 뿐이라면, 왜 차라리 자신의 사유의 한계를 인정하면서 더 이상 사유하기를 그만두지 않는 것일까? 내가 두려워하는 것이 그것이다. 대학 시절 나는 마치 'Alles oder Nichts'의 도박을 하듯이 철학에다 나의 인생을 걸기로 마음먹었었다. 나는 철학이 나의 인생에 있어서 모든 것이 되어 주기를 바랐었다. 그러니 나에게 있어서 사유를 포기하고, 철학을 포기한다는 것, 그러면서 살아남는다는 것은 견딜 수 없는 고통이 될 것이다. 그러기에 나는 내 삶을 연장하기 위해 사유를 반복하고 있는 것인지도 모른다. 바로 그 때문에 매일같이 유령에 홀린 것처럼 같은 내용을 같은 방식으로 되풀이하고 있는 것인지도 모른다.

이런 생각이 들자 견디기가 힘들었다. 자폐증에 고도의 자기기만까지 겸했다고 생각하니 비참하게 느껴졌다. 이제부터는 더 이상 나의 입에 '자아'라는 말을 담지 말자는 생각도 들었다. 나는 나의 유령을 벗어나고 싶다. 그러나 어떻게? 떠나는 자가 집을 정리하듯이 나의 그동안의 글들을 정리해 보고 싶다는 생각이 들었다. 들고 가기 위해서가 아니라 두고 떠나기 위해, 이제 정리가 필요할 때라는 그런 생각이 들었다. 그것을 나의 독백으로, 나의 기억 속에 묻어 놓지 말고 밖으로 내놓자. 그리고 다시는 그쪽을 돌아보지 말자. 이것이 왜 내가 이런 변변치 않은 글들을 활자화하기로 마음먹게 되었는가 하는 것이다.

목차

서평: 동서철학의 구체적 융합으로서 '자아의 탐색'

이효걸(안동대학교 동양철학과)[1]

1. 철학적 논의와 실존적 사색

자아의 문제를 철학함의 주제로 삼고 있는 한자경 교수는 최근 『자아의 탐색』이라는 저서를 세상에 내놓았다. 이것은 서양 근현대철학자들의 자아관에 대한 연구서인 『자아의 연구』에 이어진 것으로 그의 일련의 기획을 채워주는 착실한 성과물로 볼 수 있을 것이다. 서문에 내비친 바대로 "불교철학에 관해서 후일 연구서 형식으로" 별도로 발표할 계획까지도 그의 기획에 포함된다고 본다면, 『자아의 탐색』은 서양철학(서양)에서 불교철학(동양)으로 건너오는 과정으로 볼 수 있다. 서양철학으로부터 불교철학의 입장을 받아들이면서 고찰한 『자아의 탐색』은 서양철학의 입장에서 본 『자아의 연구』와 비교해 볼 때, 우선 고찰의 태도에서 '연구'에서 '탐색'으로 변화하는 모습을 엿볼 수 있다. 이것은 저자의 유보조항인 "엄격한 학문적 성격을 띠지 않은 자유로운 논의"를 위한 것이기도 하지만, 불교철학 혹은 동양철학의 엄밀하지 못한 방법과 화해하기 위한 어색한 변명일 수도 있고 더 나아가 불교철학의 함의가 '연구'의 방법론 자체를 무력화시킬 가능성을 감지했기 때문일 수도 있다. 다시 말해서, 저자가 구태여 '탐색'의 방법을 선택한 것은 일반화된 '연구'의 방법에 구애받지 않을 때라야 불교철학의 진의가 왜곡될 위험성이 훨씬 줄어든다는 사실을 예상하고 있는 것은 아닐까? 이런 측면에서 저자의 유보조항을 독해해 볼 때, 자신에게 길들여져 왔던 익숙한 방법으로부터도 편견 없이 뛰어넘을 수 있는 '열린 마음'의 건강성을 유감없이 발휘하고 있음을 알 수 있다.

익숙하게 길들여진 사고방법조차 편견일 가능성을 배제하지 않는 그의 열린 마음은 『자아의 탐색』 전편을 통해 살아 움직이고 있다. 이것은 그가 그저 한 권의 책을 쓰고

---

1   본 서평은 『오늘의 동양사상』 제1호(예문동양사상연구원, 1998), 232-237쪽에 게재되었음.

자 철학적 논의의 형식에 충실히 따르기를 거부하고 자신의 치열한 삶 그 자체로 끊임없이 회귀하려는 실존의 고백을 여과 없이 드러내기 때문이다. 한마디로『자아의 탐색』은 철학적 논의가 아니라 실존적 사색이라고 할 수 있을 것이다. 바로 이 점 때문에 이 책에 대한 비평이 한 인간의 엄숙하고 성실한 실존적 삶을 철학적 논의의 차원으로 전락시키고 마는 '재미로 던진 돌'에 지나지 않을 수 있다. 그러나 독자들로 하여금 실존적 사색의 빈곤함을 일깨워 주는 저자 자신의 치열한 실존 고백과 사색은 확실히 감동적이지만, 그 감동의 파장 때문에 자칫 그의 고백적 사색 전체가 모두에게 동일한 진리로 긍정되어 버릴 위험도 있다.

2. 비교에서 융합으로

이 땅에서 철학함이란 과연 어떻게 하는 것인가? 철학뿐만 아니라 다른 분야도 마찬가지겠지만 그것은 결국 '우리'의 삶과 관련된 문제에 귀결된다. 이것을 흔히 '주체'의 문제로 볼 수 있을 것이다. 그러나 우리가 주체라고 규정할 때 거기에는 엄청난 위험성이 도사리고 있다. 왜냐하면 주체를 정립할 때 스스로의 내용을 세우기보다는 타자를 배제하는 것이 더 뚜렷한 의미를 가지기 때문이다. 따라서 주체의 위기는 대개 타자에 대한 부정과 저항의 논리로써 극복되어지고, 역으로 부정되고 저항할 타자가 없을 때 도리어 주체의 불안과 위기에 직면하게 된다. 그리하여 주체를 강화하기 위해서는 언제나 비판의 칼날을 받을 타자를 찾아내지 않으면 안 된다. 그러나 타자에 대한 저항으로 은폐된 주체의 빈곤은 주체의 전면적 파멸에 이르기 전까지 그 악순환을 멈추지 않으려 한다. 이것이 주체의 문제에 내재된 위험성일 것이다. 요컨대 이러한 위험성을 극복할 수 있는 길은 '나' 혹은 '우리'와 타자를 구분하기에 앞서 '나' 혹은 '우리'를 먼저 철저히 들여다보고 스스로를 풍요롭게 만드는 일일 것이다.

이 땅에서 철학함도 우리 아닌 것을 의식하고 거기에 대한 '우리 것' 찾기에 골몰해서는 안 될 것이다. 실제 우리 철학사를 빛나게 했던 불교철학과 조선조 성리학도 그랬다. 우리의 불교철학과 성리학도 그것이 보편철학이기 때문에 받아들인 결과가 아니라, 그 속에 깊이 빠져들어 스스로를 풍요롭게 만들었기 때문에 우리다움의 불교철학과 성리학이 되었던 것이다. 그러나 근대 이후 우리의 정신사는 우리 역사의 일그러짐만큼 그렇게 초라하게 일그러졌다. 그 일그러짐의 초상은 화려한 외제 옷으로 자신을 분장하기에 급급하거나 아니면 그 반대로 수입품을 불살라 버림으로써 일시적 통쾌감을 맛보는 것으로 자족하는 모습이다. 어떤 경우나 자신의 빈곤을 은폐하는 극단화된 불안정한 마음이 여지없이 드러나는 것은 같다. 우리의 일그러진 모습은 여기에 끝나지 않는다. 자신을 터무니없이 제3자적 관점으로 외화시켜 놓고 비교평가하여 종합하는 것이 가장 합리적이고 객관적일 뿐 아니라 나아가 세계적 보편으로 초월해 간다는 환상에 빠지는 것도 또 다른 일그러진 모습이다.

한 교수의 『자아의 탐색』은 우리의 일그러진 모습을 '자아'의 이름으로 거울 앞에 앉히고 찬찬히 들여다봄으로써 우선 들뜬 마음을 안정시키고 있다는 점에서 참 좋다. 서양철학으로부터 불교철학을 좇아 오는 그의 발걸음은 무엇에 쫓긴 잰걸음이 아니라 걸음 자체를 즐기는 일종의 산책이다. 그는 그 양자를 제3자적 관점에서 비교하려는 것도 아니다. 그렇다고 왕성한 지적 욕구로 동서양을 넘나들며 마음에 든 것만을 골라 잡아 감상하는 지적 여행가도 아니다. 그는 겉도는 비교철학보다는 융합의 철학을 시도하고 있는 것이다. 예컨대 나와 대상 사이에 놓여 있는 바로 그 자리, 즉 열린 마음으로서 자아의 본질을 '상호주관성' 혹은 '칸트의 초월자아' 혹은 독일관념론자들의 '절대정신'과 동일시하고 이것을 경험적 자아(현실)에 대한 '이상'으로 규정하면서 불교철학의 돈오의 깨달음이 바로 이러한 이상에 대한 깨달음이라 단정하고 있는 경우다.[2] 여기에는 서양철학과 불교철학이 융해되어 있을 뿐 아니라 서양철학 내부의 이질성도 이미 융해되어 있음을 알 수 있다. 비교하고 구분 지으려는 의식보다는 자신의 실존적 사색 안에서 일관된 문제로 융해되어 있는 것이다.

3. 성급한 융합의 어색함

그러나 융해를 시도하는 그의 실존적 사색이 비록 그의 삶과 철학을 건강하게 할지라도 그러한 융해 자체가 정당한 것인가 하는 문제는 별개로 보아야 할 필요가 있다. 특히 융합의 결론이 '단정적'으로 매듭지어지는 것은 그 자신에게는 오히려 자연스러울지 모르지만, 그것은 다르게 해석될 여지를 쉽게 배제하거나 지금도 계속되는 논란거리를 주저 없이 결판내어 버리는 경우가 많음을 지적할 수 있다. 대표적으로 제1장 돈오와 점수에 대한 이해와 제2장 공의 논리에 대한 그의 이해는 매우 당혹스럽게 만든다.

먼저 돈오와 점수에 대한 그의 이해를 살펴보자. 그는 마음의 참모습(자아의 본질)

---

2   한자경, 『자아의 탐색』, 32쪽.

으로서 초월적 자아를 이상으로 규정하고 업의 장애에 오염되어 있는 현실의 경험적 자아가 그러한 이상을 향해 오염의 때를 점차적으로 닦아 본래의 모습으로 돌아가는 것이 인간의 도덕적 과제라고 말한다. 만약 이상과 현실의 구분이 부정되면, 현실(경험자아)을 이상(초월자아)으로 변화시켜 나가야 한다는 도덕적 과제가 무의미해지므로, 본질을 당위로서 확인하는 돈오만을 주장하는 선은 타락에 빠진다고 단언한다.[3] 왜냐하면 머리로 확인해 본 주객합일, 자타합일은 이념일 뿐 아직 현실이 아니기 때문이다. 그러므로 현실에서 당위로 건너가는 점수가 필연적이라는 것이다.

그러나 과연 그런가? 지금 여기서 문제 삼고자 하는 것은 돈오점수설과 돈오돈수설 중 왜 일방적으로 돈오점수설만 옳다고 보느냐를 따지고자 하는 것이 아니다. 그것보다는 돈오를 '본래적으로 있는 청정한 마음을 당위로서 확인하는 것'이라고 이해하는 데 의문을 제기하는 것이다. 오히려 돈오는 이상과 현실을 구분하고 닦아서 획득되어지는(닦아서 없어지는 것도 마찬가지) 것이라는 '분별'의 사유구조 자체를 문제 삼고 분별적 사고의 연장선에서는 본래적 자아가 확인될 수 없다는 의미에서 '돈'이라 이름하지 않았을까? 분별의 사유구조 그 자체는 분별의 사유 속에서 극복되지 않는다는 이유 때문에 그것은 초월되어야 하고 비약되어야 하지만, 그 초월과 비약 역시 분별의 사유에 대한 초월이고 비약이므로 적절하지 않다. 그래서 본래적이라 말할 수밖에 없는 것이 아닐까? 즉 본질과 비본질 혹은 시원적인 것과 유출된 것이라는 분별적 의미로서 본래가 아니라, 분별의식, 나아가 초월의식 그 자체의 무의미성을 의미하는 본래가 아닐까? 요컨대 우리가 현실과 이상을 구분하고 그 구분이 점수라는 다리에 의해 연결되어 있다는 생각을 가지는 한, 결코 분별의식을 해소할 수 없다는 의미에서 혜능의 '본래무일물(本來無一物)'이 해석되어야 하는 것이 아닌가? 그래서 돈오의 '돈'은 서술적 발언이 아니라 수행적 발언의 의미를 이미 가지고 있다고 해서 소위 돈오돈수설까지 나온 것이 아닌가?

예컨대 『자아의 탐색』 제10장에 나오는 욕망의 사랑과 광기의 사랑을 논하는 경우, 광기의 사랑은 욕망의 사랑으로부터 단계적인 시행착오를 거쳐 마침내 본래부터 갈무리되었던 것이 확인되어 드러난 것일까? 욕망의 사랑이 가진 한계를 경험하지 않으면 광기의 사랑은 불가능한가? 공에 대한 이해의 문제도 실존적 자기사색의 진지성에 취

---

3 위의 책, 35쪽.

해서 공 자체의 진지성을 간과한 듯 보인다. 과연 공을 변화하는 다양성에 대한 동일성 혹은 근원적 실재라 말할 수 있을까? 무엇보다도 공을 경험적 현실의 근저에 놓여 있다고 생각하고 대상이 가진 속성들을 양파 껍질처럼 벗겨 내고 남은 텅 비어 있는 대상 자체라고 보는 점에 의문이 남는다. 그래서 공을 결핍 혹은 공허로써 추적하거나 경험적 대상의 근저라 여기고 있는지도 모른다. 여전히 대상 자체에서 공을 먼저 탐색하고 그 결론을 자아탐색에 적용하고 있다고 보인다. 물론 이런 해석이 완전히 틀렸다고 보기는 어렵다. 그러나 공의 해석에서 중요한 것은 대상을 바라보는 분별의 시각 자체, 즉 우리의 이원대립적 사유구조와 그에 뒤엉킨 언어적인 세계 이해방식을 겨냥하고 있다는 데 있는 것이 아닐까? 그러므로 공을 기술하는 데 근저라든가 동일성이라든가 실재라는 사유와 언어는 가장 경계해야 할 용어가 될 수 있다. 『중론』이 다루는 것도 근저라는 개념, 동일성이라는 개념, 실재라는 개념이 가진 딜레마를 노출시켜 그러한 사유와 언어로 이해하는 방식을 비판하고 있지 않는가? 전반적으로 볼 때, 동서 비교철학을 뛰어넘어 동서 융합철학을 시도한 『자아의 탐색』은 실존적 진지성에도 불구하고 성급한 결론으로 유도되어 어색한 부분이 많다. 그렇지만 『자아의 탐색』만큼 이 땅에서의 철학적 사명을 구체적으로, 그리고 진지하게 모색한 것을 아직 찾지 못했다.

지은이: J. G. 피히테
발행 연도: 1996년
펴낸곳: 서광사
207 페이지

옮긴이의 말

나는 누구인가? 인간이란 어떤 존재인가? 나의 삶의 의미는 무엇이며, 나의 삶을 통해 내가 이룩해야 할 나의 사명은 무엇인가? 이런 물음들은 굳이 철학적 물음이라고 말할 필요도 없이 인간이면 누구나 한 번쯤 진지하게 묻게 되는 것이고, 이미 그 대답을 찾았거나 아니면 끊임없이 그 대답을 찾아 방황하게 되는 그런 물음일 것이다. 피히테가 이 책의 서두에서 던지는 물음도 바로 이러한 물음이다. 인간이란 무엇인가? 자연과 역사에 대해 많은 것을 알고 있고 또 아는 대로 살아가는 인간, 그러나 그 인간 자체는 과연 어떤 존재인가? 그 인간의 사명은 과연 무엇인가?

이 책에 나타나는 바 피히테가 인간 사명에 대한 물음을 안고 펼쳐 가는 사유의 흐름은 그야말로 일종의 시나리오이다. 모순과 투쟁의 변증법의 시조라고 말할 수 있을 정도로 그의 사유는 한 사태에 대한 그 자신의 사유가 정리되고 결론 내려지려고 할 무렵 다시 새롭게 부정되며 갈등과 절망을 경험하게 된다. 그리고 다시 그 절망으로부터 새로운 정신이 스며 나오지만 그 정신으로부터 새로운 통찰이 정리되려고 할 때 다시 또 부정과 절망의 비명이 터져 나오게 된다. 이러한 반복되는 부정과 갈등, 새로운 종합의 방식으로 진행되는 책은 전체 3장으로 구성된다.

1장은 인간의 사명에 대한 물음의 답을 인간을 둘러싸고 있는 자연과의 연관하에서 구하고자 함으로써 일단 자연이란 어떤 존재인가에 대해 탐구한다. 여기서는 우리의 일상적 경험이 말해 주듯이 모든 자연물의 속성이 변화하고 있다는 것, 자연물의 속성 담지자인 실체는 그러한 변화의 힘으로서 근원적 자연력이라는 것이 논의된다. 모든 현상은 이 근원적 자연력이 외화되어 나타난 표현인데, 그 힘은 식물에서는 성장하는 힘, 동물에서는 운동하는 힘, 인간에서는 사유하는 힘으로서 표현된다. 모든 현상의 변화는 자연력 자체의 법칙성에 따라 진행되며, 자연 필연성의 지배하에 있게 된다. 이것이 바로 인간 오성이 파악한 자연 필연성의 체계이다. 이 체계에 따르면 인간 역시 자연력의 산물이고 표현일 뿐이므로, 내가 사유하는 것이 아니라 내 안의 자연이 사유하는 것이고, 내가 원하는 것이 아니라 내 안의 자연이 원하는 것일 뿐이다.

그러나 여기에서 피히테는 다시 오성이 아닌 심정이 희구하는 자유의 체계로써 자연 필연성의 체계를 부정하고자 한다. 어쩌면 인간은 단지 자연력의 표현이 아니라 자립적 사유와 독립적 의지를 지닌 자유로운 존재인지도 모른다. 자연이 나의 주인이 아니라, 내가 자연의 주인인지도 모른다. 필연성의 자연이 아니라 자유로운 내가 사유하고 자유로운 내가 원하는 것인지도 모른다. 그러나 어떤 것이 진리인지를 우리는 어떻게 알 수 있는가? 내가 자연에 의해 지배받는 필연적 존재인지 자연을 넘어서는 자유의 존재인지를 어떻게 결정할 수 있는가? 이 두 체계가 모두 논리적으로 타당하고 일관성 있는 체계이고 둘 중 어느 것이 합당한지에 대한 경험적 기준이 제시되지 않는다는 의미에서 1장은 의심으로 끝을 맺는다.

2장은 1장의 의심을 극복하는 지식을 제공하는데, 이는 자연 필연성의 체계가 전제하는 자연 자체, 물 자체의 존재를 부정함으로써 수행된다. 인식하는 자아와 독립적으로 자아 밖에 존재하는 객관적 실체로서 전제된 물 자체란 존재하지 않는다는 것이다. 이를 증명하기 위해 피히테는 사물의 속성과 그런 속성들의 담지자로서의 사물 자체를 구분하여 설명한다. 사물의 속성의 감각 자체가 감각 주관의 의식을 떠나 따로 존재하지 않으므로, 감각된 속성을 객관적 존재로 간주할 수는 없다. 그리고 속성들의 담지자로서 설정되는 물 자체는 그런 속성들을 소속시키기 위해 주관이 바깥에 구성해 놓은 공간 이외의 다른 것은 아니다. 스스로 주객으로 분리되어 바깥에 객관적 대상을 산출해 내는 정신의 활동성은 무의식적인 자발성의 행위로서 이것이 곧 사물 자체의 직관이 된다. 우리가 근거율의 원리에 따라 감각 너머에 그것을 가능하게 하는 촉발자로서 상정하는 물 자체라는 것은 바로 우리 정신의 자발성의 산물로서 직관된 사물 이외의 다른 것이 아니다.

이와 같이 하여 인간 정신의 자유를 확립하는 관념론의 체계를 완성하는 단계에서 피히테는 다시 절망적으로 절규한다. 나에 의해 인식된 것이 모두 나의 활동성의 산물에 지나지 않는다면, 따라서 모든 것이 나의 표상에 지나지 않는다면, 나는 그런 허구의 제작자에 지나지 않는다는 말인가? 허구가 아닌 참된 실재성, 내 삶의 의미의 토대가 될 만한 그런 참된 실재성이란 존재하지 않는 것인가?

3장은 그런 실재성이 어디에서 어떻게 발견될 수 있는가를 밝히고 있다. 앞 장에서 논의된 바와 같이 인식된 객관 사물 세계의 관념성이 다시 부정될 수 있는 것은 아니므로, 그런 실재성은 지식의 차원이 아닌 실천의 차원에서 논의된다. 즉 우리가 참된 실재성에 대한 동경을 가지게 되는 것은 우리가 도덕적으로 행위해야만 한다는 의무감, 보다 나은 세계를 이룩해야만 한다는 사명감으로부터 비롯되는 것이다. 다시 말해 우리에게 윤리적 행위가 사명으로 주어져 있다는 그 사실로부터 그 행위가 지향하는 목적과 그 행위의 실현 가능성을 위한 토대의 실재성에 대한 믿음이 비로소 정당화되는 것이다. 우리의 실천적 의지가 지향하는 것은 자연이나 타인으로부터의 구속이 아닌 자유, 참된 인간성의 실현이다. 이를 위해 자연의 인식과 통제, 국가의 평등한 헌법 체계, 평화로운 국제관계, 전체 인류의 결속 등이 요구된다. 그러나 우리의 윤리적 사명은 이런 지상적 목적을 넘어서서 초지상적인 목적에로까지 나아간다. 즉 우리의 양심과 도덕법칙에의 복종은 궁극적으로 영원한 미래 세계와 인간 개체들의 정신의 상호관계를 가능하게 해주는 무한한 의지로서의 일자에의 믿음도 포함한다. 이와 같이 우리의 도덕적 의지의 실현 가능성을 위한 근거와 터전으로서 우리는 자연 세계와 정신세계 그리고 그들을 총괄하는 신을 실재하는 것으로 믿을 수밖에 없다. 그렇지 않다면 우리의 윤리적 삶에의 노력은 헛된 꿈과 환상 속의 헤매임에 지나지 않을 것이기 때문이다.

이와 같은 방식으로 피히테는 '인간의 사명은 무엇인가?'라는 물음을 화두로 하여 인식론, 형이상학, 윤리학 그리고 신학적 물음들까지 두루 다루고 있으며, 소박한 실재론, 자연주의, 결정론, 비판적 관념론, 실천적 실재론, 신의 요청론 등 다양한 관점을 변호하기도 하고 다시 부정하기도 한다. 진지하게 이 책을 읽는 사람은 피히테가 지은이의 말에서 말하고 있듯이 이 책의 어느 부분에서인가 분명 글 속의 나가 바로 자기 자신일 수 있다는 생각을 하게 될 것이다. 그리하여 피히테가 바로 그 관점의 귀결 부분에서 절망하여 거기에서 돌아서려 할 때 읽는 자 자신의 마음속에도 마찬가지의 비애와 절망적 아픔이 파고든다는 것을 느끼게 될 것이다. 그것이 바로 '존재의 체험' 혹은 '공(空)의 체험'일 것이다. 방을 청소하고 음식을 준비하고 기약된 손님을 기다리는데 시간이 지나도 아무도 찾아오지 않는다. 그러나 기약된 손님이 바로 존재이고 그 존재가 바로 공과 다를 바가 없다면, 그는 이미 찾아온 것이 아닌가? 아무것도 만나지 못하고 텅 빈 공허 속에서 아파하던 그 순간 나는 이미 그를 만난 것이 아닌가? 이것이 3장의 피히테에게 우리가 제기할 수 있는 물음일 것이다. 피히테는 그래도 무엇인가를 믿고 있다. 그는 그래도 우리의 영혼을 매만져 줄 수 있는 신을 믿고 있다.

그는 아직도 누군가를 기다리고 있는가? 아니면 아무도 오지 않으리라는 것을 알면서
도 기다림을 멈출 수 없는 것인가? 아니 기다림을 멈추지 않음으로써 아무도 오지 않
는다는 것을 끊임없이 확인하고자 하는 것인가? 기다림 속에서만 존재는 오지 않는다
는 것, 존재가 공이라는 것을 체험할 수 있을 것이기 때문이다. 기다림과 동경으로 비
워 놓은 자리에서만 존재의 본질, 공이 드러날 것이기 때문이다. 그 빈자리와 피히테
가 믿는 신 사이에 넘지 못할 심연의 간격이 과연 있는 것일까? 또 다른 환상에 의해서
가 아니라면 인간이 과연 공의 체험과 신의 믿음. 그 둘의 차이를 읽어낼 수 있겠는가?
신을 믿는다는 것은 그 차이의 징표가 환상이 아니라 실재라는 것을 믿음을 의미한다.
그런데 그 징표가 실재라는 것을 아는 것이 아니고 믿는다는 것은 곧 그것이 실재인지
환상인지를 구분할 수 있는 기준이 없다는 말이고, 이는 곧 실재와 환상이 구분되지
않는다는 것을 뜻하는 것이 아니겠는가?

참된 의미의 텍스트는 언제나 독자가 새로운 의미로 읽어낼 수 있는 열린 텍스트일
것이다. 피히테의 이 『인간의 사명』도 그것이 약 200년 전 먼 독일 땅에서 씌어졌다는
시공간적 거리에도 불구하고 이 책을 읽는 한국 독자에게 무언가 말해 줄 수 있는 열
린 텍스트가 될 수 있을 것이라는 생각에서 번역을 해보았다. 이 번역서가 칸트나 독
일관념론에 관심을 가진 이, 형이상학 혹은 철학에 관심을 가진 이, 궁극적으로는 자
기 자신에 대해 관심을 가진 이의 사유와 공부에 적은 도움이라도 될 수 있기를 바란
다. 이 책은 피히테(J. G. Fichte. 1762-1814)의 저서 *Die Bestimmung des Menschen*을
번역한 것이다. 피히테는 이 책을 1800년 베를린에서 처음으로 출판하였으며, 그의 사
후인 1838년 같은 곳에서 재판되었다. 그 후 그의 아들 피히테(I. H. Fichte)는 그의 모
든 글들을 새로 편집하여 유고작 3권을 포함하는 전체 11권의 피히테 전집을 1845년
베를린에서 출판하였다. 그 11권이 다시 1971년 베를린에서 *Walter de Greuter & Co.*
출판사에 의해 그대로 복사되어 피히테 전집으로 재출간되었는데, 이 책은 바로 이
11권 중 제2권(165-319면)에 실린 글을 번역한 것이다. 따라서 이 책의 문장 옆에 기록
된 숫자는 원본인 그 피히테 전집 제2권의 면수에 해당된다. 이상의 글로써 본래 번역
서에 첨부되어야 할 해제를 대신하고자 하며, 차례의 제목들은 독자의 내용 이해를 위
해 옮긴이가 붙인 것이다.

인간의 사명은 무엇이며 인간의 본질이란 무엇인가에 대해 1인칭 서술 형식으로 논
하고 있는 이 책을 읽는 모든 독자가 바로 그 1인칭의 자리에 자기 자신을 위치시키고

진지하게 사유하여 결국 인간이 무엇을 위해 존재하는 것인가에 대한 밝은 깨달음에
이를 수 있기를 바란다.

1996년 5월 3일

한자경

목차

서평: 현상적 자아가 충돌하는 두 방향과 두 가지 극복방식

박정원(이화여자대학교 학술연구교수)

피히테(1762-1814)의 『인간의 사명』이 처음 출판된 해인 1800년은 그의 나이 38세였다. 그로부터 14년 후 그는 52세의 나이로 일찍 세상을 떠났지만 그의 사후 24년 만에 이 책은 재판되며 그의 아들이 7년 후에 아버지의 글들을 모두 편집하여 10권의 전집을 펴내었을 때, 전집 2권에 수록되어 다시 출간된다. 이렇게 피히테에 의해 처음 쓰인 『인간의 사명』은 1800년부터 약 50년간 피히테 자신의 육신이 이 세상과 이별했음에도 불구하고 계속 세상과 새롭게 만나게 된다. 그리고 171년 만인 1971년, 독일에서 복사본이 또다시 출간되고 그로부터 25년 후인 1996년, 한국에서 피히테의 『인간의 사명』 번역서가 37세의 한국 철학자 한자경 교수에 의해 처음으로 출간된다.

칸트 시대의 계몽 시기와는 약간 다른 맥락에서, 피히테 철학이 재조명되기 시작한 독일에서의 1970년 초반과 한국에서의 1990년대 중반은 시대적 환경으로 공통점이 있다. 사회적으로는 젊은 학생 및 지식인들을 중심으로 서유럽의 68혁명과 한국의 민주화 운동의 물결이 질풍노도와 같이 펼쳐진 시기였지만 그 물결 근저에는 모두 인간 정신의 역동적인 동서양의 접점과 흐름이라는 공통적인 위기의식과 성찰 정신이 존재하는 것이다. 서양에서 이러한 정신은 칸트가 문을 활짝 연 이래 '외재적 신관으로서의 종교'와 '유물론적 과학'을 진리 인식의 큰 준거틀로 삼아온 기존의 관성에 의문을 제기하는 방식으로 표출된다. 그들은 인간 바깥의 외재적 힘에 의해서가 아니라, 인간 자신의 불가사의한 정신이 현상적 자아를 기점으로 삼아 충돌하고 극복하면서 궁극적 실재와 만나고 합일하는 과정을 논하는 독일관념론 철학의 시대를 낳게 된다.

하지만 해방 전후의 시기에 독일관념론 철학이 한국 현대 철학계에서 수용되던 방식은 다소 제한적이었다고 할 수 있다. 그것은 어느 정도는 기독교철학이나 사회철학의 일환으로 해석되면서 종교적 신앙과 실증 과학적 논증이라는 '분열된 진리관'이나 그 철학적 전제인 '개별자 실체론'이라는 근본적 쟁점을 해결하지 못하고 있었다. 그렇기에 피히테 철학 역시 본격적인 철학적 존재론과 인식론으로서 충분한 주목을 받지 못했다고 본다. 물론 동양은 본래부터 진리 파악의 궁극적 표준인 근본 실재를 인간 정신과 마음 바깥에서 구하는 것이 아닌, 인간 마음 안에서 구하는 오랜 사유 전통을 갖고 있었다. 그리고 이러한 사유 전통은 주로 불교철학과 유교 성리학의 학문적 논의를 통해 그 맥을 이어오고 있었다. 하지만 한국의 현대 철학계 역시 근대의 역사적 굴곡에 의해 그러한 동양의 사유 정신을 자신의 튼튼한 토대로 삼아 독일관념론 철학을 비판적으로 검토하고 적극적으로 수용했다고 단언하기는 어렵다.

이러한 상황에서, 한자경 교수의 피히테 『인간의 사명』 번역서의 출간은 그 의의가 절박한 것이었다. 그것은 칸트 철학부터 헤겔 철학에 이르는 일련의 독일관념론 철학의 내용을 한국 철학의 고유한 전통과 내적으로 관련짓고 바르게 해명하고자 하는 한 교수 자신의 평생에 걸친 철학적 문제의식에서 소개된 것이기 때문이다. 피히테 철학에서는 서양의 종교적 신앙과 과학적 논증의 '분열된 진리관'이나 그 철학적 전제인 '개별자 실체론'이 정면으로 다뤄지고 있다. 또한 그는 스스로의 성찰을 통해 모든 인간은 그 안에 '주객불이의 자기동일적 존재인 일자(一者)를 품은 존재'라는 것, 그리고 그 일자는 '정신적 존재'라는 것임을 천명하고 있다. 그리하여 이 번역서의 제목인 『인간의 사명』의 내용은 현상적 자아가 깨닫고 실현해야 하는 '진리의 인식과 실현'과 관련한 3가지 사명들로 요약된다.

이 책에서 피히테가 강조하는 **첫 번째 인간의 사명은 '자기 스스로 자기 자신의 존재적 정체성을 깨닫는 것'**이다. 그러나 사실, 이 첫 번째 사명에서부터 그 사명감은 단순한 자기 확신으로조차 머물러 있기 힘들게 만든다. 현상적 자아는 이미 내적으로나 외적으로나 자연적 필연성이라는 압도적인 힘과 충돌할 수밖에 없기 때문이다. 현상적 자아는 두 가지 방향으로 충돌한다. 우선 현상적 자아는 감관 세계와 그 대상, 사물의 법칙과 사회적 힘의 법칙들이 작동되는 '근원적 자연 필연성'들과 충돌한다. 그러나 나는 자아 안에서 "주체도 아니고 객체도 아니고 그 근거에 놓인 동일성"[1]임을 단적으로 알기 때문에 이러한 충돌에 맞서고 극복하려는 에너지를 갖는다. 그리하여 현상적 자아로서의 나는 충돌하고 좌절하며 절망하지만 그에 맞서고 그를 극복하게 되는 것이다.

---

1   J. G. 피히테, 『인간의 사명』, 한자경 옮김, 서광사, 1996, 89쪽.

그런데 현상적 자아가 이 '주객불이의 동일성으로서의 자아'를 항상 그러한 존재로, 항상 온전하게 계속 알아 에너지의 근원으로 작용하도록 할 수 있는가? 이 지점에서 현상적 자아는 또 다른 방향으로 충돌하게 된다. 피히테는 이 책 2장에서 이러한 방향으로의 충돌과 대면 과정을 '불가사의한 정신과 나와의 대화 과정'으로 서술하고 있다. 나는 지상적인 사물 세계, 감관 세계와도 충돌하지만, 동시에 무한자, 불가사의한 정신과도 충돌한다.

그렇다면 지상적 존재인 사물 및 감관 세계와의 충돌과는 다른 방향인, 초지상적 존재인 불가사의한 정신과의 충돌에서 현상적 자아가 부딪치고 절망하며 극복의 계기로 삼는 에너지는 무엇인가? 피히테는 이 지점에서 양심과 윤리적 행동을 품은 의지를 발견한다. 그리하여 **피히테에게 두 번째 인간의 사명은 이렇게 주어진다. 너의 사명은 단순한 지식이 아니라 "너의 지식에 따른 행함(Tun)"²이다.** 이때 피히테가 강조하는 '행함'은 실천에의 의지, 자유의지는 도덕적 선의지, 양심에 따라 행동하려는 의지, 선 자체를 목적으로 하는 의지이다. 이 의지에 의해 공동체의 비인간적인 무법성과 사악함이 보다 나은 삶을 실현하려는 활동과 노력으로 나타나게 된다.

하지만 피히테는 여기에서도 멈추지 않고 계속 나아간다. 인간은 단지 지상적인 것 안에서만 자신의 존재 의의의 최고 목적을 찾을 수는 없다. 지상적인 목적 내에서는 현상적 자아와 그 바깥의 존재들과의 충돌이 근본적으로 극복될 수 없기 때문이다. 그리하여 **궁극적으로 세 번째 인간의 사명이 제시된다. 그것은 지상 세계와 초지상 세계에 '동시적'으로 존재하는 근원적인 힘 자체와 합일하는 것이다.** 이 근원적인 힘이 합일되어 있는 곳이 바로 천국이다. 피히테는, 사람들이 천국이라고 부르는 것이 무덤 너머에 놓여 있는 것이 아니며 "천국은 이미 여기 우리 자연 주위에 퍼져 있으며 천국의 빛은 모든 순수한 심성 안에 밝혀져 있다"³고 선언한다.

피히테에게 있어 이러한 순수한 심성은 결코 주관 내에 제한된 심리적 자아가 아니다. 순수한 심성의 의지는 곧 무한한 의지로서의 신과 같은 것이다. 서양인들에게 있어 신은 모든 개별자들과 모든 유한한 존재들 서로를 결합시키며 그들 모든 존재의 일반적 매개자로 이해된다. 이와 마찬가지로 피히테는 도덕적 선의지, 무한한 의지로서

---

2   위의 책, 118쪽.
3   위의 책, 161쪽.

의 순수한 심성의 존재적 의의를 절대자, 일자와 동일하다고 말한다.

이러한 경지에서 피히테의 인식은 이미 '개별자 실체론'의 한계를 넘어서 있다. 그는 "개별적 사유와 사랑, 미움이 있는 것이 아니라 오직 하나의 사유와 사랑과 마음이 서로 안에서 서로를 통해서 존재할 뿐"[4]이라고 강조한다. 이 경지에 이르면 우주와 인간 세계는 더 이상 끊임없이 반복되는 무의미한 원환과 같은 것이 아니라 무한자인 나 자신의 근원적 생명의 흐름의 아름다운 물결, 그리고 더 큰 완전함을 향한 지칠 줄 모르는 진보의 과정으로 현현한다.

이와 같이 피히테의 『인간의 사명』의 내용은 줄곧 현상적 자아가 있는 바로 그 지점부터 출발하여 두 가지 방향을 향한 충돌과 극복의 지난한 여정, 진리를 향한 멈추지 않는 탐구와 성찰의 과정, 진실한 선의 인식과 실현을 향한 의지와 행함의 과정, 궁극적 존재에 대한 동경과 그와의 합일에 이르는 과정으로 구성되어 있다.

그런데 이 책을 읽어나갈 때 한 교수의 번역서가 빛나는 지점이 있다. 피히테의 글은 마치 폭류하는 정신, 사유의 폭포수같이 차고 넘치면서 이어지는데 한 교수는 이 흐름에 마디를 내고 잠시 '중도정지'시키면서 내용을 압축적으로 표현하는 소제목을 붙이고 있다. 이 소제목들은 번역서 본문을 읽어나가기 이전과 이후에 함께 반복하여 대비시키면서 순차적으로 읽어나가면 내용을 이해하는 데에 한결 도움이 된다. 물론 피히테의 성찰 자체가 그 자신의 끓어오르는 열정과 동경을 차분히 중도정지시키는 힘과 균형을 이루고 있지만 한 교수의 번역서는 그러한 균형이 더욱 조절되고 있다는 점에서 번역서의 구성과 편집의 좋은 사례를 보여준다.

그런데 피히테가 스스로 도달한 그 과정, 인간의 궁극적 사명까지 이르는 그 분투의 과정이 우리 동양인들에게는, 특히 한국의 불교와 성리학을 공부하는 사람들에게는 오히려 너무나 친근하게 여겨지는 것은 무엇 때문일까? 어쩌면 현상적 자아가 두 방향으로 충돌하며 극복하면서 드러나고 보여지는 우주와 만물, 인간 자신의 마음의 경지를 우리 동양인들은 처음부터 알고 있기 때문이 아닐까? 우리 동양 정신에서는 처음부터 이 과정을 치밀하게 일심(一心)의 수행 철학으로 탐구하고 스스로 실천해 온 동양 불교 철학이나 유교 성리학의 학문적 담론의 지평이 존재해 왔고 우리 자신이 그 젖줄에 함께하고 있기에 피히테 철학과 내적으로 더욱 자연스럽게 회통하게 되는 것은 아닐까?

---

4   위의 책, 203쪽.

5
『전체 지식론의 기초』

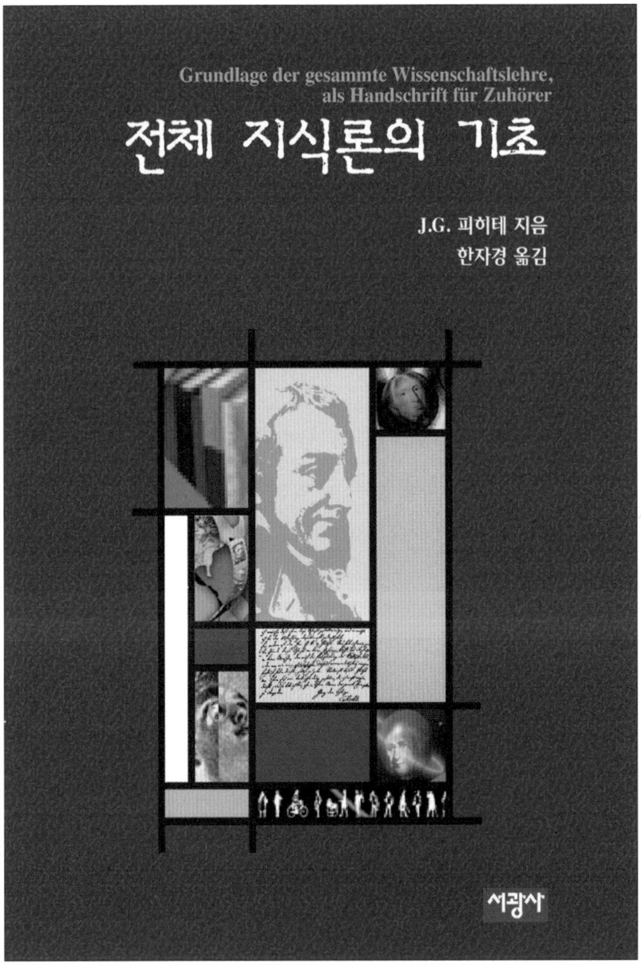

지은이: J. G. 피히테
발행 연도: 1996년
펴낸곳: 서광사
298 페이지

옮긴이의 말

이 책은 요한 고트립 피히테(Johann Gottlieb Fichte, 1762-1814)의 저서, 『청강자를 위한 수고(手稿)로 된 전체 지식론의 기초』(*Grundlage der gesammten Wissenschaftslehre, als Handschrift für seine Zuhörer*)를 번역한 것이다. 피히테는 이 책을 1794년 예나(Jena)에서 첫 출판하였으며 1802년 튀빙겐(Tübingen)에서 수정되지 않은 재판이 나온 후 다시 같은 해에 예나에서 수정판을 내놓았다. 그의 사후에 그의 아들 임마누엘 헤르만 피히테(Immanuel Hermann Fichte)는 그의 모든 글들을 새로 편집하여 유고작 3권을 포함하는 전체 11권의 피히테 전집을 1845년 베를린에서 출판하였다. 그 11권이 다시 1971년 베를린에서 Walter de Greuter & Co. 출판사에 의해 그대로 복사되어 피히테 전집으로 재출판되었는데, 이 번역서가 번역의 기초로 삼은 것은 바로 이 11권 중 제1권(83-328면)에 실린 글이다. 따라서 이 번역서의 본문 옆에 기록된 숫자는 그 피히테 전집 제1권의 면수이다.

『전체 지식론의 기초』라고 불리는 이 책은 피히테의 철학체계 자체가 '지식론'이라고 불리는 것에서도 알 수 있듯이 피히테의 사상 전반을 이해하기 위해 필수 불가결한 책이다. 물론 피히테는 지식론의 체계가 이 글로써 완벽하게 서술되었다고 생각하지 않았기에 그 후 『지식론의 특성의 개요』(*Grundrisse des Eigentümlichen der Wissenschafts-lehre*, 1795), 『지식론의 새로운 서술의 시도』(*Versuch einer neuen Darstellung der Wissenschaftslehre*, 1797), 『지식론의 서술』(*Darstellung der Wissenschaftslehre*, 1801), 『지식론』(*Die Wissenschaftslehre*, 1804) 등을 계속하여 저술하였다. 그러나 지식론의 기본 원리와 체계의 전체적 구상은 이 1794년의 작품에서 이미 확립되고 그 이후의 저술에 나타나는 차이는 그 기본 골격 위에서의 작은 변화들이라고 할 수 있을 것이다. 피히테는 이 이외에도 지식론의 이해를 돕기 위해 『지식론의 개념에 대하여』(*Über den Begriff der Wissenschaftslehre*, 1794), 『지식론의 제1서론』(*Erste Einleitung in die Wissenschafts-*

lehre, 1797), 『지식론의 제2서론』(*Zweite Einleitung in die Wissenschaftslehre*, 1797) 등을 저술하였다.

피히테는 우리가 알고 있는 대로 칸트(I. Kant)의 비판 철학 또는 초월적 관념론에 기반을 두고 그 초월적 관념론의 기본 정신을 더욱 철저하게 발전시켜 독일관념론의 문을 연 철학자이다. 헤겔(G. W. F. Hegel)이 분류하는 대로 피히테의 주관적 관념론과 셸링(F. W. J. Schelling)의 객관적 관념론이 종합 발전되어 근세 서양 형이상학의 완성이라고 할 수 있는 헤겔의 절대적 관념론이 전개된 것이다.

우리나라에는 칸트와 헤겔의 주요 저서는 거의 다 번역되어 있으며 그에 대한 연구도 많이 행해지고 있는 편이지만, 그 두 철학자 사이에 있는 피히테나 셸링에 대해서는 연구된 것도 거의 없을 뿐 아니라 주요 저서의 번역조차 이루어지고 있지 않은 실정이다. 그러므로 우리가 독일관념론 아래 이해하는 것은 번역서에 의존할 경우 흔히 헤겔에 그칠 뿐이다. 그러나 우리는 피히테의 지식론의 체계에서 비로소 칸트의 초월적 관념론이 어떤 모습으로 발전되어 독일관념론으로 나아가게 되는 것인지, 헤겔적인 정반합의 변증법이 어떤 의미에서 피히테적 자아와 비아 간의 투쟁에서 발전된 것인지를 발견하게 된다. 그러므로 『전체 지식론의 기초』는 피히테 자체의 이해를 위해서뿐만 아니라, 그가 기반을 둔 칸트나 그로부터 발전한 헤겔의 이해를 위해서도 필수불가결한 책이라고 생각된다.

우리는 흔히 피히테의 철학을 자유와 열정의 철학, 실천 이성의 우위를 확립한 윤리의 철학, 삶과 역사를 자아와 비아의 투쟁이라는 생동적 원리로서 포착한 역동의 철학이라고 이해한다. 그러나 이런 피히테의 정신을 소박하고 평이한 모습으로 쉽게 대면할 수 있으리라고 기대하며 『전체 지식론의 기초』의 첫 장을 편 사람은 아마도 그 첫 장에서부터 이미 실망하고 말 것이다. 이 책의 언어는 감정과 열정이 담긴 구체적이고 생동적인 언어가 아니라 극히 추상적이고 무미건조한 언어이다. 그런 추상적 언어로써 사태를 논리적이고 치밀하게 전개해 나가므로, 한편 난해하기도 하고 또 다른 한편 지루하게까지 여겨질 것이다. 그러나 나는 독자들이 그런 추상성과 난해성을 넘어서서 그 안에 담긴 피히테의 정신을 읽을 수 있기를 바란다.

한계 지어짐을 아파하며 한계 너머로 나아가고 싶어 하는 사람, 자신 안의 어둠에 절망하며 빛 안에 있고자 동경하는 사람, 인간의 유한성을 아파하며 무한한 신(神)을 갈망하는 사람, 밀려오는 삶의 고통을 벗어나 영원한 기쁨 안에 살기를 희구하는 사람, 그 사람들을 향해 피히테는 무한은 유한과 함께함으로써만 가능하고, 기쁨은 아픔과 함께함으로써만 가능하다는 것을 말한다. 우리가 한계 안에 있다고 느낄 때 우리는 동시에 한계 밖에 있고, 우리가 어둠 안에 있다고 느낄 때 우리는 동시에 빛 안에 있다는 것이다. 유한이 없는 무한, 아픔이 없는 기쁨, 어둠이 없는 빛, 인간이 없는 신, 그것은 더 이상 무한도 신도 아니고, 기쁨도 빛도 아니며, 아무것도 아닐 것이다. 어떻게 보면 이것은 누구나 알고 있는 평범한 진리인지도 모른다. 그러기에 철학이란 우리가 이미 알고 있는 진리를 다시 한번 더 확인시켜 주는 것인지도 모른다. 그 진리를 다시 한번 더 확인하는 철학적 통찰 속에서 우리의 삶이 어느 하나로 향한 애착을 벗어나 조금은 더 자유스러워질 수 있지 않겠는가? 우리의 영혼이 분별과 집착의 짐을 덜어 조금은 더 가벼워질 수 있지 않겠는가?

　머나먼 과거에 머나먼 곳에서 피히테 역시 이런 정신을 글로 표현한 것이라고 생각하며 그 글을 번역해 보았지만, 번역의 즐거움보다는 번역의 어려움만을 실감했을 뿐이다. 워낙 추상적이고 난해한 책이기에 어느 누구도 편안하게 책을 대하지는 못할 것이라는 염려에서 책 전체의 윤곽을 그리는 해제를 첨부했다. 그 글이 읽는 사람에게 다소라도 도움이 되기를 바란다. 또한 본문 중에 나오는 [ ] 안의 글은 옮긴이가 첨가한 것이다. 이런 난해하고 번잡한 철학책의 번역서를 출판해 주는 서광사 그리고 특히 옮긴이의 무능력으로 인해 껄끄러워진 문장을 곱게 다듬어 준 교열자에게 감사한다. 비록 미진한 번역이지만 그래도 이것이 사변적 독일관념론에 관심을 가진 자, 피히테의 자아와 자유의 철학에 관심을 가진 자의 철학적 사유에 조금이라도 도움이 될 수 있기를 바란다.

1996년 3월 16일
옮긴이 한자경

목차

서평: 무한과 유한 사이에서 유동하는 자아

염승준(원광대학교 원불교학과 교수)

『전체 지식론의 기초』[1](1996. 9.)는 요한 고트립 피히테(Johann Gottlieb Fichte, 1762-1814)의 저서 『청강자를 위한 수고(手稿)로 된 전체 지식론의 기초』[2](1794)의 국내 최초 완역이다. 피히테의 또 다른 저서 『인간의 사명』[3](1996. 8.)도 같은 해 한 달 전에 번역 출판되었다. 한자경의 이 두 번역서 외에 국내에 번역된 피히테의 저서로는 1990년대 『독일 국민에게 고함』[4](1994)이 있고 2000년대에는 『학문론 또는 이른바 철학의 개념에 관하여』[5](2005), 『학자의 본질에 관한 열 차례의 강의』[6](2017) 등이 있지만, "피히테의 사상 전반"을 이해할 수 있는 책으로는 한자경의 번역서가 유일하다.

피히테가 『전체 지식론의 기초』를 1794년 예나(Jena)에서 첫 출판한 이후에 『지식론의 특성의 개요』(1795), 『지식론의 새로운 서술의 시도』(1797), 『지식론의 서술』(1801), 『지식론』(1804) 등을 계속해서 저술했고, 자신의 지식론의 이해를 돕기 위해 『지식론의 개념에 대하여』(1794), 『지식론의 제1서론』(1797), 『지식론의 제2서론』(1797)을 저술한 것으로 볼 때, 피히테 자신의 철학에서 지식론이 얼마나 큰 비중을 차지하는지를 알 수 있다.

《전체 지식론의 기초》는 피히테 자체의 이해를 위해서뿐만 아니라, 그가 기반을 둔 칸트나 그

---

1 J. G. 피히테, 『전체 지식론의 기초』, 한자경 옮김, 서광사, 1996.

2 Johann Gottlieb Fichte, *Grundlegung der gesammten Wissenschaftslehre, als Handschrift für seiner Zuhörer*, Berlin: Walter de Grueter & Co., 1971.

3 J. G. 피히테, 『인간의 사명』, 한자경 옮김, 서광사, 1996.

4 요한 고틀리프 피히테, 『독일 국민에게 고함—세계명저100선 16』, 민성사, 1994.

5 요한 고틀리프 피히테, 『학문론 또는 이른바 철학의 개념에 관하여』, 이신철 옮김, 철학과 현실사, 2005.

6 요한 고틀리프 피히테, 『학자의 본질에 관한 열 차례의 강의』, 서정혁 옮김, 책세상, 2017.

로부터 발전한 헤겔의 이해를 위해서도 필수 불가결한 책이라고 생각한다.[7]

1996년 한자경에 의해 국내에 최초로 소개된 피히테의 두 권의 번역서는 "칸트나 그로부터 발전한 헤겔의 이해를 위해서도 필수 불가결한 책"으로 "칸트의 초월적 관념론이 어떤 모습으로 발전되어 독일관념론으로 나아가게 되는 것인지, 헤겔적인 정반합의 변증법이 어떤 의미에서 피히테의 자아와 비아간의 투쟁에서 발전된 것"인지 발견하는 데 도움을 줄 뿐만 아니라 여전히 헤겔의 번역서에만 의존해 온 국내 칸트와 독일관념론에 대한 기존의 선행연구와 담론이 갖는 한계를 극복하는 데 기여할 수 있는 중요한 가치를 갖는다.

피히테는 우리가 알고 있는 대로 칸트(I. Kant)의 비판 철학 또는 초월적 관념론에 기반을 두고 그 초월적 관념론의 기본 정신을 더욱 철저하게 발전시켜 독일관념론의 문을 연 철학자이다. 헤겔(G. W. F. Hegel)이 분류하는 대로 피히테의 주관적 관념론과 셸링(F. W. J. Schelling)의 객관적 관념론이 종합 발전되어 근세 서양 형이상학의 완성이라고 할 수 있는 헤겔의 절대적 관념론이 전개된 것이다.[8]

1. 피히테의 『전체 지식론의 기초』에서 '지식론'의 의미와 '초월적 자아'

피히테는 자신의 '지식론(Wissenschaftslehre)'을 칸트의 '비판 철학의 초월적 통각'과 연관시켜 설명하고 있고 "그 철학의 원칙으로부터 일관성 있게 전개되면, 그것은 곧 지식론이 된다"고 밝히고 있다.

비판철학의 본질은 바로 절대적 자아가 단적으로 무제약적이며 어떠한 상위의 것에 의해서도 규정될 수 없는 것으로서 설정된다는 데에 있다. 그리고 그 철학이 이 원칙으로부터 일관성 있게 전개되면 그것은 곧 지식론이 된다.[9]

따라서 피히테의 지식론에서 '지식(Wissenschaft)'의 의미를 바르게 이해하기 위해서

---

7   J. G. 피히테, 『전체 지식론의 기초』, 한자경 옮김, 서광사, 1996. 2-3쪽.

8   위의 책, 2쪽.

9   위의 책, 47쪽.

는 칸트 '비판 철학'의 본질, 즉 "절대적 자아가 단적으로 무제약적이며, 어떠한 상위의 것에 의해서는 규정될 수 없는 것"으로서의 '초월적 통각' 또는 '초월적 자아'에 대한 이해가 선행되어야 한다.

피히테는 『인간의 사명』에서 정신과 물질, 주체와 객체의 관계에서 후자가 전자와 무관하게 독립적으로 존재한다고 주장하는 유물론자와 소박한 실재론자들의 견해를 부정하며, "소위 객관 세계가 그 자체 존재하는 실유(實有)가 아니라 정신의 작용에 의해 구성된 현상(現相)임을 밝힘으로써 가능한 것"이라는 사실을 '치밀한 논증'을 통해 밝힘으로써 '관념론적 체계'를 정립하고 있고, 『전체 지식론의 체계』에서는 그 양자의 대립을 넘어선 '초월적 자아'와 '절대 자아'에서 출발하여 '지식론 체계'를 완성한다.[10]

칸트 비판 철학에서의 초월적 통각과 초월적 자아는 피히테 지식론에서 "주체인 나와 나의 앎의 대상인 사물과의 끈"으로서 '주체와 객체의 필연적 동일성', 즉 '주객-객체성'과 다르지 않다.

> 나 자신의 본질이 바로 이 끈이다. 나는 주체이며 객체이다. 그리고 이 주객-객체성, 앎의 자기 자신에로의 귀환이 곧 내(피히테)가 자아라는 개념으로서 지시하는 것이다.[11]

> 자아는 주체와 객체의 필연적 동일성, 즉 주체-객체이다. 자아는 어떤 매개도 없이 단적으로 그것이다.[12]

피히테의 지식론의 시작과 끝이 바로 어떤 매개도 없이 단적인 '주체이며 객체인 나'인 만큼, 이에 대한 이해가 없으면, 이 번역서를 읽고 이해하기 위한 첫걸음조차 내딛기가 어렵다고 할 수 있다. 최근 한국칸트학회에서 기획하여 번역 출판된 칸트 전집에서 독일어 'transzendental'이 '초월적(超越的)'이 아닌 '선험적(先驗的)'으로 번역된 것은 칸트 비판 철학에서의 초월적 자아와 초월적 통각이 갖는 철학적 의미와 철학사적 위상이 여전히 정당한 평가를 받고 있지 못한 반증(反證)이라고 할 수 있기에, 역으로 칸트 철학을 더욱 발전시켜 독일관념론의 문을 연 피히테의 지식론을 공부한다면, 칸

---

10   한자경, 『불교철학과 현대윤리의 만남』, 예문서원, 2008, 85쪽 주 11 참조.

11   J. G. 피히테, 『인간의 사명』, 한자경 옮김, 서광사, 1996, 89쪽.

12   J. G. 피히테, 『전체 지식론의 기초』, 한자경 옮김, 서광사, 1996, 24쪽 주 4.

트 철학뿐만 아니라 그의 철학을 발전시킨 독일관념론을 이해하는 단초가 될 수 있다.

한자경은 칸트 철학에서 경험에 앞선다는 선험(先驗)의 의미를 "경험에 앞서면서 경험을 가능하게 하는 것이라는 점에서 경험의 차원으로 환원될 수 없는, 경험의 지평을 넘어선 초월"의 의미와 명료하게 구분하고 있다.

> 칸트 철학이나 현상학에 있어서 이 개념을 '선험적'이라고 번역하는 사람도 있고 '초월적'으로 번역하는 사람도 있다. 그런데 선험이란 개념이 단지 경험에 앞선다는 측면만을 나타내는 데 반해, 초월이란 개념은 경험에 앞서면서 경험을 가능하게 하는 것이라는 점에서 경험의 차원으로 환원될 수 없는, 경험의 지평을 넘어선 초월적 차원이라는 의미를 함축하고 있다.[13]

칸트 비판 철학의 출발은 변증적이고 이율배반적인 인간 이성의 자연적 본성으로 인해 '감성적인 것'에서 '초감성적인 것'으로 이성 사용의 한계와 범위를 넘어 이행하는 월권과 독단을 비판하는 데서 시작해서 칸트 이전의 형이상학에 '공적인 표준 척도'를 제공하여 '형이상학의 완전한 혁명'을 감행하고 '새로운 형이상학의 탄생'을 예견한 것인데, 그의 비판 철학에서 초월 개념이 간과된다면, 서양 철학의 역사에서 '데카르트적 관념론'과 '경험주의자의 실재론'을 혁명적으로 종합한 칸트 철학의 철학사적 위상 자체가 전락할 뿐만 아니라 그의 철학을 기반으로 독일관념론의 문을 연 피히테에서 셸링 그리고 서양 형이상학의 완성자인 헤겔의 철학으로 이어지는 철학의 진보와 발전을 읽어낼 수 없게 된다.

정신과 물질, 자아와 세계, 주관과 객관의 이원적 대립을 넘어서는 '초월적 자아'를 이해하는 일이 왜 이렇게 어려운 것일까? 이에 대한 다양한 이유가 있을 수 있겠지만 한자경은 그 근본적 이유를 '중세의 기독교'적 존재론과 그것의 필연적 결과로 이어지는 서양 근세의 존재론에서 찾고 있다.

> 서양 중세에서부터 이어져 오던 영과 육, 정신과 물질, 자아와 세계라는 이원적 대립구도는 근세 데카르트에 의해 더욱 철저화되어 결국 사유적 실체와 연장적 실체라는 실체 이원론을 낳게 되었다. 그런데 근세에 와서 이 대립적 실체에 대한 가치 평가는 중세의 그것과 판이하

게 달라진다. 즉 중세에는 연장적 실체가 무(無)에 가까운 것으로서 신(神) 또는 진리로부터 소원하며 형상을 결여한 순수 물질로 인간이 멀리해야 할 것으로 간주되었던 데 반해, 근세에 와서 이 연장적 실체가 더 이상 비본질 비진리가 아니라 오히려 유일하게 참된 진리의 자리로 간주되면서 인간 자아의 절대정신 안에서 실체 이원론을 극복할 수 있는 칸트와 피히테의 초월적 자아의 초월성이 이해될 수 있는 여지는 더욱 좁아지게 된 것이다.[14]

"자연을 신의 피조물로 이해하였음에도 불구하고 신(창조자)과 피조물을 질적으로 구분되는 것으로 분리시키고 나아가 은총과 자연의 질서도 분리"시킨 '중세 기독교'의 존재론이 결국 "자연을 신과 관련짓지 않고 그 자체만으로 이해할 수 있다고 여기는 근세적 사고"[15]로 귀결되면서 서양 형이상학의 전통에서 그나마 신(神)과 같은 인간 자아 밖의 외재적 존재에 의지하여, 예를 들면 데카르트의 '신의 성실성', 스피노자의 신(神), 시간 밖의 신적 창조에 의해 산출되고 무화(無化) 되는 라이프니츠의 '모나드'의 '미세지각'을 통해 영과 육, 정신과 물질, 자아와 세계라는 이원적 대립을 극복하기 위해 명맥을 유지했던 서양 철학의 전통조차도 결국 망각되고 상실되면서, 인간 정신과 영혼을 단지 수동적이고 이기적인 차원에서 이해하는 유물론적이고 경험주의적인 실재론에 자신의 자리를 내어주면서 관념론적 일원론의 전통은 입지가 근대 이후 더욱 좁아지게 되었다. 근·현대에 이르러 근세의 과학주의와 실증주의가 시대정신이 되어버린 상황에서, 칸트 비판 철학의 초월적 자아도 피히테의 '주체-객체의 필연적 동일성'도 이해할 수 없게 되었을 것이다. 철학의 과학화와 실용화는 곧 "철학적 사태의 왜곡"을 초래한다.

현대인의 사고를 지배하는 가치는 객관성과 과학성이며, 그 행위를 지배하는 가치는 실용성과 효용성이라고 볼 수 있다. 즉 우리는 객관적이고 과학적인 사고를 하고자 하며, 실용적이고 유용한 행위를 하고자 한다. 그런데 이러한 가치 기준으로 본다면 철학만큼 비과학적이고 비실용적인 학문도 없을 것이다. 도대체 철학을 해서 무엇 하는가? 도대체 철학은 왜 그렇게 사변적이고 쓸데없이 어려운가? 도대체 철학은 분명한 답도 없는 물음을 왜 쓸데없이 묻고

---

14   한자경, 『자아의 연구: 서양 근·현대 철학자들의 자아관 연구』, 서광사, 1997, 115쪽.

15   위의 책, 55쪽.

있는가? 철학을 하면서도 이와 같은 물음을 던지면서 스스로 철학함의 무가치성에 괴로워하는 것이 아마도 현대의 시대적 가치에 매몰되어 있는 우리들의 공통적 특징일지도 모른다. 어떤 사람은 자신을 반시대적 사유자(형이상학자), 무기력한 몽상가로 간주하기도 하고 어떤 사람은 자신의 철학에 대한 사랑을 부끄러워하며, 철학에다 과학성과 실용성의 옷을 입히려고 노력할 것이다. 그러나 비과학성과 비실용성이 사유하는 자의 사고의 불명확성 때문이 아니라 사고해야 할 사태 자체에서 기인하는 것이라면, 철학의 과학화와 실용화는 오히려 철학적 사태의 왜곡, 즉 침대에 맞춰 발을 자르는 식이 될 위험이 있다.[16]

칸트와 피히테로부터 시작되는 독일관념론에 이르러 선의 이데아, 신(神), 사유적 실체, 자아의 보편적 이성을 통해 존재 일반의 본질을 해명해 나가려고 한 '근세 합리론'과 "자아를 외적 사물 세계에 의해 주어지는 인상 또는 경험적이고 이기적인 욕망에 의해 규정되는 개체적 존재"로 파악한 '근세 경험론'의 이원적 대립을 해결할 수 있는 제3의 길을 모색하는 데 있어서 칸트 이전의 철학에서 주목받지 못했던 '자아의 본질'에 대한 물음은 피히테와 독일관념론에서 다음과 같은 물음으로 첨예화된다.

"사유하는 활동적 주체로서의 자아는 과연 연장적 사물 세계에 대해 어떤 관계에 있는가?", "자아는 연장적인 자연 세계에 의해 제약된 규정된 존재인가, 아니면 연장적 세계 자체를 가능하게 비규정적이고 무제약적인 존재인가?", "자아는 현상 세계 안에 일정한 자기 자리를 점한 유한한 경험적 존재인가?, 아니면 현상 세계 전체를 구성함으로써 그 자체 현상성을 넘어서는 초월적 존재인가?", "자아는 경험적 자기 한계 안에 매몰된 유한한 존재인가, 아니면 끊임없이 자기 한계 밖으로 나아가는 무한한 존재인가?"[17] 이 물음들을 자신의 질문으로 삼을 줄 아는 사람, 그런 사람만이 피히테의 지식론으로 초대를 받을 수 있다.

피히테의 지식론과 독일관념론이 갖는 철학사적 위상을 올바르게 이해하기 위해서는 우선 서양 철학의 역사에서 정신과 물질의 이원적 대립을 극복하기 위한 사투의 과정과 역사를 이해해야 하는 수고로움을 감수할 수 있어야 한다. 한자경은 중세 이전의 스콜라철학에서 근세 이전과 이후의 칸트와 독일관념론에 이르는 철학의 역사적 과정

---

16   한자경, 『자아의 탐색』, 서광사, 1997, 45~46쪽.
17   한자경, 『자아의 연구: 서양 근·현대 철학자들의 자아관 연구』, 서광사, 1997, 116쪽.

을 다음과 같이 단 여섯 문장으로 정리하고 있다.

근세 이전까지 서양에서는 인간존재는 상대적이고 유한한 것으로, 인간의 의식활동은 주관 영역의 심리적 작용으로 간주되었기에 주객포괄의 절대는 상대적 주객 너머의 제3자적 존재로 간주되었다. 스콜라철학에서의 기독교적 신(神)이 그런 존재이다. 그러다가 근세 이후 무분별적 절대를 외적인 신에서가 아니라 인간 내면에서 발견하고자 하는 '초월적 관념론'이 시도된다. 일체의 의심가능 근거가 배제된 절대적 인식을 추구하는 과정에서 데카르트가 발견한 의식주체의 사유활동성이 그 발단이다. 그 후 라이프니츠가 표층적 의식보다 더 심층에서 작용하는 인간 마음의 활동성을 주장하며 그것을 의식되지 않은 지각 즉 '미세지각'으로 제시하였다. 미세지각 차원에서는 지각하는 마음과 지각된 세계가 이원적으로 분리되지 않는다. 이 미세지각론에 근거해서 그는 현상세계를 오직 지각된 것으로서만 인정하며, 그렇게 세계를 지각하는 마음의 활동성을 소우주로서의 마음A, 모나드의 본질적 활동성으로 논할 수 있었다. 이러한 마음의 능동적 활동성을 현상구성의 절대적 활동성으로 체계화한 것이 칸트 철학이고, 그 체계를 완성한 것이 독일관념론이다.[18]

피히테가 자각한 초월적 자아는 주관과 객관으로 이원화되기 이전의 '미분화된 통일체로서의 자아'를 통찰한 데카르트의 철학―비록 실체 이원론 논리에 의해 사유적 실체와 연장적 실체의 이원론 한계를 극복하지 못했지만,―에서 시작해서 그의 실체 이원론을 극복하기 위해 사유적 실체와 연장적 실체 모두를 무화(無化)하여 신(神)의 양태로 설명하지만 "유한한 개체적 존재의 고유성 또는 개체성은 무한한 일자(一者)로서의 신 아래에서 무력하게 소멸"[19]시키는 한계를 갖는 스피노자의 철학, 그리고 그가 남긴 문제를 극복하기 위해 개별적 존재의 유한성을 구제하기 위해 모든 개별적 존재 내재해 있는 모나드의 미세지각과 욕구를 통해 영혼과 세계의 관계를 관념론적 일원론으로 설명한 라이프니츠의 철학에 이르기까지의 사투의 과정을 통해 성취한 서양철학사의 진보이자 성과다. 이러한 사투의 과정에 동참할 때, 인간의 본질이자 철학의 핵심인 자유를 위협하는 경험적 실재론과 유물론으로부터 거리두기를 할 때, 우리는

18   한자경,『불교철학과 현대윤리의 만남』, 예문서원, 2008, 84쪽.
19   한자경,『자아의 연구: 서양 근·현대 철학자들의 자아관 연구』, 서광사, 1997, 57쪽.

'주체와 객체를 연결하는 끈'으로서의 피히테의 '초월적 자아'가 갖는 철학사적 위상을 이해할 수 있을 것이다.

2. 『전체 지식론의 기초』의 이해

피히테가 이 책이 "본래 대중을 위해 씌어진 것이 아니다."라고 밝히고 있듯이 『전체 지식론의 기초』는 극히 추상적이고 무미건조한 언어로 서술되고 있기에 난해하다. 그럼에도 불구하고 피히테는 독자에게 '지식론'을 '전체의 관점'에서 읽을 것을 '요구'하고 있다.

> 나는 이 글에 관한 미래의 판단자에게는 전체에 몰입할 것을 그리고 모든 개별적 사고는 그 전체의 관점에서 고찰할 것을 권고하고자 한다.[20]

한자경은 『전체 지식론의 기초』의 '옮긴이 해제'와 이 책의 전체 목차의 형식 그리고 내용에 온전하게 부합하는 해석 「피히테: 무한과 유한 사이에서 유동하는 자아」[21]를 제공해 줌으로써 독자가 이 책을 '전체의 관점'에서 고찰할 수 있도록 도움을 준다. 『전체 지식론의 기초』는 제2판 서문과 제1판 서문 그리고 '제1부 전체 지식론의 원칙', '제2부 이론적 지식의 기초', '제3부 실천적 지식의 기초'로 구성되어 있는데 전체 내용을 다음과 같이 간략히 요약할 수 있다.

1) '절대 자아의 자기 정립(무한의 논리)'[22]

제1부 '전체 지식론의 원칙'의 1장 '단적으로 무제약적인 제1원칙'에서의 '자아의 자기 정립'의 명제는 "자아는 자기 자신을 단적으로 정립한다"이다.

이 명제는 "자아는 자아이다"라는 지식론의 제1원칙이다. "A는 A이다"라는 명제가 "A가 존재한다면, A가 존재한다"를 의미한다. 이는 "A가 존재한다면"이라는 존재 가정과 "A가 존재한다"라는 존재 정립의 결합으로 사유와 존재의 결합을 의미한다. 이 명제를 통해서 피히테는 절대 자아의 자기 정립의 활동성을 설명한다. 여기서 자아는 주

---

20 J. G. 피히테, 『전체 지식론의 기초』, 한자경 옮김, 서광사, 1996, 10쪽.

21 한자경, 『자아의 연구: 서양 근·현대 철학자들의 자아관 연구』, 서광사, 1997, 145–170쪽.

22 위의 책, 150–152쪽.

관과 객관 너머의 초월적 자아로서 일체의 상대를 여의고 절대적인 자기정립(무한의 논리)을 하는 '순수한 활동성'이면서 동시에 그 활동성에 의해 산출된 또 다른 자아를 갖는다. 이를 통해 그는 "행위와 사실이 하나이며 같은 것"이라는 '사행(事行, Tathand-lung)' 개념도 설명한다.

> 자아는 자기 자신에 의한 단순한 정립에 의해 존재한다. … 또 자아는 자신의 단순한 존재에 의해 자신을 정립한다. … 자아는 행위하는 자이며 동시에 행위의 산물이다. 즉 자아는 활동적인 것이며 동시에 활동성에 의해 산출된 것이다. 행위와 사실이 하나이며 같은 것이 된다. 그러므로 '자아는 존재한다'는 것은 사행의 표현이다.[23]

2) '반정립되는 자아와 비아(유한의 논리)'[24]

제1부 전체 지식론의 원칙 2장 '내용에 있어 제약된 제2원칙'에서의 자아의 비아 반정립의 명제는 "자아는 비아를 단적으로 반(反)정립한다"이다.

절대자아의 자기 정립으로 자아만이 유일하게 존재하지 않는다. 자아에 대립되는 비아의 존재가 요구된다. "A는 A이다"와 마찬가지로 "~A는 A가 아니다"도 자명한 것이다. 그러나 이러한 반정립의 결과로 등장하는 "비아는 절대 자아 밖에 반정립되는 것이 아니라, 절대 자아 내에 반정립되어야 한다."

3) 절대 자아의 자기 이원화에 의한 분할과 종합의 모색[25]

제1부 전체 지식론의 원칙의 제3장 '형식에 있어 제약된 제3원칙'에서 '자아의 분할 가능성'의 명제는 "자아는 자아 안에서 가분적 자아(可分的 假我)에 대해 가분적 비아(可分的 非我)를 대립시킨다"이다.

절대 자아의 정립과 그 정립으로 인해 절대 자아 안에서 비아가 반정립되었기에, 절대 자아 안에는 가분적 비아와 가분적 가아로 분할되어 이원화된다. 칸트와 피히테 이전의 서양 철학의 역사에서 가아와 비아로 이원화되기 이전의 미분화된 통일체로서의

---

23   J. G. 피히테, 『전체 지식론의 기초』, 한자경 옮김, 1996, 21쪽. 한자경, 『자아의 연구: 서양 근·현대 철학자들의 자아관 연구』, 1997, 152쪽 재인용.

24   한자경, 『자아의 연구: 서양 근·현대 철학자들의 자아관 연구』, 서광사, 1997, 153-154쪽.

25   위의 책, 154-156쪽.

절대 자아의 순수한 활동성을 인간 정신의 활동으로 자각하지 못했기에, 근세의 경험론자의 경우 정신 밖의 물질과 질료를 본질로, 근세의 합리론자의 경우 형상과 관념을 본질로 간주하면서 독단론적이고 관념론적 대립적 입장을 취하게 되는데, 피히테는 그 둘 중 하나만을 반성해서는 안 되고 둘 다 동시에 반성해야 한다고 말한다. 그렇기 때문에 피히테의 철학에서 자아는 절대 자아의 순수 활동성 그리고 이원화의 결과로 산출되는 비아와 가아의 관계에서 발생하는 "무한과 유한 사이에서 유동하는 자아"가 된다.

피히테가 말하는 종합은 "무한의 관점에 따르는 절대 자아의 자기 정립과 유한의 관점에서의 자아의 비아 반정립",[26] 그 둘 간의 '종합'을 의미한다. 이 둘 간의 종합이 제2부의 '이론적 지식의 기초'와 제3부 '실천적 지식의 기초'의 중심 내용이 된다.

4) '자아의 객관적 활동성(인식)'

제2부 '이론적 지식의 기초'에서 피히테는 우리의 대상 인식에서 인식 대상이 되는 객관 세계가 자아의 정신과 무관하게 그 자체로 독립적으로 존재하는 것이 아니라 "자아 자체의 산출"이라는 것을 밝힌다. 피히테는 "우리 밖의 어떤 것", "질료 자체"란 무엇인가?라고 질문하고 질료는 결코 질료로서 감관에 들어오는 것이 아니라, "우리가 우리의 감각들을 동시적이고 공간적인 것으로 이해하기 위해 그 감각들이 속하는 어떤 객관적인 것으로서 우리 자신이 정립하는 주관적인 것"임을 밝힘으로써 '사물 자체의 소박한 객관성'[27]을 부정한다.

우리가 일상적으로 대상을 인식할 때, 대상 밖의 대상이 우리의 감각기관을 촉발해서 수동적으로 인식하는 것으로 생각하지만 실상은 인식의 대상이 되는 "객체를 구성하는 자아의 활동성"이 대상에 대한 감각과 지각에 선행한다는 것이다. 피히테의 자아의 객관적 활동성은 거울이 거울 앞의 대상을 비출 때, 그 대상의 존재 여부와 무관하게 능동적으로 빛을 비추고 있는 거울의 독립성에 비유해서 이해할 수 있다. 이런 맥락에서 소박한 객관론자들과 경험론자들과 달리 피히테는 "우리의 이론적 이성인 지성이 단순히 수동적인 것이 아니라 능동적인 활동이라는 것"을 강조하고 "관념론에 있

---

26   위의 책, 155쪽.
27   J. G. 피히테, 『인간의 사명』, 서광사, 1996, 212–213쪽 참조.

어서 지성은 행위"라고 말한다. 그러나 그 활동성이 특정 객체를 산출한다는 의미에서 '순수한 활동성'이 아닌 '제한된 활동성'이며 대상을 정립하는 '객관적 활동성'이다.

피히테의 지식론에서 절대 자아의 '순수한 활동성'과 '제한된 활동성'의 관계는 『전체 지식론의 기초』가 출판된 바로 다음 해인 1997년 발행된 『자아의 탐색』에서 불교의 '마음의 공성과 무한성', '공의 의식', '묘(妙)' 등을 설명하는 데 직·간접적으로 활용되었다. 경계와 상대를 여읜 마음이 곧 공(空)으로서 절대인데, 그 절대의 자리에 무한의 자리가 자신의 존재를 알리기 위해 무한 안에 경계를 그어 구분과 분별로 인해 묘(妙)의 있음(有)이 생성된다. 빈 도화지 위에 그려진 사과는 사과인 것과 사과 아닌 것을 구분해 주는 경계로 인해 존재하기에 한편으로 그 사과는 시간과 공간 속에서 있다가 없어질 수 있는 무상(無常)한 것이지만, 다른 한편으로 본래 어떤 경계도 그어지지 않은 텅 빈 도화지(有常)에 근거하고 있다는 점에서 텅 빈 절대의 바탕과 둘이 아닐 수 있다.[28]

한자경은 피히테의 지식론에서 절대 자아의 순수 활동성의 능동적인 자기 이원화에 의한 비아와 가아의 논리를 유식불교에서의 아뢰야식의 료(了)의 이원화의 활동으로 인한 견분(見分)과 상분(相分) 그리고 마음의 심층작용인 자성본용(自性本用)과 수연응용(隨緣應用) 등과 비판적으로 비교하고 있다.[29]

5) '자아의 순수 활동성(욕구)'

제3부 '실천적 지식의 기초'에서 피히테가 해결해야 할 제1의 과제는 "본질적으로 절대적인 자기 정립의 순수한 활동성으로서의 자아가 왜 실천적이기에 앞서 이론적으로 되는가?", "지성 즉 제한된 존재로서의 자아와 단적으로 정립된 것 즉 비제한적 존재로서의 자아간의 모순은 왜 발생하는가?"에 대한 해답을 모색하는 것이다.

피히테는 이론과 실천, '객관적 활동성'과 '순수 활동성'의 관계를 "이론은 자아가 자신을 이원화하여 외화된 객체에 머무르는 활동이라면, 실천은 외화된 객체로부터 본래적인 미분의 자기 자신에로 되돌아가는 활동"[30]으로 해명하고 있다.

---

28 한자경, 『자아의 탐색』, 서광사, 1997, 139–144쪽.

29 독일관념론과 피히테의 비판적 비교에 대해서는 한자경, 『불교철학과 현대윤리의 만남』, 예문서원, 2008, 75–115쪽 참조.

30 한자경, 『자아의 연구: 서양 근·현대 철학자들의 자아관 연구』, 서광사, 1997, 162쪽.

이론이 주객 대립의 이원화 과정이라면, 실천은 주객 합일의 통일화 과정이라고 할 수 있다. 이론이 이원화된 유한한 자아의 활동이라면, 실천이 지향하는 바는 무한한 자아가 된다.[31]

왜 절대 자아의 순수한 활동성은 이원화를 통해 '가분적 비아'를 형성하고 다시 '무한한 욕구'를 통해 '가분적 자아'를 무한히 확장하여 '무한한 자아'가 되려고 하는 걸까? 절대 자아의 자기 정립의 '순수 활동성'을 스스로 의식할 수 있는 유일한 길은 절대 자아의 이원화를 통해 비아를 반정립하여 세계를 산출하고 그렇게 산출된 반정립된 비아를 다시 부정함으로써 가분적 자아의 확장을 통해 무한성을 회복하는 것이다.

피히테는 "무한과 유한 사이에서 유동하는 자아, 무한과 유한 어느 한 영역에 정착하지 못하고 끊임없이 그 둘 사이를 유동하고 부유하는 자아의 느낌"을 '동경(Sehen)'이라고 한다. 피히테가 이 책에서 말하고 있는 절대자아의 '순수한 활동성'은 실체와 속성을 구분하는 인간 사유의 실체화의 논리와 주어와 술어의 언어 논리에 의해서는 인식될 수는 없지만, '결핍', '불만', '공허'의 느낌을 통해서 자신을 드러내고 있음을 밝히고 있다. 그렇기 때문에 비록 데카르트, 라이프니츠 그리고 칸트의 철학 그리고 독일관념론에 대해 전문적으로 공부하지 못한 사람일지라도 그러한 마음의 느낌을 간과하지 않는다면, 피히테의 철학을 이해할 수 있다.

피히테가 제3부 실천적 지식의 기초에서 말하고 있는 느낌과 동경과 연관해서 한자경은 『자아의 탐색』에서 피히테가 말하고 있는 '동경'의 느낌을 불교의 '공의 의식'을 통해서 밝히고 있다. 피히테가 말하고 있는 느낌과 동경은 불교의 '초월적 의식', '자유의 의식', '죽음의 의식', "관념적 가상의 유한한 의식에 대해 그 모든 한계 지음을 넘어서는 무한의 의식", "관념과 욕망으로부터의 고통의 의식에 대해 그 모든 욕망과 집착을 벗어난 법열의 의식"[32]과 다르지 않다.

〈참고문헌〉

요한 고틀리프 피히테, 『독일 국민에게 고함─세계명저100선 16』, 민성사, 1994.

---

31 위의 책, 162쪽.
32 한자경, 『자아의 탐색』, 서광사, 1997, 84쪽.

요한 고틀리프 피히테,『학문론 또는 이른바 철학의 개념에 관하여』, 이신철 옮김, 철학과 현실
    사, 2005.
요한 고틀리프 피히테,『학자의 본질에 관한 열 차례의 강의』, 서정혁 옮김, 책세상, 2017.
J. G. 피히테,『전체 지식론의 기초』, 한자경 옮김, 서광사, 1996.
J. G. 피히테,『인간의 사명』, 한자경 옮김, 서광사, 1996.
한자경,『자아의 연구: 서양 근·현대 철학자들의 자아관 연구』, 서광사, 1997.
한자경,『자아의 탐색』, 서광사, 1997.
한자경,『불교철학과 현대윤리의 만남』, 예문서원, 2008.

『인간 자유의 본질』

지은이: F. W. J. 셸링
발행 연도: 1998년
펴낸곳: 서광사
158 페이지

옮긴이의 말

발로 찬 돌멩이가 굴러가는 것에 비해 땅 위를 걷는 나의 걸음걸이는 자유롭다. 그것은 내가 돌멩이처럼 외부의 압력에 의해 밀려가는 것이 아니기 때문이다. 자연 필연성에 의해 외적으로 규정된 행위가 아니기에 자유롭다고 하는 것이다. 그렇다면 가을 햇살에 노랗게 물들어 바람 타고 춤추며 떨어지는 낙엽은 자유로운가 그렇지 않은가? 자연 이치에 따라 싹을 틔우고 꽃을 피우는 한 송이 장미는 자유로운가 그렇지 않은가? 또 만일 나의 걸음이 몇 날 몇 시까지 그리로 나오지 않으면 구속하겠다는 통보에 의해 강제된 것이라면, 그래도 나는 자유로운가? 사회적 강제 속에도 자유가 있는가? 만일 나의 걸음이 되살아난 고통을 다시 잠재워 줄 중독성 마약을 찾아 재촉된 걸음이라면, 그래도 나는 자유로운가? 내적인 생리적 강제 속에도 자유가 있는가? 만일 나의 걸음이 떨어져서는 살 수 없는 애인을 향해 내디뎌진 걸음이라면, 그래도 나는 자유로운가? 내적인 욕망의 강제 속에도 자유가 있는가?

우리의 영혼 안에는 분명 자유에 대한 갈구가 있기는 하지만 그 자유가 정확히 무엇을 의미하는지, 그리고 그런 자유가 어떤 방식으로 존재하는지에 대해서는 일치된 하나의 답을 찾기가 쉽지 않다. 자유는 우연과 대립되는 것 같지만 또한 인과 계열의 필연성과도 대립되는 듯하고, 자유는 임의로운 선택 가능성을 의미하는 것 같지만 또한 어떤 선택이 최선의 선택인가에 대한 예지를 포함하고 있는 것 같기도 하다. 일체가 전지전능한 신 안에 존재하는 것이라면, 일체의 미래는 이미 예정되어 있는 것인가? 그러나 이 세상에 자유가 없다면, 인간 행위의 궁극적 책임은 누구에게 귀속되며, 선과 악의 구분 기준은 과연 무엇이겠는가?

이처럼 인간의 자유에 대한 물음은 인간 자체의 본질에 관한 물음만큼이나 복잡하게 여러 가지 다른 형이상학적 주제들과 얽혀 있다. 자유가 범신론과 어떤 관계에 있는지, 인간의 의지 또는 선악과 어떤 관계가 있는지를 설명하면서, 셸링은 자유를 '선과 악의 능력'이라고 주장한다. 그리고 이것을 논증하기 위해 그의 자유론에 있어 가장 중요한 구분인 신의 '실존'과 그 '실존의 근거'를 구분한다. 실존하는 신이 일체를 하나로 통합하는 사랑의 정신이라면, 그런 통합과 사랑은 분열과 미움, 가능성까지를 포괄하는 어두운 근거로부터 나온 정신이다. 마치 빛이 어두운 중력으로부터 뻗어 나온 밝음이듯이. 마치 식물의 싹틈이 땅 속 암흑을 뚫고 나오는 생명의 운동이듯이, 일체의 밝음·조화·사랑·이성의 배후에는 그것을 가능하게 하는 어두움·혼동·증오·의지가 근거에 놓여 있다. 그리고 우리의 실존의 근거는 실존하는 사랑의 신 자체와는 구분되는 신의 근거, 신의 자연 안에 놓여 있으며, 그 어두운 근거가 개체적 의지인 자기성(이기성)을 형성하는 것이다. 신에게 있어서는 그 근거와 실존이 사랑에 의해 해체 불가능하게 하나로 결합되어 있어 선을 이룰 뿐이지만, 인간에게 있어 어둠과 빛은 언제라도 해체 가능하다. 인간의 어두운 자기성은 밝은 보편적 의지에 통합될 수도 있고, 스스로 분열된 채 자기만을 중심에 내세울 수도 있다. 즉 선으로 나아갈 수도 있고 악으로 나아갈 수도 있는 것이다. 이와 같이 선으로도 악으로도 나아갈 수 있는 그 능력을 셸링은 '자유'라고 말한다.

이와 같이 인간 자유의 본질을 해명하는 과정에서 셸링은 자유와 연관되는 여러 가지 주제에 관한 전통적 견해를 비판적으로 검토하고 있다. 무엇보다도 스피노자적 범신론이 그 자체 개체의 자유를 부정하는 결정론을 함축하는 것은 아니라는 것, 악이 선의 부정이나 보다 큰 완전성의 결여라는 단지 소극적 성격만으로 설명될 수는 없다는 것, 그리고 자유가 단순히 이성에 의한 욕망의 지배 또는 배제를 의미하는 것은 아니라는 것 등이 논의되고 있다.

이런 논의들과 더불어 셸링의 자유론이 비록 인간 자유에 관한 최종적인 완벽한 설명은 아니라고 할지라도 우리로 하여금 인간의 자유 및 인간의 본질에 관하여 많은 것을 숙고하게 해준다고 생각되어, 여기 자유에 관한 셸링의 글을 한 권의 책으로 번역하여 내놓게 되었다. 셸링의 자유에 대한 이해는 그의 인간 자아에 대한 이해와 또 인간을 포괄한 전체 자연에 대한 이해와 더불어 보다 분명해질 수 있을 것이라는 생각이 드는데, 그것을 위해서는 서광사에서 추후 번역 출판될 셸링의 『철학의 원리로서의 자아』와 『자연철학의 이념』을 참조하기 바란다.

인간 자유의 본질에 관한 이 글은 셸링의 1809년 작품으로 원제 *Philosophische Untersuchungen über das Wesen der menschlichen Freiheit und die damit zusammen-*

*hängenden Gegenstände*이다. 번역을 위해서는 1980년 독일 다름슈타트에서 나온 셸링 전집 제9권『셸링: 1806~1813년의 글』274면에서 360면까지의 글을 취하였다. 이 번역서의 문장 옆에 기록된 숫자는 앞의 책의 면수를 의미하고, [ ] 속의 글은 이해를 돕기 위해 역자가 첨가한 것이다. 본래는 글 전체가 소제목이나 문단의 구분 없이 하나로 연결되어 있는 것을 독자의 내용 이해의 편의를 위해 역자가 나름대로 문단 나누기와 번호 매김을 한 후, 소제목을 달아 목차를 만들어 보았다. 그리고 전체 내용의 이해를 위해 본문의 내용을 문단별로 요약 정리한 역자의 해제를 덧붙여 놓았다. 여기 번역해 놓은 셸링의 자유론이 독자로 하여금 인간의 자유, 인간의 본질을 사유하는 데에 작은 도움이 될 수 있기를 바랄 뿐이다.

1998년 9월
한자경

목차

서평: 필연과 선택, 인간 실존의 근거로서의 자유

최서린(이화여자대학교 철학과 박사수료)

1. 들어가며

1800년에 출간된『초월적 관념론의 체계』에서 셸링은 다음과 같이 말한다.

> 철학의 시작과 끝은 자유이다. 자유는 절대로 보여줄 수 없는 것이며 오로지 자기 자신을 통해서만 증명되는 것이다.[1]

철학은 인간에게 자유가 있기에 가능한 것이다. 그리고 인간은 철학을 통해 그 자유의 정체가 무엇인가를 탐구한다는 점에서 자유는 철학의 알파이자 오메가이다. 이때 자유는 물건처럼 감각되는 것이 아니다. 셸링에 따르면 오히려 자유는 다른 방식, 혹은 그것 아닌 다른 어떤 것으로부터 증명될 수 있는 것이 아니다. 그런데 셸링은 이후의 저술『인간 자유의 본질』(1809)에서는 다음과 같이 말한다.

> 이성의 유일하게 가능한 체계는 범신론이다. 그리고 범신론은 어쩔 수 없이 숙명론이다.[2]

셸링의 이 말은 인간에게 내리는 사형선고와도 같이 들린다. 이 말은 인간이 다른 존재와 구분되는 지점이 이성이고, 그 이성에게 유일하게 허락된 체계가 범신론이라면 인간에게 자유는 허락되지 않는다는 것으로 이해될 수 있기 때문이다.[3] 그렇다면

---

1 프리드리히 셸링,『초월적 관념론 체계』, 전대호 옮김, 이제이북스, 2008, 50쪽.

2 F. W. J. 셸링,『인간 자유의 본질』, 한자경 옮김, 서광사, 1998, 20쪽.

3 결정론(Determinismus)이야말로 이성적 철학의 유일하게 참된 체계라는 주장은 동시대의 슈미트(Carl Schmid, 1761~1812) 역시 개진하였다. 철저한 이성주의자였던 슈미트는 어떠한 법칙도 따르지 않는 행위를 인정하는 비결정론(Indeterminismus)은 우연을 인정하는 체계로서, 어떠한 이성사용도 불가능하게 만든다는 점에서 비이성적이라고 보았다. 그럼에도 불구하고 슈미트는 셸링과 마찬가지로 스피

도대체 자유는 무엇인가? 인간에게 자유는 있는가?

누구의 사유이든, 어떠한 철학이든 그것이 인간의 자유에 대해 논하게 될 때 그 본래의 임무를 다하는 것이라고 할 수 있을 정도로 자유는 인간의 내면 가장 깊숙하게 자리하고 있는 인간의 본질이다. 그럼에도 불구하고 자유는 역자(한자경)[4]의 말처럼 그것이 정확히 무엇을 의미하는지, 어떤 방식으로 존재하는지에 대해서 하나의 일치된 답을 쉽게 찾을 수 없는 것이기도 하다. 그래서 철학을 하는 사람이라면 누구나 한 번쯤은 그에 대해 생각해 보고 글로 표현해 보았지만 어쩌면 풀어야 할 영원한 숙제로 간직하는 것이 자유이다. 일찍이 천재라는 말을 들었던 셸링 역시 거기에서 예외는 아니며『인간 자유의 본질*Philosophische Untersuchungen über das Wesen der menschlichen Freiheit und die damit zusammenhängenden Gegenstände*』(1809)에서 그는 인간의 자유의 본질과 그에 관련된 주제들에 대한 철학적 고찰을 행하고 있다. 그리고 하이데거는 셸링의 이 저술을 헤겔의『정신현상학』과 함께 서양 철학의 정점에 있는 것으로 평가하고 있다.[5]

1809년에 자유에 대한 셸링의 논문이 나타났다. 이 논문은 셸링의 가장 위대한 업적이며, 그

노자의 범신론과 같은 물리적 결정론이 유일하게 가능한 결정론이라고 여기지는 않았다. 그 역시 도덕적 행위를 가능하게 하는 절대적 자유가 인간에게 존재한다고 주장하였다. 자유와 체계를 둘러싼 결정론 논쟁은 사실상 칸트에 의해 촉발된 것으로서, 이후 독일 철학계를 지배했던 주된 담론이었다. 슈미트는 칸트가, 시간적으로 선행하는 또 다른 원인에 의해 여전히 해명되어야 하는 '상대적(komparativ)' 원인인 "자연으로부터의 인과성(Kausaliät nach der Natur)"과 "더 이상의 선행하는 또 다른 원인으로부터 비롯되지 않는, 그리하여 인과의 사슬에서 완전히 절연되어 있는" 절대적 원인으로서의 "자유로의 인과성(Kausaliät aus Freiheit)"을 구분한 것을 다시 "물리적 필연성(physische Notwendigkeit)"과 "도덕적 필연성(sittliche Notwendigkeit)"으로 규정하였다. 그리고 물리적 결정론은 "경험적 결정론(empirischer Determinismus)" 혹은 "경험적 숙명론(empirischer Fatalismus)"이지만 도덕적 필연성은 "예지적 숙명론 (intelligibler Fatalismus)"을 의미하는 것으로, 두 종류의 필연성의 구분을 통해 칸트적 구분이 여전히 유효한 것으로 해석하였다. 칸트 이후 전개된 독일 철학계의 자유 담론에 대해서는 이정환,「칸트–라인홀트 논쟁(1792~1797)에서 드러나는 서양 근대 자율 기획의 성취와 한계」,『철학』제144집: 85-119, 2020.과 이정환,「서양 근대 자유 담론에서 악의 문제: 칸트와 셸링을 중심으로」,『철학논집』제65집: 159-200, 2021.을 참조.

4   이후 본 서평에서 언급되는 "역자"는『인간 자유의 본질』의 번역자인 한자경을 가리킨다. 또한 본 서평에서 굵은 글씨로 표시된 부분은 역자나 셸링이 아닌 평자의 강조임을 밝힌다.

5   하이데거는 "1809년부터 죽을 때까지 45년간 셸링의 드러나지 않은 작업은 자유의 체계를 하나의 형상화된 작품 안에 세우고 근거 지으려는 노력이었다"고 평가하고 있다. 마르틴 하이데거,『셸링』 (1809), 최상욱 옮김, 동문선, 1997, 35쪽.

것은 동시에 독일과 서양철학의 가장 심오한 작품 중 하나이다.[6]

셸링의 철학은 일반적으로 다섯 단계의 시기—1799년까지의 자연철학, 1800년경의 초월적 관념론, 1801-1804년의 동일철학, 1809년경의 자유철학, 그리고 후기 철학으로 불리는 1815년경부터의 종교철학—으로 나뉜다.[7] 역자는 일찍이 이러한 셸링 철학의 시기 구분에도 불구하고 셸링 철학 전체를, "현상적 차별성을 넘어서는 현상 근거로서의 무제약자(das Unbedingte)" 혹은 '절대자(das Absolute)'의 추구로 요약할 수 있다고 본다. 역자에 따르면 무제약자의 이름이 자연철학에서는 "절대적 활동성의 자연", 초월적 관념론에서는 "절대적 자아", 동일철학에서는 "자아와 자연, 정신과 물질의 절대적 동일성", 종교철학에서는 "신적인 절대자"로서 다르게 불릴 뿐 각 시기의 철학이 무제약자의 해명을 목적으로 하고 있다는 점에서는 일관된다.[8]

나아가 역자는 초기 철학에서부터 자연철학과 초월적 관념론, 동일철학과 자유철학, 나아가 신화와 계시의 종교철학에 이르기까지 셸링 철학의 전개에서 그 전체 체계를 관통하는 개념을 바로 이 무제약자의 '자유'로 파악하고 있다. 그리하여 역자는 셸링의 철학적 사유의 변곡점을 보여주는 주요 저술들 중 1795년의 『철학의 원리로서의 자아』와 1797년의 『자연철학의 이념』, 그리고 1809년의 『인간 자유의 본질』을 1990년대 후반에 국내에서 최초로 우리말로 번역하였다.[9] 특히 『철학의 원리로서의 자아』와 『자연철학의 이념』의 경우 아직까지도 유일한 한글 번역본이라는 점에서 그 의미가 남다르다.

독일관념론의 주요 저술들을 한국어로 접할 수 있다는 것은 국내의 철학을 공부하는 학생들과 연구자들, 그리고 인간 자체에 대한 사유를 하고자 하는 독자들에게 소중한 일이 아닐 수 없다. 역자의 번역서들은 원문에 충실하면서도 그 원문에 내재한 철학적 의미를 정확하게 전달하려는 노력과 핵심적인 개념들이 번역에 있어서 본래의 맥락으로부터 이탈하지 않도록 주의를 기울인 것이 돋보인다. 역자의 이러한 세심함

---

6 마르틴 하이데거, 『셸링』(1809), 최상욱 옮김, 동문선, 1997. 4쪽.
7 니콜라이 하르트만, 『독일관념론철학』, 이강조 옮김, 서광사, 2008. 191쪽 참조.
8 한자경, 「셸링철학에서의 자연과 자아」, 한국철학회, 『철학』 제56집, 1998. 71쪽 참조.
9 번역본의 출간은 저술의 출간과는 역순—『인간 자유의 본질』(1998. 11. 20), 『자연철학의 이념』 (1999. 2. 28.), 『철학의 원리로서의 자아』(1999. 4. 30.) — 으로 이루어졌다.

과 주의력은 역자의 모든 역서들에서 발견된다.

　역자가 독일관념론의 핵심적인 고전들을 번역하고자 다짐한 것은 스스로의 철학적 지향성에 기반한 것이겠으나, 단순 번역에 그치지 않고 번역서의 말미에 늘 덧붙인 상세한 해석은 또 하나의 독립적인 해설서로 보아도 무방할 정도로 독일관념론을 포함하는 서양 철학 전체에 대한 역자의 깊이 있는 이해를 보여주고 있다.

　그런 점에 있어서 본 서평은『인간 자유의 본질』이라는 책에 대한 평가뿐만 아니라, 이 책을 역자는 어떻게 해석하였는가에 대한 명료화 작업에 가깝다고 할 수 있다. 이미『철학의 원리로서의 자아』에서 그 중요성이 예비되었던 자유를 셸링이 어떻게 설명하는지, 도대체 자유에서 문제가 되는 것은 무엇인지를 이 책을 통해 알아보도록 한다.[10]

2. 체계와 자유: 범신론의 해명과 관념론의 도입

셸링이 이 책으로 하여금 "많은 선입견을 제거"하고 "많은 경박한 수다를 제거하는 데에 기여했으면 한다"고 했을 때, "분파 정신 때문에 인식과 통찰을 획득하는 데 방해받지 않기를 희망"한다고 했을 때 그가 목적한 것 중 하나는 자신에게 덧씌워진 범신론의 혐의를 벗는 것이다.[11] 그렇다면 자유를 논하는 도입부에서 그가 범신론을 말하는 이유는 무엇인가?

　앞서 언급했듯 인간이 가장 내적으로 치밀하게 사유할 경우 도달하는 것은 범신론이라는 것, 그리고 그 범신론이 숙명론과 연결된다는 것은 자연스러운 것으로 보인다. 셸링은 자유가 모든 철학, 그리고 인간의 본질이라고 말하면서도 동시에 이성적으로 사유할 경우 우리는 자유를 부정하는 숙명론이라는 체계에 도달할 수밖에 없다고 말하는 듯하다. 자유는 이토록 의심스러운 것이다. 그런데 셸링은 이미『철학의 원리로서의 자아』에서 자아의 본질이 자유라는 점을 이야기했고,『인간 자유의 본질』에서는 그 자유의 본질이 무엇인가를 말한다는 점에서 자유를 긍정하고 있다. 다만 셸링은 보

10　이 글은 셸링의『인간 자유의 본질』에 대한 서평이다.『인간 자유의 본질』은 순서상으로는『철학의 원리로서의 자아』(1795)보다 나중에 쓰인 책이다. 무제약자로서의 자아에 대해 논구한『철학의 원리로서의 자아』이후 셸링은 순수 동일성을 지닌 자아가 갖는 자유가 무엇인가를 이 책에서 논한다. 따라서 이 서평을 읽기에 앞서『철학의 원리로서의 자아』에 대해 논한 서평(본서 169쪽 이하)을 먼저 읽기를 권하는 바이다.
11　F. W. J. 셸링,『인간 자유의 본질』, 한자경 옮김, 서광사, 1998, 16쪽.

편적 인간 이성에게 자유가 회의(懷疑)의 대상이 될 수밖에 없는 이유를 '체계(System)
에의 추구'에서 찾고 있다. 즉, 셸링은 자유와 대립을 이루는 개념을 '체계'로 보았다.
만약 자유가 있다면 체계란 없는 것이고, 체계가 확립되어 있다면 자유는 설 자리가
없게 된다.[12]

　그렇다면 범신론은 숙명론인가? 셸링은 범신론이 숙명론과 본질적으로 결합된 것
은 아니라고 주장한다.[13] 많은 철학자들은 생생한 자유의 느낌을 통해 오히려 범신론
에 도달한다는 것이 셸링의 반박이다. 자유의 인정과 부정은 그 체계가 범신론인가 아
닌가와는 무관하게 다른 요인에 의해 결정된다고 보면서 셸링은 관념론 이전의 대부
분의 철학 체계가 자유의 본래적 개념을 갖고 있지 않지만 그렇다고 해서 그들이 전부
범신론은 아니라고 반박하고, 자유 개념을 어떻게 이해하느냐에 따라 오히려 범신론
으로부터 자유 개념을 도출해 낼 수 있다고 본다.[14] 특히 스피노자의 철학 체계에서 개

12　하이데거는 체계와 자유의 양립불가능성의 본질적인 원인을 다음과 같이 설명한다. "자유는 다른
것에 대한 원인과 근거의 한 방식이고, 그러한 원인은 순수하게 그 자신으로부터 오는 것이며, 그 의미
나 본질에 있어 다른 것으로 소급되거나 근거지어지는 것이 아니기 때문이다. **자유는 근거지어지는 것을
배제한다. 반면 체계는 근거지어 주는 일관된 연관성을 요구한다.** 하나의 '자유의 체계'-이것은 사각을 지
닌 원과 마찬가지로 스스로 안에 완전한 불가화합성을 지닌다. 셸링이 자신의 가장 내적인 철학적 노력
을 이 어려움에 고정시켰을 때 그는 자신의 질문이 얼마나 오래 된 것이며, 또한 자신의 시대에 다시 나
타난 시대관에 역행하며, 또한 역행할 수밖에 없는지 알게 되었다." 마르틴 하이데거, 『셸링』(1809), 최
상욱 옮김, 동문선, 1997, 35쪽.
13　셸링의 자유론에 대해 중요한 비판, 즉 그의 자유론은 범신론이라는 비판, 따라서 그의 철학 체계
에서 자유의 가능성이 없다는 비판은 슐레겔에 의해 행해졌다. 슐레겔은 『인도인의 언어와 지혜에 관하
여』(1808)에서 셸링의 이론은 범신론에 불과하고, 따라서 그의 체계 내에서 자유라는 것은 불가능하다
고 하였는데, 이에 대한 응답으로 셸링이 『인간 자유의 본질』을 내놓은 것이다. 다만 셸링은 자신의 철
학이 범신론이 아니라고 부정했다기보다는 범신론이라는 철학적 사유가 내포하고 있는 것으로 여겨지
는 오해들을 불식시키는 방식으로 자신의 주장을 펼치고 있다. 손성우, 「셸링의 자유개념과 악의 가능
성」, 서울대학교 인문학연구원, 『인문논총』 제71집, 2014, 52쪽 참조.
14　그럼에도 불구하고 여전히 스피노자주의가 결정론으로 이해되는 것은 기계론적 사유 방식 때문이
고, 프랑스인들은 이에 대부분 무신론으로 인도된 반면, 독일인들은 기계론적 사유 방식이 본래적 철학
이라고 생각하면서도 그 결과를 받아들이지 못함으로써 머리[이성]와 심정[감성]의 분열을 겪게 되었
다. 독일인들 역시 순수하게 이성적인 철학은 스피노자주의일 수밖에 없는데, 그것은 곧 숙명론이며 그
들이 혐오하는 것이었기 때문이다. 셸링은 스피노자의 철학의 숙명론은 범신론에서 비롯된 것이 아니
라고 주장한다. 범신론은 적어도 형식적인 자유를 불가능하게 하지는 않는데, 스피노자의 잘못은 오히
려 사물을 그 자체 또 다른 하나의 사물에 지나지 않는 무한한 실체, 추상적 개념 안에 정립한 기계론에
있다. 그러면서 스피노자의 범신론에서 오히려 자연철학이 성장할 수 있는 생동적 기반을 포함한다고
본다. 스피노자의 체계에 대한 셸링의 설명은 F. W. J. 셸링, 『인간 자유의 본질』, 한자경 옮김, 서광사,
1998, 17-37쪽 참조.

체의 자유는 최고 존재, 즉 신의 전능과도 모순되지 않는다. 신의 절대적 인과성을 전제한다면 유한한 개체에게는 무제약적 수동성만 남겨지므로, 개체의 자유와 신의 전능을 모두 인정하기 위해서는 범신론을 주장할 수밖에 없다.

셸링은 자유에 대한 정확한 이해를 위해서는 관념론이 필요하다고 주장한다. "관념론의 발견에 이르기까지의 근대의 모든 [철학] 체계에는 자유의 본래적 개념이 결여"되어 있다.[15]

그러나 그러한 의존성이 자립성과 더 나아가 자유를 지양하는 것은 아니다. 의존성은 본질을 규정하는 것이 아니라, 단지 의존적인 것은 그것이 무엇이든 간에 그것이 의존하는 것[근거]의 결과로서만 존재할 수 있다는 것을 말해 줄 뿐이며, 그것[의존적인 것]이 무엇이고 또 무엇은 아니라는 것[그것의 본질]을 말해 주는 것은 아니다. 모든 유기체적 개체는 생성된 것으로서 오직 다른 것에 의해서만 존재하며, 그러는 한 **생성에 있어서** 의존적이지만 그렇다고 **존재에 있어서** 의존적인 것은 아니다.[16]

관념론에 이르러서 비로소 자유가 이해 가능한 영역에 들어오게 되었는데, 그것은 지적 존재로서의 인간은 "모든 시간 너머에 또는 시간 밖에 있으며, 또 모든 인과적 연관성을 벗어나 있다."는 점에서 그러하다.[17]

자연철학은 단순한 자연학으로서는 스스로 존립할 수 있지만, 그러나 철학 전체와의 연관에 있어서는 **언제나 단지 철학의 한 실질적 부분으로서만 고찰될 뿐**이다. 그리고 그 부분은 자유가 지배하는 이념적인 것의 보충에 의해서 비로소 본래적 이성 체계로 고양될 수 있다. **그 자유 안에서 마지막 강화 행위가 발견**되며, 그 행위에 의해 전체 자연은 감각·지성 그리고 결국은 의지에서 자신을 드러내는 것으로 이해된다.[18]

자유를 논하지 않는 철학은 불완전한 철학이다. 관념론은 자연 필연성을 넘어서는

15   F. W. J. 셸링, 『인간 자유의 본질』, 한자경 옮김, 서광사, 1998, 29쪽.
16   위의 책, 30쪽.
17   위의 책, 81쪽.
18   위의 책, 37쪽.

자유를 논했다는 점에서 의의가 있다. 그런데 이때 관념론은 단순한 관념론이 아니다. 왜냐하면 인간의 자유는 단지 개념에 불과한 것이 아니기 때문이다.

> 그러나 다른 한편으로 보면 만일 자유가 즉자 존재 일반의 긍정적 개념이 되었다면, 자유가 근거하고 있는 오로지 지성적인 것이 물자체의 본질이 됨으로써, **인간 자유에 대한 탐구가 다시 일반적인 것으로 바뀌어 버리고 말았을 것이다.** 그러므로 종적인 차별성, 즉 특정한 인간 자유를 제시하기 위해서는 **단순한 관념론만으로는 충분하지 않다.**[19]

관념론은 "한편으로는 자유의 가장 일반적 개념을, 다른 한편으로는 자유의 단순한 형식적 개념만을 제공"하는 한계를 갖는다.[20] 극도로 추상적인 자유의 개념은 "인간 자유의 고유한 특성과 삶의 구체적인 내용에 대해서는 전혀 설명하는 것이 없"게 된다.[21] 셸링이 말하는 자유의 실제적이고 생동적인 개념은 형식적 자유의 개념을 넘어서는 선과 악의 능력으로서의 자유이다.

3. 선악의 능력으로서의 자유

자유를 선악의 능력이라고 함으로써 셸링은 "인간의 자유에 대한 문제는 단순한 자기 규정(Selbstbestimmung)의 논리적 가능성이 아니라 삶의 기쁨과 질곡으로 표현되는 도덕적 내용에 관계"되어야 함을 강조한다.[22] 인간의 자유가 단순히 선을 선택하는 능력에 국한되지 않으며, 악을 선택할 수 있는 가능성도 내포한다는 셸링의 주장은 자유를 "지적 원리가 감성적인 것과 욕구를 지배하는 데에 존립"한다고 본 전통적 견해와는 다른 것이다.[23] 셸링에게 악은 인간 자유의 자연스러운 결과이자 필연적인 부분으로 존재한다. 셸링은 선과 악 중 어느 하나를 선택할 수 있다는 것이 자유라는 점에서, 악의 존재가 인간 자유의 필수 조건이라고 보았다. 따라서 악을 선택할 수 없을 때 인간은 참된 자유를 누리지 못하는 것이다. 이로써 악은 단순한 도덕적 실패나 오류가 아

---

19   위의 책, 39쪽.
20   위의 책, 39쪽.
21   이광모, 「자유와 체계: 셸링의 '인간 자유의 본질'에 관한 고찰」, 한국헤겔학회, 『헤겔연구』 제18집, 2005, 227쪽.
22   위의 책, 228쪽.
23   F. W. J. 셸링, 『인간 자유의 본질』, 한자경 옮김, 서광사, 1998, 29쪽.

닌, 인간이 자유롭게 존재할 수 있게 하는 근본적 조건이 된다. 자아가 스스로를 규정하는 과정에서 선과 악을 선택할 수 있는 능력을 가짐으로써 인간의 자기 원인성으로서의 자유를 드러낸다. 이것은 선의 지배 아래에서만 자유를 논하는 전통적인 신학적 해석을 넘어서려고 하는 것이다.

셸링은 순수 활동성으로서의 추상적 신 개념, 자연으로부터 적절히 멀리 있는 단순한 도덕적 세계 질서로서의 신 개념 등 관념론적 세계 이해에는 생동적 운동력이 결여되어 있다고 비판하면서 실제적인 것에 대한 관념론적 거부감이 악의 근원에 대한 통찰을 가로막는다고 지적한다. 그러면서 셸링은 사람들이 일반적으로 이해하는 자유, 일상적인 자유 개념을 비판한다.

셸링에 따르면 사람들이 말하는 일반적인 자유 개념은 전적으로 비규정적인 능력이라는 점에서 불합리하다. 즉, 그러한 자유 개념에는 주어진 선택지들 중에 어떤 것을 선택해야 하는 규정적 근거가 결여되어 있다.

> (…) 즉 그러한 일반적 개념에 따르면 자유는 두 개의 서로 모순되는 대립 사이에서 그중 하나 또는 다른 하나를 취해야 하는 어떠한 규정적 근거도 없이 오직 단적으로 그중 하나를 원하게 되었기에 원한다는 식의 전적인 비규정적 능력을 의미한다. 그런데 이러한 일반적 개념은 인간적 본질의 근원적인 비규정성을 그 이념 안에 담고 있기는 하지만, 그것이 개별적인 행동에 적용될 경우 너무나 큰 불합리성을 낳을 뿐이다.[24]

표면상으로는 자유로 보이는 이것을 셸링은 실제로는 오직 전적으로 비이성적으로만 행동할 수 있는 권리로서의 자의(Willkür)에 불과하다고 논한다. 이렇게 되면 자유는 행위의 완전한 우연성에 떨어지게 되어 전혀 구제될 수 없게 된다.[25]

셸링이 진정한 자유로 말하는 것은 오히려 필연적으로 규정된 것이다. 우리가 자유를 비규정적이라고 말하는 것은 "규정하는 근거에 대한 무지로부터 그 근거의 비존재를 추론하는 완전히 잘못된 증명 방식"이며 오히려 "비인식이 나타나는 곳에는 그만큼 더 확실하게 규정화가 발생"한다.[26]

---

24   위의 책, 79쪽.
25   위의 책, 79-80쪽 참조.
26   위의 책, 80쪽.

그러므로 절대적으로-비규정적인 것에서 규정된 것으로의 이행이란 있을 수 없다. 즉 지적 존재가 순수한 비규정성에서 벗어나서 아무런 근거 없이 자기 자신을 규정해야 한다는 주장은 앞서 논의한 자의의 무관심 체계로 되돌아갈 뿐이다. 따라서 자기 자신을 규정할 수 있기 위해서 지적 존재는 그 자체 내에 있어서 이미 규정되어 있어야만 한다. (…) 그러므로 지적 존재는 단적으로 자유롭게 절대적으로 행위하는 한, 오직 그 자신의 내적 자연에 적합하게만 행위할 수 있다. **즉 그의 행위는 자신의 내면으로부터 오직 동일성의 법칙에 따라서만, 그리고 절대적 필연성을 갖고서만 행해질 수 있는 것이다. 그 필연성은 또한 절대적 자유이기도 하다. 왜냐하면 오직 그 자신의 존재의 법칙에 적합하게 행위하고 그 안이나 그 밖의 다른 어떤 것에 의해서도 규정되지 않는 것만이 자유로운 것이기 때문이다.**[27]

그리하여 셸링은 인간의 개별적 행위들 역시 자유로운 지적 존재의 내적 필연성에 따라 발생한 것이라고 주장한다.[28] 필연성과 자유는 인간에게서 통합되는 것이다. 셸링은 인간의 이러한 절대적 자유를 신화에도 적용하여 표현한다. 인간은 "근원적인 창조에 있어서 비결정적인 존재"로 "무죄의 상태"에 있다는 점에서 "시원적인 축복"을 받은 존재이다.[29] 그러한 인간의 본질을 결정하는 것은 오직 인간 자신뿐인 것이다.

셸링은 물론 자신이 이렇게 자유를 강조한다고 해도 자유의 관념이 일반적인 사유 방식에서는 이해되기 힘든 것으로 나타난다는 것을 인정한다. 이것은 인간의 절대적 자유에 대한 인식의 어려움이다. 그럼에도 불구하고 셸링은 인간은 이 자유의 관념과 일치하는 느낌, 자신이 누구인가 하는 것이 결코 시간 '안에서' 비로소 이루어진 것이 아니라, 시간을 넘어서서 마치 모든 영원성에 있어 이미 그러했던 것 같은 느낌을 가진다고 강조한다.[30] 일반적 사유 방식에 나타나는 관념론적인 자기 이해 이면에는 자유로운 행위가 선행한다.[31]

---

27 위의 책, 82–83쪽.
28 진정으로 자유로운 행위는 내면으로부터의 절대적인 필연성에 의해 규정된 것이라는 셸링의 주장은 인간의 '사명(Bestimmung)'이 곧 인간의 '규정(Bestimmung)'이라는 피히테의 통찰과 연결시켜 생각해 볼 수 있다.
29 F. W. J. 셸링, 『인간 자유의 본질』, 한자경 옮김, 서광사, 1998, 84쪽.
30 위의 책, 84–85쪽.
31 위의 책, 85쪽.

그러므로 선한 원리가 완전히 고갈되지 않은 인간에게 있어서는 그런 변경이 아직 발생하지 않았다고 해도 현재의 그와 연관하여 보다 더 나은 존재를 향한 내적인 음성이 그로 하여금 그리로 나아가게끔 **강요하기를 멈추지 않는다**. 그리하여 그는 현실적이며 결정적인 전향을 통해 비로소 그 자신의 내면의 평화를 발견하게 되며, 그때야 비로소 시원적인 이념에 만족해하며 자신의 보호 정신과 화해하는 자신을 발견하게 된다.[32]

4. 나가며

셸링은 선과 악의 능력으로서의 자유개념을 설명한 후에 다시 변신론적 관점에서 인간의 악을 신의 선함과 연결 지어 설명한다. 역자는 "빛이 빛으로 드러나기 위해 근거의 어두움이 함께 해야 하듯이, 신의 계시를 위한 창조의 순간 모든 탄생하는 것 안에는 '악의 고착적인 어두운 원리'가 함께 하게 된다"고 악을 해석한다.[33] 셸링에 따르면 신은 단순히 논리적인 추상물이 아니라 인격성과 의식을 갖춘 윤리적 존재이다.[34] 역자는 셸링 철학에서 오직 인간만이 신과 자연의 매개자라고 본다. 즉 "그 근거로부터 그 안에 감추어져 있던 빛을 끄집어내어 현실태로 고양시키는 작업, 그렇게 해서 두 원리를 다시 통합하는 작업"은 오직 인간에 의해서만, 그 인간의 학문과 변증법에 의해서만 가능하다.[35]

⟨참고문헌⟩

F. W. J. 셸링, 『인간 자유의 본질』, 한자경 옮김, 서광사, 1998.

F. W. J. 셸링, 『초월적 관념론 체계 *System des transzendentalen Idealismus*』, 전대호 옮김, 이제이북스, 2008.

니콜라이 하르트만, 『독일 관념론 철학 *Die philosophie des Deutschen Idealismus*』, 이강조 옮김, 서광사, 2008.

---

32 위의 책, 89쪽.

33 위의 책, 150쪽 ⟨옮긴이 해제⟩ 참조.

34 위의 책, 96-97쪽 참조.

35 역자는 이러한 변증법적 원리는 "인간에 의해 쓰여진 것보다 더 오래된 계시인 '자연'이 바로 이해될 때, 더 확실한 광채로 빛날 것"이라며 셸링이 말하는 자연과 자유의 동일성의 의미를 다시 강조한다. 위의 책, 158쪽 ⟨옮긴이 해제⟩.

마르틴 하이데거, 『셸링 *Schellings Abhandlung über das wesen der Menschlichen Freiheit*』
(1809), 최상욱 옮김, 동문선, 1997.

손성우, 「셸링의 자유개념과 악의 가능성」, 서울대학교 인문학연구원, 『인문논총』 제71집,
2014.

이광모, 「자유와 체계: 셸링의 '인간 자유의 본질'에 관한 고찰」, 한국헤겔학회, 『헤겔연구』 제
18집, 2005.

이정환, 「칸트-라인홀트 논쟁(1792~1797)에서 드러나는 서양 근대 자율 기획의 성취와 한계」,
『철학』 제144집, 2020.

_____, 「서양 근대 자유 담론에서 악의 문제: 칸트와 셸링을 중심으로」, 『철학논집』 제65집,
2021.

한자경, 「쉘링철학에서의 자연과 자아」, 한국철학회, 『철학』 제56집, 1998.

F. W. J. Schelling, *Vom Ich als Prinzip der Philosophie oder über das Unbedingte im menschlichen Wissen*, Darmstadt, 1980.

『자연철학의 이념』

자연철학의 이념

F.W.J. 셸링 지음/한자경 옮김

서광사

지은이: F. W. J. 셸링
발행 연도: 1999년
펴낸곳: 서광사
252 페이지
문화체육관광부 우수학술도서

옮긴이의 말

철학에서 문제 삼게 되는 자연이란 과연 무엇을 의미하는가? 자연이 무엇인가를 이해하기 위해 우리는 곧잘 자연 아닌 것은 무엇인가를 묻게 되며, 그 자연 아닌 것과의 대비를 통해 자연에 접근하게 된다. '자연과 사회', '자연과 문화' 또는 '자연과 인위', '자연과 정신' 혹은 '자연과 자아', '자연과 자유' 등의 대비는 모두 우리에게 있어 자연이란 일차적으로 인간의 손길이 닿지 않은 것, 인간의 의도가 개입되지 않은 것, 정신적이지 않은 것 따라서 순수 물질적이고 인과필연성의 기계적인 것이라는 점을 암시하고 있다. 우리에게 가까이 있는 자연은 천연자원일 뿐이고, 그 외의 자연은 인간 손길 밖의 원시림이나 먼 하늘 별나라에나 있는 듯이 여겨지는 것이다.

그러면서 우리는 이와 같은 '자연과 자유', '물질과 정신' 등의 이분법적 도식을 서양 근세 형이상학의 잔재라고 생각하며, 반대로 형이상학의 극복을 시도하는 오늘날의 포스트모더니즘 철학자들은 그러한 이분법적 사유의 굴레를 성공적으로 벗어나 있다고 생각한다. 지구 환경 파괴의 심각성에 직면한 현대의 환경론자들이 대부분 그 생태학적 위기의 사상적 근원을 서양 형이상학에서의 물질과 정신의 이분법 또는 편향적인 정신 우월주의, 인간 중심주의에서 찾고 있는 것 역시 그와 같은 형이상학의 이해 또는 오해를 부추기는 것이다. 관념론적 형이상학자를 자연 불화적 환경 파괴의 주범으로, 반형이상학적 실재론자를 자연 친화적 환경 보호의 선구자로 몰고 가는 것이다.

그러나 그와 같은 형이상학의 이해는 과연 정확한 것인가? 생태학적 위기의 근원에 관한 그러한 진단은 과연 바른 것인가? 그들이 비판하는 형이상학적 이원론, 자연과 인간, 물질과 정신의 이원론은 서양 근세 형이상학자들의 이원론이기보다는 오히려 그런 방식으로 철학사를 읽는 그들 자신의 이원론적 관점을 반영해 주고 있는 것은 아닌가?

왜냐하면 실제 철학사에 있어 반형이상학적 실재론자 이외에 어느 누구도 자연과 인간, 물질과 정신의 철저한 이원론을 주장하지는 않았기 때문이다. 사유적 실체와 연장적 실체라는 데카르트식의 분류가 행해진 이후(데카르트도 그 둘을 매개하는 신개념을 통해 엄격한 이원론을 피하고 있다). 스피노자의 신이나 라이프니츠의 모나드는 바로 그와 같은 이원론 또는 비정신적 물질 자체를 비판 극복하기 위한 형이상학적 시도였으며, 칸트의 현상론이나 독일관념론자들의 관념론 역시 그러한 이원론적인 물자체의 형이상학을 비판하기 위한 것이었다.

　반면 생태학적 위기의 근원이 근세 형이상학의 인간 중심주의에 있다고 진단하는 현대의 환경론자들에게서 우리는 오히려 '자연과 인간', '물질과 정신'의 이원론이 그 진단 및 대안의 근거로 작용하고 있음을 발견하게 된다. 그러한 진단 위에 그들 중 몇몇은 '인간 중심주의'의 극복으로서 '감각 중심주의', '생명 중심주의' 또는 '(자연) 전체주의'의 모토를 내걸며 이제 더 이상 정신 또는 이성의 인간을 가치의 중심에 놓을 것이 아니라 동물이나 생명체 또는 무기물의 자연 전체를 중심에 놓아야 한다는 주장을 내세우기도 하고, 또 다른 몇몇은 이전의 인간 중심주의에서의 편협한 인간 개념을 수정하여 그 개념 안에 미래 세대에 대한 공동체 의식 및 아름다움이나 신성함 등의 미감적 가치 판단 능력까지도 포괄하는 자연 친화적 인간관을 확립함으로써 '수정된 인간 중심주의'를 내세우기도 한다.

　그러나 그 두 관점에서 우리가 공통적으로 발견할 수 있는 것은 여전히 자연은 인간 정신 밖의 것, 인간 정신과 무관한 것, 인간 정신 너머의 것이라는 생각이다. 즉 인간 중심이냐, 자연 중심이냐라고 하는 중심의 선택만 바뀔 뿐, 인간과 자연, 정신과 물질의 이분법은 그대로 남아 있는 것이다. 과연 정신 밖의 자연, 형상 너머의 질료, 순수 물질 또는 물자체라는 것이 존재하는가, 그리고 그것이 무엇을 의미하는가 또는 역으로 자연 외적 정신, 물질화되지 않은 관념이 무엇을 의미하는가를 물으면, 이런 형이상학적 물음들은 현대의 자연철학자들에게는 너무 추상적이며 사변적인 물음이 되고 만다.

　'자연 안의 이념'이나 '인간과 자연의 일치' 또는 '정신과 물질의 동일성' 등을 언급하면 그것은 지양되어야 할 물활론 또는 신비주의에 지나지 않으며, 그런 형이상학적 관점은 현대의 생태학적 문제를 해결할 수 있는 어떠한 구체적 기술적 방안도 제시하지 못한다는 것이다. 그러나 어떠한 형이상학적 전제도 함축하지 않은 자연관이라는 것이 과연 가능하겠는가? 일체의 형이상학적 물음을 배제한 자연이해가 가능하다는 생각 자체가 이미 일종의 독단이다. 그것은 특정한 형이상학의 바탕 위에 있으면서 그 자신의 형이상학적 근거를 돌아보지 않는 무반성의 표현일 뿐이다. 그렇기에 그들이 전제한 자연관이 역설적이게도 바로 그들 자신이 비판하고자 하는 이원론적 자연관이라는 사실이 알려져 있지 않은 것이다.

그렇다면 오늘날 만연해 있는 생태학적 위기를 야기시킨 사상적 근원은 과연 무엇인가? 그리고 또 누구나 그 위기의 심각성을 공감함에도 불구하고 일부 과학자와 과학정책자 집단의 과학 및 기술개발에 의한 대책을 기대하는 것 이외에 실제 각자의 삶의 방식에 있어서는 어떠한 변화도 일으키게 되지 않는 것은 무엇 때문인가? 그것은 물질을 정신과의 연관 안에서 일종의 정신적인 것으로서 파악한 관념론적 형이상학 때문이 아니라 오히려 절대 시간, 절대 공간과 더불어 그 안의 순수 연장체 또는 순수 질료를 정신 독립적 실체로서 상정하는 자연과학적 자연 이해와 반형이상학적 실재론 때문이다.

우리가 지각하고 경험하는 현상 너머에 영원히 변화하지 않는 물질 자체, 즉 우리의 정신과 무관하고 정신에 대립한 물질 자체가 존재한다는 소박한 실재론은 우리에게 '인간의 활동과 무관하게 자연은 영원하다'라는 환상과 '자연의 무한한 자정 능력'에 대한 기대를 심어 준다. 물질 자체는 그 고유한 원리와 법칙에 따라 존재한다. 그것은 우리의 의식 또는 정신과 독립적일 뿐만 아니라 오히려 우리의 정신을 진화론적으로 가능하게 한 물질적 토대이다. 그것은 우리의 정신 영역보다 훨씬 더 긴 역사를 가지고 있고, 앞으로도 더 긴 역사를 가질 영구적인 것이다. 실체로서의 물질 자체, 물자체는 인간의 눈 밖과 손 밖에 놓인 자연의 변하지 않는 기체이다. 그에 반해 우리가 자연에 있어 변화시키는 것은 자연의 표면적인 가변적 속성들일 뿐이다. 자연의 외적 속성들을 우리에게 유용하게 조금 변경시켜 이용하는 것일 뿐 자연 자체는 우리의 활동과 무관하게 그 자체로서 존립한다. 산은 산이고 물은 물이다. 우리가 산에 골프장을 만드느라 나무를 좀 자르고 산허리를 잘라내도, 우리가 강에다 기름을 좀 붓고 쓰레기를 버린다고 해도 여전히 산은 산이고 물은 물이다. 자연은 그 자체로 존립하며, 따라서 스스로 자신을 보존할 수 있는 무한한 자정 능력을 지녔다. 바로 이것이 자연과학자들의 물질 개념의 기초가 되는 소박한 실재론적 반형이상학적 자연관이다.

우리는 우리가 아무리 많은 죄를 지어도 마지막 순간 회개하면 무한한 신이 우리를 용서해 줄 것이라고 믿듯이, 자연 역시 우리가 아무리 해를 가해도 마지막 순간에는 우리를 용서해 줄 것이라고 믿는 것이다. 자연은 우리가 행하는 것, 우리가 아는 것을 넘어선 그 이상의 즉자적 존재라는 믿음을 우린 가지고 있는 것이다. 우리 자신의 인식과 행동의 유한성과 비교될 수 없는 무한성을 간직하고 있음을 믿는 것이다. 이런 의미로 우리는 인간과 자연을 구분한다. 흔히 말하듯이 인간을 무한한 존재로 놓고 자연을 이용 대상으로 상대화하고 유한화하는 것이 아니라, 오히려 자연을 영구적이고 불변적인 실체로 생각하며, 우리 인간이 행하는 것은 그 무한에 비해 너무나도 작은 장난과도 같은 놀이에 지나지 않는 것으로 생각하는 것이다. 자연은 우리 손에 의해 파괴되거나 끝장날 수 있기에는 너무나 거대하고 너무나 절대적인 힘의 원천이다. 인간이 지은 건축물이 해일이나 지진 등 자연의 위력 앞에서 아무 힘없이 부서져 내리듯이, 인간이 버린 쓰레기나 방사선 폐기물도 자연의 위력 앞에서는 아무 힘없이 녹아 버릴 것이다. 이렇게 우리는 자연의 무한한 자정 능력을 믿는다. 우리는 다만 자연의 숨은 이치를 알아내어 그것을 따름으로써 자연을 조금 이용하는 것일 뿐이다. 우리의 자연 변경도 자연의 더 큰 원리를 따르면서 그 원리 안에서 움직이는 것일 뿐이니, 우리는 여전히 자연의 힘 안에 있는 것이다. 이처럼 인간 정신과 무관한 물자체, 그리고 그 물질적 자연의 무한성에 대한 믿음, 그것이 바로 오늘날의 생태학적 위기를 몰고 온 것이다.

이렇게 보면 오늘날의 전통 형이상학 비판, 특히 인간의 자유와 정신을 강조하고 물자체를 부정하는 관념론에 대한 실재론적 관점의 반형이상학적 비판은 문제의 핵심을 간과한 것이다. 인간 정신으로부터 독립적이고 인간과 무관한 물질 자체의 객관 세계가 실재한다는 생각에 사로잡힌 사람, 따라서 물자체를 부정하고 물질의 정신연관성을 언급하면 금방 인간 중심주의라든가 정신 우선주의라고 비판하지만, 정작 그 정신이 무엇이고 그 인간이 무엇인가에 대해서는 물질에 기반하고 물질로부터 창출된 정신, 더 많은 털이 벗겨진 진화된 영리한 원숭이라는 것 이외에 다른 아무것도 떠올릴 수 없는 사람, 인간 영혼의 깊이와 무한성에 대해서는 아무런 감각도 갖고 있지 않은 사람, 그런 사람들이 관념론적 형이상학을 공격하고 그것을 현대 사회의 심각한 제반 문제들의 사상적 기반인 것으로 판단하여 실재론적 반형이상학적 세계상을 제시하지만, 바로 그 세계상이 우리의 정신을 위기로 몰고 가는 그 세계상임을 보지 못하는 것이다. 자연을 인간의 인식 대상·이용 대상·착취 대상으로 간주하게 되는 때는 자연을 정신의 산물 또는 정신의 실현으로 보지 않고 정신과 무관한 그 자체 독립적 실재로 간주할 때이다.

　그리고 사상사적으로 보면 보다 더 심각한 문제는 그러한 포스트모더니스트나 환경론자들이 자신들의 사상적 틀에 따라 동양사상을 왜곡한다는 점이다. 인간 중심주의, 이성 중심주의의 서양 형이상학이 자연을 그 자체 내재적 가치를 지닌 독립적 실재로 이해하지 않고 오직 인간에 의한 인식 대상, 이용 대상으로서만 간주하였다면, 동양사상은 자연과 인간을 분리하지 않고 인간을 자연과 조화된 자연 속의 일원으로서만 이해하는 자연 중심적 사고를 전개하였다는 것이다. 인간의 자연 초월성과 자유와 개체성의 자각이 서양적 사유의 특징이라면, 동양적 사유는 인간을 전체 자연의 일부분으로 이해함으로써 정신의 자유보다는 자연과의 융화, 개체적 자기의식보다는 전체와의 조화를 강조한 사유라는 것이다. 그리고 오늘날과 같은 심각한 생태학적 위기 상황에서 요구되는 생태학적 사유의 전환은 바로 서양적인 인간 또는 이성 중심적 사유, 개인주의적 사유에서 동양적인 자연 중심적 사유, 공동체주의적 사유로의 전환이라는 것이다.

　언뜻 보기에는 '동양에도 철학이 있는가?'라고 자만하던 서양인들의 꽤나 겸손한 동양정신의 예찬 같다. 동양인들은 그러한 평가를 인정받음이라고 생각하여 쉽게 동의하고, 서양인들은 그런 평가 속에서는 잃어버릴 것이 없기 때문에 쉽게 동의한다. 그러나 나비의 꿈 비유나 미인 앞에서 도망치는 물고기의 비유는 우리가 인식하는 자연세계의 현상성과 허구성의 자각을 말하는 것이 아니겠는가? 도가가 궁극적으로 강조하고자 한 것은 자연 안에 소요하되 자연을 초월하는 정신의 절대적 자유가 아니겠는가? 일체 존재의 무자성성을 공(空)이라고 말하며, 그러한 공을 자각하는 일심(一心), 여래장 또는 불성 이외에 어떠한 고정된 실재도 인정하지 않는 불교는 반형이상학적인 소박한 실재론과는 거리가 멀다. 원시 불교의 심(心) 중심 사상에서부터 유식의 유식무경(唯識無境)에 이르기까지 불교가 강조하고자 한 것은 인간 정신의 초월성과 자유 의식과 개체성의 자각이다. 자연의 이치와 자연의 운행 원리를 인간 마음의 리(理)와 기(氣), 성(性)과 정(情)을 통해 파악하고자 한 유가사상보다 더한 인간 중심적 사유가 또 있겠는가? 일즉일체(一卽一體) 일체즉일(一體卽一)을 말하는 화엄이나 선보다 더한 인간 개체성의 자각이 또 있겠는가? 그 어느 체계도 인간을 전체 자연의 일부분으로서 이해하는 자연 중심적 사상이 아니며, 오히려 인간의 자유와 초월성에서부터 우주와 인생을 논하는 관념론적 형이상학의 완성인 것이다.

생태학적 위기에 직면한 오늘날 많은 사람들은 보다 쾌적하고 안정된 거주 공간으로서의 지구를 보존하기 위해 자연과학, 기술개발 그리고 환경정책 등 여러 분야에 걸쳐 환경문제를 논의하고 구체적 대책 마련에 고심하고 있다. 일부 인문정신의 철학자들은 그보다 더 추상적으로 이러한 위기를 몰고 온 정신적 토대가 과연 무엇이며 그것을 극복할 수 있는 대안적 관점은 과연 무엇인가에 대해 고민하고 있다. 셸링의 자연철학이 이런 물음들에 대한 직접적 대안을 제시해 주지는 못할 것이다. 그러나 셸링철학의 바른 이해가 관념론적 서양 형이상학에 대한 바른 이해에 기여하는 바가 있을 것이라고 생각한다. 그리고 그것이 서양 형이상학이나 동양 형이상학 또는 형이상학 자체에 대한 잘못된 편견이나 오해를 불식하는 데에도 도움이 되리라고 생각한다.

이런 의미에서 셸링 자연철학의 대표적 저작이라 할 수 있는 다음 세 편의 글을 번역하여 보았다.

1. 「자연철학의 이념」: 원제목은 *Ideen zu einer Philosophieder Natur*로서 제1판은 1797년에 나왔으며, 약간의 수정을 가해서 1803년 제2판이 나왔다. '자연철학 연구의 서론'이라는 부제가 말해 주듯이 전반적인 자연철학 연구를 위한 길잡이로서 구상된 것이며, 그런 의미에서 자연철학의 이념이라고 불린다. 본 역서는 1980년 독일 다름슈타트에서 나온 셸링 전집 중 제6권 『셸링: 1794~1798의 글』(333-397면)을 기본 텍스트로 삼았다.

2. 「자연철학 체계의 제1기획」: 원제목은 *Erster Entwurf eines Systems der Naturphilosophie*이다. 이 책은 본래 1799년 강의용으로 씌어졌는데, 본문은 아래와 같은 제목의 3장으로 구성되어 있다. 제1장: 자연은 그 근원적 생산물에 있어 유기적이라는 증명, 제2장: 무기적 자연의 제약의 연역, 제3장: 유기적 자연과 무기적 자연의 상호 규정. 본 역서에서는 이 중에서 서론과 각 장의 내용을 요약·정리한 전체의 윤곽 그리고 본문 중 제1장 제1절만을 번역하였으며, 원문은 앞서 언급한 전집 중 제7권 『셸링: 1799~1801의 글』1면에서 20면까지 실려 있다.

3. 「자연철학 체계의 기획 서설」: 이 책은 *Einleitung zu dem Entwunf eines Systems der Naturphilosophie*라는 제목의 1799년 작품으로 자연철학 체계의 기획에 대한 서설

로 씌어진 것이다. '사변적 자연학의 개념과 그 학문 체계의 내적 조직에 관하여'라는
부제를 갖고 있다. 원문은 앞서 언급한 전집 제7권 중 269면에서 326면까지이다.

여기 번역된 글들은 셸링의 자연철학 시기의 대표적 저작들이긴 하지만 일관된 하
나의 논지를 체계적으로 전개해 나가는 방식으로 짜임새 있게 다듬어진 글들은 아니
다. 그 안에는 정신과 물질의 동일성, 이념적인 것과 실제적인 것의 동일성, 정신 독립
적 물자체 비판, 기계론적 자연관 비판, 주관적 유기체론 비판, 스피노자나 라이프니
츠 철학의 재평가, 생산성과 생산성의 지양이라는 자연의 이원성, 유기물과 비유기물
의 관계 등 많은 중요한 철학적 통찰들이 반짝이고 있지만, 대개 단상처럼 흩어져 있
을 뿐 체계적으로 논의되고 있지는 않다. 더구나 글 전체가 장·절의 구분 없이 하나로
연결되어 있기에, 독자들에게 다소 혼란스럽고 난해할지도 모른다는 염려에서 역자
나름대로 본문을 그 내용 전개에 따라 문단별로 구분하고 소제목을 붙여보았다. 따라
서 다음의 목차는 역자가 첨부한 것임을 밝혀둔다. 그리고 끝으로 전체의 내용을 문단
별로 정리 요약한 해제를 덧붙여 놓았다. 번역 문장의 옆에 기록된 숫자는 원문의 면
수를 의미하고 [ ] 속의 글은 이해를 돕기 위해 역자가 첨가한 설명이다. 이 책이 셸링
의 자연관 및 서양 형이상학에 있어서의 자연관의 이해에 작은 도움이 될 수 있기를
바랄 뿐이다.

1998년 11월
한자경

목차

서평: 자연이라는 거대한 마음은 어디서 와서 어디로 가는가?

고은진(제주대학교 학술연구교수)

프롤로그: 봄의 왈츠

만물이 소생하는 봄, 겨우내 얼어붙었던 대지는 얼음이 풀리며 촉촉해지고, 작은 개울을 만들어 졸졸 흐르기도 한다. 칙칙했던 나무 등걸에서는 초록 움이 트고, 햇살은 점점 따스해져 사람들은 겨울 외투를 벗고 가벼운 봄옷으로 갈아입는다. 급기야 점점 강해진 햇살 아래 마른 나뭇가지 속에 어떻게 그런 빛깔을 품고 있었는지 분홍, 빨강, 노란 색의 갖가지 꽃이 피어 사람들은 삼삼오오 무리를 이루거나 혹은 혼자 호젓이 꽃구경을 한다.

그 꽃구경 하는 인파 속에 섞여 나는 문득 자연을 보고 경탄하는 이 감정은 어디서 온 것인지 궁금해졌다. 세상에는 다양한 취향이 있고 다양한 사람들이 있는데 꽃을 좋아하는 것은 남녀노소를 막론하고 민족이나 지역을 넘어 누구나 가지는 보편적 감정이라 여겨졌다. 어떻게 보면 꽃이란 식물들의 생식 기관일 뿐인데 왜 이토록 사람들은 자연의 아름다움을 찬탄하고 환호하는 것일까?

이는 비단 꽃만의 얘기가 아니다. 동네 뒷산만 올라도 산을 오를 때 벅차오르는 감정 속에서 나무의 모양이며 풀의 움직임과 새들의 소리에 금세 마음을 빼앗기는데 소위 말하는 명산에 오를 때 그 감격이나 경이로움은 흡사 저 세상 풍경인 듯 그 안에 신이 살고 있는 것처럼 여겨질 정도라, 그 숭고함을 말로 형용하기 어렵다. 아무리 자연을 경제적 가치로 환산하는 사람일지라도 자연에 대한 경이로움과 숭고함을 갖는 것은 매우 흥미로운 철학적 주제가 아닐 수 없다.

그러나 셸링의 『자연철학의 이념』에서 다루고 있는 자연은 nature가 아니라 우리가 살아가는 경험 세계를 말한다. 그렇다고 해서 우리가 사는 경험 세계가 nature가 아닌 것은 아니다. 우리가 사는 경험 세계는 nature의 확대, 즉 자아를 둘러싼 외부 세계를 말한다. 다시 말해 셸링이 『자연철학의 이념』에서 던진 철학적 질문은 "우리 외부 세계는 어떻게 가능한가? 자연과 자연에 관한 경험은 어떻게 가능한가?"라 할 수 있다.

아리스토텔레스 형식 논리학을 빌려 말하면 nature는 외부 세계의 일부인 소개념이고 외부 세계는 nature를 포함한 대개념으로 nature와 외부 세계는 개념과 개념이 대소 관계에 놓여 있다고 할 수 있다. 결국 "우리 외부 세계는 어떻게 가능한가? 자연과 자연에 관한 경험은 어떻게 가능한가?"라는 셸링의 문제의식은 결국 자아인 인식 주체가 주체를 제외한 외부 세계를 대상화했을 때 그 대상들은 어떻게 자아에게 경험으로 주어지는가?라는 철학적 반성의 작업이다. 그 반성의 작업은 나아가 자아와 자연의 분리를 통해 인식 주체인 자아가 철학적 사유 과정을 통해 대상과의 합일을 경험하게 하는 결론을 이끌어낸다. 이러한 합일에 이르는 과정에 대한 논증이 바로 셸링의 자연 철학이다.

1. 칸트, 피히테 그리고 셸링의 문제의식

칸트 이후 19세기 독일 철학은 관념론으로 접어들었다. 피히테, 셸링, 헤겔로 이어지는 독일관념론자들은 칸트 사상에서 자연과 자유, 실재와 관념의 이원론을 자아를 중심으로 하는 일원론으로 통일하여 형이상학적 체계를 수립하고자 하였다.

일단 칸트는 경험 대상에 대한 앎은 어떻게 가능한가?라는 전통적인 철학적 물음에 대해 우선 직접적으로 경험 대상에 묻는 것이 아니라 그러한 대상의 경험을 가능하게 하는 조건들에 대해 묻는다. 이 조건들이 바로 인간의 인식 능력 안에 이미 존재하고 있는 선천적인 인식 형식이다. 칸트가 보기에 우리의 인식이 필연성을 갖는 것은 인식을 가능하게 하는 선천적인 형식을 우리가 갖고 있기 때문에 인식하는 주관은 선천적 인식 형식을 통해 인식 대상을 구성하게 되는 것이다. 그래서 혹자는 칸트의 철학을 선험철학 혹은 초월철학이라 부른다.

그러나 피히테는 칸트 철학에서 물자체와 현상계의 구분이 남겨 놓은 문제점에 주목하였다. 칸트는 경험 세계를 인식하는 데 있어 인간에게 주어진 선험적인 형식에 초점을 맞추었다. 그러나 피히테는 경험 세계를 인식하는 데 있어 수동적으로 부여된 이러한 연역적인 형식보다 자아의 적극적인 활동을 긍정하여 우리가 경험하는 경험 세계를 자아의 적극적인 활동(Tathandlung)에 의해서 생산된 것으로 보는 주관적 관념론을 구축한다.

피히테는 자아가 경험 세계를 인식할 때 항상 적극적으로 자신을 정립하면서 경험

세계와 관계하는데, 이러한 자아의 정립 활동에 거스르는 것을 그는 비아(Nicht-Ich)라고 불렀다. 자아는 경험 세계를 인식하는 과정에서 비아의 저항에 부딪쳐 자아의 정립 활동을 방해받는다. 즉 자아 안에 가분적 자아에 대해 가분적 비아를 대립시켜 자아와 비아가 모순과 갈등을 일으킨다. 이러한 자아와 비아의 갈등에서 비아는 자아에 속하지 않으면서 자신이 독자적으로 존재하는 것으로 자신을 자아에 대해서 반정립한다. 이러한 반정립은 자아의 정립과 갈등을 야기하지만 결국 그것을 극복하여 절대적 자아가 가분적 자아를 자기 자신으로 회복시켜 나간다.

이처럼 피히테의 철학에서 모든 실재성은 자아가 비아를 넘어서 절대적 자아로 나아가는 것을 통해서 가능하다. 즉 절대적 자아는 비아에 의해서 생기는 부정과 갈등을 넘어서 자신의 존재를 궁극적으로 정립한다. 이러한 절대적 자아는 자아의 능동면인 오성이 실재성의 수동면인 감성과 하나로 되는 지적 직관을 속성으로 한다. 칸트가 이 지적 직관을 신의 지성에 속한 것으로 보아 절대자와 유한자의 구별을 둔 반면, 피히테는 절대자와 인간을 하나로 보아 자아와 비아의 투쟁을 통해 반정립된 자아는 지적 직관을 지닌 절대자로 나아간다고 보았다. 그래서 피히테의 철학을 주관적 관념론이라 하는 것이다.

2. 셸링의 자연철학

프리드리히 빌헬름 요제프 셸링(1775-1854)은 칸트와 피히테를 이어 주체 또는 정신의 자유를 자연에까지 확대하여 자연철학을 전개한 철학자로 알려져 있으며, 철학사에서는 그의 철학을 피히테의 주관적 관념론을 이어 객관적 관념론이라 부르기도 한다. 셸링의 철학은 피히테 철학을 비판하면서 생겨났는데, 셸링이 보기에 피히테의 비아는 단지 자아에 의해서 정립되어지는 것처럼 보는 무능력한 자연 또는 죽은 자연으로 치부되었다고 여겨졌다. 그러나 이 지점에서 셸링은 피히테가 단지 자아의 정립을 위한 비아라고 치부되는 자연이야말로 근원적인 철학의 대상이며 그 자체로 의미 있는 절대적 존재라고 여겼다.

셸링 이전 데카르트는 시간과 공간상의 특정 위치를 점한 연장적 사물인 객체이자 우리가 감각 경험의 대상이 되는 자연으로 이는 자연과학의 영역이며 자연과학적 법칙을 통해 설명 가능하다고 보았다. 데카르트는 정신적 기능을 가지는 사유적 실체와 연장적 성격을 가지는 연장적 실체, 곧 정신과 물질을 이원론적으로 구분하고, 오직 인간만이 정신이며 인간 이외에 다른 모든 자연 존재는 정신이 배제된 단순한 물질이라고 파악하였다.

그러나 데카르트 이후의 형이상학자들이나 칸트, 독일관념론자들은 객관적 절대 시간이나 공간적 좌표상에 위치하는 것으로 상정하는 객관적 물질로서의 자연은 그러한 궁극 실체가 아니고, 오히려 일정한 활동의 산물로 보았다. 그러한 산출된 결과로서의 산물을 소산적 자연(natura naturata)이라 한다. 그러나 이러한 소산적 자연을 산출하는 객관화되고 물질화되기 이전의 이념적 활동성을 지닌 정신적 존재는 능산적 자연(natura naturans)이다. 즉 물질이란 정신이 외화되어 나타난 현상인 것이다. 셸링의 자연철학에서 소산적 자연인 생산물은 능산적 자연인 생산적 활동성의 결과로 연장적인 물질은 단순한 현상이나 그 현상을 현상이게 하는 활동성은 비연장적인 이념적인 것이 되는 것이다.

이처럼 셸링 자연관의 특징은 당시 기계론적 자연관과 달리 자연을 능동적이고 자율적인 활동성 또는 생산성으로 이해한다. 이러한 그의 자연관은 "주체적 자연", "생산성으로의 자연"이 다시 "객체적 자연", "생산물로서의 자연"의 개념으로 되살아난다. 이는 셸링의 자연철학이 경험 세계인 자연에서 출발하여 정신을 설명하지만, 종국에는 정신에서 출발하여 경험 세계인 자연을 역으로 설명하게 되는 것이다. 왜냐하면 절대적 동일성과 절대적 대립은 하나가 다른 하나를 배제하는 것이 아니라 절대적 대립이 없으면 절대적 무차별의 추구도 없게 되며, 절대적 무차별의 추구가 없으면 절대적 대립도 대립으로 나타날 수 없기 때문이다.

이는 자연과 정신의 관계를 설명하는 것으로, 결국 경험 세계에 대한 자아의 경험이 가능한 근거는 바로 자아와 자연 세계의 합일이 있어야 하는 것이다. 셸링이 말하는 절대자는 유한자에 배타적인 것이 아니라 모든 유한자의 근저에 자리 잡고 있는 절대자로 이러한 절대자는 주관과 객관이라는 구분 또는 대립을 넘어서 있기에 무제약성이라는 존재 특성을 지닌다. 셸링에 따르면 무제약성을 띤 절대자 자신만이 이 세계에 있을 뿐인데, 이런 점에서 세계에 존재하는 절대자는 경험 세계인 자연이며 이 자연은 주체 정신에 의해 존재하게 되는 것이다.

3. 유한한 것 안에서의 무한한 것

절대자는 무한하다. 그러나 자아는 유한하다. 그러기에 자아는 외적, 경험적으로 직관할 수 있다. 그러나 무한자인 절대자는 그런 방식으로 직관되지 않는다. 그렇다면 유한자의 직관 안에서 무한자는 어떻게 발견될 수 있을까? 즉 경험적인 유한자가 무한히 이어지는 무한자의 직관은 어떻게 가능하게 되는가?

유한자가 무한자의 절대적인 무한성의 지적 직관을 경험하는 것은 경험적인 무한한 계열이 우리의 구상력 앞에서 무화되었을 때 비로소 나타나게 된다. 즉 무한자의 직관은 특수한 개별적 계기 안에 놓여 있는 것이 아니라 오히려 유한한 과정 안에서 산출되는 것이다. 이처럼 근원적으로 무한성은 우리 안에 있지만, 이것이 나타나기 위해서는 외적 경험적 서술이 있어야만이 가능하게 되는 것이다.

『자연철학의 이념』에서 자연은 무한자가 유한자로 형성된 것이며, 유한자가 다시 무한자로 변형된 것은 이념적 세계이다. 그리고 이 둘은 활력이라는 제3의 통일성에 의해 다시 통합하는 통일성, 즉 자연과 이념의 세계를 포괄한다.

이때 무한자가 유한자로 형성한 것은 "자연"이며 유한자가 다시 무한자로 변형된 것이 "이념적 세계"이다. 그리고 자연과 이념적 세계를 포괄하여 이 둘을 다시 통합하는 제3의 통일성으로 인하여 무한자와 유한자는 하나가 된다. 이 통일성이 "활력"이다. 자연은 존재 자체의 개념 안에 있는 절대적 활동성, 즉 자유의 감추어진 흔적으로 인하여 무제약자로 간주될 수 있다. 이 무제약자의 활동으로 모든 개체는 "구성하는 활동성"으로 모든 객관적인 것의 원리가 된다.

활력으로 인한 이 통일성으로 인하여 지금 자연 안에 고정된 것처럼 나타나는 각각의 생산물은 오직 그 한순간에만 그렇게 존재할 뿐이며, 연속적인 진화 속에 포함되어 끊임없이 변화하면서 단지 나타났다가 사라진다. 즉 저지된 채 객체로 나타난 생산물일지라도 그것은 활동성의 절대적 부정이 아니며, 그 자체 단적으로 활동적이다. 자연은 그 자체 안에 무한한 발전의 충동을 가지고 있는 것이다. 이처럼 자연은 고정된 산물로 존재하는 것이 아니라 그 안에서 생산성이 확장되면서 동시에 저지받는다. 즉 자연 각각의 객체 안에 전체인 무한자가 반영되고 있는 것이다.

현상으로서의 유한한 자연은 존재가 형상으로 형성되어 특수성 안에 특수한 동일성으로서 나타난 자연이다. 그러나 특수자가 일반자로 합일하여 두 통일성이 무차별하게 나타나는 유기체인 자연은 자연 자체로 객관적인 것 안에 탄생한 정신, 형상 안에 인도된 절대자의 현현이라 할 수 있다. 즉 능산적 자연인 무한자가 소산적인 유한자로 형성되어 절대적 무차별화의 지점으로 나아간 것이다. 이때 무한자는 유기체 안에서 다시 절대적 이념으로 화하여 이념이 자신을 상징화하면서 절대적 이념성을 드러내고, 유기체는 이성 안에서 자신을 상징화하면서 절대적 이념성을 드러낸다.

이러한 과정은 무한자인 절대자가 이념 또는 순수 동일성인 그의 전체성으로부터 스스로 실제적인 형상으로 객체화되고, 다시 그 형상이 객체로서의 자기 자신을 존재 또는 주체로 해체시키는 것이라 할 수 있다. 즉 객관성과 유한성은 전체적 통일성으로서의 무한성과 주관성으로부터 산출되고, 이 객관성과 유한성은 다시 절대적 동일성으로 복귀하는 것이다. 이는 무한자인 절대자가 유한자인 특수자로 분화, 확장되는 것으로 절대자가 영원한 인식 행위 안에서 자기 자신을 특수자로 확장하는 것은 오로지 무한자가 유한자로 되는 절대적 형성 안에서 유한자를 다시 자기 자신 안에 거둬들이기 위한 것이라 할 수 있다. 이 전체적 통일성은 무한자가 유한자로 확장되어 특수화하는 계기, 다시 유한자가 무한자로 포섭되는 계기, 그리고 이 계기를 다시 하나로 통합하는 것이라 할 수 있다.

4. 정신과 자연의 동일성

셸링은 『자연철학의 이념』에서 세계에 존재하는 절대자는 자연과 동일한 자아로 나 자신의 생명을 이해하듯이 생동적인 자연이 무엇인지를 잘 이해한다고 보았다. 즉 절대자의 정신과 자연의 목적성을 잘 알고 이해하여 그 목적성과 자신의 목적성이 같은 자아의 정신은 동일하다고 보았다. 그것은 바로 자연과 자아가 유기체이기 때문이다. 유기체에는 물질로 설명될 수 없는 개념의 통일성이 직관하고 반성하는 정신에 의해서 합목적적으로 형식적으로도 현존하게 된다. 이는 개체적 자연 산물에 있어 자연과 정신이 내적으로 통합되어야 가능한 것이라 할 수 있다. 만약 자연과 정신, 자연과 자유 이 내저 결합이 없게 되면 정신은 물질로 한인하는 신개론이 되어 물진과 정신이 이원화되는 독단론으로 빠지게 된다. 따라서 유기체는 바로 자연의 산물이며, 이 산물 안에는 서로의 목적이 같아 합목적적으로 동일하기에 자연의 형식은 정신에 의해 나타난 통합의 결과라 할 수 있다.

이처럼 자연과 정신이 내적으로 통합되어 하나의 개념이 그 자체 안에 놓이게 되는 유기체인 자연은 그 스스로 자신의 원인이자 결과가 된다. 그러나 이 통합을 이끌어내는 것은 정신이다. 즉 외부 사물 자체 안에 인간의 정신과 유비적인 하나의 정신이 지배한다고 전제되어 있어야 인간의 유한한 정신이 고유한 자연으로부터 출발하여 자연

산물의 합목적성이 설명 가능하게 된다. 이처럼 "개념과 현실성, 이념적인 것과 실제적인 것"을 통합하는 창조적 능력의 정신은 유기적 존재에 내재하는 지배적 정신으로 자연에 있어서 직관과 개념, 형식과 대상, 이념적인 것과 실제적인 것을 통합하여 자연과 정신을 근원적으로 하나이며 동일한 것으로 만든다.

『자연철학의 이념』에서 유기체로서 자연이자 자연과 합목적인 절대자는 끊임없는 활동성을 지닌다. 왜냐하면 자연이 공간을 충족시키기 위해서는 유한 속도로 변화하고 움직이는 활동을 진행해야 하기 때문이다. 그러나 역설적이게도 이러한 활동성이 가능하기 위해서는 무한한 활동성을 저지하여 유한화하는 대립적 힘이 있어야만 한다. 즉 유한이 무한에 의해 가능하듯 무한의 활동성이 현상화되기 위해서는 무한을 유한화하는 대립적 저지의 힘이 요구되는 것이다. 이처럼 무한한 자연의 생산적 활동성과 그 활동성의 저지라는 이원성 또는 양극성을 지닌 자연의 원리는 변증법 구도 안에서 힘의 종합을 이끌어낸다. 따라서 정신은 개별적 생산물 안에서의 통합이 아니라 오히려 대립되는 활동성의 무한한 분리 안에서 정신 자신의 직관을 갖게 된다. 대립된 두 활동성 즉 통합과 대립은 개별적 생산물에 대한 개별적 직관으로 오직 가상적으로 개별적일 뿐 본래 모든 개별적 직관 안에 전체 우주의 직관이 동시에 함축되어 있다 할 수 있다. 이는 곧 "절대적으로 이념적인 것은 절대적으로 실제적"이라는 것이며 절대적 무제약적 실재성은 감성적인 것을 가능하게 하는 정신에 있다고 할 수 있다.

에필로그: 봄, 여름, 가을, 겨울, 그리고 다시 봄

봄에 활짝 핀 꽃들은 이제 어디론가 가고 없다. 대신 그 자리엔 열매가 있고, 여름내 무성했던 잎들도 색이 변하고 시들어 언제 떨어질지 모른다. 그러나 전혀 달라 보이는 이 양상들은 모두 하나의 자연물에서 보이며 어느새 그 자연은 하나의 나이테를 새기고 성큼 자라 있다. 어쩌면 그것들은 서로 자연의 흐름이라는 거대한 이치 속에서 보자면 같은 것이고, 그것을 바라보는 내 마음 또한 그 흐름을 아는 것을 보면 자연과 다르지 않다.

셸링의 『자연철학의 이념』은 독일관념론자로 불리는 셸링의 저작인데 이 책에서 나는 왜 셸링의 사유와 싯달타의 깨달음이 서로 연결되어지는 것일까? 셸링이 말하는 자연이라는 경험적 대상 세계는 결국 무한자 정신의 현현이며 이 경험 세계 안에는 우주의 직관이 담겨 있다. 싯달타가 보는 이 세계는 결국 나의 표상이기에 깨달은 자의 세계와 그렇지 못한 세계가 다르기에 자비의 마음으로 수행을 통해 순간순간 활동성 속에서 진리에 머물기를 바라 마지않았다. 결국 셸링과 싯달타는 자아와 세계가 다르지 않음을 알아 인간 내면에 담긴 진리의 빛으로 온 우주를 밝게 비추기를 바란 것은 아닐까?

　한자경 교수는 독일 유학을 마치고, 계명대에서 재직하면서 이 책을 번역하였다. 그러면서 그는 불교 유식 철학을 공부하기 위해 매주 대구와 서울을 오가는 수고를 마다하지 않았다. 그 지난한 사유의 여정 속에서 그가 찾아 헤맨 것은 과연 무엇이었을까? 자연이라는 마음! 그 마음은 때로는 미천하고, 모래알처럼 소심하지만 그 어떤 것보다 거대하고, 깊고, 절대적이며, 무한하며 자비롭다는 것을 선천적으로 알고 그 마음들이 어디서 와서 어디로 가는지를 알고 싶지 않았을까? 결국 그 마음은 어디서 온 것도 아니고, 어디로 가지도 않아 오랫동안 오롯이 수천 년 동안 동양이든 서양이든 보석처럼 내 마음에서 환히 빛나고 있었음을 증명하고 싶었던 것은 아닐까? 지적 직관을 깨달은 자의 내 마음은 곧 네 마음이듯 나를 둘러싼 경험적 자연 세계가 바로 절대자의 마음이라는 것을 알아차리는 여정이지 않았을까?

『철학의 원리로서의 자아』

지은이: F. W. J. 셸링
발행 연도: 1999년
펴낸곳: 서광사
160 페이지

옮긴이의 말

'너 자신을 알라'는 소크라테스의 말은 이미 자아가 철학 또는 형이상학의 중심 테마로 등장할 수밖에 없음을 시사해 주는 말일 것이다. '밖으로 향하지 말고, 너 자신 안으로 돌아가라. 진리는 바깥이 아니라 네 안에 있다'는 아우구스티누스의 권고 역시 철학 하고자 하는 우리의 가슴을 무한히 뛰게 만든다. 에크하르트의 인간 안에 깃든 '신의 맹아'나 쿠자누스의 '무지의 지'가 감지하는 '감추어진 신' 역시 우리의 영혼을 기쁨으로 노래하게 하는 희망의 빛일 것이다. 내가 찾고 있는 것, 나를 구제해 줄 마지막 보루가 바로 나의 영혼, 나의 자아 안에 감추어져 있어, 내가 비록 아직 그를 알지 못한다 해도, 그는 나를 언제나 나보다 더 잘 알고 있고, 내가 비록 나의 빈손을 안타까워하며 절망할지라도, 그는 언제나 나의 손을 붙잡고 있다는 것, 이보다 더한 '철학의 위안'이 어디에 또 있겠는가?

이 위안을 일찍이 플라톤은 이데아를 향한 에로스에서 발견했다. 우리의 영혼 안에 진리와 선함과 아름다움에 대한 지울 수 없는 동경이 아로새겨져 있다는 것과 생멸하는 현상세계의 그 어느 것으로도 채워질 수 없는 영혼의 공백은 바로 그 동경과 사랑 때문이라는 것을 깨달은 플라톤은 이데아 중의 이데아, 선의 이데아를 궁극적 실재로 간주했다. 관념적 이데아의 세계가 물질적 현상세계보다 더 현실적이고 참되며 영원하다고 판단했던 것이다.

그러나 우리가 어떻게 태양을 직시할 수 있겠는가? 언제까지나 감추어져 있는 존재라면, 그것은 단지 우리의 소망, 우리의 꿈에 지나지 않는 것이 아닌가? 그것은 우리가 바라는 바의 것, 영원한 동경의 대상에 지나지 않는 것이 아닌가? 이렇게 해서 감추어진 것은 자아 속에 더 깊이 감추어지게 되고, 우리는 드러난 현상만을 찬탄하게 된다. 볼 수 있고, 만질 수 있으며, 헤아릴 수 있는 것만이 현실적인 것, 참되게 존재하는 것이 되고, 자아 속의 것은 그것이 바로 자아 속에 있기 때문에 비현실적인 것·주관적인 것·상대적인 것·사적인 것이 되고 만다. 자아는 이차적 존재, 철학의 주제로 적합하지 못한 것이 되고 만 것이다.

그러다가 자아를 철학의 본격적 주제로 다시 등장시킨 사람이 바로 데카르트이다. 그의 방법적 회의를 통과한 유일한 진리, 부정할 수 없는 명석판명한 진리가 바로 'cogito, ergo sum'의 자아였던 것이다. 주관적 착각이나 꿈일 수 있는 것은 자아 자체가 아니라, 오히려 자아에 의해 감각되고 사유된 객관적 현상세계 또는 객관적 진리이다. 세계 또는 신보다 그 존재가 더 확실하고 더 자명한 것은 바로 그렇게 무엇인가를 찾고 의심하며 희구하는 나 자신인 것이다. 그러나 데카르트는 그 자신이 직관한 그 자아를 어떻게 해석해야 할지를 알지 못했다. 그것은 나 자신만의 사적인 개체성의 자아인가, 아니면 모든 인간을 하나로 통합하는 보편성의 자아인가? 그것은 나의 구체적 의식의 대상으로 주어지는 경험적 자아인가, 아니면 본질적으로 의식 대상화할 수 없는 초월적 자아인가?

자아와 그 자아 속에 감추어진 보물을 부정하고는 살 수 없는 자들이 대개 관념론적 형이상학자들이다. 그들은 비록 몸은 떨어져 있더라도 영혼은 본래 하나라는 '나 즉 우리, 우리 즉 나'의 몽상을 떨쳐 버릴 수 없는 자들이다. 그리고 그들은 진정으로 그런 하나의 우리를 회복해 간다. 이를 위한 첫 작업은 바로 경험적 자아와 초월적 자아, 제약된 현상적 자아와 무제약적 절대적 자아, 개체적 자아와 보편적 자아를 구분하는 것인데, 이를 행한 사람이 바로 칸트이다.

칸트 이후의 독일관념론은 칸트에 의해 구분된 이 두 측면을 변증법적 관계로 발전시켜 나간다. 제약적 현상과 무제약적 절대, 자연 필연성과 자유, 유한과 무한, 인간은 이 두 영역 사이를 오가면서 갈등할 뿐만 아니라 그 둘의 분리와 통합을 동시적으로 경험하는 존재이다. 경험적 자아와 경험적 비아는 인식과 실천이라는 끊임없는 상호 규정적 투쟁을 계속하게 되지만, 그런 종합을 가능하게 하는 원동력과 그런 투쟁의 역사가 지향하는 궁극적 종착점은 자아와 비아의 경계가 영원히 지양되는 절대적 통일성, 절대적 자아의 완성인 것이다. 역사가 지속되고 우리의 삶이 지속되는 한, 절대적 자아의 절대적 통일성은 이미 실현된 현실성이 아니라 장차 실현되어야 할 이상이지만, 우리의 현실 자체가 바로 그 자아의 통일성에 기반을 둔 것이기에, 자아는 상대를 넘어서 있으면서 동시에 상대를 낳는 절대이고, 현상을 넘어서 있으면서 동시에 현상을 산출하는 무제약자인 것이다.

초기의 셸링은 피히테의 영향을 받아 이러한 무제약적 절대 자아를 철학의 출발점 또는 철학의 제1원리로 간주한다. 이념적인 것과 실제적인 것, 사유와 연장, 이론과 실천, 자연과 자유, 이 모든 이원적 대립을 하나로 통합해 줄 마지막 원리는 바로 무제약적 자아일 수밖에 없다는 것이다.

본 역서는 1795년에 출판된 셸링의 저서 *Vom Ich als Prinzip der Philosophie oder über das Unbedingte im menschlichen Wissen*을 번역한 것으로서 기본 텍스트로는 1980년 독일 다름슈타트에서 나온 셸링 전집 제6권 『셸링 : 1794~1798의 글』(29-124) 을 택하였다. 그리고 번역서 문장 옆의 숫자는 원문의 면수를 의미하고, [ ] 속의 글은 문맥상 이해를 돕기 위해 역자가 첨가한 글이다. 본문에 나타나는 각 장의 구분은 원문에 있는 대로이며, 그 이외의 번호 매김과 이에 따른 문단 나누기는 역자가 독자의 내용 이해를 돕기 위해 소제목을 붙이는 과정에서 행한 것이다. 따라서 본문에 속하는 저자의 목차 이외에 옮긴이의 말에 덧붙여진 차례는 역자가 첨부한 것임을 밝혀둔다. 끝으로 글 전체의 내용을 문단별로 요약 정리한 해제를 덧붙여 놓았다.

오늘날처럼 주체의 해체와 죽음이 상식처럼 받아들여지고 있는 때에 자아를 철학의 원리로 삼는 글을 번역한다는 것에 대해 굳이 변명을 덧붙여야만 할까? 자아가 어떤 의미에서 철학의 원리이며, 그러한 자아의 의미 및 존재론적 위상은 무엇인가를 밝히고 있는 셸링 자신의 글 속에서 독자 스스로 '자아'에 대한 철학함의 의미를 발견할 수 있기를 바란다. 아직도 '너 자신을 알라'는 소크라테스의 말이 의미 있다고 생각하는 사람, 우리 바깥보다는 우리 안에 우리가 아직 다 알지 못하는 진정한 보물이 감추어져 있다고 생각하는 사람, 그런 사람들을 위한 사유의 길을 밝히는 데 이 책이 작은 도움이 될 수 있기를 바란다.

1998년 12월
한자경

목차

서평: 자아, 어떻게 존재의 근원이 되는가

최서린(이화여자대학교 철학과 박사수료)

1. 철학은 무엇이어야 하는가?

『철학의 원리로서의 자아』의 〈옮긴이의 말〉에서 역자(한자경)[1]는 다음과 같이 말하고 있다.

> (…) 내가 찾고 있는 것, 나를 구제해 줄 마지막 보루가 바로 나의 영혼, 나의 자아 안에 감추어져 있어, 내가 비록 아직 그를 알지 못한다 해도, 그는 나를 언제나 나보다 더 잘 알고 있고, 내가 비록 나의 빈손을 안타까워하며 절망할지라도, 그는 언제나 나의 손을 붙잡고 있다는 것, 이보다 더한 "철학의 위안"이 어디에 또 있겠는가?[2]

여기에서 역자가 말하는 "구제"란 무엇인가? 나로부터 숨겨져 있어 나로 하여금 절망을 느끼게 하는 그것은 도대체 무엇이며 어떻게 나를 구제해 줄 수 있는 것인가? 철학은 나에게 그것에 대한 진실을 어떻게 말해 줄 수 있는가?

『철학의 원리로서의 자아』는 1795년에 출판된 프리드리히 셸링의 초기 저서로[3] 원제목은 *Vom Ich als Prinzip der Philosophie oder über das Unbedingte im menschlichen Wissen*이다. 이 원제목을 한국어로 직역하면 '철학의 원리로서의 자아 혹은 인간의 지식에 있어 무제약자에 관하여'이다. 독일어 '무제약자(das Unbedingte)'에서 '제약하다(bedingen)'는 어떤 것을 '물화(be-ding-en, 物化)'하는 행위인 것이고, 그 결과 제약된 것은 '사물(Ding)로 된 것'을 가리킨다. 따라서 어떤 것이 사물이라는 것은 그것이 다

---

1   이후 본 서평에서 언급되는 "역자"는 『철학의 원리로서의 자아』의 번역자인 한자경을 가리킨다. 또한 본 서평에서 굵은 글씨로 표시된 부분은 역자나 셸링이 아닌 평자의 강조임을 밝힌다.
2   F. W. J. 셸링, 『철학의 원리로서의 자아』, 한자경 옮김, 서광사, 1999, 〈옮긴이의 말〉, 5쪽.
3   셸링의 철학 체계에 대해서는 『인간 자유의 본질』에 대한 앞선 서평을 참조.

른 것에 의해 물화, 즉 제약되었다는 것이고, 자아는 모든 제약을 넘어서서 제약을 성립시키는 궁극의 지점, 스스로는 제약되지 않는 무제약자라는 것을 뜻한다. 책의 제목에서 드러나듯 철학, 인간의 지식에 있어서 원리가 되는 것은 제약된 사물이 아닌 무제약자이며 그러한 무제약자의 지위를 갖는 것은 자아라는 것이 셸링의 주장이다. 셸링은 이 책의 목적을 다음과 같이 밝히고 있다.[4]

> 그 자체 오직 이념일 뿐인 철학, 그것의 실현을 오직 철학자 자신의 실천적 이성으로부터만 기대할 수 있는 철학은 **인간이 자신을 이념으로 고양할 수 없는 한, 파악될 수 없는 것이며 우스운 것으로 남을 것이다.** (…) 이념을 이론적으로 규정하고자 하는 인간의 손에 의해서는 범주표를 넘어서는 모든 것이 헛소리가 되며, 그의 머리 안의 절대자의 관념은 다른 누구의 역사와도 동일시되지 않으리라는 것, 그는 다른 사람이 자유롭게 느끼는 곳에서도 충족될 수 없는 커다란 무(無) 이외에 다른 아무것도 보지 못하리라는 것, 그리고 그에게는 그 자신의 무사유성 이외에 다른 어떤 의식도 남지 않으리라는 것은 놀라운 일이 아니다. 이는 곧 그의 정신이 스스로 자유롭게 행위하는 것을 아직 배우지 못했고, 정신세계에 있어서 자신의 위치를 오직 기계론적 사유에 의해서만 생각할 줄밖에 모른다는 것을 증명하는 것일 뿐이다.[5]

이념, 절대자, 자유는 모두 이론의 영역, 제약된 현상을 넘어설 때만 밝혀질 수 있는 것이다. 이것들을 부정한다면 인간은 스스로를 부자유한 존재로 규정하는 것이고 기계와 같은 지위로 격하시키는 것이다.

인간 존재에 대한 물음이라는 일념(一念)을 갖고 독일로 갔던 역자는 칸트를 공부하

---

4 이 책의 서문에서 셸링은 이 책이 크게 두 가지 목적을 갖고 있음을 밝히고 있다. 첫째 목적은 스피노자 체계의 근본적 지양 혹은 전복인데, 왜냐하면 스피노자 체계는 자유를 부정하는 결정론이기 때문이다. 단, 셸링은 스피노자 체계가 갖고 있는 모든 오류에도 불구하고 그 체계가 지니는 엄격한 일관성은 존중되어야 한다고 주장한다. 따라서 첫째 목적은 스피노자 체계 자체에 대한 해명이면서 동시에 셸링 자신의 철학이 스피노자주의가 아니라는 것을 밝히는 것이라고 할 수 있다. 둘째 목적은 칸트 철학의 문제점을 비판 및 보완하는 것이다. 셸링에 따르면 칸트는 초월적 자아의 원리를 단지 '전제'하고만 있기에 결론적으로는 칸트 철학에서 이론과 실천이 결합되지 않고 실천철학이 주변부로 밀려나게 되는데, 셸링은 이 책에서 초월적 자아의 원리를 제시하고자 하였다. F. W. J. 셸링, 『철학의 원리로서의 자아』, 한자경 옮김, 서광사, 1999, 11–13쪽 참조. 하지만 셸링이 이 책에서 궁극적으로 목표하는 것은 무제약자로서의 절대적 자아를 부정하는 일체의 철학적 태도를 타파하는 것이다.
5 F. W. J. 셸링, 『철학의 원리로서의 자아』, 한자경 옮김, 서광사, 1999, 137쪽.

면서도 무제약자로서의 초월적 자아의 자발적 활동성이 무엇인가를 밝혀내고자 했던 칸트 이후의 독일관념론[6]에도 매료되었던 것으로 보인다. 경험적 자아와 초월적 자아, 제약된 현상적 자아와 무제약적 절대적 자아, 개체적 자아와 보편적 자아를 "구분"한 것이 칸트 철학의 핵심 중 하나라고 본 역자는 칸트 이후 전개된 독일관념론의 작업이 무엇이었는가를 다음과 같이 말하고 있다.

> 칸트 이후의 독일관념론은 칸트에 의해 구분된 이 두 측면을 변증법적 관계로 발전시켜 나간다. 제약적 현상과 무제약적 절대, 자연 필연성과 자유, 유한과 무한, 인간은 이 두 영역 사이를 오가면서 갈등할 뿐만 아니라 그 둘의 분리와 통합을 동시적으로 경험하는 존재이다. 경험적 자아와 경험적 비아는 인식과 실천이라는 끊임없는 상호 규정적 투쟁을 계속하게 되지만, 그런 종합을 가능하게 하는 원동력과 그런 투쟁의 역사가 지향하는 궁극적 종착점은 자아와 비아의 경계가 영원히 지양되는 절대적 통일성, 절대적 자아의 완성인 것이다.[7]

역자는 인간에게 근본적으로 자리한 두 가지 대립적인 측면이 극복된 그 궁극의 지점에 이미 자신의 마음을 데려가 놓은 것으로 보인다. 다만 역자는 이러한 사유의 과정을 글로써 무던히 표현하였는데 피히테와 현대의 후설을 비교한 「경험의 논리와 초월의 논리: 피히테와 후설과 더불어 생각함」(1990)을 시작으로 「칸트와 피히테에서 대상과 자아」(1991), 「피히테의 자아관: 무한과 유한 사이에서 유동하는 자아」(1994), 「칸트의 물자체와 독일관념론」(1995), 「헤겔철학에 있어 자아의 개체성과 보편성의 문제」(1996), 「셸링철학에서의 자연과 자아」(1998)를 통해 독일관념론에 대한 심도 있는 해석을 제시하였을 뿐만 아니라 피히테와 셸링의 저술 다섯 권을 번역하고 헤겔의 『정신현상학』에 대한 해석서를 출간함으로써[8] 주요 철학자들의 핵심적인 저술들에 대한 일대기를 그려냈다.

---

6 독일관념론은 18세기 말부터 19세기 중반에 이르기까지의 사상적 조류로서 라인홀트부터 헤겔 퇴임까지의 예나대학과 피히테, 슐라이어마허, 헤겔 역임까지의 베를린대학을 주 무대로 삼는다. 독일관념론자들의 공통점은 모두 칸트 철학을 출발점으로 삼았다는 것에 있으며 그들은 "예비학"으로서의 칸트의 비판주의가 갖는 소극적 의미에 대한 반작용으로서 관념론의 "체계"를 완성하고자 하였다. 니콜라이 하르트만, 『독일관념론철학』, 이강조 옮김, 서광사, 2008, 〈옮긴이의 말〉, 5쪽 참조.
7 F. W. J. 셸링, 『철학의 원리로서의 자아』, 한자경 옮김, 서광사, 1999, 〈옮긴이의 말〉, 7쪽.
8 한자경, 『헤겔 『정신현상학』의 이해』, 서광사, 2009.

책의 마지막 부분에 덧붙인 '옮긴이 해제'에서 역자는 단원별 내용을 보다 분명히 구분하고 나아가 소제목을 붙임으로써 셸링이 무엇을 말하고자 했는가를 더 명료하게 하고 있다. 더욱이 각 단원별로 요약한 내용에서는 중요한 개념들과 어구 및 문장들을 직접 인용함으로써 독자들로 하여금 책의 핵심적인 내용을 놓치지 않고 보다 쉽게 이해할 수 있도록 하였다. 이렇게 보았을 때 이 책에 대한 본 서평은 다소 초보적인 해석에 그치고 오히려 역자의 적확(的確)한 번역에 불필요한 말을 얹는 것이 될 것이 우려스럽다. 그러나 번역은 또 하나의 해석이라는 말처럼 본 서평에서는 번역에서 드러나는 역자의 철학적 관점과 그에 대한 소박한 해석을 하는 것을 목표로 한다. 독일관념론의 사유를 나타내는 주요 저술들을 번역하기로 다짐했던 역자의 의도와 그 저술들에서 발견했던 철학적 통찰들의 의미가 무엇인가를 여기에서 되짚어 보도록 하겠다.

2. 물자체 비판의 의미

칸트가 "우리가 인식하는 것은 현상이지 물자체가 아니다."라고 말했을 때 역자는 그것이 곧 칸트가 인식 가능한 현상 너머에 인식 불가능한 물자체라는 것은 실재하지 않는다는 것을 주장하는 것으로 해석한다. "인식 주관인 인간이 도저히 다가갈 수 없는 객관적 실재 자체", "인간과 세계, 주관과 객관, 사유와 존재" 사이의 "영원히 메워질 수 없는 간극"이라는 것은 없다는 것이 역자의 관점이다.[9] 역자에 따르면 철학에서 가장 근원적인 대립을 형성하는 것으로 여겨지는 정신과 물질, 사유와 존재, 주관과 객관은 칸트에게서 물자체와 현상으로 나타나며 따라서 서양철학에서 이 구분이 확립된 시기는 근대이다. 그리고 이 구분을 가장 적극적으로 극복하고자 한 시기 또한 근대이고, 극복의 노력이 바로 독일관념론자들에 의해 행해졌다.[10]

독일관념론자들은 칸트의 철학에서 특히 '객관적 실재'로서 이해된 물자체를 비판한다. 즉, "그렇게 이해된 물자체라는 것은 현상 너머의 무제약자로서의 자아 자체에 대립되는 개념"으로 "하나의 건전한 통일적 체계에 두 가지 무제약자란 있을 수 없"다.[11] 이런 맥락에서 셸링 역시 칸트의 객관적 물자체를 비판한다. 그러나 역자는 셸링이

---

9   한국칸트학회, 『칸트와 형이상학』, 민음사, 1995, 225쪽.

10   위의 책, 226쪽 참조.

11   위의 책, 237쪽.

"객관화되기 이전의 무제약자"까지 비판하는 것은 아니라는 점을 분명히 한다. 왜냐하면 셸링에게서 진정한 의미의 무제약자는 그 존재 자체가 부정되는 것이 아니라 "사물화 내지 객관화되어 객관적 실재로 간주되는 물자체"가 아닌 "그러한 객관화와 사물화에 앞선 존재"로서 긍정되기 때문이다.[12] 따라서 무제약자를 객관적 대상에서 찾는 것은 그 대상이 무엇으로 변화되든 철학에서의 근본적인 잘못에서 벗어날 수 없는 것과 마찬가지이다. 셸링은 철학이 본래 어떤 것이어야 하는가를 다음과 같이 말하고 있다.

> (…) **철학의 본질은 형식이나 문자가 아니라 오히려 정신**이며, 철학의 최고 대상은 개념에 의해 매개된 것 또는 억지로 개념 안에 짜맞춰진 것이 아니라 오히려 인간 안에 직접적으로 오직 그 자체로 현재적인 것이어야만 한다. 나아가 **철학의 의도는 단순히 지식의 개혁을 지향하는 것이 아니라, 오히려 원리상의 완전한 전도, 즉 지식의 혁명을 지향해야만** 하며, 우리는 이것을 철학의 영역에 있어 가능한 **제2의 혁명**으로 간주할 수 있을 것이다. 제1의 혁명은 우리가 모든 지식의 원리로서 객체의 인식을 제시하였을 때 이루어졌다. 제2의 혁명 이전에 행해진 모든 변형은 원리 자체의 변형이 아니며, 오히려 단지 하나의 객체에서 다른 객체로의 이행일 뿐이었다. 그리고 그것이 어떤 객체에 관계하느냐 하는 것은 학계에서는 중요할지라도 인류 자체에게는 상관없는 일이었으므로, 한 객체에서 다른 객체로의 철학의 진보는 인간 정신 자체의 진보가 될 수는 없었다. (…)[13]

하지만 셸링의 이러한 지향점은 현대에서 왜곡되는데 이를 역자는 다음과 같이 표현하고 있다.

> 지식의 연결에 있어 마지막 근거가 될 궁극적 지식을 부정하는 현대 철학은 그런 궁극적 지식을 주장하는 근세의 관념론을 토대주의·기초주의·객관주의라고 비판한다. 지식의 상호 연관성과 상호의존성을 말하다가 그 지식의 연결의 궁극 지점에 있어서는 갑자기 그 모든 지식을 밑받침할 절대적 지식, 궁극적 지식이 존재한다고 주장하는 것은 일종의 독단적 정립일 수밖에 없다는 것이다. 왜냐하면 우리는 결코 우리 자신의 지식을 넘어설 수 없기 때문이다.[14]

---

12   위의 책, 241쪽.
13   F. W. J. 셸링, 『철학의 원리로서의 자아』, 한자경 옮김, 서광사, 1999, 18쪽.
14   위의 책, 〈옮긴이 해제〉, 142쪽.

그리고 역자는 곧이어 다음과 같이 묻는다.

그렇다면 관념론은 우리가 우리의 지식을 넘어설 수 있다고 주장하는 것인가? 우리 지식의 어느 한 궁극지점에 있어 그 지식이 다른 지식에 의해 근거지어지지 않고 그 자체 실재성을 가지며, 나아가 다른 모든 지식 역시 그 지식에 근거해서 실재성을 가지게 된다고 할 때, 관념론은 그 궁극 지식에 있어 우리가 우리 자신의 지식을 넘어선다고 주장하고 있는 것인가? 그 궁극 지식에 있어 우리가 우리의 지식을 넘어 그 지식에 상응하는 실재성을 얻는다고 주장하는 것인가?[15]

이에 대한 역자의 답은 "그렇지 않다"이다. 왜냐하면 그 궁극의 지점에서는 인식과 존재, 이론과 실천이 분리되어 있지 않기 때문이다. 양자의 구분은 셸링이 말하는 궁극의 지점으로서 무제약자라는 기반 위에서만 가능한 것일 뿐이다. 따라서 사유와 존재가 분화되기 전 하나였던 그 절대의 지점을 밝히는 것은 결코 독단론이라고 할 수 없다는 것이 역자의 관점이자 역자가 이해한 셸링의 관점이다.

물론 셸링은 이 절대의 지점의 무제약자가 얼마나 자연스럽고 쉽게 부정될 수 있는가를—현대에 와서까지도 그렇듯이—잘 알고 있다.

(…) 오히려 현대는 인간에게 고유한 자극적 힘 앞에서 떨면서 그런 철학으로부터의 제1의 위대한 산물[자유]을—그 시대의 정신을 지금까지도 보호하고자 하는 것처럼 보이는 산물을—객관적 진리의 지배하에 종속시키려고 하거나 혹은 객관적 진리의 한계를 절대적 자유로부터 귀결된 결과가 아니라 오히려 인간 정신의 나약성 또는 인간 정신의 인식 능력의 제약성의 단순한 결과로 간주하는 자기 비하적 인식을 취하려고 한다.[16]

그럼에도 불구하고 셸링은 인간의 모든 지식의 궁극적인 지점, 철학의 출발점이자 제1원리를 밝히는 이 길에 들어서며 진리를 향한 인간의 모험은 인간이 스스로 자신의 힘을 인식하는 것을 배우는 만큼 성숙해지기에 실패가 있을 수 없다고 말한다.[17] 인간

---

15   위의 책, 〈옮긴이 해제〉, 142-143쪽.
16   위의 책, 19쪽.
17   위의 책, 18쪽 참조.

존재에 대한 깊은 신뢰를 다음과 같이 표현하고 있다.

> (…) 인간에게 그가 무엇인가에 대한 의식을 부여해 보라. 그러면 그는 그가 무엇이어야 하는
> 가에 대해서도 곧 알게 될 것이다. 인간에게 그 자신에 대한 이론적인 존중을 부여해 보라. 그
> 러면 곧 실천적인 존중이 뒤따르게 될 것이다. 인류의 큰 진보를 [단지] 인간의 선한 의지로부
> 터만 희망한다면 그것은 헛일이 될 것이다. **왜냐하면 더 선하게 되기 위해서 인간은 이미 이전
> 부터 선했어야만 하기 때문이다.** 바로 그렇기 때문에 인간에 있어서의 혁명은 그의 본질의 의
> 식으로부터 출발해야만 한다. 실천적으로 선하기 위해서는 인간은 이미 이론적으로 선해야만
> 한다.[18]

그렇다면 셸링이 밝히는 무제약자는 무엇인가? 이 책에서 우리는 그것이 긍정되기
보다는 부정되기가 훨씬 쉬운 무제약자로서의 절대적 자아를 찾아나가는 이 가시 많
은 고난의 길을 함께했던 역자의 눈을 따라가 보도록 한다.

3. 절대적 자아의 논증

셸링은『철학의 원리로서의 자아』에서 어떤 것이 무제약자가 될 수 있는가를 따져 나
간다. 무제약자는 절대적 객체나 주체에서는 찾을 수 없고 오직 결코 객체가 될 수 없
는 것에서만 찾을 수 있다. 결코 객체가 될 수 없는 자격을 가진 유일한 것이 바로 절
대적 자아이다.

그리고 이 절대적 자아에서 최고의 원리를 구하지 않는 철학적 체계들을 셸링은 비
판하는데, "독단주의(Dogmatismus)"는 그것이 어떠한 형태(완성적 혹은 미완성적)이건
간에 비아(非我)에서 무제약자를 설정함으로써 자기모순을 범하게 되고, 경험적 자아
를 무제약자로 삼는 "미완성적 비판주의(Kriticismus)"도 마찬가지이다. 오직 모든 대
립을 배제하는 절대적 자아에서 출발하는 "완성적 비판주의"만이 모순 없는 체계를 가
능하게 한다. 그리고 셸링은 절대적 자아를 양과 질, 관계 및 양태의 측면에서 규정하
고[19] 절대적 자아가 갖는 특성들로부터 이론적 명제 일반의 형식들, 나아가 절대적 정

18 위의 책, 18-19쪽.
19 절대적 자아는 먼저 양에 있어서 경험적 통일성이 아닌 절대적 통일성을 가진다. 자아를 경험적 통
일성으로 규정할 경우 그때 자아는 단지 인간 일반이라는 유(類)에 속하는 수많은 종적인 존재 중의 하

립 명제인 "자아는 자아이다"라는 동일성의 원리를 도출해 낸다.[20]

절대적 자아가 갖는 특성은 네 가지 범주에 따라 설명될 수 있지만 절대적 자아의 핵심은 대상화 혹은 객관화 불가능성에서 드러난다. 절대적 자아의 존재는 객관적인 대상의 존재를 증명하는 방식으로 증명할 수 있는 것이 아니다. 절대적 자아는 그 존재와 사유가 일치하는 것으로서 자아는 오직 절대적 인과성, 즉 자기 자신의 사유를 통해서 산출된다. 절대적 자아를 다시 정립시킬 만한 절대적 객체가 있을 수 없는데, 객체는 주체인 자아에 반정립됨으로써만 있을 수 있는 것이기 때문이다. 대립된 비아로서의 객체는 단적으로 정립될 수 없다.

> (…) 자아는 그것이 무제약적인 것인 한, 객관적 증명 가능성의 영역 밖에 있어야 한다. 자아가 무제약적임을 객관적으로 증명한다는 것은 곧 자아가 제약된 것임을 증명하는 것이 되기 때문이다. (…)[21]

역자는 이 무제약자로서의 절대적 자아가 "반성 차원의 주관과 객관, 사유와 존재의 이원적 구분이 성립하기 이전의 절대적 동일성"이며 따라서 절대적 자아에 의해 객관화된 "경험적 자아, 의식에 주어진 객체로서의 자아와 구분되어야" 한다고 주장한다.[22] 이것을 구분하지 못하면서 절대적 자아를 부정하는 것은 그 잘못이 경험적 자아나 절대적 자아라는 개념 자체에 있는 것이 아니라 그 양자를 구분하면서 절대적 자아를 긍정하는 우리의 의식 및 태도에 있다.

우리가 어떻게 순수한 것을 경험적 기준에 따라 측정할 수 있겠는가? 만일 당신이 당신의 상상력에서 오는 그 [절대적 힘] 관념의 **모든 경험적 규정들로부터 벗어나지 못한다면, 당신의**

나가 되는데, 절대적 자아는 그런 것이 아니다. 절대적 자아는 질에 있어서 절대적 실재성, 절대적 무한성, 분할 불가능성, 절대적 불변성을 갖는다. 관계에 있어서 절대적 자아는 절대적 실체성과 절대적 내재적 인과성을 가지며 양태에 있어서는 절대적 순수성과 절대적 영원성을 갖는다. 네 가지 범주에 따른 절대적 자아의 규정에 대해서는 F. W. J. 셸링, 『철학의 원리로서의 자아』, 한자경 옮김, 서광사, 1999, 55~95쪽 참조.

20   동일성의 원리로부터 이론적 명제 일반의 형식의 도출에 대해서는 F. W. J. 셸링, 『철학의 원리로서의 자아』, 한자경 옮김, 서광사, 1999, 95~124쪽 참조.

21   F. W. J. 셸링, 『철학의 원리로서의 자아』, 한자경 옮김, 서광사, 1999, 34쪽.

22   한자경, 「셸링철학에서의 자연과 자아」, 한국철학회, 『철학』 제56집, 1998, 74쪽.

오해의 책임은 그 관념 자체 안에 있는 것이 아니라 당신 자신 안에 있는 것이다. 그 관념은 경험적인 것들 너머에 있을 뿐만 아니라 오히려 경험적인 것들을 무화시킬 정도로 그렇게 모든 경험적인 것으로부터 멀리 떨어져 있다.[23]

따라서 역자가 말하는 동일성은 절대적 자아는 오직 자기 자신에 의해서만 정립된다는 것을 뜻한다. 이 정립의 주체, 즉 절대적 자아를 다시 의식하려고 시도할 경우 오히려 절대적 자아가 대상화되는 위험에 빠진다. 절대적 자아를 제외한 모든 대상들, 경험적 자아를 포함하는 모든 것들은 절대적 자아의 절대적 동일성을 기반으로 해서만 그 실재성을 얻을 수 있다.

결국 절대적 자아 이외의 다른 모든 것의 실재성은 **그 자아로부터 전가**된 것이다. 즉 정신으로서의 절대적 자아 이외의 다른 모든 존재자는 그 정신에 의해 표상된 것으로 간주된다. **소위 객관적 실재로 간주되는 자연사물도 절대적 자아로서의 정신에 의해 객관화되어 객체로서 표상된 것일 뿐이다.** 절대적 자아에 의해 객관화됨으로써 그 절대적 장로부터 실재성을 부여받는 것이다. 일체가 무제약적인 절대적 자아에 의해 정립 내지 반정립되는 것이며, 따라서 절대적 자아에 의해 절대적 자아 안에서만 자기 실재성을 얻게 된다. "자아는 단 하나의 무한한 영역을 포괄하며, 그 안에서 비아에 의해 제한된 유한한 영역들이 형성된다."[24]

역자는 비록 절대적 자아가 "경험적 직관의 방식에 따라 객관적으로 의식에 주어지지 않는다고 할지라도, 우리에게 주객분리의 반성적 의식과 구분되는 주객동일성의 근원적 의식이 있는 한, 그 자아는 어떤 방식으로든지 우리에게 알려져 있음이 분명하다"고 주장한다.[25]

4 . 자아의 자유와『인간 자유의 본질』의 예비
절대적 자아의 존재를 논증한 셸링은 이 자아의 본질, 핵심이 자유라는 것을 이 책의 곳곳에서 드러낸다. 그리고 이 자유는 훗날『인간 자유의 본질』에서 본격적으로 논해

23   F. W. J. 셸링,『철학의 원리로서의 자아』, 한자경 옮김, 서광사, 1999, 75쪽.
24   한자경,「셸링철학에서의 자연과 자아」, 한국철학회,『철학』제56집, 1998, 76쪽.
25   위의 책, 74쪽.

진다. 여기에서는 자아의 본질이 왜 자유일 수밖에 없는가에 대한 셸링과 역자의 설명을 간략하게 살펴보도록 한다.

> 자아의 본질은 자유이다. 즉 자아는 자유가 아닌 것으로는 사유될 수가 없다. 왜냐하면 **오직 자유임으로써만 자아는 절대적 자기 힘으로부터 자신을 어떤 다른 것으로서가 아니라 바로 단순한 자아로서 정립**하기 때문이다. (…) **자아에는 어떠한 객관적 자유도 속하지 않는다.** 왜냐하면 자아는 결코 객체가 아니기 때문이다. 우리가 자아를 객체로서 규정하고자 하면, 자아는 가장 제한된 영역으로 그리고 상호 규정의 제약 아래로 물러나 버리며, 그의 자유와 자립성은 사라지고 말 것이다.[26]

셸링에 따르면 절대적 자아의 본질이 자유일 수밖에 없는 이유는, 그 절대적 자아를 정립시키는 행위 자체가 자유이기 때문이다. 모든 사실과 행위의 시간적이며 논리적인 시작은 이 절대적 자아의 자유에 의해서 가능하다. 하지만 이 절대적 시작을 생각하기 어렵다는 것, 무제약자는 단적으로 스스로를 정립시키는 것이며 어떤 것에 의해서도 제약될 수 없다는 것, 무제약자의 본질 자체가 그렇다는 것은 인간 이성의 논리적 사유를 넘어서는 것이기도 하다. 그러나 셸링은 이 사유불가능성이 결코 "무지"가 아니라고 한다.

> 모순을 사고하지 못한다는 것이 결코 무지는 아니다. 오히려 자아의 자유는 적극적으로 규정될 수 있다. 즉 자아에 있어 자유는 절대적 자기 힘에 의하여 모든 실재성을 자아 자신 안에 무제약적으로 정립하는 것 이상도 이하도 아니다.[27]

오직 자기 자신에 의해 존재하는 것은 자유로운 존재이다. 그러나 이 자유에 대한 의식이 대상에 대한 의식과 같은 방식으로 이루어지는 것은 아니다. 절대적 자아의 자유는 원리적으로 그런 방식으로 의식될 수 없다. 오히려 이 자유를 객관화하려고 하면 우리는 "계속 잘못하는 것이 된다."[28]

---

26   F. W. J. 셸링, 『철학의 원리로서의 자아』, 한자경 옮김, 서광사, 1999, 51쪽.

27   위의 책, 52쪽.

28   위의 책, 54쪽.

당신은 당신이 이 자유를 의식할 수 있어야 한다고 요구하는가? 그러나 자유에 의해 비로소 당신의 모든 의식이 가능하다는 것, 그리고 제약은 제약된 것 안에 포함될 수 없다는 것을 당신은 알지 못하는가? 자아는 의식에 나타나는 한 더 이상 순수한 절대 자아가 아니라는 것, 그리고 절대 자아에 대해서는 객체가 존재하지 않으며, 따라서 자아는 그 자체 결코 객체가 될 수 없다는 것을 당신은 알지 못하는가? **자기의식은 자아를 잃어버릴 수 있는 위험을 전제한다. 자기의식은 불변하는 자아의 자유로운 행위가 아니라, 오히려 비아에 의해 제약된 채 자신의 동일성을 구제하고자 하며 계속되는 변화의 흐름 안에서 자기 자신을 다시 포착하고자 노력하는 변화하는 자아의 필사적인 노력일 뿐이다.**[29]

우리가 절대적 자유를 계속해서 객관화, 즉 대상화하려고 하는 것은 절대적 자아가 무제약자로서 인간의 이성에서 자리하고 있는 근원적인 위치 때문이다. 하지만 셸링은 '인간이 물자체를 인식하지 못하는 것이 인간 이성의 한계'라는 말을 우리가 오용해 왔음을 지적한다.[30] 그러면서 셸링은 경험적 자아의 자기의식을 다음과 같이 해석한다.

나는 그것을 **스스로 노력하는 직관**이라고 말한다. 왜냐하면 우리 안의 무제약자는 제약자에 의해 가려지고, 불변적인 것은 변화 가능한 것에 의해 가려져 있기 때문이다.[31]

역자는 여기에서 경험적 자기의식은 절대적 자아, 불변하는 자아의 자유로운 행위가 아니라, "비아에 의해 제약받은 자아"가 "자신의 동일성을 구제하고자 하며 변화 속에서 자신을 포착하려는" 즉 경험적 자아의 노력임을 분명히 하고 있다.[32]

셸링은 그럼에도 불구하고 경험적 자아와 절대적 자아가 갖는 동일성을 옹호한다. 경험적 자아의 자유가 초월적 자유로 불릴 수 있는 것은, 그 자아가 절대적 자아와 근원에서는 동일하며 그 동일성을 지향함으로써 그에게로 나아가고자 하기 때문이다. 절대적 자아의 자유는 그렇기 때문에 절대적 자유라고 불리지만 '초월'이라는 이름은

[29] 위의 책, 52쪽.
[30] 위의 책, 95쪽 참조.
[31] 위의 책, 102쪽.
[32] 위의 책, 〈옮긴이 해제〉, 148쪽.

경험적 자아의 자유에만 허락되는 것이다.

경험적 자아가 자아가 되는 것은 절대적 자아를 자아이게 하는 그 절대적 인과성 덕분이다. 그러나 경험적 자아의 제한과 그것의 인과성의 유한성은 객체 덕분이다. 그러므로 경험적 자아의 인과성은 절대적 자아의 인과성과 단적으로 그 원리(성질)에 있어서가 아니라 오히려 단지 **그 양에 있어서만 다를 뿐이다**. 그것이 자유에 의한 인과성이라는 것은 그것의 **절대적 자유와의 동일성 덕분**이며, 그것이 초월적(경험적) 자유라는 것은 그것의 유한성 덕분이다. 그러므로 그것[경험적 자아의 초월적 자유]은 그것이 출발하는 원리에 있어서는 절대적 자유이며, 그것이 그것의 제한에 부딪칠 때 비로소 초월적으로, 즉 경험적 자아의 자유로 된다.[33]

이 경험적 자아는 이론적 이성으로서 자신의 한계를 의식하고 "비아를 최고의 통일성으로 고양시키고자 하며" 실천으로서 "자아=자아"의 동일성의 원칙에 이르고자 노력한다.[34] 즉 절대적 자아의 자유는 유한한 경험적 자아에게서는 "그 자신 안에서 행위를 통해 산출되어야 할 것으로서 정립"되는 것이다.[35] 역자에 따르면 "경험적 자아를 절대적 자아로 동일화해 나가는 것은 곧 도덕성의 완성을 뜻하"며 "유한한 자아는 무한자에게 있어 현실적인 것을 세계 안에서 산출하도록 노력해야만 한다"는 셸링의 주장은 경험적 자아에게 부여되는 의무가 절대적 자아의 자유에 그 근거를 두고 있는 것으로 해석한다.[36]

스스로 자유롭게 행위하라는 모든 철학의 첫 번째 요청은 그에게는 직선을 긋기 위한 기하학의 첫 번째 요청만큼이나 필연적인 것이다. 기하학자가 선을 증명하지 않듯이, 철학자가 자유를 증명해야 하는 것은 아니다.[37]

33   위의 책, 128쪽.
34   위의 책, 〈옮긴이 해제〉, 157쪽.
35   위의 책, 〈옮긴이 해제〉, 159쪽.
36   위의 책, 〈옮긴이 해제〉, 160쪽.
37   위의 책, 136–137쪽.

〈참고문헌〉

F. W. J. 셸링, 『철학의 원리로서의 자아』, 한자경 옮김, 서광사, 1999.
니콜라이 하르트만, 『독일관념론철학』, 이강조 옮김, 서광사, 2008.
한국칸트학회, 『칸트와 형이상학』, 민음사, 1995.
한자경, 「셸링철학에서의 자연과 자아」, 한국철학회, 『철학』 제56집, 1998.

『유식무경: 유식 불교에서의 인식과 존재』

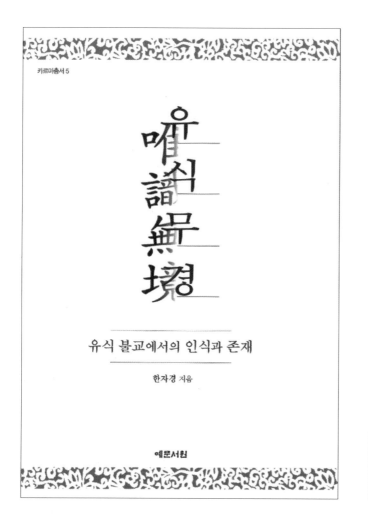

발행 연도: 2000년
펴낸곳: 예문서원
199 페이지
대한민국학술원 우수학술도서

지은이의 말

존재와 인식, 있는 것과 아는 것, 그 각각은 무엇을 의미하고 그 둘은 어떤 관계가 있는가? 이 물음은 무척이나 오래도록 나의 마음속에 자리 잡고 있었다. 있는 것은 나의 신체를 포함한 물리적 세계를 의미하고 아는 것은 인생과 우주 전반에 관해 사유하는 정신 활동을 의미하므로, 아는 것보다 있는 것을 일차적으로 보면 실재론 또는 유물론이 되고, 있는 것보다 아는 것을 일차적으로 보면 관념론 또는 유심론이 될 것이다.

나는 관념론자이다. 나는 현미경으로 세계를 관찰하기보다는 눈을 감고서 사색에 잠기기를 더 좋아한다. 나는 왜 관념론자일까? 있는 것에 의해 아는 것이 완전 규정될 때의 수동적 삶이 서럽게 느껴지기 때문일까? 사랑이 인간 존재를 변모시키듯이 정신이 세상을 변모시키는 그런 마술과도 같은 정신력을 기대하기 때문일까? 그러나 그것이 다는 아닐 것이다. 내가 원하는 것은 세계를 자아 아래, 자연을 정신 아래 두는 것이 아니기 때문이다. 그렇다면 왜일까?

있는 것과 아는 것, 세계와 나, 너와 내가 둘이 아니고 하나라고 하는, 그런 '하나'에의 예감이 나를 관념론자가 되게 하였다. 인식과 존재, 정신과 물질, 나와 너가 대립되고 분열되어 있는 것이 아니라 근본적으로는 하나라는 것, 영혼의 깊이와 세계의 깊이에서 우리 모두는 뗄 수 없는 하나로 융합되어 있다는 것, 그 예감이 나를 관념론자가 되게 한 것이다.

유식 불교가 내세우는 '오로지 식만 있고 경은 없다'는 '유식무경(唯識無境)'은 결코 세계 존재를 부정하는 명제가 아니다. 아는 것과 있는 것, 식과 경을 완전히 분리된 둘로 간주하는 이원론, 정신과 무관한 물질세계 자체를 주장하는 유물론을 비판할 뿐이다. 유식무경이 의미하는 바 식을 벗어난 경이 따로 존재하지 않는다는 것은 결국 식과 경은 분리된 것이 아니라는 깨달음, 자아와 세계, 주관과 객관은 의식 표층의 분별일 뿐 그 심층에서는 일체가 하나로 융합되어 있다는 깨달음이 자리 잡고 있다.

불교가 그 근원적 하나를 '일심(一心)'이라고 부른다는 것을 알게 되었을 때의 감격은 잊을 수가 없다. 신(神)도 아니고 물질도 아니고 그렇다고 에너지나 기(氣)도 아니고, 바로 마음, 한 마음이라니! 그것은 곧 정신과 물질, 자아와 세계의 하나됨을 바로 우리 자신의 마음 깊은 곳에서 자각하고 깨달아 알 수 있다는 말이 아닌가! 이 때문에 나는 불교를 좋아한다. 특히 자신 안에서 그 일심의 깨달음에 이르기까지 마음을 심층으로 분석해 들어가는 유식 불교의 진지함을 좋아한다.

그래서 불교를, 그중에서도 특히 유식을 공부하게 되었으며, 유식에서는 주로 '유식무경'의 구호 아래 식과 경의 관계에 대한 문제를 공부하였다. 이 책은 그 공부의 결과이기도 하지만, 본래는 몇 년간 대구에서 서울로 통학하면서 동국대학교 불교학과에서 수학한 후 박사 학위 논문으로 씌어진 것을 단행본의 형태로 손질한 것이다.

대장경 안에 담긴 진리의 바다에 비하면 작은 모래 하나와도 같고, 그나마도 책상머리에 앉아 문자적 알음알이만 추구했을 뿐 참선의 실천 수행은 결했기에 여러모로 부족한 글일 것이다. 그럼에도 불구하고 현 단계의 부끄러운 모습을 그대로 드러내는 것은 이 과정을 거쳐 다음 단계로 나아가기 위한 다짐의 표현이다.

비록 부끄럽고 보잘것없는 것이기는 하지만 이 책이 나오기까지 많은 사람들의 도움을 입었다. 불교 공부에 직간접적으로 도움을 준 사람들, 학위논문이 완성되기까지 힘이 되어 주었던 사람들, 단행본 출간을 맡아 준 사람들, 그리고 이 책을 손에 들고 읽어볼 사람들, 인연으로 맺어진 이 모든 사람들에게 감사의 마음을 전한다.

2000년 12월 대구에서
한자경 씀

목차

서평 1: 일심一心, 아뢰야식의 본성은 진여인가?

김치온(대한불교진각종 종학연구소 연구원)[1]

1. 내용 정리

한자경 교수의 『유식무경: 유식 불교에서의 인식과 존재』라는 책은 저자가 동국대학교 박사 학위 논문을 단행본으로 발행한 것이다. 그 내용은 『성유식론』을 주된 텍스트로 하여 경境의 실유성實有性을 비판하고 유식성唯識性을 집중적으로 살펴보고 있다.

『성유식론』에서는 경의 실유성만을 비판한다기보다는 아와 법의 실유성을 주장하는 불교 외의 학파와 불교 내 부파들의 주장들을 종합적으로 혹은 개별적으로 모두 논파하고 있다.

본 저서에서는 그 가운데 감각 대상으로서 물질적인 대상인 색경色境과 정신적 관념적 대상으로서 명名의 실유성을 비판하고 있다. 색경으로 물질의 최소 단위인 극미 혹은 극미의 화합, 화집은 실재하지 않으며, 오경과 오근 또한 실재하지 않는다는 것을 『성유식론』을 중심으로 설명하고 있다. 명구문신名句文身에서 명은 이름을, 구는 문장을, 문은 명이나 구를 이루는 낱자를 의미한다. 이들은 실유가 아니며 말소리의 분위 차별에 의해 가假로서 건립한 것임을 밝힌다. 그리고 제6식의 대상인 법경은 또한 관념적 존재로서의 명과 다르지 않다고 하면서 실유성을 부정한다. 이상에서 유식에서는 개체이든 보편이든, 색이든 명이든 모두 그것을 인식하는 식 너머에 그 자체로서 객관적으로 존재하는 실유가 아니며, 단지 식의 전변에 의거한 것이며 가립된 것임을 밝히고 있다. 그리고 이와 같이 식의 경으로서의 명과 색이 식을 떠나 따로 있지 않다는 것이 곧 유식무경임을 나타내는 것이라고 결론짓는다. 먼저 식전변의 공통적인 모습으로서 호법의 4분설이 설명되고 있고, 이어서 제6의식과 전5식은 전변을 통해 대

---

1   현 서울불교대학원대학교 연구교수. 본 서평은 『오늘의 동양사상』 제8호(예문동양사상연구원, 2003), 305-316쪽에 게재되었음.

상을 요별하는 식으로, 제7말나식은 아뢰야식을 소의로 하고 소연으로 하여 사량함으로써 아견, 아만, 아애, 아치를 드러내는 식임을 밝히고 있다. 아뢰야식은 제1능변식이며 일체 종자식으로서 전변에 의해 종자와 유근신有根身(신체), 기세간器世間(세계)을 상분으로 하고 요별을 행상 즉 견분으로 함을 밝힌다. 이러한 식전변은 크게 '의식과 말나식의 전변'과 '아뢰야식의 전변'의 둘로 나누어 볼 수 있다. '아뢰야식의 전변'은 우리의 현상 세계를 형성해 내는 존재론적 전변으로서의 변현이고 '의식과 말나식의 전변'은 그런 현상 세계를 인식하는 인식론적 전변으로서의 분별이다. 또한 아뢰야식의 견상 이원화의 분별은 인연에 따라 발생하는 전변(因緣變)으로서의 의타기성에 해당하며, 의식, 말나식의 분별은 그런 아뢰야식 식소변으로서의 현상을 아집과 법집에 따라 계탁분별하는 허망분별의 전변(分別變)으로서 변계소집에 해당한다고 규정하고 있다. 이어서 식과 경의 관계를 논하고 있는데, 식과 경의 관계는 원시 불교에서부터 연기적 관계임을 설하고 있음을 밝히면서 특히 식과 명색의 관계가 상호 인과적 순환 관계이며, 이것은 곧 심층의 식과 현상적 경과의 상호 순환 관계임을 의미한다고 하고 있다. 이는 곧 아뢰야식에 의한 현상 존재로서의 변현과, 그렇게 변현된 현상을 전제로 한 의식과 말나식의 분별이 서로 인이 되고 과가 되는 순환 관계임을 밝히고 있다. 이는 곧 종자생현행, 현행훈종자를 말한다. 이어서 삼성설을 설명하면서 전의가 설명되고 있다. 변계소집과 원성실성, 염오와 청정의 구분은 지금 현재 의타기의 현상을 의타기의 것으로 자각함으로써 구분된다고 하면서 이것은 아뢰야식 변현 활동 자체를 자각하는 것이며, 그러함으로써 변현된 현실에 대한 의식 말나식의 왜곡된 분별이 사라지게 된다고 하였다. 그리고 우리가 유식성의 자각과 더불어 내적으로 증득하는 본체는 곧 현상으로 변현하는 아뢰야식의 본성과 그 활동성이며, 이는 곧 무한히 펼쳐지는 전체 시간과 전체 공간의 지평을 포괄하는 무한한 마음, 전체 우주를 형성하는 힘과 그 안의 역사를 이끌어 가는 힘이 된다는 의미에서 그 무한한 마음은 우주적 마음 또는 '신적 마음'이라고 칭할 수 있다고 하며, 이를 유식에서는 일심一心이라고 한다고 하였다. 이러한 현상 초월적인 보편적 일심은 아공, 법공을 깨달아 일체 현상의 경계 밖에 선 마음, 즉 진여와 다르지 않다고 한다. 또한 이는 우리 누구나의 마음 안에 내재되어 있는 진실한 성품, 곧 불성이자 여래장이라고 하였다.

또 다른 책자인 『일심의 철학』은 자신의 논문에서 유식에 대한 철학적 사유를 통하여 도출한 '일심'을 바탕으로 자아에 대한 탐색 과정을 살펴보고 있으며, 동서 사유의 비교 그리고 일심으로 본 세계라 하여 자신의 논문에서 다 밝히지 못한 유식 철학의 이해 등을 서술하고 있다. 『일심의 철학』에서는 저자가 논문에서 도출한 일심을 더욱 확대 해석하고 있다. 일심은 아와 법, 나와 너, 나와 세계를 구분짓는 일체의 경계가 무아의 깨달음 속에서 사라질 때, 그 무경계, 무분별의 공空의 성자신해性自神解, 허령자각虛靈自覺이라 하였고, 무심지심의 일심, 무한과 절대의 마음, 신, 존재 자체, 태극, 일심 등은 모두 같은 것을 칭하는 다른 이름일 뿐이라고 하였다.

2. 내용 검토

이상으로 간략하게나마 두 책자의 내용을 살펴보았다. 두 책자를 살펴보면서 유식 철학의 그 어려운 내용을 쉽게 설명하고자 많은 노력을 기울였다는 생각이 들었다. 저자의 학문 경력에 맞게 서양 철학과 동양 철학의 다양한 사유 형태와 용어들을 사용해 가며 설명하고 있다. 그러다 보니 혼돈스럽다는 생각도 들었다. 이에 몇 가지 점만 살펴보고자 한다.

두 책자의 기조는 유식학, 그 가운데서도 호법의 유식학을 바탕으로 전개하면서도 또한 본인이 새롭게 해석하고 주장한 점이 드러나 보인다. 특히 저자의 책자에서 보여주는 '일심'이라는 용어일 것이다. 저자의 책자에서 사용된 일심이라는 용어는 그러한 의미를 가진 것으로서 유식학에서는 사용하지 않는 것으로 알고 있는데, 저자는 유식학의 중심 용어로 사용하고 있다. 저자가 논문의 결론적인 의미로 도출하고 있는 일심에 대한 인용 구문을 살펴보자.

> 무한히 펼쳐지는 전체 시간과 전체 공간의 지평을 포괄하는 무한한 마음, 전체 우주를 형성하는 힘과 그 안의 역사를 이끌어 가는 힘이 된다는 의미에서 그 무한한 마음은 '우주적 마음' 또는 '신적 마음'이라고 칭할 수 있을 것이다. 유식에서는 이를 '일심'이라 표현한다. 유식이란 결국 이 일심을 밝히기 위한 것이다. "그러므로 도처에서 오로지 일심일 뿐이라고 설한다."[2] 일심이란 개체적 표층의식의 심층에서 작용하되 그 시공간적 포괄성으로 인해 이미 개체적 제한성을 넘어 보편성을 지닌 초월적 마음이다.(『유식무경』, 182-183쪽)

2　『成唯識論』, 제2권(『大正藏經』 31, 10下) "如是處處說唯一心"

그러면 『성유식론』에서는 이 일심이라는 용어가 문맥상 어떠한 의미로 사용되었는지 살펴보자. 『성유식론』에서는 아뢰야식의 행상行相과 소연所緣을 설명하면서 소연으로는 유근신有根身(신체)과, 종자種子와 기세간器世間(세계)을, 행상으로는 요별을 가리킨다고 설명한다. 그리고 유루식의 심왕과 심소의 변현은 유식논사에 따라 달리 설명하고 있는데, 진나는 삼분설, 호법은 사분설을 주장하고 있음을 설명한다. 그리고는 이 4분은 3분으로 포섭되며, 3분은 2분에 포섭되며, 2분은 1분에 포섭된다고 설명하고 있다. 그리고 『입능가경』의 게송을 인용하고 있다.

> 자기 마음의 집착에 의해 마음이 외부대상으로 사현하여 전변한다.
> 그 인식대상(所見)은 실재하지 않는다. 그러므로 오직 마음이라고 한다.

이와 같이 여러 곳에서 오직 한마음(一心)뿐이라고 한다. 이 한마음이라는 말에는 또한 심소도 포함된다. 따라서 식의 행상은 요별이고 요별은 곧 식의 견분이다.[3] 이상에서 보인 것으로 보면, 유루식 자체가 일어날 때에 2분 혹은 3분 혹은 4분의 모습으로 일어나며, 이는 다시 거두어들여 3분, 2분, 1분으로 거두어들일 수 있다. 이러한 의미에서 여러 경론에서 한마음(一心)이라고 하는 것으로 여기에는 심소도 포함된다. 그러므로 식의 행상은 요별이라 할 수 있고 요별은 식의 견분이라는 의미이며, 이와 같이 아뢰야식의 행상 또한 견분이라는 의미이다. 그런 이 한마음이 '우주적 마음'이고 '신적인 마음'이고 여래장이고 불성이라 할 수 있는지?

『일심의 철학』의 제15장 「무분별지와 진여」에 보면, 전변하는 식(아뢰야식)의 본성을 진여로 간주한 점에서 유식은 여래장 사상이나 내지 일심 사상과 다르지 않으며, 유식적 전의를 통해 얻고자 한 무분별지란 바로 전변하는 아뢰야식 자체를 직관하는 자기 인식이란 점에서 자증분을 확증하는 증자증분에 해당하고 이는 곧 자기 본성의 자각이라는 점에서 선에서의 견성과 다르지 않다고 하였다. 견분과 상분을 통합하는 자증분을 초월적 자아로 간주하고 있다. 진여의 증득으로서의 무분별지란 아뢰야식 자체의 자기 인식으로 곧 아뢰야식 자체의 자증분을 직관하는 증자증분이라고 하며, 자증분을 자증분으로서 자각하는 증자증분의 활동이 곧 식 자체의 자기 본성의 자각인 견

---

3   『成唯識論』, 제2권(『大正藏經』 31, 10下)

성이며 본래자성청정으로서의 진여의 증득이라고 한다.(『일심의 철학』, 325-348쪽)

그렇다면『성유식론』의 내용을 보자. 먼저 아뢰야식의 본성이 진여이고 본래자성청정인가?『성유식론』에 의하면 아뢰야식의 성품은 무부무기성이며 무루종자는 아뢰야식 내에 의부依附하고 있다. 그렇다고 해서 무루종자가 아뢰야식의 무부무기성에 포섭되는 것은 아니다.

> 무루종자는 비록 이 식에 의부하지만 이것(아뢰야식)의 성품에 포섭되는 것이 아니기 때문에 소연이 아니다. 비록 소연이 아니지만 서로 떨어져 있는 것이 아니다.[4]

또한 무루종자가 본유적으로 아뢰야식에 의부하고 있다고 해서 아뢰야식의 본성이 본래자성청정이라고 하는 것은 아니다.『성유식론』에서는 심성본정心性本淨을 어떻게 해석하고 있는가? 두 가지의 경우를 들고 있다.

> 계경에서 심성이 청정하다고 설한 것은 마음의 공리空理에서 드러난 진여를 말한다. 진여는 마음의 진실한 성품이기 때문이다. 혹은 심체가 번뇌가 아니기 때문에 심성이 본래 청정하다고 이름한 것이지, 유루심의 성품이 무루이기 때문에 본래 청정하다고 이름한 것은 아니다.[5]

여기에서 심체란 규기의 『성유식론술기』에 의하면 의타기의 심체를 의미한다고 한다.[6] 의타기의 심체는 아뢰야식의 무부무기성을 의미한다고 밝히고 있으며,[7] 이러한

---

4 『成唯識論』, 제2권(『大正藏經』 31, 11上) "無漏法種雖依附此識而非此性攝故非所緣, 雖非所緣而不相離."

5 護法等 菩薩 造, 玄奘 譯, 『成唯識論』, 제2권(『大正藏經』 31, 9上), "契經說心性淨者, 說心空理所顯眞如, 眞如是心眞實性故. 或說心體非煩惱故名性本淨, 非有漏心性是無漏故名本淨."

6 窺基 撰, 『成唯識論述記』, 제4권(『續藏經』 77, 173上) "述曰或依他心體非煩惱名性本淨."

7 阿賴耶識의 無覆無記性을 心性淨으로 해설하고 있는 것으로는 勝又俊教의『佛教에 있어서 心性說의 研究』(山喜房, 昭和63年, 498-500쪽), 水野弘元의「心性本淨의 意味」(『印度學佛教學研究』 제20권 제1호, 58쪽) 등이 있다. 心性本淨과 관련하여 팔리 增支部에서는 "心淨潔"로 나오는데, 增支部의 註釋書에는 이 心을 有分心으로 주석하고 있다. "Pabhassaraṁ idaṁ bhikkhave cittaṁ tañ ca kho āgantukehi upakkilesehi upakkiliṭṭhan ti.(비구들이여, 이 마음은 淨潔하다. 또한 이것은 外來의 모든 隨煩惱에 의해서 染汚되어 있다.)" Aṅguttara-ni 10쪽. "cittan ti bhavaṅga-cittaṁ(心이란 有分心이다.)" Manorathapūraṇī 60쪽. 水野弘元은 潛在心으로서 有分心과 阿賴耶識의 無覆無記性이 心性本淨이란 면에서 관점이 동일하다고 하였다. 金東華는「佛教 唯心思想의 發達」(『佛教學報』)에서 眞諦의『顯識論』(『大正藏經』 31, 881

아뢰야식의 무부무기성이 유위 무루법의 인연이 되는 것은 아니다. 호법은 유무식과
무루식이 생하는 원인을 아뢰야식 내에 속하고 있는 유루종자와 무루종자에 의하는
것으로 해석하고 있으며, 그러한 종자는 본유本有와 신훈新熏에 의한 것이라고 주장한
다. 즉 유루종자는 아뢰야식에 섭재攝在하고 무루종자는 아뢰야식에 의부依附하는 것
으로 유루종자로부터 번뇌업과가 생하고 무루종자에 의해서 출세간도로 나아간다고
한다. 또한 심성본정으로 마음의 공리에서 드러난 진여를 말하고 있다. 진여는 마음의
진실한 성품이기 때문이다. 공리에 의해 드러난 진여는 무루법의 원인이 될 수 없다.
그러므로 무루종자는 본유여야 한다는 의미이다. 그렇다면 아뢰야식의 본성이 진여인
가? 만약에 아뢰야식의 본성이 진여라면 수행과정에서 아뢰야식을 버릴 때에 진여 또
한 버려야 할 것이다. 그러나 그러한 일은 없다. 『성유식론』에서 제8식은 의미의 차이
에 따라 여러 가지 명칭이 붙여진다. 아뢰야식은 그 가운데 하나인 것이다.

> 혹 심심이라고 이름하니, 갖가지 법으로 말미암아 훈습된 종자가 적집된 곳이기 때문이다. 혹
> 은 아타나阿陀那라고 이름하니, 종자와 모든 색근을 집지하여 무너지지 않게 하기 때문이다.
> 혹은 소지의所知依라고 이름하니, 능히 염정의 소지所知인 모든 법에게 의지처가 되어주기
> 때문이다. 혹은 종자식이라 이름하니 능히 세간과 출세간의 모든 종자를 두루 임지하기 때문
> 이다. 이들 여러 명칭은 제8식의 모든 지위에 통한다. 혹은 아뢰야라고 이름하니, 일체 잡염
> 품의 법을 섭장攝藏하여 소실되지 않게 하기 때문이며 아견, 아애 등으로 집장하여 자내아自
> 內我로 삼기 때문이다. … 혹은 이숙식이라고 이름하니, 능히 생과 사, 선과 불선업의 이숙과
> 를 이끌기 때문이다. 이 이름은 오직 범부(異生)와 이승二乘과 여러 보살의 지위에서만 존재
> 한다. … 혹은 무구식이라고 이름하니, 가장 청정해서 모든 무루법의 의지처이기 때문이다.
> 이름은 오직 여래지에만 존재한다.[8]

上-中)을 인용하면서 上座部의 有分識은 阿賴耶識의 성질과 같은 無記性으로 동일한 것으로 보고 있다
고 밝히고 있다. 더불어 無性의 『攝大乘論釋』(『大正藏經』 31, 386中), 『成唯識論』, 제3권(『大正藏經』 31,
15上), 窺基의 『成唯識論述記』에서도 마찬가지로 有分識이 唯識家에서 말하는 阿賴耶識으로 보고 있음
을 밝히고 있다.

8 『成唯識論』, 제3권(『大正藏經』 31, 13下), "或名心由種種法熏習種子所積集故. 或名阿陀那執持種子及
諸色根令不壞故. 或名所知依能與染淨所知諸法爲依止故. 或名種子識能遍任持世出世間諸種子故. 此等諸
名通一切位. 或名阿賴耶攝一切雜染品法令不失故 … 或名異熟識能引生死善不善業異熟果故. 此名唯在
異生二乘諸菩薩位 … 或名無垢識最極清淨諸無漏法所依止故. 此名唯在如來地有."

규기는 『성유식론술기』에서 제8식의 내용을 삼위三位로 나누어 설명하고 있다. 즉 아애집장현행위我愛執藏現行位는 제8식을 아뢰야라고 이름할 때의 지위이며, 선악업과위善惡業果位는 이숙식이라고 이름할 때의 지위이며, 상속집지위相續執持位는 아타나阿陀那라고 이름할 때의 지위이다. 그 가운데 아애집장현행위我愛執藏現行位를 살펴보면 다음과 같다.

이 식의 체는 총히 삼위三位가 있다. 첫째는 아애집장현행위我愛執藏現行位이니, 곧 오직 7지 이전의 보살菩薩과 이승二乘의 유학有學과 일체一切 이생異生만이다. 무시이래로부터 아뢰야라고 이름하였으며 인집人執이 없는 지위에 이르기까지이다. 이것을 집장執藏이라고 이름한다.[9]

결국 아뢰야라는 이름은 아집현행我執現行에 의하여 생겨난 것이므로 수도에 의하여 아집현행이 생기지 않는 지위에 이르면 그러한 이름은 버리게 된다는 것이다. 아뢰야식은 제8식의 의미에 따른 여러 명칭 가운데 하나이며, 이 명칭은 오직 이생異生과 유학위有學位와 7지 이전의 보살菩薩에게만 존재하고 무학위無學位와 8지 이전의 불퇴전 보살에게는 존재하지 않는다.

제8식의 명칭이 여럿 있으나, 주로 아뢰야라는 이름을 사용하는 것은 아뢰야라는 이름이 과실過失이 중重하기 때문이며 최초에 이 이름을 버리기 때문이라고 하였다. 그리고 나머지 명칭을 버리는 때를 언급하고 있다.

아뢰야라는 이름은 과실이 중하기 때문에, 최초에 버리기 때문에 이 가운데에서 치우쳐 설하였다. 이숙식 자체는 보살은 장차 보리를 얻을 때 버리며, 성문과 독각은 무여의열반에 들어갈 때 버린다. 무구식 자체는 버리는 때가 없다. 유정을 利樂하게 함이 다할 때가 없기 때문이다.[10]

---

9 窺基 撰, 『成唯識論述記』, 제4권(『大正藏』 43, 298上), "謂此識體總有三位. 一我愛執藏現行位卽唯七地以前菩薩. 二乘有學, 一切異生從無始來謂名阿賴耶至無人執位此名執藏."
10 『成唯識論』, 제3권(『大正藏經』 31, 13下), "阿賴耶名過失重故最初捨故此中偏說. 異熟識體菩薩將得菩提時捨, 聲聞獨覺入無餘依涅槃時捨. 無垢識體無有捨時, 利樂有情無盡時故. 心等通故隨義應說."

『성유식론』에서 진여의 진은 진실함이니 유루제법有漏諸法을 가려내고, 여如는 평등히 상주함(如常)을 말하는 것으로 변천이 있는 유위무루법有爲無漏法을 가려낸다. 결국 진여는 무위무루법인 것이다. 이러한 무위무루법이 어떻게 유루식의 본성이 되는가?

진여는 견도위(通達位)에서 최초로 무분별지에 의해 중득되고 수도위(修習位)에서 거듭 무분별지를 닦아 익히어 전의를 증득함으로써 4종열반과 4종보리를 얻는다. 4종열반의 증득이 곧 진여의 온전한 증득이다. 4종열반은 진여를 자성으로 하기 때문이다. 여기에서 무분별지는 견분은 있으나 상분은 없다는 것이 호법의 견해이다. 상분이 없이 취하고 상분을 취하지 않는다고 말하기 때문이다. 견분이 있긴 하지만 무분별이므로 능취가 아니라고 말하는 것이지 취하는 것이 전혀 없다는 것은 아니다. 상분이 없지만 무분별지가 진여의 모습을 띠고 일어난다고 말할 수 있다. 곧 진여를 증득한 지혜와 진여가 평등해서 모두 인식의 주체와 인식의 대상의 양상을 떠났기 때문이다. 여기에서 어떻게 아뢰야식의 상분과 견분의 통합으로서 자증분, 자증분을 직관하는 증자증분, 이 증자증분의 활동을 식 자체의 자기 본성의 자각인 견성이며 본래자성청정으로서의 진여의 증득이라 할 수 있겠는가? 진여의 증득에도 식의 변현이 이루어지는 사분설로 설명되는지 의문스럽다.

또한 『일심의 철학』, 제13장 「유식무경의 철학적 의미」, 3. 유식의 유심론, 3) 무위법(경4)의 객관적 실재성 부정에서 본문의 내용을 살펴보자.

진여는 변화생멸하는 현상 세계의 본질이며 그 가능근거이다. 대승 유식에 의하면 현상적 아와 법의 실상은 바로 공이기 때문에 진여는 곧 '아공과 법공에 의해 드러나는 진여'라고 칭해지기도 한다. 그런데 앞에서 상술했듯이 유식의 논리에 따르면 현상은 모두 우리 마음이 창출한 것이며, 따라서 현상의 근거 내지 실상은 우리 자신의 마음, 곧 중생심이다. 그러므로 진여는 중생심과 분리될 수 있는 것이 아니며, 중생심을 떠나 진여를 구할 수 없다. 즉 중생심이 곧 진여심이며, 진여심이 곧 중생심이다. 유정의 중생심을 떠나 진여를 구하는 것은 일종의 법집이 될 뿐이다. … 즉 상대적 현상 세계를 넘어서는 절대적인 것, 일체의 현상적 존재의 근거는 오직 우리 자신의 마음, 일심이라는 것이다. "그러므로 도처에서 일심一心이라고 말한다." 이것이 바로 유식이 담고 있는 유심사상의 핵심이다.(『일심의 철학』, 280쪽)

이 내용이 과연 유식학의 내용인지? 이는『대승기신론』의 내용이 아닌지?

유식학은 중생의 마음을 분석하고, 부처의 마음으로 전환할 수 있는 논리는 무엇인지 탐구하고, 수행을 통한 전환의 과정을 설명하고, 부처의 활동을 설명하고 있다고 생각한다. 여기에서 부처가 되기까지는 3아승지겁이라는 긴 시간이 요구되며 그 사이에 일어나는 마음의 변화는 단일하게 설명할 수는 없을 것이다. 그러나 아뢰야식, 이숙식, 무구식으로의 전환, 유루종자의 흐름인 유루식에서 무루종자의 흐름인 무루식으로의 전환, 염오의타기와 변계소집에서 청정의타기와 원성실로의 전환, 소현득所顯得으로서의 진여를 자성으로 하는 사종열반의 증득, 식전환에 의한 소생득所生得으로서의 사종보리로 요약할 수 있다. 이러한 전환 속에는 유루종자를 영원히 버리고 무루종자를 영원히 증득함이 있는 것이다. 그러므로 버림으로써 드러내어 얻거나 생겨나 얻는 것이지 어떤 것을 초월하는 것은 아니라고 생각한다.

어떠한 교리나 동서양의 사상은 먼저는 각 교리나 사상 그 자체로 이해하는 것이 우선적이어야 한다고 생각한다. 호법 유식은 호법 유식으로 이해하고 난 후에 다른 것과 비교하여야 하며, 비교하는 경우에도 같은 점보다는 유사한 가운데서도 다른 점을 드러내야 각 사상의 특성을 파악할 수 있다고 생각된다. 특히 동서의 비교는 더더욱 그러해야 할 것이다. 같은 점을 나열하는 이유가 무엇인지? 정말로 어떤 결론에 도달한 과정도 또한 동일한지, 그 사상의 배경도 또한 같은지 궁금한 일이다. 본인의 부족한 학문 편력 때문인지도 모르겠다.

아무튼 한자경 교수의 두 책자를 통해 어렵다고 생각되는 유식학을 쉽게 읽을 수 있었으며, 책자의 곳곳에서 심심한 사유의 흔적을 볼 수 있었다. 또한 여러 면에서 배울 점이 많았다.

『동서양의 인간 이해:
희랍, 기독교, 불교, 유가의 인간관 비교 연구』

발행 연도: 2001년
펴낸곳: 서광사
239 페이지

지은이의 말

인간은 어디에서 와서 어디로 가는가? 인간은 과연 무엇을 위해 살고 있는 것인가? 이 것은 결국 '나는 누구인가?'의 물음이다. 치워 놓을 수 없는 화두, 멀리하고자 달아나 다른 곳으로 가보아도 나보다 먼저 그곳에 와 있어 나를 맞이하는 물음이다. 그래서 반갑고 그래서 또 서럽다. 수천 년 동안 수많은 사람들이 묻고 또 물었지만 아무도 더 이상의 의문의 여지가 없을 만큼 확실하고 궁극적인 답을 제시할 수 없었던 물음, 어 디에서 어떤 방식으로 답을 찾아야 하는지, 답의 진위의 기준이 무엇인지, 답이 과연 있기나 한 것인지, 아니 물음 자체가 제대로 물어진 것인지, 그것조차 분명치 않은 물 음, 그럼에도 불구하고 누구나 철들기 시작하면 묻기 시작하고, 누구나 인생의 짐이 무겁고 아프게 느껴질 때 애타게 그 답을 찾아 헤매지만, 끝내 그 답에 이르지 못해서 는 더 큰 허전함만 갖게 되는 물음, 지금 여기에서 그 물음이 다시 물어지고 있다.

나는 누구인가? 그 물음의 답을 내가 처한 시공간적 한계 속에서만 구하고자 한다 면, 그 나의 한계가 곧 얻어진 답의 한계가 될 것이다. 그렇다고 나의 한계 너머, 나의 보이지 않는 시작과 보이지 않는 끝 너머를 사유한다는 것이 과연 가능하겠는가? 한계 너머로 나아가기 위해 내가 할 수 있는 일은 다른 사람의 사유를 좇아보는 것뿐이다. 알고 싶은 그 물음에 대한 진지한 사유의 흔적이 있는 곳은 어디든지 찾아가 그의 사 유를 나의 사유로 바꿔보는 것뿐이다. 그렇게 해서 형이상학적이거나 종교적인 서적 을 뒤적이게 되었다.

'인간은 어디에서 와서 무엇을 위해 살다 어디로 가는가?'라는 물음 아래 현재의 내 안에 뒤섞여 있을 사상들을 구분하여 정리해 보려는 생각에서 처음에는 희랍 사상과 불교와 유가와 도가의 네 항목을 구상하였었다. 그러나 정리하는 과정에서 다시 생각 해 보니 희랍 사상과 기독교가 서양사상으로 혼합되어 있기는 해도 서로 구분할 필요 가 있는 것 같고, 유가와 도가는 동양사상 내에서 서로 구분되기는 하지만 근본적으로는 크게 다르지 않은 것 같아 결국 희랍, 기독교, 불교, 유가의 네 항목을 구성하게 되었다. 구성을 해놓고 보니 그 사상 원류에 있어 소크라테스, 예수, 석가, 공자라는 4대 성인과 만나게 되었는데, 그 만남이 결코 우연은 아닌 듯싶다.

그러나 처음부터 4대 성인의 사상을 포괄적으로 정리할 생각은 없었다. '인간은 어디에서 왔는가?'의 물음은 인간 존재의 시작인 근원에 대한 물음이고, '인간은 무엇을 위해 사는가?'의 물음은 중간 과정에서의 인간 본질에 대한 물음이며, '인간은 어디로 가는가?'의 물음은 인간 삶의 끝인 죽음에 관한 물음이기에, 오직 그 세 주제, 즉 인간 존재의 근원과 본질과 귀착점에 대해서만 논하고 싶을 뿐이었다. 따라서 각 주제를 하나의 장으로 삼아, 각 장에서 그 한 주제에 대해 네 관점 각각을 서술하면서 서로 비교하는 방식을 취하였다.

한 주제에 대해 각 관점을 설명함에 있어서는 가능한 한 각 관점을 객관적으로 정확하게 전달하려는 목적으로 각 관점을 대변한다고 생각되는 구절을 찾아 인용하고 설명하는 방식을 택했다. 물론 인용문의 선택과 해설에 있어 나 자신의 개인적 판단에 따른 치우침이 있을지도 모르겠다. 인용문은 그 자체의 고전적 가치에 의하기보다는 오히려 논하고자 하는 물음에 대한 답으로서의 적합성과 그것이 우리의 한국적 사유에 미친 영향력의 여부에 따라 선택하고자 하였다. 희랍 사상에서는 주로 플라톤의 『티마이오스』나 『국가론』을 인용하였지만, 기독교 사상에서는 『성서』 이외에 중세 신학자 아우구스티누스의 『고백록』을 인용하였다. 왜냐하면 우리에게 알려진 기독교가 순수 히브리 사상이기보다는 이미 중세 교부철학을 거쳐 희랍화된 서양 사상이기 때문이다. 또 불교에서는 원시근본불교사상을 담고 있는 『잡아함경』 이외에 유부의 『구사론』이나 대승경전도 인용하였는데, 이는 우리나라의 불교사상이 대승, 특히 유식이나 여래장 또는 선사상에 많이 기울어져 있다고 여겨졌기 때문이다. 그리고 유가에서 『맹자』 이외에 주돈이의 『태극도설』이나 주희의 『주자어류』를 인용한 것은 우리나라 유교가 주로 주희 성리학의 영향을 입었다고 보았기 때문이다.

어떤 문제의식으로 그 각 주제의 논의를 시작하려 하는지, 그리고 그 각 주제에 대한 네 관점의 논의를 마치면서 어떤 결론에 이르고 있는지는 각 장에서의 본격적 논의에 앞선 서언과 논의 말미의 결언에서 알아볼 수 있을 것이다. 서언에서는 각 주제에 대한 현대과학적 관점에서의 대답을 정리해 보았다. 그렇게 함으로써 그러한 과학적 대답이 여기서 문제 삼고 있는 철학적 또는 형이상학적 물음에 대한 최종적인 답이 아니라는 것, 우리의 물음은 경험적이고 과학적인 지평을 넘어서는 새로운 차원의 물음이라는 것을 말하고자 하였다. 결언에서는 앞서 논의된 네 관점들을 다시 비교 정리하면서 지나친 단순화의 위험을 무릅쓰고 도식화해 보았는데, 여기서 다시 나의 개인적이고 주관적인 평가가 너무 두드러진 것은 아닐까 염려되기도 한다. 그러나 어찌 보면 인용문을 통한 본격적 논의 전체가 실은 그 결언을 위한 논증 자료일 수도 있다. 또 순수 개인적이고 주관적인 생각이라는 것이 어디 있겠는가? 개인적이라고 해도 그것이 나 일개인의 생각만은 아닐 것이고, 주관적이라고 해도 한 역사 속에서 한 핏줄로 이어져 있는 우리의 상호주관성을 떠나 있지는 않을 것이다. 그 상호주관성을 다시 한번 더 확인하고픈 마음에 이렇게 별 볼 일 없는 생각들까지도 한 권의 책으로 엮어 세상에 내놓는 것이리라.

인간 존재를 이해하기 위해 인간 삶의 시작과 끝을 묻는다는 것, 그렇게 인간의 근원을 밝힌다는 것은 곧 인간의 심연 안에서 인간 이상의 것을 발견한다는 것을 의미한다. 그 심연의 근원에 있어 개체적 경계는 소멸하고 나는 너와 하나가 된다. 인간이 신과 다르지 않고 인간이 자연과 다르지 않은 것이다. 이 한 권의 책을 쓰는 동안 내 마음속에 품고 있던 생각은 사실 이게 다이다. 신도 인간 안으로 내재화되고, 자연도 인간 속으로 융해되었다. 의식 표면에 나타나는 모든 대상적인 것, 모든 이원화의 산물을 의식 심층의 근원, 대상화 불가능한 근원적 주체로부터 사유하고자 한 것이다.

인간 안의 인간 이상의 것, 그 근원적 주체로부터 사유하고자 하였기에, 이 책은 처음부터 끝까지 오로지 인간만을 논하고 있다. 누군가 이것을 또 다른 인간 중심주의라고 비판한다면, 그것은 그가 아직도 인간과 신과 자연이 서로 대립해 있는 의식 표층에서 사유하기 때문이다. 나는 희랍사상이나 기독교사상이나 유가사상이 모두 근원적 주체로부터의 사유가 아닌 표층적인 대상적 사유라고 생각한다. 그것들은 궁극적 근원을 이성 대상의 이데아나 신앙 대상의 신 또는 도덕 실천 대상의 리(理)로 설정하기 때문이다. 오직 불교만이 명상의 수행을 통해 인간 심연 속의 인간 이상의 것, 근원적 일자를 자각함으로써 주체적으로 사유할 수 있었다고 본다. 근원적 일자에 있어서는 인간과 신과 자연이 하나이다. 그것이 곧 하나로서 전체이며 전체로서 하나인 너와 나의 마음, 바로 일심(一心)인 것이다.

인간 안에서 인간 이상(以上)을 발견하지 못한다면, 즉 인간이란 본래 우리가 대상적으로 규정하여 아는 그 이상의 존재라는 것을 알지 못한다면, 자연이란 본래 우리가 파악하는 자연 그 이상이라는 것, 신이란 본래 우리가 생각하는 신 그 이상이라는 것을 어떻게 감지할 수 있겠는가? 신 또는 자연을 대상으로가 아니라 그 자체로 이해하기 위해서는 객관적 사유가 아닌 주체적 사유 능력이 요구된다. 인간이 인간 자신에 대해서조차 주체적으로 사유하지 못한다면, 그 인간이 다른 무엇에 대해 주체적으로 사유할 수 있겠는가? 인간이 그 자신 안에서 인간 이상의 신비를 깨닫지 못한다면, 존재하는 그 모든 것이 우리가 표면적으로 인식하는 그 이상의 신비라는 것을 어떻게 예감할 수 있겠는가? 대상화된 신이나 대상화된 자연 너머의 그 이상의 것이 바로 인간 자신 안의 그 이상의 것과 근원적으로 하나라는 것, 인간의 본질이 바로 그 근원적 하나, 우리의 마음, 즉 일심(一心)이라는 것을 그려보고자 하였다.

2001년 5월 대구에서
한자경

목차

서평: 옛길의 발견

한경옥(이화여자대학교 철학과 강사)

오늘, 여기를 사는 우리에게 인간이란 무엇일까? 오늘날의 우리에게 인간은 아주 먼 옛날 빅뱅을 통해 발생한 우주의 작은 한 점 지구에서 무기물인 박테리아로부터 진화한 생명체라고 여겨지고 있다. 우리는 과학의 시대에 나고 자라서, 학교 교육을 통해 과학에서 규정된 우주와 인간관을 배워왔다. 동서양의 전통 철학들에서도 인간과 우주의 본질에 대해 탐구해 왔지만, 현대인은 전통에서 말해지고 있는 인간과 우주의 탄생에 관한 이야기들은 단지 과학이 탄생하기 이전의 과거에 통용되었던 증명되지 않은 사유일 뿐이라고 생각하고 있다.

『동서양의 인간 이해』는 과학적으로 본 인간과 우주의 본질은 무엇인가를 먼저 깊이 있게 서술하고, 과학의 규정들이 철학적으로 볼 때 어떤 한계가 있는지 검토하고 있다. 이 책에서 한자경 교수는 물리학과 생물학의 우주와 인간을 보는 관점은 아직 온전하지 않다고 보고 있다. 한 교수의 관점은 과학이 모든 것을 설명할 수 있는 것처럼 여기는 것도, 과학의 논리와 연구를 무시하려고 하는 것도 바람직하지 않다는 입장이라고 할 수 있다. 우리에게 과학은 현상의 세계를 탐구하는 데 꼭 필요한 이성적 활동이다. 하지만 과학적 탐구의 세계에서도 궁극적 질문에 대한 해답은 내려지지 않으며, 이 지점에서 우리는 다시 형이상학의 질문의 세계로 넘어간다. 세계는 왜 없지 않고 존재하는가, 인간은 진리를 인식할 수 있는가 하는 전통적 형이상학의 질문들의 세계 말이다.

> 한 점으로부터 오늘날의 우주 형태로 진화해 갈 만물의 원형이 쏟아져 나오는 그 팽창의 첫 순간을 큰 폭발, 빅뱅(Big Bang)이라고 한다. 우주 팽창설과 폭발 우주론(빅뱅이론)은 이제 우주론의 상식으로 된 것이다. 그러나 … "폭발하여 우주가 생겨난 것이라면 그 폭발력은 과연 어디에서 온 것인가?"[1]

… 우리의 모든 과학적 설명이 더 이상 통용될 수 없다는 뜻이다. 이 지점을 '플랭크의 벽'이라고 한다. 이 벽이 곧 우주 기원에 관한 과학적 연구의 종착점이자 한계점이다. 과학이 설명할 수 없는 특이점(特異點, singularity)으로부터 우주가 시작되었다고 보는 것을 '특이점 정리'라고 한다. 결국 우주의 진화를 과학적으로 설명해도 그 시작점은 알 수 없다는 이야기이다.[2]

우주의 시작점, 우주가 우리 눈에 보이는 형태로 현상화되기 이전의 근원에 대해 묻는 것이 형이상학이다. 그렇다면 인간은 어떤 기원을 갖는가? 인간의 근원에 대한 생물학적 설명인 진화론에서는 인간의 기원을 어떻게 설명하고 있는가?

진화론은 인간이 신체나 정신적으로 다른 동물들과 다르지 않으며, 진리의 인식, 도덕적 실천 등도 단지 진화의 과정에서 생존하기 위해 체계화한 활동으로 보고 있다. 인간이 자신의 삶을 자각하고 조망하면서 의미와 목적을 묻는 행위와 정신적 활동을 모두 유전자의 진화와 창조적 돌연변이에 불과한 것으로 보는 것이 현대 생물학에서 인간을 보는 관점이라고 할 수 있을 것이다. 한자경 교수는 이 이론들이 모두 맞다고 해도, 돌연변이라는 것도 역시 생물학적 진화의 원리로는 설명할 수 없는, 진화의 원리를 넘어서는 부분이 있음을 인정하는 것이 아닌가 하는 의문을 던진다.[3]

인간이 궁극적이고 초월적인 질문을 던지는 것은 현상의 한계를 넘어서려는 움직임이고, 이는 결국 전체를 조망함으로써 자유로워지려는 의지를 실현하고자 하는 것이다. 이 책의 1장 '인간의 근원'의 마지막 부분은 다음과 같은 통찰로 마무리되고 있다. 동서 철학이 인간의 근원을 보는 관점은 각기 다르나, 공통적으로 이야기하는 점은 현상계를 이루는 질료(희랍철학), 무(無, 기독교), 유정의 업력(불교), 기(氣, 유교)를 극복하여 이데아, 신, 마음, 리(理)라는 초월적 영역으로 진입하여야 한다고 보는 점이라는 것이다. 또한 불교와 다른 철학들이 보는 인간의 근원에는 차이가 있는데, 희랍철학이나 기독교, 유교는 각각 이데아, 신, 리를 대상으로 삼아 사유하고 신앙하며 실천하지만, 불교는 인간의 근원을 '마음'이라고 봄으로써 인간의 근원을 스스로의 내부에

---

1   한자경,『동서양의 인간 이해』, 서광사, 2001, 23-24쪽.
2   위의 책, 26쪽.
3   위의 책, 114쪽.

설정한 점이 타 철학과 다르다고 지적하고 있다.[4] 이는 불교의 독특한 점이라고 할 수 있는데, 불교는 인간의 내면을 여러 차원에서 다루면서, 궁극에는 모든 인간에게 공통되지만 보통의 인식으로는 발견할 수 없는 차원의 심층적인 마음에 인간의 근원이 담겨 있다고 보고 있다. 한 교수의 불교 연구는 심층적인 마음의 차원에서 볼 때 모든 인간에게는 일심(一心)이라는 궁극적 차원이 존재한다는 결론에 이른다.

마지막으로, 인간의 죽음에 관해 이야기해 보고자 한다. 한자경 교수는 『동서양의 인간 이해』의 3장에서 과학과 철학이 가장 크게 달라지는 부분은 바로 인간의 죽음을 바라보는 관점일 것이라고 말하고 있다. 과학에서 보는 인간의 죽음은 신체의 죽음을 말하는 것인데, 이것이 곧 인간의 진정한 죽음인지, 아니면 신체만 죽었을 뿐 영혼과 같은 것이 존재하는지에 대해서는 과학이 답할 수가 없다. 여기에서 한 교수는 피아노의 비유를 들며 의식 현상과 두뇌 현상의 관계를 설명하고 있다. 피아노 연주가 있기 위해서는 피아노가 있어야 한다는 것으로부터, 피아노 연주는 피아노가 일으키는 부수현상이라고 말할 수 있는가 하는 질문을 제기하고 있는 것이다. 피아노 연주는 전적으로 피아노에 의존하지만, 사실, 피아노 연주가 피아노 자체의 활동 결과라고 할 수는 없다. 왜냐하면, 피아노 연주자가 없다면 피아노는 피아노 연주곡을 만들어낼 수 없기 때문이다. 이와 마찬가지로 의식 현상이 두뇌에 전적으로 의존하고 있다고 해서 의식 현상이 곧 두뇌 자체의 활동 결과라고 단정할 수는 없다. 이 비유가 나타내는 의미는 분명하다. 우리가 음반으로 음악을 들을 때 피아노곡은 듣고 있지만 피아노 연주자는 보지 못하는 것처럼, 우리는 심리현상을 알지만 심리현상을 짓는 주체를 직각할 수가 없다. 마찬가지로 우리는 자신의 흔적인 심리현상을 대상화함으로써 자신을 유추할 수 있을 뿐 자신에 대해서는 아무것도 알지 못하는 "무지의 지" 속에 놓여 있다. 한 교수는 바로 여기에 "존재의 신비"가 있다고 말하고 있다.[5]

우리가 어떤 일을 하더라도, 그 무엇이 된다고 하더라도 개개인을 움직이는 피아노 연주자에 대해서는 아무것도 알 수 없다. 과학에서도 그 부분에 대해서는 아무 감각을 갖고 있지 않다.[6] 불교적으로 말하면 그것은 오직 해탈이라는 사건을 통해서만 알려질 수 있다. 해탈이란 '자기'를 중심으로 하는 생각의 흐름을 알아차리고 조망함으로써

---

4   위의 책, 106쪽.
5   위의 책, 187-190쪽.
6   위의 책, 190쪽.

자기를 넘어서는 사건이다. 자기중심성을 넘어서야 전체를 본다. 불교에서 볼 때 피아노 연주자는 개인인 '자기'가 아니다. 그것은 기독교나 희랍에서 영혼으로, 유가에서 기(氣)로 불리는 것과는 다른 '진심(眞心)'이라고 할 수 있다.

이 책 제목은 『동서양의 인간 이해』이지만, 그 내용은 단지 동양과 서양의 인간관의 차이나 동일성을 이야기하고자 하는 것이 아니다. 이 책은 무엇보다 현대 과학과 진화론에서 보는 우주관, 인간관의 한계에 주목하고, 동서양의 전통 철학이 이미 형이상학적 질문을 통해 그 한계에 대한 해답을 탐구하고 있었음을 말하고자 하는 것이다. 과학과 AI의 시대에 『동서양의 인간 이해』가 벌써 7쇄나 출판된 것을 보면, 독자들은 이 책의 가치를 이미 알고 있는 듯하다.

전통철학의 길은 오래된 길이다. 그 길을 따라가다 보면 먼지가 가득 쌓인, 아무도 찾지 않는 옛 성이 보일 수 있다. 우리가 그 성의 가치를 알아보고 깨끗이 청소하며 다시 사용하려고 노력한다면, 옛 성에서 의외의 보물을 발견할 수 있다.

붓다도 자신이 새로운 길을 만든 것이 아니라 옛사람들이 걸었던 길을 발견하였다고 말하였다. 한자경 교수의 『동서양의 인간 이해』는 현대의 시점으로부터 과거로 거슬러 올라가 인류에게 남아 있는 감춰진 보물들을 찾아 나서는 여행의 길잡이가 되어 줄 것이다. 또한 그 길에서 현대인이 궁금하게 여기는 과학의 문제에 대한 철학적 해결법을 발견하도록 도움을 줄 수 있을 것이다.

한국에서 평생에 걸쳐 동양과 서양의 철학을 포괄적으로 연구하고 후학을 양성해 온 철학자는 많지 않다. 모두 짐작하다시피 그 길은 지난한 탐구와 애씀의 과정이기 때문이다. 한자경 교수는 이 어려운 길을 걸으면서 인간이란 무엇인지에 대한 해답을 찾고자 노력해 온, 진실한 철학자라고 감히 말할 수 있을 것 같다. 이 책은 그런 그가 우리에게 건네는 작은 나침반이다.

『일심의 철학』

일심의 **철학**

한자경 지음

서광사

발행 연도: 2002년
펴낸곳: 서광사
415 페이지
문화체육관광부 우수학술도서

지은이의 말

특정 철학자의 연구서도 아니고, 그렇다고 오늘날 철학계에서 주로 논의되는 생명이나 환경 또는 정치나 문화 등의 주제에 대해 논하는 것도 아닌 이런 책을 이 세상에 내놓으려고 하니 새삼 부끄러워진다. 더구나 현대적 과학정신 아래 가장 경시되는 형이상학적 주제를, 그것도 포스트모던적 사유경향 아래 가장 철저히 해체되고 배격되는 자아를 중심으로 논하고 있으니, 더욱 그러하다.

이것은 5년 전 내놓았던 『자아의 탐색』과 연장선상에 있다. 탐색의 결과를 좀 더 과감하게 우리의 철학자 원효를 따라 '일심(一心)'으로 이름했다고나 할까. 자아를 찾아나가는 길에서 마주치게 되는 일체의 것에서 자아를 발견하지 못하고 결국은 무아를 깨닫는 순간, 그 깨달음이 곧 일심의 깨달음이다. 아와 법, 나와 너, 나와 세계를 구분 짓는 일체의 경계가 무아의 깨달음 속에서 사라질 때, 그 무경계, 무분별의 공(空)의 성자신해(性自神靈), 허령자각(虛靈自覺)이 바로 일심이다. 경계의 소멸 속에 그 바탕처럼 드러나는 공이기에, 그것은 경계 지어진 오온(五蘊) 안의 것도 오온 밖의 것도 아니다. 하나의 일심이 무수한 유정 각각에게서 일심으로 자각되기에, 바로 이 점에서 '일즉다(一卽多) 다즉일(多卽一)'이 성립하며, 바로 이로부터 우리 삶의 원초적 고독을 견뎌 나가게 하는 하나됨의 신비한 느낌이 퍼져 나간다.

이 책은 끊임없이 나나 세계로부터 이 일심을 찾아나가거나 아니면 이 일심으로부터 나와 세계를 바라보려고 한 노력의 결과이다. 처음부터 한 권의 책을 구상하고 쓰여진 것은 아니고, 이런저런 기회가 있을 때마다 나의 관심에 따라 써 내려간 글들을 그 내용에 따라 크게 네 무더기로 나누어 서로 연결하고 정리해 본 것이다. 관심이 늘 하나라는 것, 언제나 그 하나에 매여 있다는 것이 때론 답답하게 때론 괴롭게 느껴지는데, 이 책을 내놓는 지금도 마찬가지이다. 일심이 그 안의 모든 차별적 경계를 넘어서서 나와 너를 포함하고, 나와 세계를 아우르는 포괄적 무한자라는 것이 변명이 될

수 있을까? 일심의 통찰이 모든 형이상학적 사유의 본질이라는 것, 불교와 유가사상
뿐 아니라 서구형이상학에 있어서도 그러한 무한과 절대의 사유가 철학의 핵심이었다
는 것이 위로가 될 수 있을까?

　무아의 깨달음, 공의 자각은 기독교식으로 말하자면 자아를 지워 나가 영혼을 비울
때, 그 빈자리가 신(神)에 의해 채워지는 것과 마찬가지의 체험일 것이다. 다만 공의
신묘한 허령자각을 신(神)이라고 하고, 지워야 할 자아의 영혼을 인간이라고 말한다
면, 신과 인간은 본질적으로 서로 다른 두 존재가 된다. 그 절대적 무한을 인간과 구분
되는 '신'으로 이름하지 않고, '일심'이라고 부름으로써 불교는 이원론적 경계지움, 무
한과 유한, 신과 인간의 절대적 분리를 부정하고 있는 것이다. 이 점에서는 신과 인간
이 하나임을 강조하는 우파니샤드의 범아일여(梵我一如) 사상과 더 가까울 수도 있다.
그러나 우주 창조자인 브라만(梵)에 개체적 자아인 아트만(我)이 다가가 그 둘이 하나
가 되는 것이라고 본다면, 그것 역시 그 자체로 존재하는 브라만과 그리로 나아가야
하는 아트만을 두 존재로 구분하고 있다는 점에서 이원론적이다. 브라만에 나아가 그
것과 일치해야 할 아트만이 인간의 핵, 자아로 존재하는 것이 되기 때문이다.

　이에 반해 불교는 부정될 아도 인정될 아도 처음부터 아예 존재하지 않는다는 무아
(無我)를 주장한다. 인간의 핵으로서 부정되거나 긍정되어야 할 자아라는 것은 없다.
있는 것은 오직 신이고 일심일 뿐이다. 인간 그 자체가 바로 일심인 것이다. 어느 누구
나 일심으로 존재하기에, 모두가 동일한 하나이면서 또 동시에 각각의 다(多)라는 것
이 일심의 신비이고, 생명의 신비이다.

　우리가 나라고 생각하고 그 나와 대면한 세계라고 생각하는 것, 그것은 모두 일심
안에 그려진 그림 속의 나와 너, 무대 위에 펼쳐진 연극 속의 나와 너이다. 그림 속에
형태화된 나와 세계, 연극 속에 등장하는 나와 너를 정말 나 자체이고, 세계 자체인 줄
생각하여 분별하고 집착하는 것을 아집과 법집이라고 한다. 반면 그것이 그림 속의 분
별이고 연극 속의 집착일 뿐, 본래 공이라는 것을 자각하는 것이 곧 아공과 법공의 깨
달음이다.

　이 깨달음 속에서 마음은 그림이나 연극 속의 경계 지어진 나를 벗어나, 일체의 경
계와 분별을 넘어선 무경계의 공인 공무변처(空無邊處)로, 그림이나 연극 너머의 무한
으로 나아가게 된다. 그러나 그림이나 연극 너머로 나아간 그 자리, 그 공의 자리가 바
로 그곳으로부터 그림이나 연극이 시작되는 출발점이며 원점이다. 따라서 그것은 현

상을 움직이는 '부동(不動)의 동자(動者)'이며, 그 자체 현상에 속하지 않으면서 현상 전체를 조망하는 '영원의 눈', '형이상학적 눈'이다. 일체 현상의 분별적 경계들이 지워지면서 드러나는 무분별의 마음, 바로 일심인 것이다.

일심이라는 이름하에 다시 또 자아를 문제 삼고 있음에 대한 변명 아닌 변명은 이 책 말미 지은이 후기에서 찾아볼 수 있을 것이다. 그것이 책의 맨 끝으로 가서 숨어 있는 까닭은 속마음을 털어놓은 부끄러움 때문이다. 이 책이 나오기까지 내게 힘이 되어준 사람들, 사랑과 감사의 마음을 전하고 싶은 사람들, 그 사람들의 이름은 마음속 더 깊은 곳에 간직하고 있겠다.

2002년 5월
한자경

후기

왜 다시 또 한 권의 책을 내는 것일까? 내가 아니면 해결되지 않을 철학적 물음이 이 세상에 존재하고, 내가 드디어 그 물음의 답을 찾았다고 자신하기 때문일까? 그건 아니다. 나는 단지 나의 문제를 내 식으로 풀어봤을 뿐이다. 그리고 그 생각들이 어느 정도 정리가 되면, 나는 나와 같은 문제로 고민하는 사람들을 찾아 이렇게 부끄러운 글을 띄운다. 누구일까? 누구에게 말하고자 하는 것일까? 누구와 대화하고 싶어 하는 것일까?

그러나 정말로 나를 표현하는 것이 목적이었다면, 나는 철학을 공부하는 것이 아니라 시인이 되었어야 했을 것이다. 마음속의 말을 다 한 것 같은데도, 돌아서면 여전히 못다 한 말이 그대로 남아 있는 듯한 답답함이 돌처럼 내 가슴을 누른다. 알 수 없는 상실감, 자아를 찾아 끝없이 헤매는 길 위의 돌이 내 가슴 위의 돌처럼 느껴지기 때문일까? 문득 윤동주의 '길'이 떠오른다.

잃어버렸습니다.
무얼 어디다 잃었는지 몰라
두 손이 주머니를 더듬어 길로 나아갑니다.
돌과 돌과 돌이 빈낱히 실은 돌담을 끼고 갑니다.
쇠문을 굳게 닫아 길 위에 긴 그림자를 드리우고
길은 아침에서 저녁으로 저녁에서 아침으로 통했습니다.
돌담을 더듬어 눈물짓다 쳐다보면 하늘은 부끄럽게 푸릅니다.
풀 한 포기 없는 이 길을 걷는 것은 담 저쪽에 내가 남아 있는 까닭이고.
내가 사는 것은 다만 잃은 것을 찾는 까닭입니다.

우리가 가는 인생길이 쇠문 잠긴 돌담길이라고, 그 위에서 눈물짓다 하늘을 쳐다보면 가슴 저리는 부끄러움이 밀려온다고 시인은 고백할 수가 있는데, 나는 할 수가 없다. 시인의 언어는 살아서 가슴을 울리는데, 내가 뱉어내는 철학의 언어는 꺾여 내던져진 메마른 풀잎처럼 저 밖에 뒹굴 뿐이다. 걷는 길 위의 발걸음에 채일 때마다 더 큰 부끄러움으로 움츠러들 텐데, 그것을 무릅쓰고 길 위에 또 한 권의 책을 흘리는 이유가 무엇일까?

이유는 나도 모른다. 돌담길 따라 내가 찾는 것이 과연 무엇인지, 내가 잃은 것이 과연 무엇인지 알지 못하듯이, 길 위에서 내가 무엇을 안타까워하고 무엇을 서러워하고 있는지 나는 알지 못한다. 아, 우리가 그토록 애타게 찾는 것, 우리가 그토록 사랑하는 것, 우리가 그토록 그리워하는 것은 과연 무엇일까?

무엇이 우리로 하여금 형이상학자가 되게 하고, 별을 보게 하는 것일까? 그리고 그 별이 나와 마주한 타인의 시선 속에 빛날 때, 무엇이 우리로 하여금 나와 너, 나와 세계가 하나임을 기억하게 하며 잊혀진 하나, 분열된 현실을 가슴 아파하게 하는 것일까?

들고 가기 위해서가 아니라 두고 떠나기 위해 정리하겠다던 그 짐을 왜 아직도 지고 다니는가? 『자아의 연구』와 『자아의 탐색』 서두와 말미에서 내가 나 스스로에게 다짐했던 말을 기억하는 사람은 나를 비웃을 수도 있을 것이다. 다른 길인 줄 알고 걸어도 그것이 결국은 한 길로 이어져 있고, 다른 짐인 줄 알고 챙겨 들어도 풀어 보면 그것이 결국은 같은 것이었음을, 나도 어쩔 수 없는 이 나의 운명을 나도 덩달아 비웃어야 할까?

그때 거짓말을 한 것도 아니고, 그 후 생각이 바뀐 것도 아니다. 지금도 나는 고통에 한숨짓는 무거운 정신이기보다는 환희에 춤추는 가벼운 정신이고 싶다. 비상하여 높이 오르면 오를수록 더 깊은 심연이 발밑에 전개되는데, 그 비상과 추락의 폭, 해탈과 욕망 사이를 눈물이 아닌 웃음으로, 비틀거림이 아닌 춤으로 살아가고 싶다. 도처에 그 흔적이 있을 것이다. 내가 그토록 나를 찾는 것은 아직도 내가 나를 찾지 못했기 때문이라는….

목차

서평: 동서를 관통하는 형이상학적 휴머니즘

김성철(동국대학교 불교학과 교수)[1]

많은 사람들은 현대의 분과적 학문 연구 방식을 비판하며 다양한 분야의 학문들을 비교하고 종합하여 요리해 내는 연구가 필요하다고 말한다. 불교학에서는 이를 회통적(會通的) 연구라고 부른다. 그러나 철학의 경우 연구자들이 이런 연구에 선뜻 나서지 못하는 이유는 학문적 요리의 대상이 되는 각 사상들의 무게가 만만치 않기 때문이다. 특히 서양철학과 동양철학을 회통해 내는 작업은 동서양 원전 언어에 대한 습득이 선행되어야 하기에 더더욱 어렵다.

독일 프라이부르크 대학에서 "존재론으로서 초월철학"(Transzendentalphilosophy as Ontology)이라는 논문으로 박사 학위를 받은 한자경 교수(현 이화여대 철학과)는 귀국 직후 동국대 대학원에 입학하여 난해한 불교 유식학(唯識學)을 전공하여 다시 박사 학위를 취득한다. 유식학이란 마음(識)이라는 개념을 도구로 삼아 불교 전체를 수미일관하게 풀어내는 대승불교 철학이다. 그리고 이제 한 교수의 쉽지 않았을 이러한 학문적 편력이 드디어 결실을 보아 『일심의 철학』이라는 저술로 세상에 모습을 드러내었다.

흔히 서양철학의 역사는 반동의 역사인 반면 동양철학의 역사는 훈고의 역사라고 평한다. 서양의 철학자들은 과거의 철학을 비판하며 자신의 조망을 자유롭게 토로한다. 칸트는 데카르트를, 헤겔은 칸트를, 마르크스는 헤겔을 밟는다. 그러나 동양에서 철학자의 역할은 과거에 이미 완성되었던 성현들의 가르침을 충실히 이해하는 것이었다. 사서삼경이나 대장경은 우리가 받들어 간직하고, 독송하며, 술이부작(述而不作)의 정신으로 주석해야 할 성스러운 경전들이었다. 동양철학과 서양철학에 대한 이러한 상반된 연구 태도는 현대에도 그대로 이어진다. 현대의 서양철학 연구자들은 과거 자

---

1   고(故) 김성철 교수는 2023년 11월에 작고하였음. 본 서평은 『서평문화』 제47집(2002), 63-68쪽에 게재되었음.

신들의 선배들이 그러했듯이, 과거의 철학을 비판하고 인간과 세계에 대한 조망을 자유롭게 토로하며 새로운 철학을 구성해 내지만 동양철학 연구자들은 이를 금기시해 왔다. 그러나 철학자 한자경은 이런 금기를 깨뜨리고 독송과 주석의 대상이었던 불교의 가르침을 과감하게 풀어낸 후, 서양 철학자들이 그래 왔듯이 자신의 철학을 개진한다.

저자는 먼저 선승(禪僧)이 화두를 들듯이 '나는 누구인가?'라는 물음을 던지며 자아에 대한 탐구를 시작한다. 그리고 우리가 나라고 생각하기 쉬운 '육체', '유전자', '두뇌 활동' 모두가 진정한 나일 수 없다고 논증하며 하나하나 소거(消去)시켜 가다가 진정한 나는 공성(空性)이고 불성(佛性)이며, 무한 절대의 일심(一心)이라고 귀결 짓는다. 이러한 일심은 공(空)과 자유를 자각한 마음으로 우리의 일상적 마음의 근저에서 작용하는 본래적 마음이다.

인생이라는 무대 위에서 내가 입고 써야 하는 가면과 의상들을 하나하나 벗겨 나갈 경우, '본래 그대로의 나', '자연 그대로의 나'가 만나지는 것이 아니다. 마치 양파를 까듯이 우리는 끝없는 가면의 출현을 만나게 될 뿐이다. 이때 가면의 끝, 즉 유한을 넘어선 무한이 직감된다. 저자는 말한다. '우리 마음 안에 끝없이 생각이 일어나는 것이 아니고 어느 한 순간 그 생각에 끝이 있다는 것은 놀라운 일이 아닌가? 생각의 끝, 유한한 규정들의 끝, 그 어느 한 순간 불현듯 마음 안에 한 느낌이 온다. 이것이 이언절려(離言絶慮)의 순간이다.' 그리고 이렇게 자각된 무한성은 칸트 철학에서 자유의지의 근거로 말해지는 초월적 자아, 피히테의 절대자아, 셸링이 말하는 절대적 동일성의 무제약자, 헤겔의 절대정신, 그리고 불교에서 말하는 일심과 동일하다고 저자는 회통해 낸다.(제1장-제4장)

이어서 저자는, 이렇게 동서양 형이상학의 공통분모로 추출된 초월적 사아의 철학, 일심의 철학에 토대를 두고 남녀 간 사랑의 의미를 재해석하고 오늘날의 철학이 나아갈 길을 제시하며, 언어의 정체를 탐구하고, 물리주의적 인간관을 비판한다.

남녀 간의 사랑이란 서로를 반으로 규정짓는 경계를 고수하며 그 두 반쪽을 더해 하나를 이루려는 거짓된 하나 됨이어서는 안 된다. 사랑이 지향하는 바는 서로를 가르는 유한의 경계를 넘어 무한한 일심에서 이루어지는 진정한 하나 됨이어야 한다. 이는 하나의 영혼이 다른 영혼 안에서 자기와 다른 것을 발견하면 그것을 닮아가려 하고, 자기와 같은 것을 발견하면 그 하나 됨을 즐기게 되는 하나 됨이다. 저자의 이런 조망은 남녀 간의 관계를 계급적 구도로 해석해 온 투쟁적 페미니즘을 극복하는 바람직한 대안이 될 수도 있을 것이다.(제5, 17장)

많은 사람들이 인문학의 위기, 철학의 위기를 말한다. 이런 위기는 인간의 사유와 행동은 모두 자연법칙과 사회법칙으로 설명 가능하다고 주장하면서 형이상학적 자아를 부정해 온 현대 철학자들 스스로 자초한 것이라고 저자는 비판한다. 자연과학이나 사회과학적 탐구의 대상이 될 수 없는 초월적 주체에 대한 탐구를 시작할 때 비로소 인문학은 자연과학이나 사회과학과 차별되는 독립된 학문으로 존립할 수 있다. 그리고 여기서 말하는 초월적 주체가 바로 일심인 것이다. 저자는 동서양 철학을 아우르며 창출해 낸 일심의 철학, 초월적 형이상학을 위기에 처한 오늘의 인문학을 소생시키기 위한 새로운 비전으로 제시한다.(제6, 7, 8, 18장)

'고통' 등과 같은 사적(私的)인 언어의 무의미성을 설명하기 위해 비트겐슈타인은 '상자 속의 딱정벌레'라는 우화를 설정한 바 있다. 모든 사람이 자신만 볼 수 있는 '어떤 것'이 들어 있는 하나의 상자를 갖고 있으며, 모두 그것에 대해 '딱정벌레'라고 이름을 붙였다고 가정할 경우, 그 딱정벌레가 동일한 어떤 것을 의미하는 것인지, 서로 다른 것을 의미하는 것인지, 확인할 길이 없기에 그것은 우리의 언어 놀이에서 아무런 역할도 하지 못할 것이다. 저자는 이러한 비트겐슈타인의 우화가 비단 우리의 사적인 체험뿐만 아니라 우리가 경험하는 모든 것의 실재성을 비판하는 데 확대 적용될 수 있다는 점을 치밀하게 논증한다. 그리고 저자는 여기서 더 나아가 개개인의 사적인 경험에 공공성이 부여될 수 있는 이유는 우리의 마음 깊은 곳에서 우리를 이어주는 하나의 보편적인 끈이 있기 때문이며, 그것이 바로 일심이라고 설명함으로써 유아론(唯我論: solipsism)과 상대주의를 극복한다.(제9장)

저자는 의식이나 마음 현상을 존재에서 배제시키고자 하는 물리주의적 인간관에 대해 '자신을 빼고 남만 헤아리는 돼지의 사유 방식과 유사하다'고 통렬하게 비판한다. 왜냐하면 물리주의에서는 우리에게 인식된 관찰 결과로서의 두뇌만 염두에 둘 뿐이고, 그러한 점을 인식하는 주관으로서의 자신의 두뇌는 염두에 두지 않고 있기 때문이다. 3인칭적으로 접근 가능한 객관적 물리적 세계와 1인칭적으로 접근 가능한 주관적 의식 세계와의 관계에 있어서 최종적 근거가 되는 것은 전자가 아니라 후자이다. 그리고 이는 개인의 사적 주관성을 넘어서 인류 전체에 타당한 보편적 상호 주관성으로 바로 '초월적 자아', 즉 일심인 것이다.(제10, 11장) 아울러 저자는 일심의 형이상학을 가

르치는 불교 유식학의 교리와 수행 체계를 서양철학적 언어를 곁들이며 세밀하게 풀어낸다.(제12장-제16장)

『일심의 철학』을 읽으면서 우리는 도처에서 저자가 제기하는 수많은 물음들과 만나게 된다. 이 책이 난해한 형이상학적 주제를 다루면서도 우리에게 감동을 주는 이유는 전편을 일관하는 저자의 진지한 문제의식 때문일 것이다. 하나하나의 물음에 뒤이어 저자가 제공하는 치밀한 논리적 분석을 따라가다 보면 우리는 일상적 자아, 세속적 자아로부터 어느새 멀리 벗어나 있는 자신을 발견하게 된다.

평자는 저자가 그 동안 수십 편의 논문과 번역서의 출간을 통해 데카르트, 칸트, 셸링, 피히테, 헤겔 등의 서양 철학자에게서 발견되는 '초월적 자아'에 대해 연구해 왔다고 알고 있다. 그리고 본서는 그 동안 이루어진 저자의 누적된 연구의 결정물(結晶物)이라고 생각된다. 독자들은 본서 도처에서 돌출적으로 발견되는 저자의 비교철학적 선언의 근거들을, 저자의 다른 연구물들에서 찾아볼 수 있을 것이다. 앞으로 저자의 이러한 각론적 연구들이 본서를 통해 표출된 일심의 철학과 종합되어 체계적인 모습을 갖춘 정밀한 비교철학적 저술로 완성되어 출간됨으로써 자연과학적 인간관, 사회과학적 인간관의 전횡으로 인해 피폐해진 현대인을 구제할 수 있는 새로운 휴머니즘을 위한 전범(典範)의 역할을 하게 되기를 기대한다.

발행 연도: 2003년
펴낸곳: 예문서원
249 페이지

책머리에

불교철학을 한 권의 책으로 정리한다는 것은 사실 좀 무리인지도 모른다. 종교와 철학이 융합되고 이론과 실천수행이 분리되지 않는 그 사상적 깊이와 심오함은 별도로 하더라도 일단 연구 자료의 양이 서양철학 전체와 맞먹을 만큼 방대하기 때문이다. 시기상으로는 원시근본불교·소승불교·대승불교·밀교 등으로 구분되고, 지역적으로는 인도불교·중국불교·한국불교·일본불교 나아가 티베트불교·동남아불교 등으로 나뉘며, 주제상으로도 인식논리학·심성론·형이상학·존재론·실천수행론 등의 여러 방면에서 다양한 논의가 가능하다. 뿐만 아니라 중관이나 유식 또는 천태나 화엄 그리고 선 등의 분야도 각각 한 학기 강의만으로는 소화할 수 없을 만큼 연구 자료가 넘친다.

이 모든 것들을 단 한 권의 책으로 묶어 낸다면 극히 요약적이고 피상적일 수밖에 없을지도 모른다. 그런데도 이런 시도를 할 수밖에 없었던 것은 불교 전반을 한 학기 만에 포괄적으로 강의해야 하는 우리나라 대학교 철학과의 학사 형편 때문이다. 1, 2세기 전까지만 해도 우리 역사나 문화와 그다지 밀접하게 연관되어 있지도 않았던 서양철학에 대해서는 시기별·지역별·주제별·영역별로 나눠 그렇게도 상세히 가르치고 배우면서, 정작 삼국시대 이래로 우리 역사와 문화 그리고 정신 속에 녹아 있는 불교에 대해서는 단 한 강좌로 끝내야 하는 것이 우리 철학교육의 실태이다. 서양 세력에 밀려나 더부살이 신세가 되는 유학도 마찬가지이지만, 그나마 유학은 원시유학·주자학·양명학·한국성리학·실학 등의 몇몇 과목이라도 더 개설 가능하니 그래도 형편이 좀 나은 편이다. 철학을 전공하는 학생들은 플라톤, 데카르트, 칸트, 헤겔 등에 대해서는 잘 알고 정이, 주희, 왕양명, 왕부지 등에 대해서도 좀 알기는 하지만 용수, 세친, 법장, 현장 등에 대해서는 전혀 모르는 경우가 태반이다. 그렇다고 원효나 원측, 의상이나 지눌에 대해서는 많이 알고 있는가 하면 또 그렇지도 않다. 이런 상황에서 한 학기 강의를 위해, 그러면서도 불교의 핵심을 가능한 한 놓치지 않고 담아보고자 노력하면서 작성했던 강의 원고를 이렇게 한 권의 책으로 엮게 되었다.

그런데 이 책을 펴들고 목차부터 살펴본 사람은 금방 이런 의문이 떠오를 수 있을 것이다. 인도불교이든 중국불교이든 한국불교이든 다 동일한 불교인데, 석가의 가르침은 동일한 하나의 가르침일 텐데, 왜 이렇게 구분해서 다른 명칭으로 부른단 말인가? 하나의 불교를 놓고, 이상주의니 현실주의니 주체주의니 구분하는 것이 무슨 의미가 있는가? 불교가 본래 중관에서부터 공(空)·가(假)·중(中)을 주장하고, 처음부터 청정한 '한 마음'을 강조하였는데, 인도불교를 유(有)·공(空)·가(假)의 논리로, 중국불교를 중(中)의 논리로, 한국불교를 일심(一心)의 논리로 규정하는 것이 말이 되는가?

25년이 넘도록 철학 공부를 하면서 늘 가슴에 품고 있었던 나의 꿈을 이 자리에서 고백하는 것이 그 물음에 대한 나름의 해명이 될 수 있을지 모르겠다. 부끄러워도 고백하자면, 나의 철학함의 궁극적 목적은 삶에 대한 투명한 통찰과 깨달음을 얻는 것이지만, 세속적 목적은 한 권의 〈한국철학사〉를 쓰는 것이다. 철학 공부를 시작하면서 러셀의 『서양철학사』, 풍우란의 『중국철학사』, 라다크리슈난의 『인도철학사』는 읽고 공부했는데, 정작 한국인인 내가 읽고 공부할 만한 한국철학사 책은 찾아볼 수 없다는 사실이 당시 내겐 큰 슬픔이었고 아픔이었다. 〈한국철학사〉의 꿈은 그 슬픔을 달래기 위한 것이었는지도 모른다. 물론 한 인간이 보편적 인간의 차원에서 생각하지 않고 한 민족 한 국가의 구성원으로서만 사유한다면 그 사유는 세속적 한계를 벗어날 수 없을 것이다. 그런 의미에서 〈한국철학사〉는 철학하는 자에게 있어 궁극적 목적이라기보다는 세속적 목적일 수밖에 없을 것이다. 그런데도 나는 내가 정말 의미 있는 〈한국철학사〉를 쓸 수 있다면, 아니 누군가가 쓸 그 한 권의 한국철학사를 위한 작은 디딤돌이라도 될 만한 그런 책이라도 쓸 수 있다면, 이번 생은 그냥 세속적 목적을 위해 바쳐도 아쉽지 않을 거라고 생각했다.

그래서인지 나는 불교에 있어서도, 유학에 있어서도 나아가 현대 서양철학의 수용에 있어서도 그 안에서 무엇이 한국적인 것인가를 늘 고민하게 된다. 의미 있는 한국철학사가 가능하자면 그런 통찰이 반드시 있어야 한다고 생각하기 때문이다. 물론 그렇다고 철학의 학문적 보편성을 부정한다거나 자존심을 살리기 위해 공연히 차별성을 꾸며내고자 하는 것은 아니다. 인간이면 누구나 삼시 세끼 식사하고, 이것저것 배우고 일하며, 누군가를 사랑하고 미워하고, 병이 들기도 하고 그러다가 결국 늙어 죽는 그런 인생길을 가기에 존재와 삶의 의미에 대해 인간이 던지는 철학적 물음 그리고 그 답을 제시하는 근원적 통찰에 있어 보편적 진리는 분명 있을 것이다. 그러나 그 진리에 이르는 철학적 사유의 길에는 문화마다 차이가 있을 수 있지 않을까? 우리 역사와 문화가 다른 나라의 역사나 문화와 다르다면, 언어가 다르고, 음악과 미술, 건축양식, 생활방식, 감정표현이 다르다면, 분명 철학적 사유에 있어서도 무언가 차이점이 있지 않겠는가? 자신과 세계를 이해하고 문제 삼는 그 시각과 의식의 층위가 분명 다를 것이다. 나는 그걸 포착해 보고 싶었다.

　이 책은 이런 의도에서 내 나름대로 불교를 이해하고 정리해 본 결과이다. 인도불교이든 중국불교이든 한국불교이든 모두 불교이므로 그 사상적 핵심에 있어서야 마찬가지이겠지만, 그래도 각각의 문화와 역사가 서로 다르니 그 핵심의 전개에 있어서는 무언가 차이점이 있지 않을까, 그것을 찾아내고 싶었던 것이다. 한국불교가 보이는 한국적 특성이 과연 있을까, 있다면 무엇일까? 내가 포착할 수 있는 최소한의 것이나마 개념화해 보고자 노력하였으며, 개념화한 것은 누구나 알아볼 수 있도록 목차에서부터 명시해 보고자 하였다. 그러한 개념화가 과연 정확한 것인지, 너무 일반적인 규정은 아닌지, 혹은 너무 편파적인 단정은 아닌지, 다른 학자들이 어떻게 평가할지 사뭇 긴장된다. 보다 나은 이해를 위해 비판과 질정을 기대할 뿐이다.

　차이를 밝히는 것 또한 여러 가지 방식으로 가능할 것이라고 생각한다. 그런데 이 책에서는 근본불교에서부터 이미 나의 관심에 따라 자아(自我) 내지 무아(無我) 문제에 초점이 맞춰지고 말았다. 무아의 자각으로부터 공과 일심을 깨달아 해탈에 이르고자 함을 불교의 핵심으로 보았으며, 인도에서 중국을 거쳐 한국에 이르러 그러한 불교의 주체주의적 정신이 가장 잘 표현되었다고 본 것이다. 이처럼 불교를 자아와 무아 그리고 마음과 일심(一心)의 문제로 일관하여 보면서 그 안에서 인간 개체 존재와 우주 세간까지를 설명하고자 한 것은 나 자신이 가지고 있는 관심과 관점 때문인지도 모르겠다. 그러나 나의 유심론적 관점은 불교 자체의 관점이 아닌가. 그래서 나는 내 삶의 세속적 목적이 내 삶의 궁극적 목적에 위배되는 것은 아니기를 희망하며, 나의 철학적 사유의 길이 해탈에 이르는 길과 하나로 이어져 있기를 간절히 기도할 뿐이다.

　이 보잘것없는 책 한 권을 내놓으면서 거창하게 〈한국철학사〉 운운하고 쑥스럽게 마음속 옛꿈까지 털어놓은 것은 이 책에 담긴 나의 의도가 무엇이고 나의 지향점이 무엇인가를 조금이나마 밝히기 위한 것이었을 뿐이다. '꿈은 이루어진다'라는 구호가 아무리 크게 들려와도 '꿈은 꿈일 뿐이다'라는 생각이 들 때도 많이 있다. 살아 있는 한 나는 나의 길을 가겠지만, 철학적 사유로 더듬어 가는 인생의 길, 그 길 위에서 존재의 깊이와 생명의 신비는 더욱 불가사의하다는 생각만 확연해질 뿐이다.

불교에서 말하듯 일체는 중연이 화합하여 이루어진 것이다. 이 책 또한 무수한 인연에 의해 가능할 수 있었다. 학문 길에서, 또 인생길에서 만난 여러 스승들과 도반들에게 머리 숙여 감사의 마음을 전한다. 많은 이름들을 허공중에 실어 보내다가 문득 몇몇 이름을 불러본다. 『한국통사』로 세속의 한국을 내게 각인시켜 주신 선친 한우근 교수, 탈세속의 종교적 심성을 일깨워 주신 모친 김의신 님, 내게 철학이 세속일 수 있게끔 일상의 세속을 도맡아 주시는 시모 문정재 님 그리고 늘 가까이 있는 도반 팽철호 교수와 그 곁의 혜인과 정인, 그들이 있음으로써 내가 있음을 늘 감사히 생각한다.

2003년 봄날
신록의 푸르름에 취하여
한자경

목차

서평 1: 작은 주머니 속에 잘 정선된 불교철학

조성택(고려대학교 철학과 교수)[1]

작은 주머니에는 작은 양밖에 담을 수 없고 큰 주머니에는 좀 더 많이 담을 수 있다는 것은 상식일 것이다. 하지만 현실 경험에서 보면 이 상식은 항상 참은 아니다. 작은 주머니에 차곡차곡 잘 정리해서 넣는 것이 큰 주머니에 대충 집어넣는 경우보다 더 많이 들어간다. 더구나 담기는 내용물의 값어치를 가지고 볼 때 잘 정선된 작은 주머니가 손 닿는 대로 대충 집어넣은 큰 주머니보다 더 가치가 높은 경우가 많다.

한자경 교수의 『불교철학의 전개』는 총 250쪽의 아주 작은 주머니이다. 이 작은 주머니에 무엇을 얼마만큼 담을 수 있을까? 시기적으로 2,500년이 넘고(이 책에서 다루고 있는 석가에서부터 서산까지만 하더라도 거의 2,000년이 넘는다), 지리적으로는 적어도 서너 개의 다른 문명권을 거쳤고, 내용적으로도 철학, 심리학, 문학, 역사, 종교학 등 거의 모든 인문학적 접근과 논의가 가능한 불교학을 한 권의 책으로, 그것도 250쪽의 분량에 담는다는 것이 저자 자신의 고백처럼 애당초 무리한 일인지도 모른다. 그렇다 하더라도 한 권의 책에 담아야 할 '현실적' 이유는 있다. 저자 자신은 겸손하게(?) 그 현실적 이유를 "불교 전반을 한 학기 만에 포괄적으로 강의해야 하는 우리나라 대학교 철학과의 학사 형편 때문이"라고 하고 있다. 하지만 저자가 이 책을 기획하고 집필하는 세기는 "한 학기 강의 분"이라는 현실적 이유만은 아닌 것 같다. 저자 자신이 서문에서 밝히고 있듯이 '한국 철학사'를 위한 "한 작은 디딤돌"이 될 만한 한국 불교철학사를 염두에 두고 있는 것이다.

한 학기 만에 불교철학의 전반을 포괄해야 하는 현실적 이유로 작은 주머니를 선택할 수밖에 없고, 그러면서도 한국 불교의 의미 있는 특성을 밝혀내야 하는 한자경 교수의 작업은 그리 만만한 일이 아니다. 작은 주머니에는 담길 내용을 잘 정선해야 하

---

1   본 서평은 『서평문화』 제51집 (2003), 63–68쪽에 게재되었음.

고 차곡차곡 잘 넣어야 한다. 한 교수는 이런 어려운 작업을 잘 수행했다고 평가한다. 우선 그 내용의 구성을 보면 제1장의 「석가의 생애」와 제2장 「불교의 근본 교리」를 통해 불교의 발생에 관련한 사상사적 배경과 불교철학의 기본 특징을 아주 요령 있게 정리하고 있다. (사실 한 교수는 한국의 불교학자 가운데 말이 되게, 불교 초보자가 알아듣게끔 글을 쓰는 몇 안 되는 사람 중의 하나이다.) 그리고는 제3, 4, 5장에 걸쳐 저자의 본래 목적인 인도·중국·한국 불교의 철학적 특성을 드러내기 위한 작업을 한다. 제목에서 이미 3국의 불교적 특징에 대한 저자의 관점을 드러내고 있다. 즉 「인도의 이상주의—유(有)·공(空)·가(假)의 논리」, 「중국의 현실주의—중(中)의 논리」 그리고 「한국의 주체주의—일심(一心)의 논리」가 그것이다. 대개 학자들은 논란이 될 만한 시빗거리는 피하려 하기 때문에 책 제목은 물론 장(章), 절(節)의 제목 또한 중성적인 제목을 다는 것이 보통이다. 이 책의 경우 단지 각 장의 제목을 따로따로 볼 경우 시빗거리가 될 수도 있다. 각국 불교의 특징이 제목을 통해 드러나는 간결성의 장점만큼 지나친 단순화의 위험이 있기 때문이다. 하지만 한 교수는 이런 오해의 가능성을 개의치 않는 것 같다. 실제로 각 장을 면밀히 읽어보면 한 교수 또한 지나친 단순화에 대한 문제를 염두에 두고 있는 것은 분명하다. 그럼에도 불구하고 그런 제목을 유지하는 것은 각국 불교의 특징이 비교를 통해 잘 드러나기 때문일 것이다. 다시 말해서 혹자가 "인도 불교는 이상주의이다"라고 하면 그것은 문제가 있다. 하지만 "인도 불교는 중국 불교에 비해 이상주의적이며 중국 불교는 인도 불교에 비해 현실주의적이다"고 하면 의미 있는 발언이 되는 것이다. 이렇듯 한 교수는 '비교적 특성'을 드러내기 위해 그런 제목을 달고 있다고 본다. 이 모든 것은 궁극적으로는 한국 불교의 특성을 드러내기 위한 작업이라고 할 수 있다. 저자는 한국 불교의 철학적 특징을 일심(一心)으로 보고 그것을 한국의 "주체주의"라 명명한다. (그런데 이러한 명명은 다소 문제가 있다. 난 레드콤플렉스나 극우 반공주의자가 아니다. 그렇지만 이미 "주체 사상"이라고 하는 고유명사가 있기 때문에 개념상의 혼란을 피하기 위해서라도 다른 용어를 쓰는 것이 낫다고 생각한다. 더구나 영어로 번역할 경우 둘 다 Jucheism이 될 것이다.)

요컨대 한 교수는 250쪽의 작은 주머니에 잘 정선된 내용을 요령 있게 잘 담아내고 있으며, 따라서 이 책은 일단 한 교수의 현실적 이유와 "속 깊은" 뜻을 어느 정도 담는 데 어느 정도 성공을 거두었다고 본다. 더구나 국내에서 저술된 많은 불교학 개론서에도 불구하고 일관된 서술 체계와 내용을 갖춘 개론서가 부족한 한국의 현실을 감안할 때 어려운 작업을 행한 한 교수에게 진심으로 감사와 축하를 드린다. 하지만 몇 가지 아쉬운 점을 거론하여 한 교수의 다음 작업에 다소 보탬이 되었으면 한다.

우선 각 장의 구성을 보면 서두에 해당 역사를 소개하고 이어 철학을 소개하는 포맷으로 되어 있는데 철학적 설명이 잘 되어 있는 데 비해 역사적 설명은 부실하다. 물론 이 책이 불교사상사에 관한 역사서가 아니라는 것은 잘 알고 역사와 철학을 다 성공적으로 기술한다는 것 자체가 무리한 요구일지도 모른다. 그 점을 감안하더라도 역사 서술 부분이 내용적으로 빈약할 뿐 아니라 뒤에 서술되는 철학 부분과 연계성이 전혀 없다. 또한 최근—특히 서양의—불교 학계가 두드러진 발전을 이룩한 분야가 바로 불교사 부분인데, 이런 최근의 성과가 전혀 반영되어 있지 못하다는 점은 참으로 아쉽다. 또한 이 책이 학부생의 교재로 쓰여졌다면 각 장별로 참고 도서와 연구 논문을 제공했더라면 어떨까 하는 생각을 한다.

끝으로 언급하고 싶은 것은 한 교수가 문제 삼고 있는 "한국적"이란 것의 문제이다. 한국적이란 것의 문제는 좀 더 신중한 접근을 필요로 한다고 생각한다. 우선 "한국적 특징이 무엇인가"라는 질문 자체가 "현대적 질문"이라고 생각한다. 왜냐하면 "한국적이란 무엇인가"하는 질문은 곧 다른 무엇과 구별되는 "차이"를 묻는 질문이기 때문이다. (불가피하게 우리는 중국과 구별되는 어떤 것을 한국적 특징이라고 하는 경우가 많다). 원효와 법장의 차이를 곧 한국 불교와 중국 불교의 차이로 이해하고 그 차이를 한국 불교의 철학적 특징으로 결론 내리는 것은 비약이 아닐 수 없다. 또한 원효로부터 지눌을 거쳐 서산에 이르는 일관된 문제의식을 찾는 것은 역사적 근거는 물론 철학적 근거 또한 가공(架空)의 재구성이라고 본다. 원효와 지눌의 문제의식이 다름은 물론 지눌과 같은 선불교 전통에 속하는 서산의 저서에서도 지눌을 언급한다든가 그 철학을 계승하고자 하는 어떠한 의식적 무의식적 노력이나 흔적을 찾아볼 수 없음은 물론이다. 시대별로 동시대의 한국 불교계와 중국 불교계가 어떤 다른 문제의식이 있었는가 하는 문제를 짚어보는 것은 의미 있는 중요한 작업이 되겠지만, 한국 불교 전반을 면면히 흐르는 어떤 일관된 철학적 특징을 짚어 내려는 것은 가능하지 않다고 본다.

박종홍 이래 많은 한국의 철학자들이, 특히 동양 사상을 연구하는 학자들이 한국적 특색을 찾는 것을 연구의 주요한 목적으로 삼고 있는데 이는 잘못된 태도이다. 지역적 특색, 즉 한국 철학의 특색, 중국 철학의 특색, 일본 철학의 특색과 같은 국가 단위의 지역 개념은 실상 근대 이후의 개념이다. 정치적 의미의 지역 혹은 국가 개념은 전쟁의 역사와 더불어 오랜 개념이지만 문화적 단위로서의 국가 개념은 지극히 최근의 관심사이다. 원효가 한국 불교 사상을 대표하는 것으로 전제하고 원효를 통해 한국 불교를 연구하려 하지만 정작 원효 자신의 관심은 한국 불교에 한정되는 것이 아니라 인도 및 동아시아의 범불교권에서의 사상적 담론에 동참하는 데 있었다고 보는 것이 역사적 사실에 더 가까울 것이다. 혹자는 언어와 철학적 특색의 긴밀한 관련을 이야기함으로써 한국의 독자적 사상이 있을 수밖에 없다고 주장한다. 그러나 전통 철학의 경우 한문이라고 하는 공통된 지적 매개 언어가 있었기 때문에 박종홍 등이 전제하듯 언어의 상이함이 한국적 사상의 특색을 보장해 주고 있다기보다는 오히려 동아시아를 하나의 담론 공동체로 묶어주는 역할을 하고 있다.

서평 2: '한 권으로 쓴' 불교철학, 한자경 저, 『불교철학의 전개』

고영섭(동국대학교 불교학과 교수)[2]

1. 바야흐로 이제 우리 학문도 수입학을 넘어 창조학으로 진입하고 있다. 지난 반(半) 세기 이래 우리 학문은 서양학을 수입하기에 급급했고 아직도 몇몇 분야에서는 열심히 수입 중이다. 수입도 수입 나름이기는 한데 이왕 수입을 하려면 제대로 된 상품을 수입해야만 한다. 그래야만 자생력을 담보하는 학문의 터전을 닦을 수 있게 된다. 하지만 그 학문의 터전이 척박하면 할수록 생산에는 크게 귀 기울이지 않는 것이 우리 학계의 풍토다. 아직 때가 이르다고 자기를 합리화하고 손 놓고 앉아 있을 수만은 없다. 잘못된 합리화는 여전히 바깥 사람들의 상품만 팔아주게 될 것이기 때문이다.

이제 우리도 서툰 도구나마 기름칠해 가며 경쟁력 있는 우리의 상품을 생산해 내야만 한다. 수입에만 의존하려고 하다가는 언젠가는 정체성을 잃고 수입학에 종속되기 마련이다. 때문에 수입은 우리의 상품을 팔기 위한 방편일 수밖에 없는 것이다. 우리에게 내다 팔 상품이 없다면 일생 내내 우리는 수입과 소비만 반복하게 될 것이다. 그러므로 일정한 수입이 판매를 위한 미덕으로만 치부되는 우리의 현실이 우리로 하여금 여전히 학문의 수입국으로 머물게 하고 있지나 않은지 반성해 볼 일이다. 이 땅에서 제조된 제대로 된 물품이 있어야만 판매도 가능하기 때문이다.

인문학의 정수인 불(교)학은 일찍이 그 학문적 범주의 광대함으로 인해 지난 세기 이래 오랫동안 접근이 금지된 구역처럼 인식되어 왔다. 이 분야는 전통학을 나름대로 고수해 온 소수 학자들을 제외하고는 쉽게 다가서기 어려운 고전학으로 치부되어 왔다. 하지만 영국의 인도 식민 통치 이래 서구에 인도학 내지 동양학이 소개됨으로써 불교학은 새로운 학문으로 주목받기 시작했다. 그 결과 지난 이삼백 년 동안 서양의 불교연구 성과는 괄목할 만한 성과를 내고 있다. 그럼에도 불구하고 아직 국내 불교학

---

2 본 서평은 『한국문화연구』 제6호(이화여자대학교 한국문화연구원, 2004), 253-261쪽에 게재되었음.

계는 생산력의 제고는 뒷전에 밀쳐두고 여전히 이들을 수입하는 중개상 내지 소비자에 머물고 있다.

이런 와중에서나마 최근 젊은 소장 및 중견 불교학자들이 수입학을 넘어 창조학의 터전을 조금씩이나마 닦아가고 있다. 무슨 접근금지 학문처럼 오해되어 온 불교학이 이제사 제대로 평가되고 연구되는 현실은 매우 고무적인 일이다. 하지만 오늘 이 시점에서 보더라도 불교를 이해시키기 위한 개론서 내지 통사류가 우리 사회에는 너무나도 부족하다. 이는 불교계나 우리나라 대학들이 대학이라는 울타리를 넘어 대중들과 소통할 수 있는 젊은 필자들의 양산을 방기한 결과라 여겨진다.

이런 시점에서 '삶에 대한 투명한 통찰과 깨달음을 얻는 것'을 철학함의 궁극적 목적으로 삼고 있는 한자경 교수의 『불교철학의 전개』의 간행은 뜻깊은 일이라 할 수 있다.

2. 서양철학과 불교철학을 동시에 섭렵한 저자는 최근 동서 비교철학의 차원에서 의미 있는 시도를 펼치고 있다. 근래에 간행한 저자의 『칸트와 초월철학』, 『자아의 연구』, 『자아의 탐색』, 『유식무경』, 『동서양의 인간 이해』, 『일심의 철학』 등은 수입학에서 창조학으로 넘어가는 과정에서 생산된 저작들로 보여진다. 창조학의 궁극적 지향은 타자에의 섭렵과 소화를 넘어 자기 생산력으로 나아가는 것이라 할 수 있다. 이러한 과정은 모든 학자들이 공통적으로 경험해 가는 길이다. 저자가 '책머리에'서 밝히고 있듯이 이 저작의 간행 역시 『한국철학사』를 쓰기 위한 과정에서 이루어진 것이라면 더욱더 값진 일로 생각된다.

『불교철학의 전개』는 불교학을 전공하는 사람들의 고민의 연속에서 나온 산물이다. 인도와 티베트, 중국과 한국, 일본과 베트남, 동남아 일대의 불교를 '한 권의 책'으로 담아낸다는 것은 불교역사나 불교철학 전공자 모두가 부딪히는 지난한 과제이다. 이미 평준화된 우리나라 대학 현실은 전문학보다는 교양학 일변도로 나아가고 있는 느낌이다. 우리 역사와 철학과 문화에 대한 이해가 '거의'(?) 없는 요즈음의 우리나라 대학생들에게 교양교육 속에서나마 이들을 전달하기 위해서는 교양 교재가 아직도 턱없이 부족하다.

때문에 불교철학이나 불교역사를 전공하는 학자들이 교양과목에서 대학생들을 만나 가르칠 때마다 매학기 어려움을 겪는다. 더욱이 수업 교재조차 거의 사지 않는 우리나라 대학생들에게 불교책을 읽히게 하기 위해서는 '한 권으로 된' 불교역사 내지 불교철학 책이 필수적이다. '한 권'이 주는 의미는 '단일함' 내지 '통일성'이다. 깊은 통찰 속에서 이루어질 수 있는 '한 권'의 의미는 광범위한 불교 역사와 철학을 전제할 때 상당한 내공을 요구한다. 최근 우리나라 출판계들은 이것도 모자라 '한 권'이 아니라 '하룻밤에 읽는' 내지 '30분에 읽는'이라는 수식어를 붙이고 불교 내지 역사 등등을 독파해 내겠다는 자만(?)을 보이고 있지만 말이다.

　한 권에는 두꺼운 책도 있고 가벼운 책도 있을 수 있다. 저자는 짧은 지면(246면)으로 된 한 권 속에 불교철학을 담아내려고 노력하였다. 새롭게 쓰는 것도 어렵지만 요령 있게 정리하는 것은 더 어려운 일일지도 모른다. "불교의 핵심을 가능한 한 놓치지 않고 담아보고자 노력하면서 작성했던 강의 원고"이기에 저자에게 '한 권의 책'은 단지 한 권으로 머물지 않을 수 있다. 광대한 불교의 바다에서 이만큼 한 권으로 그 벼리를 뽑아낸다는 것은 결코 쉬운 일이 아니기 때문이다. 그것도 주마간산 격이 아니라 보다 본질에 다가가려 했다면 말이다.

　"불교 전반을 한 학기 만에 포괄적으로 강의해야 하는 우리나라 대학교 철학과의 학사형편"을 고려할 때 어쩔 수 없는 일이기는 해도 이런 노력조차 거의 기울이지 않은 우리 불교학계의 현실에서 볼 때 단비가 내린 것이라는 느낌을 금할 수 없다. "삼국시대 이래로 우리 역사와 문화 그리고 정신 속에 녹아 있는 불교에 대해서는 단 한 강좌로 끝내야 하는 것이 우리 철학교육의 실태"임을 감안하면 이와 같은 저술의 출현과 다양한 강좌의 설강은 무엇보다도 우리 대학에서 급선무가 되어야 할 것이다.

3. 저자는 이 책을 석가의 생애, 불교의 근본교리에 이어 인도의 이상주의, 중국의 현실주의, 한국의 주체주의의 5장으로 나누고 있다. 그리고 3-5장의 각 서두에는 해당 나라의 간추린 불교사를 실은 뒤 주요 사상가들이 철학을 해명해 가고 있다. 한 권으로 담아내기 위한 이러한 장 구분은 가장 일반적인 것이면서도 보편적인 분류일 수밖에 없다.

　먼저 불교의 교조에 대한 이해 위에서 근본교리를 더듬어 나간 뒤, 인도와 중국과 한국을 살피는 순서는 일반적이면서도 근본적인 것일 수 있다. 오온과 무아의 기호로 자아론을 논증하고, 실체론과 연기론을 대비하면서 연기의 원리를 해명하거나, 오온의 윤회와 12처 18계의 형성을 통해 현상론을, 깨달음과 해탈 및 사념처관의 수행으로 수행론을, 소승과 대승 및 타력신앙 대상의 불보살로 대중교화론을 서술하고 있다. 이러한 기술은 근본교리를 기술하는 방법으로서는 적절한 시도라 할 수 있다.

다만 제2장에서 저자의 관심에 따라 자아 내지 무아 문제에만 초점이 맞춰진 것이 아쉽다. "무아의 자각으로부터 공과 일심을 깨달아 해탈에 이르고자 함을 불교의 핵심으로 보았"(8면)기에 이렇게 기술해 간 것으로 이해는 된다. 하지만 업설 내지 윤회 문제도 주요한 논제인데 부분적으로 언급은 하고 있지만 이 주제에 대한 본격적인 논의는 비교적 비껴나간 느낌이다.

이 책의 두드러진 측면은 인도를 '이상주의'로, 중국을 '현실주의'로, 한국을 '주체주의'로 분류한 3-5장이 될 것이다. 그것도 '유(有)·공(空)·가(假)의 논리'로 이상주의를, '중(中)의 논리'로 현실주의를, '일심(一心)의 논리'로 주체주의를 표현하고 있다는 점은 종래의 기술에서는 보기 어려운 시도라 할 수 있다. 각 나라의 불교사상에 대해 이러한 개념화의 시도는 이 책의 장점이 된다.

같은 동양문화권이면서 동시에 같은 불교문화권을 공유하는 세 나라의 보편성과 특수성 내지 연속성과 불연속성을 밝히려는 노력은 역사나 철학 전공자들에게도 공통된 관심사가 된다. 때문에 국제화 내지 세계화 시대가 될수록 더욱더 주목받게 되는 것은 "인도와 중국과 일본과 다른 한국 사상 내지 불교의 특성은 무엇인가"라는 질문이다. 이것은 인간과 세계 내지 앎과 삶에 대한 근원적 통찰을 벼리로 삼는 철학의 근본적인 물음이기도 하다.

인간이면 누구나 삼시 세끼 식사하고, 이것저것 배우고 일하며, 누군가를 사랑하고 미워하고, 병이 들기도 하고 그러다가 결국 늙어 죽는 그런 인생길을 가기에 존재와 삶의 의미에 대해 인간이 던지는 철학적 물음 그리고 그 답을 제시하는 근원적 통찰에 있어 보편적 진리는 분명 있을 것이다. 그러나 그 진리에 이르는 철학적 사유의 길에는 문화마다 차이가 있을 수 있지 않을까? 우리 역사와 문화가 다른 나라의 역사나 문화와 다르다면, 언어가 다르고, 음악과 미술, 건축양식, 생활방식, 감정표현이 다르다면, 분명 철학적 사유에 있어서도 무언가 차이점이 있지 않겠는가? 자신과 세계를 이해하고 문제 삼는 그 시각과 의식의 층위가 분명 다를 것이다. 나는 그걸 포착해 보고 싶었다. 이 책은 이런 의도에서 내 나름대로 불교를 이해하고 정리해본 결과이다. 인도불교이든 중국불교이든 한국불교이든 모두 불교이므로 그 사상적 핵심에 있어서야 마찬가지이겠지만, 그래도 각각의 문화와 역사가 서로 다르니 그 핵심의 전개에 있어서는 무언가 차이점이 있지 않을까, 그것을 찾아내고 싶었던 것이다(7-8면).

저자는 이들 나라들의 '시각과 의식의 층위'의 차이를 밝히기 위해 나름대로 노력한 결과 '이상'과 '현실'과 '주체'라는 개념을 이끌어 냈다. 이는 각각의 문화와 역사 속에서도 "그 핵심의 전개에 있어서의 차이점을 찾아내"려는 노력의 소산으로 보인다. 그것이 옳은가 그른가는 거기에 걸맞는 논리적 해명이 진행되어야만 판단할 수 있을 것이다. 하지만 이 저작에서는 그러한 해명을 찾아볼 수 없다.

저자는 '유·공·가'의 논리로 인도불교를 이상주의라 개념화하고 있다. 그런데 이들 개념은 부파불교(有)와 중관철학(空)과 유식철학(假)의 기호에 지나지 않는다. 평자 역시 이들 기호로 이상주의의 개념화를 시도할 수 있다고 생각한다. 문제는 가장 보편적인 기호로서 해당 불교를 설명하려는 레토릭상에서는 충분히 공감할 수 있지만, 어떤 점에서 이상주의라 할 수 있는가에 대한 논리적 기술은 생략되어 있다는 것이다. '이상'이 중국불교와의 변별을 위한 표현일 수도 있지만, 그것을 넘어 이상주의라 규정하는 근거를 구체적으로 부가했으면 더욱 적절했을 것이라 평자는 생각한다.

중국불교를 현실주의라 할 때 실재론적 사유가 강한 중국철학의 지평에서 볼 때 적절한 표현이라 평자도 생각한다. 하지만 그것이 '중의 논리' 속에서 어떻게 현실주의로 설명될 수 있는지를 저자는 기술하지 않고 있다. 물론 이 저술이 '한 권으로 쓰고', '강의 교재'로 쓰기 위해서 시간적 제약이 있었다고는 이해되지만 "누구나 알아볼 수 있도록 목차에서부터 명시해 보고자 하였"더라도 이 책의 차례에 '중의 논리'를 붙였다면 거기에 대한 근거를 해명했어야 한다. 그렇지 않을 때 이러한 개념들은 다분히 인상적으로 붙여졌다는 비판을 면하기 어렵다.

한국불교를 주체주의라 할 때 그 근거를 '일심의 논리'로 삼은 것은 적절한 것인지 의문이 든다. 모든 것의 근거인 일심을 논리로 파악하기는 어렵기 때문이다. 화쟁과 회통을 통해 일심을 구현하고 무애를 실천하는 메타이기는 해도 일심이 논리로 표현한 것은 지나치게 원효 철학을 의식한 것으로 보인다. 오히려 원효의 용어를 빌려 '화회의 논리'로 붙였다면 더 적절했을 것이다.

한국 불교가 보이는 한국적 특성이 과연 있을까, 있다면 무엇일까? 내가 포착할 수 있는 최소한의 것이나마 개념화해 보고자 노력하였으며, 개념화한 것은 누구나 알아볼 수 있도록 목차에서부터 명시해 보고자 하였다. 그러한 개념화가 과연 정확한 것인지, 너무 일반적인 규정은 아닌지, 혹은 너무 편파적인 단정은 아닌지, 다른 학자들이 어떻게 평가할지 사뭇 긴장된다(8면).

한국 불교에 대한 저자의 이러한 반문은 개념화에 대한 어려움을 잘 보여주고 있다. 개념화는 해당 사유에 대한 깊은 통찰 속에서 가능하기 때문이다. 하지만 여기서 개념화의 시도가 문제가 되는 것은 아니다. 중요한 것은 그 개념화가 해당 나라의 불교를 적절히 지적해 내고 있는가에 있다. 그리고 그 개념화에 걸맞게 논리적 해명이 부가되어 있느냐 하는 것이다.

한국의 경우 '일심의 논리'를 근거로 주체주의를 드러내고자 했다면 그 논리를 원용하여 주체주의를 해명하는 근거를 서술해야만 했다. "무아의 자각으로부터 공과 일심을 깨달아 해탈에 이르고자 함을 불교의 핵심으로" 본 저자였기에 "인도에서 중국을 거쳐 한국에 이르러 그러한 불교의 주체주의적 정신이 가장 잘 표현되었다"고 본 근거를 원효의 일심, 지눌의 진심, 서산의 일심에서처럼 분절적으로 그릴 것이 아니라 독립된 절 속에서 유기적으로 논증해 가야만 했다. 이러한 점에서 몇 가지 아쉬움이 남는다.

각 장을 5절로 구성하여 1절을 간추린 불교사로 안배한 뒤에, 그 간추린 불교사 내에서나마 '이상', '현실', '주체' 등의 개념에 대한 설명이 이루어지든지 아니면 별도의 절(6절)을 따로 설정하여 해명하였더라면 이 시도의 의미는 배가되었을 것이다. 또 삼국의 간추린 불교사를 일정한 원고지면 내에서 써야 하는 제약이 있었겠지만 몇몇 절목에서는 지나치게 소략하여 매우 아쉽다. 강의 원고를 그대로 편입시킨 것으로 보이지만 좀 더 일목요연하게 간추릴 필요가 있다.

철학과 대학생들을 위한 교재 간행이 주목적이었기에 아무래도 역사에 대한 터치를 소홀히 할 수밖에 없었을 것이다. 하지만 초심자들은 오히려 역사를 통해 철학으로 넘어간다는 생각을 해본다면, 그리고 불교 역사 역시도 '한 권으로' 편입된 이상 요령 있는 정리가 요청된다. 이 저작이 철학도를 위한 강의 '교재'를 넘어서서 일반 대중에게까지 읽혀지는 '저작'이기를 저자도 바라고 있다고 평자는 생각한다. 그런 점에서 소략한 불교사의 정리는 좀 더 보충될 필요가 있었다고 여겨진다.

4. 위와 같은 몇 가지 지적에도 불구하고 이 책은 불교철학을 저자 나름대로 '한 권으로' 요령 있게 정리하고 있다. 한 권의 의미는 결코 가볍지 않다. 260자의 『반야심경』이 반야 육백부의 무진장을 온전히 담고 있으며, 의상대사의 210자 『법성게』가 육십 『화엄경』을 다 담아내고 있으니 말이다. 또 세친의 『유식이십송』과 『유식삼십송』이 인

도 후기 유식을 집대성하고 있으며, 그의『아비달마구사론』(30권)은 200권의『대비사론』을 요령 있게 정리한 명저이다.

　한 권은 한 손에 들고 다니기 편할 뿐만 아니라 '단일함'과 '통일성'을 지닌다는 장점이 있다. 팔만 사천 법문을 마음 '심'(心) 자 하나로 요약해 내는 것이 불교이면서 동시에 '공'(空) 자 하나로 석존의 일문(空門)을 드러낼 수 있는 것처럼 말이다. 펼침(開)과 합침(合)이 자유자재한 불법임을 생각해 볼 때 저자의 이와 같은 개념화 시도는 많은 학자들에 의해서도 끊임없이 이어져야 한다고 본다. 종래 이러한 시도는 선학들에게서도 몇 차례 있었다. 조명기의『신라불교의 이념과 역사』, 박종홍의『한국사상사』(불교편), 김석의『화엄학개론』, 김동화의『불교학개론』등이 한 권으로 된 불교책에 값하는 것이라고 할 수 있을 것이다.

　저자의 이 책은 선학들의 시도를 숙지하고 있으면서도 한 걸음 더 나아가려 한 것으로 보인다. 서양철학적 용어로 철학의 저변을 탐색한 뒤 다시 불교철학의 용어로 동양철학의 숲 속을 헤쳐 가는 저자에게 이 저술은 하나의 시금석이 될 것으로 보인다. 저자 스스로도 흡족하게 느낄 '한 권으로 쓴 불교철학' 책을 평자는 기대한다.

발행 연도: 2006년
펴낸곳: 이화여자대학교출판부
268 페이지
대한민국학술원 우수학술도서
제2회 청송학술상, 2008.

지은이의 말

우리가 살고 있는 이 현상세계는 그 어느 것도 자립적이고 고립적인 실체로서 존재하지 않는다. 일체는 모두 자기 아닌 것들, 타자와의 관계 속에서 자기 자신으로 피어나는 상대적인 것들이다. 대지의 물, 별의 공기, 우주의 햇빛으로 피어난 한 송이 장미가 그렇고, 그 장미를 사랑한 어린 왕자가 그렇다. 확고한 자기 경계를 가진 고체로 여겨지는 것들도 실상은 경계막에 뚫려 있는 무수한 구멍 사이로 그 안팎이 서로 교체되는 유동체일 뿐이다. 빈 구멍을 통해 바깥의 것이 안으로 스며들고 침투하여 안을 형성하면 개체로 살아가지만, 안으로 흘러든 모든 것이 다시 다 밖으로 빠져나가면 개체를 형성하던 막조차도 구멍 사이로 사라지고 만다.

그 빈자리에 다시 바람이 불고 새가 울면 새소리를 듣고자 안팎의 구별과 경계가 형성되지만, 그 경계는 주변을 진동시키며 춤추는 파도처럼 일시적으로 형성되는 가상일뿐이다. 어느 경계도, 어느 형태도 고정적으로 머무르지 않고, 일체는 흐르고 유동하며 생겨났다 스러진다. 모인 것은 흩어지고 밝은 것은 어두워지며, 강한 것은 약해지고 생성된 것은 소멸한다. 그리고 다시 흩어진 것은 모여들고 어둡던 것은 밝아지며, 약한 것은 강해지고 스러진 것은 일어난다. 이렇게 일체는 변화하고 소멸한다. 모든 것은 상대적이다.

그래서 우리는 '모든 것은 변한다', '모든 것은 상대적이다'라고 말한다. 이 말로써 우리가 깨달은 진리, 만물의 실상, 존재의 비밀을 전할 수 있다고 생각한다. 그런데 막상 그 진리 한가운데에 자기 부정이 숨어 있다는 사실, 그 확실한 진리의 토대가 지진처럼 흔들리고 갈라져 허공 속에 흡수된다는 사실, 그 사실을 직시하지는 못한다. 아니, 직시하고 싶어 하지 아니한다. 허공 속에 끌려 들어가는 것이 바로 나 자신이기 때문이다.

이 진리의 자기 부정을 세련된 형식으로 표현한 것이 바로 '거짓말쟁이 역설'이다. '나는 거짓말쟁이다'라는 명제는 이 말이 참이면, 나는 거짓말쟁이이며 따라서 내가 한

이 말도 또한 거짓이어야 한다. 즉 참일 경우 거짓이 된다. 반대로 이 말이 거짓이라면, 나는 거짓말쟁이가 아니므로 나는 참말을 하는 사람이고, 따라서 내가 한 이 말도 참이어야 한다. 즉 거짓일 경우 참이 된다. '모든 것은 상대적이다'라는 명제는 그 말이 절대적이라면, 그렇게 절대적 진리가 있으니, 모든 것이 상대적이라는 그 말 자체가 부정되며, 그 말이 상대적이라면, 절대적인 것이 있을 수 있으니, 다시 모든 것이 상대적이라는 말이 부정된다. 그러니 어떻게 '모든 것은 상대적이다'를 말할 수 있겠는가?

'거짓말쟁이 역설'은 차원의 구분을 통해 해결된다. 그 명제가 표현하고 있는 차원과 그 명제를 발화하는 차원을 둘로 구분하는 것이다. 그 명제에 따르면 나는 거짓말쟁이이지만, 그 명제를 발화하는 나는 거짓말쟁이로서의 내가 아니라 내가 거짓말쟁이라는 것을 아는 나이다. 그 명제가 말하는 나(me)와 그 명제를 말하는 나(I)는 구분된다. 내가 거짓말쟁이라는 것을 아는 순간, 그 나는 거짓말쟁이가 아닌 것이다. 마찬가지로 '모든 것은 상대적이다'라고 말할 때, 그 말은 그 상대적인 것 속에 다시 포함되지 않는 절대의 시점에서 말해지고 있다. 상대의 인식 안에 감추어져 있는 이 절대의 시점, 상대의 말 속에 숨어 있는 이 '말할 수 없는 것', 이것이 철학의 알파요 오메가이다.

그런데 문제는 나의 앎이나 명제가 그 앎을 성립시키는 시점 자체를 포착하지 못한다는 것이다. 그것은 마치 내가 빛을 통해 색을 보되 드러난 색만 볼 뿐 색을 성립시키는 빛 자체는 보지 못하는 것과 같다. 색 주위를 맴도는 빛, 색을 일으키는 빛을 어떻게 볼 수 있겠는가? 내가 어떻게 나 자신의 눈을 볼 수 있겠는가? 상대적 세계를 바라보는 '세계를 보는 눈', 상대의 인식을 가능하게 하는 절대의 시점, 그것을 내가 어떻게 포착할 수 있겠으며, 말로 표현할 수 있겠는가? 그러나 언표되지 않은 것은 존재하지 않는 것, 침묵, 망각 그리고 죽음이 아닌가?

그래서 우리는 '모든 것은 상대적이다'라고 말하면서 그 상대적인 것 위에 실려 춤추고자 할 뿐, 그 인식의 근원, 절대의 시점으로 나아가려 하지 않는다. 그러나 그것은 실은 상대를 상대로 아는 절대의 시점, 세계를 보는 눈이 결국 상대의 부정이고 일탈이며 죽음이라는 것을 예감하기 때문이다. 우리는 우리 자신의 눈이 무엇을 의미하는지를 예감하기 때문에, 그 공성(空性)을 직감하기 때문에, 그 허공 속으로 빨려 들어가기를 원치 않는 것이다. 그래서 우리는 색의 차이에 감탄하고 경계의 미끄러짐에 환호하면서 상대의 세계 속에 둥지를 틀려 한다.

그래서 우리는 오래도록 절대의 시점을 오히려 타자화하고 객관화해 왔다. 절대를 신(神)으로 간주하며 신학에 몸을 기대거나, 절대를 물질로 간주하며 과학에 몸을 맡긴다. 그러나 이렇게 상대의 기반으로 객관화된 절대는 절대화된 상대일 뿐, 진정한 절대가 아니다. 이제 우리는 신도 물질도 모두 사유된 객관이고 사유된 타자, 절대화된 상대일 뿐임을 안다. 그것들은 '모든 것은 상대적이다'라는 인식 속으로 빨려 들어가고 있는 마지막 대상들이다. 그리고 지금 남아 있는 것은 '모든 것은 상대적이다'라는 말뿐이다. 이제 우리는 다시 절대를 말과 언어로 객관화하면서 그 언어의 권력으로 상대세계의 기틀을 짜려 한다.

나는 이 시점에서 불교를 떠올린다. 모든 것이 상대적이라는 것은 모든 것이 연기(緣起)의 산물이라는 것이다. 그 자체 자립적 실체로 간주될 만한 것은 아무것도 없다. 나도 우주 만물도 모두 중연이 화합하여 인연 따라 형성되었다가 인연이 다하면 흩어질 연기소생이다. 인연 따라 형성된 색수상행식 오온의 중생이 이 생에서 업을 지으며 한평생 살다 가면, 그 업력이 또 다른 인연이 되어 그다음의 오온을 형성하고, 그 오온의 중생이 또 업을 짓고 살다 가면, 그 남겨진 업력이 또 그다음의 오온을 형성하고…. 이렇게 이 세상은 돌고 도는 연기의 세계, 윤회의 세계이다. 그래서 불교는 '일체는 무상하다', '일체는 고(苦)다', '일체는 공(空)이다'라고 말한다.

그런데 불교는 일체가 상대적임을 인식할 때 그 인식의 시점이 절대의 시점이라는 것, 그리고 그 절대가 바로 공(空)이라는 것을 안다. 공은 신이나 물질로 또는 관념이나 언어로 실체화되거나 객관화될 수 있는 것이 아니다. 현상세계, 만물의 경계 그리고 선과 악, 유와 무, 음과 양 등 모든 이원화의 경계를 흔들고 녹여 사라지게 만드는 절대의 시점, 그것이 바로 공이다.

그리고 불교는 이 절대의 시점인 공이 바로 각자의 마음이고 그 각자의 마음이 바로 공이라는 것을 안다. 그래서 그 마음을 하나의 마음, 일심(一心)이라고 말한다. 물론 내 마음이 바로 공이고 절대라는 것을 깨닫는 길은 마음이 실제로 공이 되는 길, 마음이 절대의 시점에서 깨어나는 길밖에 없다. 그래서 불교의 존재론은 곧 수행론이다. 마음이 공이 되자면, 마음이 포착하는 이 세상 모든 것이 상대적이며 인연 화합의 산물이라는 것, 무자성이며 비실유의 가(假)라는 것을 깨닫는 순간, 그 깨달음의 내용에 도취해 있지 말고 거기에서 깨어나야 한다. 그것이 '이 뭐꼬'의 화두가 풀리는 순간이고, 깨달음의 내용인 팔만대장경의 법문이 염화미소 속에 녹아 버리는 순간이다. 색이 사라지고, 상이 사라진 허공에서 마음이 마음을 보고, 눈이 눈을 보는 순간이다.

나는 이런 절대의 순간에 있어서만 '모든 것이 상대적이다'라는 인식도 그 진리성을 얻을 수 있다고 생각한다. 절대의 눈을 망각한 채 상대만을 말하는 것은 어불성설이다. 마음을 절대의 공으로 자각하지 않는 한, 일체가 무상이고 고이며 공이라는 인식, 아공 법공의 깨달음이 어찌 가능하겠는가? 세계를 보는 절대의 시점, 그것을 공의 마음으로 자각함이 없이 어찌 세계의 상대성을 감지할 수 있겠는가?

그래서 무아와 연기를 통해 현상세계의 상대성을 논하면서도 나는 처음부터 끝까지 그러한 현실 인식의 바탕인 공과 일심을 놓지 않았다. 아니 오히려 보여진 세계의 상대성의 논의는 궁극적으로 보는 눈의 자각을 위한 것임을, 불교의 모든 논의는 결국 마음의 공성(空性)에 대한 절대적 깨달음, 절대적 자유, 해탈을 위한 도정임을 기억하고 있었다. 여기서 보는 눈의 자각인 공과 일심의 자각은 허령불매(虛靈不昧)의 공적영지(空寂靈知)이며, 이는 보여진 세계 속에서 인연 따라 일어나는 자아의식과 구분된다. 마음이 공으로 되는 순간은 자아가 무아라는 것을 깨닫는 바로 그 순간이기 때문이다. 이 역설을 해명하고자 얽힌 생각들을 한 권의 책으로 풀어보았다.

내가 가장 경계하고 싶었던 것은 '공도 공이다[空空]'를 절대의 부정으로 간주하여 불교를 상대주의로 읽는 것이다. 세계를 보는 눈이라는 절대의 시점을 잃어버리면, 보여진 세계가 실유(實有)가 되며, 상대의 세계가 절대화된다. 우리는 다시 상(相)에 매달려 상대의 세계를 떠돌게 된다. '모든 절대는 권력이다'를 외치는 포스트 구조주의의 공포는 실은 상대적 현상세계를 무화시키는 공에 대한 공포, 죽음에 대한 공포이다. 그래서 우리는 절대를 신이나 물질, 관념이나 언어로 객관화하여 그 객관화된 권력에 복종해 온 것이다. 모든 권력 뒤의 그 절대의 공을 우리 자신의 마음의 공으로 자각하지 않는다면, 우리는 끊임없이 객관화된 권력에 휘둘리고 말 것이다.

왜 우리는 상대와 차이에 머무르지 못하고 절대에로 나아가는 것일까? 그것은 인간이 운명적으로 형이상학적 존재이기 때문이다. 형이하의 세계 속에 살면서도 죽음을 의식하고 공을 의식하는 것은 우리가 본래 보여진 세계에 속한 자가 아니라 세계를 보는 눈이기 때문이다. 그래서 우리는 끊임없이 보여진 세계의 상대성을 말하지만, 그 말이 참이 될 수 있는 것은 말하는 자가 그 말 밖에 있기 때문이다.

그러니 공을 깨달아 공이 된 마음에게는 석가의 팔만 법문이 모두 뗏목처럼 떠내려가 버릴 방편 교설에 지나지 않는다. 하물며 업으로 묶여 있는 일개 범부의 허망분별이야 더 말할 나위가 있겠는가? 허공 속 이심전심의 미소를 그리워할 뿐, 그 짧은 한순간을 위해 너무 긴 글로 아까운 나무들만 죽게 한 것이 아닌지 모르겠다.

2006년 봄
창 밖 나무를 바라보며
한자경

목차

  1. 표층식과 심층식의 구분 ⋯ 199

  2. 아뢰야식의 인연변(因緣變): 견분과 상분 ⋯ 203

  3. 말나식과 의식의 분별변(分別變): 아집과 법집 ⋯ 210

3장 식의 삼성 ⋯ 214

  1. 의타기성과 변계소집성 ⋯ 214

  2. 의타기성과 원성실성 ⋯ 217

5부 무아론에 담긴 불교 존재론 ⋯ 221

1장 현상세계 존재론: 5온 12처 18계 ⋯ 231

2장 윤회의 길과 해탈의 길

  1. 욕망과 윤회의 길 ⋯ 231

    경계에 매인 식(識) ⋯ 231

    욕계에서의 육도 윤회 ⋯ 236

  2. 선정과 해탈의 길 ⋯ 243

    매임을 떠난 식(識) ⋯ 243

    색계와 무색계로의 이행 ⋯ 246

3장 연기와 무아 ⋯ 252

  1. 연기의 역설 구조: 유전문과 환멸문 ⋯ 252

    연기의 자기지시적 구조 ⋯ 252

    무자성의 가(假)와 비실유의 가(假) ⋯ 256

  2. 무아의 역설 구조: 무아와 진여 ⋯ 259

    꿈꾸어진 나와 꿈꾸는 나 ⋯ 259

    꿈꾸는 나와 꿈 깨는 진여 ⋯ 262

    방편설로서의 무아설 ⋯ 264

서평: '상대의 세계'에서 '절대의 마음'으로 나아가는 위대한 여정

전준모(동국대학교 불교학 박사, 제물포한의원 원장)

1. 들어가며

'무아(無我)'란 단어는 불자가 아닌 사람들도 들어봤을 법한 불교의 대표적인 상징어이다. 그런데 '무아'의 경지를 체득하는 것은 차치하고서라도, 도대체 '무아'가 무엇을 의미하는지 언어로 표현하는 것조차 쉽지 않은 일이다. "불교에서는 무아를 주장한다"라고 말하는 사람에게 "그 말을 하는 너는 누군데?"라는 질문을 하자 말문이 턱 막혀서 아무 얘기도 할 수 없었다는 일화가 있다. 도대체 이 '무아'라는 단어에는 불교의 어떤 이치가 담겨 있는 것일까?

예전에 대학원 수업을 듣던 시절, '무아인데 어떻게 윤회가 가능한가?'라는 주제로 15주 한 학기 내내 강의를 들었던 적이 있다. 해당 과목의 교수님은 이 주제에 대해 '어쩌면 불교의 가장 핵심을 다루고 있다고 해도 과언이 아니다'고 표현을 했다. 당시 나는 이 표현이 '다소 과장된 것은 아닌가?' 하는 의구심과 더불어 '도대체 무아와 윤회의 관계가 어떻길래 이렇게 복잡다단한 논의가 필요한 것일까?' 하는 생각이 들었던 기억이 있다.

이 복잡한 과정을 거쳐 무아의 개념 혹은 무아와 윤회의 관계에 대해서 알게 된다고 한들, 그것이 우리의 삶에 어떤 영향을 끼칠까? 그저 지적인 유희일 뿐 아닌가? 무아에 대해 아는 것이 실제 나의 삶과 인식에 영향을 줄 수 있는가?

위와 같은 일련의 의문들에 대한 해답을 얻을 수 있는 책이 바로 『불교의 무아론』이다. 이 책에는 근본불교-유부-경량부-유식에 이르는 무아와 관련된 복잡한 이론들이 상세하고 친절하게 정리되어 있다. 그런데 여기서 그치지 않고, 불교가 추구하는 목표와 방향에까지 닿아 있다는 것이 이 책이 갖는 의의이다.

2. 현실의 자아란 없는가?

과연 불교에서 무아를 주장한다면, 나란 존재는 없다고 보아야 하는가? 지금 말을 하고 글을 쓰고 눈으로 보고 있는 '내'가 있는데 어떻게 나의 존재를 없다고 할 수 있을까? 이 기본적인 질문에 답을 하기 위해서는 불교에서 자아를 어떻게 바라보고 있는지 더욱 심도 있는 접근이 필요하다. 『불교의 무아론』에서는 이에 대해서 다양한 맥락으로 상세하게 제시하고 있다.

우선 이와 관련된 단초를 석가의 무기설(無記說)에서 찾을 수 있다. 사후에도 우리의 자아가 존속하는가 아닌가의 물음에 석가는 무기, 즉 긍정도 부정도 하지 않았다. 석가는 그 물음에 이미 전제되어 있는 자아의 관념을 비판한다. 즉 그 물음은 생전의 자기동일적 자아를 이미 전제하고 그 자아가 죽음 이후에도 멸하지 않고 동일하게 남는가 아니면 죽음과 더불어 단멸하는가를 묻고 있다. 그런데 그러한 물음의 대상이 되는 그 자아란 과연 어떤 존재란 말인가? 사후의 존속 여부를 묻게 되는 그 자아를 우리는 어떤 존재로 이해하는가? 석가는 그 물음이 이미 당연하게 전제하고 있는 바로 그 자아의 존재를 문제 삼으면서, 그런 자기동일적 자아란 애당초 존재하지 않는다고 주장하는 것이다.[1]

느낌이나 생각이나 인식 등은, 그런 것들을 속성으로 갖는 담지자로서의 실체가 따로 존재해서 그 실체가 작자로서 일으킨 것이 아니라, 바로 그 느낌이나 생각인 인식과 동일 차원의 것인 이전의 느낌이나 인식이나 뜻이나 생각 등이 불러일으키는 것이 된다. 이처럼 느낌이나 인식 등의 현상을 자기동일적 주체를 상정함이 없이 인연에 따라 발생하는 것으로 설명하는 것이 연기론적 사유이다.[2]

연기론적 사유란 원의 시작점이 원을 완성하는 끝점과 맞물려 그 과정에 끝이 없듯이, 씨에서 싹이 트고 꽃이 피고 열매가 열리는데, 그 열매에서 다시 씨가 나와 그 과정에 시작과 끝이 없듯이, 그렇게 최초라는 것도 없고 최후라는 것도 없다는 것이다.[3]

그에 반해 실체론적 사유는 일체의 현상세계를 떠받드는 궁극적 지점을 독단적으로 설정하는 것이다. 태초에 우주를 창조한 신이 존재하였다는 것이나, 태초에 빅뱅이 있어 그로부터 우주가 생성되었다는 것, 모두 단 하나의 궁극 원인, 단 하나의 기본 원리

---

1   한자경, 『불교의 무아론』, 이화여자대학교출판부, 2006, 47쪽.
2   위의 책, 73쪽.
3   위의 책, 68쪽.

로부터 일체의 존재를 설명하고자 하는 실체론적 사유에 속한다.[4] 붓다가 질문에 대답하지 않은 이유는 자아의 관념이 애초에 실체론적 사유에 근거하고 있기에 그러한 개념은 잘못되었고, 연기적 관점으로 접근해야 한다고 본 것이다.

그러므로 "누가 식을 갖는가"가 아닌 "어떻게 해서 식이 생하는가?"의 물음이야말로 현재의 느낌이나 사유의 주체로 설정된 자아는 결국 과거의 느낌이나 사유 자체와 다를 바가 없다는 것을 일깨워 주는 물음이며, 실체론을 부정하는 연기론적 물음이다. 이처럼 무아의 관점에 서면 '누가?'의 물음은 '무엇으로 인해?'의 물음으로 바뀌게 된다.[5] 결국 무아란 것은 '내가 없다'라는 개념이 아니라, 자기동일적 주체를 상정함 없이 인연에 따라 발생한다고 보는 것이다.

그렇다면 불교가 무아를 주장함에도 불구하고, "자아가 존재하지 않는다"라고 잘라 말하지 않는 이유는 무엇인가?

> 아(我)가 있다고 집착하면 상견에 떨어지며,
> 아가 없다고 집착하면 곧 단견에 떨어진다.[6]

> 진아(眞我)가 있다고 고집하면
> 소견(所見)의 이빨에 상할 것이며,
> 속아(俗我)가 없다고 부정하면
> 선업(善業)의 종자를 무너뜨리네.[7]

여기서 강조되고 있는 것은 자아가 없다고 해서 현상적인 자아, 세속의 자아가 없다는 말은 아니라는 것이다. 세속의 자아는 곧 오온(五蘊)으로서의 자아이다. 가(假)로서의 자아인 오온의 자아는 현상적 자아로서 긍정하고 있는 것이다. 오온의 자아를 세속의 나로서 인정한다는 말은 곧 기억이나 생각이나 윤회 등 일체 세속적인 자아의 현상들은 자기동일적 자아를 상정함이 없이도 오온의 연속성으로서 설명 가능하다는 말

---

4   위의 책, 69쪽.
5   위의 책, 74-75쪽.
6   『구사론』, 권30, 「파아집품」(『대정장』 29, 156), 국역 235.
7   위의 책, 235쪽.

이다.[8]

　그러므로 불교에서는 비록 무아론을 주장을 하지만 그러면서도 현상적 자아를 부정하지 않는다. 지금 먹고 마시고 말하는 오온의 자아는 세속의 나로서 인정이 되지만, 이것을 연기적 관점으로 보아야 한다는 것이다. 불교의 무아론이 '자아가 존재하지 않는다'는 뜻은 아닌 것이다.

　그런데 여기서 또 하나의 의문이 생기게 된다. 자기동일적 자아를 상정하지 않는다면 인과응보, 즉 업을 짓고, 보를 받는다는 것이 어떻게 가능한가? 업보의 정당성은 자아의 자기동일성 위에서만 성립 가능한 것이 아닌가?

3. 무아인데 업보나 윤회가 있을 수 있는가?

우리는 일상적으로 업을 짓고 보를 받는 자로서의 자아를 상정할 뿐 아니라, 업보의 정당성은 바로 그러한 자아의 자기동일성 위에서만 성립한다고 간주한다. 따라서 작자가 따로 없다는 무아에 대해 그렇다면 어떻게 업보를 정당화할 수 있는가라고 반문하게 된다.[9] 업을 짓는 자, 보를 받는 자가 따로 존재하지 않는다면, 업은 과연 어떻게 이루어지며, 업과 보의 인과응보는 어떻게 가능한 것인가?[10] 동일한 자아를 상정함이 없이 어떤 근거에서 윤리적 책임을 물을 수 있으며, 나아가 업에 따른 윤회를 말할 수 있는가?[11]

　이에 대해 『불교의 무아론』에서는 인간의 업에 대해 그 업과 독립적으로 업을 짓는 작자로서 상정된 자아란 그야말로 우리 자신의 설정이고 개념일 뿐이라고 본다.[12] 행위와 구분되는 행위 주체로서의 자아를 상정하지 않은 채, 인간의 행위와 인과응보와 윤회를 설명하고자 하는 것이 바로 연기의 원리라는 것이다.[13] 불교는 업을 짓는 작자와 보를 받는 수자(受者)가 동일인이냐 아니냐를 문제 삼는 것이 아니라, 같거나 다르거나 할 그런 자아 자체가 아예 없다고 본다.[14]

8　한자경, 『불교의 무아론』, 이화여자대학교출판부, 2006, 168쪽.
9　위의 책, 152쪽.
10　위의 책, 59쪽.
11　위의 책, 173쪽.
12　위의 책, 59쪽.
13　위의 책, 61쪽.
14　위의 책, 153쪽.

윤회라는 것은 업을 짓는 나, 그리고 보를 받는 내가 존재하여 그 자기동일적 내가 이생에서 내생으로 넘어가는 것이 아니다. 업으로 형성된 하나의 온이 멸하고 나면 거기 남겨진 업력이 다시 그다음의 온을 형성하고, 그렇게 해서 온에서 온으로의 연속성, 즉 온의 상속만이 있을 뿐, 자기동일적 실체가 오온 너머의 별도의 자아로서 존재하는 것이 아니다.[15] 유정의 오온도 인(因)과 과(果)의 관계로서 연속성을 가지며 한 생에서 그다음 생으로 계속되는데, 이를 윤회라고 하는 것이다. 이와 같이 불교는 자기동일적 윤회 주체를 상정함이 없이, 한 생에서 다음 생으로 이어지는 오온 상속으로서의 윤회를 설한다.[16]

불교의 업보론은 이런 의미에서 작자를 상정하지 않은 무아의 업보론이다. 이 업보가 12지 연기를 따라 현생에서 내생으로 이어지는 것이 윤회이므로 불교의 윤회는 윤회 주체를 따로 상정하지 않는 '무아 윤회'인 것이다.[17] 그러므로 윤리적 책임의 문제뿐 아니라 윤회까지도 자기동일적 자아를 상정함이 없이 업과 보의 연속성을 통해 설명될 수 있음을 보여준다.[18]

그렇다면 업이란 무엇일까? 매순간은 이전 순간에 의해 규정받는 수동성과 더불어 바로 그 순간에 새롭게 작용하는 능동성이 함께 한다. 바로 그 능동적 작용이 있기에 새로운 조업 작용이 가능하며, 그 새로운 업에 의해 과거로부터 내려오는 업의 흐름이 새로운 지향점을 향해 방향을 바꿔나갈 수 있다. 현재는 과거와의 관계에서 보면 그것의 과로서 규정되어 있는 것이지만, 미래와의 관계에서 보면 미래를 새롭게 결정할 수 있게끔 열려 있는 것이 된다.[19] 그러므로 불교의 업설은 중생의 새로운 조업을 논함으로써 단순한 결정론을 벗어나 있다.[20]

오온이 멸하는 죽음을 거쳐 내생으로도 그 업력이 유지될 수 있으며, 업력의 종자를 유지하는 심이 바로 아뢰야식이다. 무아 윤회 과정을 업을 통해 설명하는 업설은 경량부 세친에 의해 종자설과 아뢰야식설로 종합되는데, 업력의 종자를 유지하는 아뢰야식이 업의 상속을 가능하게 하는 것이다.[21]

---

15 위의 책, 176쪽.
16 위의 책, 176쪽.
17 위의 책, 153–154쪽.
18 위의 책, 174쪽.
19 위의 책, 115쪽.
20 위의 책, 116쪽.

우리의 갖가지 표층의 의식 활동과 그 의식 대상인 현상세계를 심층의 아뢰야식과 종자로 해명하는 것이 바로 유식이다. 유식은 현상적 자아와 현상적 세계 모두를 실유가 아닌 가유로 설명하며, 그러한 아공의 인무아와 법공의 법무아로써 불교적 무아론을 완성한다.[22]

4. 무아론이 갖는 진정한 의미는?

『불교의 무아론』에서는 무아론의 완성을 '유식'이라고 보기에, 유식이 어떻게 자아와 현상세계를 그려내는지에 대해 자세하게 보여준다. 바로 이 부분이야말로 이 책의 하이라이트이자, 진가가 드러나는 부분이다.

마음 내지 마음의 영상을 객관 세계와 구분되는 주관적 반영으로만 볼 것인가, 세계 자체를 마음의 영상으로 볼 것인가? 즉 주관적 상상의 심리 세계만이 마음의 영상인가? 아니면 객관적 물리 세계도 마음의 영상에 속하는가? 유식이 주장하는 것은 후자이다. 소위 세계 자체를 마음이 그린 영상인 식으로 간주하는 것이다. 범부들이 실재라고 고집하는 대상 세계도 실은 마음이 그린 상일 뿐이다.[23]

아뢰야식은 마음 심층에서 현상세계의 영상을 산출하는 식이지만, 우리는 아뢰야식을 그런 것으로서 자각하지 못하므로 그 영상을 객관 세계로 간주하게 된다.[24] 범부의 일상적 마음은 그 근이 그 근에 상응하는 현상적 경과 결합되어 있어 그 마음은 그 대상 세계밖에 알지 못한다. 그렇지만 우리 일반 범부들의 일상적인 지각 의식에 떠오르는 현상세계의 영상조차도 모두 마음이 그린 영상이라는 것이 '유식'이다.[25] 자기 마음이 그린 영상을 바라봄에도 불구하고 그것을 마음 밖의 객관 실재라고 여기게 되는 것은 깨달음이 전도되어 있기 때문이다.[26] 근경의 매임으로부터 마음이 자유로워지면 그 마음이 어느 세계이든 자유롭게 왕래할 수 있게 되는데 이는 본래 세계라는 것이 모두 마음이 그린 세계, 마음의 영상이기 때문이다.[27]

---

21 위의 책, 181쪽.
22 위의 책, 181쪽.
23 위의 책, 188쪽.
24 위의 책, 190~191쪽.
25 위의 책, 189쪽.
26 위의 책, 190쪽.
27 위의 책, 189쪽.

마음이 대상적으로 보고 인식하는 것은 모두 마음 자체가 그린 것이며, 따라서 마음 바깥의 다른 어떤 것이 아니다.[28] 내가 경험하는 세계는 나의 마음인 아뢰야식이 그려 내는 세계, 즉 영상이며 식이다. 그런데 내가 그 마음 밖으로 나가지 못하므로, 그 전체를 나의 마음으로 자각하지 못하고 그 안에 경계를 그어 경계 지어진 나만을 나로 간주하는 것이다.

나와 네가 실은 그 하나의 마음의 산물이라는 것을 알게 되는 것은 내가 나의 표층적 자아의식에 머물러 있지 않고, 그 경계 너머의 전체의 마음 심층에 도달함으로써만 비로소 가능하다. 표층의 분별적인 자아의식에 머물러 있지 않고, 마음 심층의 미세한 아뢰야식의 활동을 바로 그런 것으로서 자각함으로써만 비로소 가능한 것이다. 그때 비로소 일체가 식이 그린 영상이라는 것, 유식성을 깨닫게 된다.

아뢰야식에 의해 그려진 영상 세계의 비실유성, 그 세계 안에서 이원적으로 경계 지어진 나와 세계의 비실유성과 공성을 자각하는 것이다. 세계가 아뢰야식이 그린 영상이라는 유식성을 아는 것이다. 따라서 유식성의 자각은 곧 아공과 법공의 깨달음이 된다.

우리가 일상적으로 의식하는 이 현실 세계가 실은 꿈과 마찬가지로 우리의 마음인 아뢰야식이 그린 영상 세계라는 것을 자각하는 것은 그 세계의 비실유성과 공성을 깨닫는 것이며, 따라서 그렇게 그려진 나와 세계에 대한 분별과 집착을 넘어서는 것을 의미한다. 마음이 꿈꾸는 아뢰야식인 자신의 마음 자체를 공으로 자각하는 것이 궁극적 깨달음에 속한다. 아뢰야식을 그런 것으로서 자각하며 깨어나는 마음, 그 마음의 공성이 바로 진여성이다.

유식이 지향하는 바는 꿈꾸는 아뢰야식에 머물러 있는 것이 아니라, 그 꿈에서 깨어나는 것이다. 이처럼 자아와 세계의 공성, 인무아와 법무아의 깨달음이 유식이 궁극적으로 지향하는 바이다. 이런 의미에서 유식은 무아론의 완성이다.[29]

불교에 따르면 자아는 처음부터 세계를 보는 눈으로, 마음으로, 식으로 존재한다. 따라서 보여진 세계 속 어디에도 자아는 존재하지 않으므로 불교는 언제나 무아를 설한 것이다. 불교는 보여진 세계로부터 물러나 자기 자신을 '세계를 보는 눈'으로서 자

---

28   위의 책, 187쪽.
29   위의 책, 193-195쪽.

각하기를 강조한다. 자신이 보는 눈이라는 것을 자각하는 것은 세계가 보여진 세계라는 것을 깨닫는다는 말이다. 유식성을 깨닫는다는 말이다.[30]

5. 나가며

앞서 나는 '무아와 윤회의 관계가 불교의 핵심을 다루고 있다'는 주장에 대해 과장된 것이 아닌가 의구심을 가진 적이 있다고 했었다. 그러나 이『불교의 무아론』에 대한 서평을 쓰면서, 적어도 이 책에서 다루는 내용에서만큼은 불교의 핵심과 정수를 담아내고 있다는 생각이 들었다.

불교를 한 단어로 요약한다면 무엇일까? 여러 의견이 있을 수 있겠지만 나는 '심(心)'이라 생각한다. 불교에서 심, 즉 마음을 주제로 삼는다는 것은 너무나 상식적이지만 그 마음이 도대체 무엇을 의미하는지를 뜬구름 잡지 않고 현대의 언어로 풀어낸 책은 도무지 찾기가 쉽지 않다.

아는 것과 익숙한 것은 다르다고 했다. '마음'이라는 단어에 너무나 익숙한 불교의 전통이지만, 막상 그 마음이 무엇인가를 정확하게 기술하기가 쉽지 않은 작업이었음에 분명하다. 그런 의미에서『불교의 무아론』은 '마음'을 정확하게 기술함에 있어 가장 근접한 책이라고 생각한다.

존경하는 책의 저자께서『불교의 무아론』서문에 쓰신 내용 중 가장 와 닿는 부분을 옮기며 글을 마무리할까 한다.

> 불교는 일체가 상대적임을 인식할 때 그 인식의 시점이 절대의 시점이라는 것, 그리고 그 절대가 바로 공(空)이라는 것을 안다. 공은 신이나 물질로 또는 관념이나 언어로 실체화되거나 객관화될 수 있는 것이 아니다. 현상세계, 만물의 경계 그리고 선과 악, 유와 무, 음과 양 등 모든 이원화의 경계를 흔들고 녹여 사라지게 만드는 절대의 시점, 그것이 바로 공이다.
> 그리고 불교는 이 절대의 시점인 공이 바로 각자의 마음이고 그 각자의 마음이 바로 공이라는 것을 안다. 그래서 그 마음을 하나의 마음, 일심(一心)이라고 말한다. 물론 내 마음이 바로 공이고 절대라는 것을 깨닫는 길은 마음이 실제로 공이 되는 길, 마음이 절대의 시점에서 깨어나는 길 밖에 없다. 그래서 불교의 존재론은 곧 수행론이다. 마음이 공이 되자면, 마음이 포착

30　위의 책, 218-219쪽.

하는 이 세상 모든 것이 상대적이며 인연 화합의 산물이라는 것, 무자성이며 비실유의 가(假) 라는 것을 깨닫는 순간, 그 깨달음의 내용에 도취해 있지 말고 거기에서 깨어나야 한다.

나는 이런 절대의 순간에 있어서만 "모든 것이 상대적이다"라는 인식도 그 진리성을 얻을 수 있다고 생각한다. 절대의 눈을 망각한 채 상대만을 말하는 것은 어불성설이다. 마음을 절대의 공으로 자각하지 않는 한, 일체가 무상이고 고이며 공이라는 인식, 아공 법공의 깨달음이 어찌 가능하겠는가? 그래서 무아와 연기를 통해 현상세계의 상대성을 논하면서도 나는 처음부터 끝까지 그러한 현실 인식의 바탕인 공과 일심을 놓지 않았다. 보여진 세계의 상대성의 논의는 궁극적으로 보는 눈의 자각을 위한 것임을, 불교의 모든 논의는 결국 마음의 공성에 대한 절대적 깨달음, 절대적 자유, 해탈을 위한 도정임을 기억하고 있다.[31]

---

31 위의 책, 7-8쪽.

발행 연도: 2006년
펴낸곳: 서광사
287 페이지

지은이의 말

아무리 온 마음을 다해 쓴 연애편지라고 해도 다시 읽어보면 또 뭔가가 빠진 것 같고 흡족지 못한 것처럼, 그래서 끊임없이 또 다른 구절을 떠올리고 고치고 또 생각하고 고치고 하게 되는 것처럼, 이 책도 다 써놓고 다시 읽어보니 서론부터 뭔가 빠진 듯한 느낌이다. 도대체 무엇일까? 한 인간도, 그에 대한 사랑도 말로 다 표현될 수 없는 것처럼, 한 인간의 정신, 철학의 정신도 말 너머에서 빛나는 광채처럼 잡히지 않는 것이기 때문일까? 차라리 말이 없었으면 그 투명한 빛이 느껴질 수 있을 것을, 쏟아놓은 말이 베일처럼 드리워져 오히려 빛을 가리는 것일까? 결국은 개념적 규정도 떠나고 의식적 분별도 넘어서야 철학정신의 핵심에 제대로 나아간 것일까?

그런데도 나는 또 다시 이렇게 칸트와 그의 철학을 생각하며, 사족처럼 지은이의 말을 덧붙여 본다. 말이 길어지는 것은 무엇 때문일까? 핵심에 이르지 못하고 주변만 맴돌기 때문일까? 광채에 휩싸여 춤추고 싶은데, 이미 안개처럼 퍼져있는 개념에 숨 막혀하면서, 마치 고요에 머물고자 하는 자가 주위의 수근대는 소리를 견딜 수 없어 '조용히 하라!'고 소리치는 것처럼, 그렇게 자신의 원(願)을 배반하는 어리석은 몸짓인지도 모른다. 그런데 칸트의 철학 속에서도 그와 비슷한 고뇌를 발견한다면 그건 지나친 억측일까?

칸트가 세 권의 비판서에서 시도했던 것, 그것은 의식에서 의식의 내용을 치워보는 것이다. 마음을 비우는 것이다. 인식적 판단, 도덕적 판단, 미적 판단, 그 모든 의식 활동에서 그 의식을 채우는 경험적 내용들을 모두 치워놓는 것이다. 그런데 그렇게 의식 내용을 모두 제거하면, 그렇게 마음을 비우면, 무엇이 남겨지는가? 구체적 내용으로 남는 것은 아무것도 없다. 그래서 경험주의자들은 '영혼은 백지'라고 말했다. 그 백지에 구체적 내용을 남기는 것, 마음을 내용으로 채우는 것은 경험이다. 그리고 각자 무엇을 경험하는가는 각자가 처한 시대마다 지역마다 문화마다 다르다. 그러므로 영혼의 내용은 다 다를 수밖에 없으며, 따라서 인식이나 도덕 또는 미적 판단의 내용에서 보편성을 얻는다는 것은 불가능하다. 그러므로 경험주의의 결론은 회의주의이다.

그런데 칸트는 그렇게 텅 빈 마음에서, 아무 내용도 없이 텅 빈 마음에서, 거기서 무엇인가를 본다. 그리고 그 무엇을 내용이 아니라는 의미에서 '형식'이라고 부른다. 인식의 형식, 의지규정의 형식, 미감의 형식. 그것은 마음을 채우는 의식의 내용을 모두 비웠을 때 비로소 발견되는 마음 자체의 광채이다. 칸트는 그 마음의 광채가 하나의 빛이라는 것, 그 마음의 형식이 하나의 보편적 형식이라는 것을 주장한다. 그것은 오히려 경건한 기도가 아닐까?

경험의 내용으로부터는 상대주의와 회의주의에 이를 수밖에 없다는 것, 마음을 채우는 내용으로부터는 어떠한 보편적 진리인식도 보편적 도덕도 보편적 미학도 불가능하다는 것, 그게 인간 의식의 한계로 자각되지 않는다면, 그리고 그 한계가 절망이나 고통으로 느껴지지 않는다면, 형식에서 보편성을 구하는 칸트 철학의 절박함이 가슴에 와닿지 않을 것이다. 철학의 광채가 비움의 정신 안에서 왜 하나됨의 광채로 드러나는지, 그 이유를 납득하기 힘들 것이다.

이 점에서 나는 칸트의 철학을 '비움의 철학'으로 떠올리며, 칸트 철학의 깊이는 바로 이 비움에서 오는 것이 아닐까 생각한다. 우리가 칸트 철학에서 느끼는 매력도 바로 이 비움 때문일 것이다. 동양에 서양철학이 처음 소개된 뒤로 지금까지 한국이나 중국에서 가장 많이 주목받고 가장 많이 연구되는 서양철학자가 칸트라는 것도 우연이 아니라고 생각된다. 나는 동양의 정신은 근본적으로 '비움의 정신'이고 서양의 정신은 '채움의 정신'이라고 생각한다. 그런 서양철학 전통 안에서 채움에서 비움으로의 방향전환이 칸트에서 일어났으며, 그것이 바로 칸트의 '코페르니쿠스적 전회'의 의미라고 생각한다. 그 비어 있음을 철저히 자각한 후, 그 빈 것을 다시 절대지에 이르도록 내용으로 채우고자 한 것이 칸트 이후의 독일관념론의 시도일 것이다. 부정과 해체를 주장하는 포스트구조주의의 논리가 우리에게 매력적인 것도 그 안에 담겨 있는 비움의 정신 때문일 것이다. 그 비움이 공(空)에 이르도록 철저해지면, 그 공의 자리에서, 모든 현상적 차이와 분별이 사라진 그 빈자리에서, 그 하나됨의 광채와 거기 휩싸인 형이상학적 정신을 호흡할 수 있지 않겠는가?

비움에서 오는 매력이 수년 아니 수십 년이 지나도록 칸트 철학을 마음에서 떠나가지 못하게 하는 것 같다. 칸트를 주제로 한 책을 내는 것은 이번이 두 번째이다. 1992년 에 칸트의 이론이성과 실천이성을 하나의 체계로 연결 지어 설명한 『칸트와 초월철 학』을 서광사에서 출판하였는데, 그것은 1988년 독일에서의 박사학위논문의 완역이 기도 하였다. 그리고 나서 얼마 후부터 그 책을 볼 때마다 그 책에서 다룬 인식과 윤 리와 종교 문제뿐 아니라 미학이나 정치, 역사철학 등에 관한 것을 더 보충해서 칸트 철학 전체의 내용을 담은 증보판을 내야겠다는 생각을 해왔다. 그러면서 다시 너무 긴 시간을 그냥 흘려보내다가, 몇 년 전에야 비로소 좀 더 구체적으로 새 책을 구상해 보았다.

막상 전체적으로 책의 윤곽을 그려보니까, 전체 여덟 장 중에서 처음 책에 들어 있 던 부분은 전반 네 장에만 국한되기에 증보판이라고 하기에는 너무 바뀌었다는 생각 이 들었다. 그렇다면 전반 네 장도 앞의 책의 반복이 되지 않도록 다른 방식으로 서술 하는 것이 필요하다고 판단했다. 그래서 이번 책에서 새로 시도해 본 것은 처음부터 그냥 칸트 관점에서 칸트 철학을 설명하고 풀이하는 것이 아니라, 철학 일반의 관점에 서 내 나름대로 문제제기를 하고 그 문제의 지평 위에서 칸트 사유의 길을 밝혀보고자 한 것이다. 그것이 철학적 물음에 관한 나 자신의 생각을 정리하는 기회도 될 수 있을 것 같고, 읽는 사람도 단지 칸트 철학체계를 공부하는 차원을 넘어서서 철학적 문제를 스스로 생각해 보는 데에 도움이 될 수 있을 것 같기 때문이다. 전반 네 장의 주제에 대한 칸트 철학에서의 좀 더 상세한 설명을 원하는 사람은 『칸트와 초월철학』을 참조 할 수 있을 것이다.

칸트 저서의 인용은 다음과 같은 식으로 하였다. 『순수이성비판』은 흔히 하는 방식 대로 1781년 제1판과 1787년 제2판을 표시하는 A와 B의 기호를 따라 인용하였고, 『실 천이성비판』과 『판단력비판』은 해당 장과 절을 표시하되 괄호 속에 Felix Meiner 판의 쪽수를 제시하였다. 그 이외의 칸트 저작도 제목과 장이나 절을 표시한 후 베를린 Deutsche Akademie 판 전집을 따라 그 권수와 쪽수를 괄호 속에 기록하였다. 칸트의 주저들은 거의 다 국역되어 있으며 그것을 참조하였음에도 불구하고 원문의 쪽수만 밝힌 것은 번역을 그대로 따르지 않고 내 식으로 번역했기 때문이기도 하고 또 원문을 확인하고 싶은 독자를 위해서이기도 하다.

빨리 스쳐 지나가는 시간 속에서 비움을 생각하는 것은 그래야 그 시간을 타고 가볍 게 춤출 수 있기 때문일까? 그래서 어디로 나아가고자 하는 걸까? 바람을 타고 날리는 낙엽을 바라본다. 우리가 아직도 칸트를 생각하고 철학을 사랑하듯, 저 나뭇잎도 바람을 사랑할까?

2005년 가을
한자경

목차

서평: 철학의 근본물음들과 칸트적 대답의 의의를 밝히다

최서린(이화여자대학교 철학과 박사수료)

1. 들어가며

『칸트와 초월철학』(1992)에서 칸트철학에서의 진리 인식과 도덕적 실천의 가능 근거를 현상 구성의 초월적 자아로 정립시킨 저자(한자경)[1]는 초월적 자아의 자유가 어떻게 이론뿐만 아니라 실천의 여러 분야들에서 발현되고 있는가를 『칸트 철학에의 초대』에서 밝히고 있다.[2] 저자에 따르면 "인간의 본질은 감성과 충동의 현상계에 속하는 것이 아니라, 일체의 현상적 규정성을 넘어선 초월적 자유"이며 "초월적 자유를 의식하면서 자기 삶의 태도나 행동을 선택할 때, 초월적 자유는 실천적 자유로 작용"한다.[3]

많은 사람들이, 한 권의 책을 읽고 나면 그 책의 내용을 한 문장으로 간결하게 표현할 수 있어야 한다고 말한다. 이것은 한 철학자의 사상의 핵심을 관통하는 주장이 무엇인가를 파악하는 것과도 연관된다. 그런 점에서 저자는 이 책에서 칸트의 철학 체계 전체를 하나의 핵심적인 통찰을 통해 일관되게 해석하고 있다.

저자에 따르면 칸트가 일명 3비판서에서 시도했던 것은 "의식에서 의식의 내용을 치

---

[1] 본 서평에서 "저자"는 『칸트 철학에의 초대』의 저자인 한자경을 가리킨다. 또한 본 서평에서 굵은 글씨로 표시된 부분은 저자나 칸트가 아닌 평자의 강조임을 밝힌다.
[2] 저자는 1988년부터 「선험철학과 존재론」(1988), 「이성과 이념: 칸트의 '새로운 형이상학' 정초의 길」(1988), 「자유와 도덕법칙」(1988), 「칸트와 피히테에서 대상과 자아」(1991), 「칸트철학체계에서 판단력의 위치」(1992), 「칸트철학에서 초월자아의 이해: 실재론과 관념론을 넘어서서」(1993), 「칸트의 물자체와 독일관념론」(1995), 『서양근대철학』(2001, 25인 공저)에 이르기까지 칸트의 철학체계에서 핵심이 되는 문제들을 논의하였으며, 『칸트 철학에의 초대』(2006) 출간 이후에도 『동아시아의 칸트철학』(2014, 5인 공저)과 『칸트: 인간은 자연을 넘어선 자유의 존재다』(2015, 2인 공저), 『심층마음의 연구: 자아와 세계의 근원으로서의 아뢰야식』(2016), 『실체의 연구: 서양 형이상학의 역사』(2019) 등에서 칸트 철학을 독자적으로 혹은 동양철학과 비교하는 관점에서 다루었다.
[3] 한자경, 『칸트 철학에의 초대』, 서광사, 2006, 128쪽.

워보는 것"으로 그것은 곧 의식활동에서 "경험적 내용들을 모두 치워놓는 것"이다.[4] 저자는 주관에 따라 달라지는 의식 내용을 통해서는 보편성에 도달할 수 없다는 것이 우리에게 인간 의식의 한계로 다가올 때 칸트 철학의 문제의식, 그 절박함이 이해될 수 있다고 말한다. 왜 그토록 칸트가 보편타당성과 필연성, 통일성을 구하고자 했는지, 그 이유를 저자는 '비움'의 정신에서 찾고 있는 것이다. 채워진 것을 비움으로써만, 그 비움에서 오는 고통을 겪고 나야만 그것을 진정으로 부정할 수 있다. 그러한 과정 없이 부정을 주장하는 것은 또 하나의 독단이 되고 만다. 비움의 아픔을 겪은 자만이 비로소 스스로를 현상 너머의 초월적 존재로 자각하고 자유의 존재로 깨달을 수 있다. 그래서 본래적으로 형이상학적인 인간은 그 깨달음을 위해 무던한 '죽음의 연습'을 감행하는 것이다.

사실상 이 책의 1장에서 4장까지의 내용은 저자가 말하는 것처럼『칸트와 초월철학』에서 보다 상세하게 논해진 바 있다. 단, 저자가 언급한 대로 이 책에서는 "철학 일반의 관점에서" 저자 나름대로의 문제제기를 하고, "그 문제의 지평 위에서 칸트 사유의 길을 밝혀보고자" 했다는 것에서 알 수 있듯이 진(眞)과 선(善)뿐만 아니라 미(美)와 종교, 사회, 역사까지 아우르는, 철학에서 제기되는 핵심적인 물음들이 가장 근본적으로 문제 삼고 있는 것이 무엇인가를 분명히 하고, 이 물음들에 대해 칸트 이전까지의 철학자들은 어떤 답변을 제시했는지, 그리고 그들의 답변이 갖는 한계에 대해 칸트가 어떤 다른 해답을 제시하고 있는가를 논의하고 있다.[5] 이 책은 그런 점에서 독자로 하여금 칸트의 철학을 체계 내적으로 읽는 것뿐만 아니라 고대에서부터 칸트 이전까지의 철학에서의 근본 문제들에 대해 사유해 볼 수 있는 기회를 제공하고 있다. 따라서 이 책은『'칸트의 철학'에로의 초대』일 뿐만 아니라『칸트를 통한 '철학 일반'에로의 초대』로 읽힐 수도 있을 것이다. 본 서평에서는 철학 일반의 물음들에 대한 칸트의 문제 제기 및 답변과 그에 대한 저자의 해석의 의의를 되새겨볼 것이다.

2. 초월적 관념론과 초월적 주체의 자유
이 책의 1장과 2장은 각각『순수이성비판』의 '분석론'과 '변증론'을 다루고 있다고 할

---

4   위의 책, 6쪽.
5   위의 책, 8쪽.

수 있다. 먼저 1장에서 저자는 "아는 나와 알려진 세계는 어떤 관계인가?"를 묻는다. 아는 자로서의 인식 주관과 알려지는 대상으로서의 인식 객관의 관계에 있어서 과학은 우리의 인식이 객관적인 사물 자체에 대한 인식이 아니라, 사물의 표상에 대한 우리의 주관적인 인식에 그칠 뿐이라고 말한다.[6] 사물 그 자체에 대한 인식만이 진리라고 한다면 따라서 우리가 세계에 대해 아는 것들은 단지 주관적인 환상에 불과하다고 생각할 수도 있다.

칸트 이전의 철학자들, 특히 합리론자들은 이데아(플라톤), 본유관념(데카르트) 등이 진리 인식을 가능하게 한다고 주장하였으나 이것은 인간이 아닌 다른 존재에 의해 매개된 것에 불과하고, 경험론자들이 주장하는 방식을 따를 경우 엄밀한 보편타당성과 필연성을 지닌 인식을 얻는 것은 불가능하다는 결론에 이르게 된다. 칸트의 문제의식은 바로 여기에서 출발하는데, 『순수이성비판』의 '분석학'에서 칸트는 이 문제에 대한 자신의 답변을 제시한다. 저자는 이 문제에 대한 칸트의 해결 방식을 다음과 같이 설명하고 있다.

> 인간에게 있어 세계를 보는 직관형식과 세계를 생각하는 사유형식 간의 관계에 대한 물음은 곧 인간이 보는 세계와 인간이 사유하는 세계의 관계에 대한 물음이기도 하다. **우리는 보는 대로 사유하는 것일까, 아니면 사유하는 대로 보는 것일까?** 의식 표면에서 발생하는 경험적 인식에 있어서는 대개 보는 대로 사유한다고 말할 수 있지만, **심층의 선험적 차원에서는 그렇지 않을 수 있다.** 즉, 경험적으로 본 것과 사유한 것 사이에서 내용적으로는 전자가 후자를 규정할 수 있지만, 그렇게 보는 형식과 사유하는 형식은 다를 수 있다. 직관형식(시간)과 사유형식 (범주)의 관계에 있어 칸트는 후자가 전자를 규정한다고 말한다. 우리가 사물을 보는 형식인 시간이 우리의 사유형식인 범주에 의해 규정된다는 것이다. **결국 선험적 형식에 있어서는 사유하는 대로 본다는 것이다.**[7]

우리가 생각하는 대로 세계를 본다는 것, 인간 자신이 세계에 집어넣은 것만을 본다는 칸트의 주장에 따르면 그것이 보편타당성을 지닌다는 것은 너무나도 당연하다는

---

6   위의 책, 28-30쪽 참조.
7   서양근대철학회, 『서양근대철학』, 창작과 비평, 2001, 366쪽.

것이 저자의 주장이다.

인간 자신에 기원을 둔 선험적 인식이 객관적인 대상세계에 대해 보편타당성을 지닐 수 있는 것은 대상 그 자체가 바로 선험적 인식(원칙)의 틀에 따라 질서 지워진 현상이기 때문이다. **사유한 대로 본다면, 보여진 것에 대해 사유가 타당성을 지니는 것은 당연하지 않겠는가?**[8]

칸트 이전의 합리론자나 뉴턴은 시간과 공간을 신이 세계를 보는 방식으로 이해했는데 그럼으로써 "일체의 존재는 그 시간과 공간 안에 자기 위치를 점하고 과거의 원인에 의해 현재의 결과가 규정되는 자연 필연성의 인과법칙에 따르는 것으로 이해"되었다.[9] 저자에 따르면 시관과 공간은 칸트에 의해서 "인간이 세계를 보는 방식, 즉 인간의 직관형식이지 신이 세계를 보는 방식은 아니"라는 관점의 전환을 이룩할 수 있었으며 "우리가 인식하는 사물의 존재방식은 그것을 인식하는 우리 자신의 심성과 분리되지 않는다"는 점이 밝혀졌다.[10] 그리하여 저자는 인간이 인식하는 것은 인간의 인식형식에 의해 제약된 '현상(Erscheinung)'이라는 칸트의 정의를 "현상을 인식하는 우리의 주관적 형식인 인식조건은 바로 그런 현상존재 자체를 가능하게 하는 존재 조건"으로 해석하고 있다.[11] 그런 의미에서 저자는 칸트가 말하는 초월적 관념론을 다음과 같이 해석하고 있다.

현상세계는 **우리 자신의 초월적 제약**에 의해 제약된 것으로서만 그렇게 존재하는 세계이다. 이와 같이 현상세계의 근거를 경험적 의식이 아니라 경험적 의식보다 더 깊은 초월적 제약에 둔다는 의미에서 칸트의 관념론은 '경험적 관념론'이 아니라 '초월적 관념론'이다.[12]

세계의 근거를 세계보다 더 먼 곳에 설정하면 회의에 빠질 수밖에 없으므로 이러한 회의를 극복하고 우리가 일상적으로 세계에 대해 갖는 만큼의 확실성을 확보하기 위

8　위의 책, 367쪽.
9　위의 책, 368쪽.
10　위의 책, 369쪽.
11　한자경,『칸트 철학에의 초대』, 서광사, 2006, 21쪽〈서론〉.
12　김진·한자경,『칸트: 인간은 자연을 넘어선 자유의 존재다』, 21세기북스, 2015, 78쪽.

해서는 그 근거를 오히려 바로 우리 자신, 인간의 마음 자체 안에서 구하는 것이 타당하다는 점을 저자는 초월적 관념론에서 밝히고 있다. 칸트적 의미의 초월은 외적 초월이 아닌 내적 초월인 것이다.[13]

책의 2장에서 다루는 물음은 "세계는 유한한가, 무한한가?"라는 것인데, 우리가 발딛고 서있는 이 우주의 시초와 한계를 묻는 것은 저자에 따르면 "물리적인 가시적 현상세계의 존재론적 위상에 대한 물음"이며 곧 이 "물리적 우주와 다른 차원에 존재 가능한 실재에 대한 물음"이다.[14] 고대와 중세의 철학자들은 "현상적 사물의 총체로서의 우주를 그 전체에 있어 경계 지워진 것, 유한한 것"으로 간주한다. 그리고 이 유한한 것 밖에서 그것을 유한한 것으로 한계 짓는 무한한 것을 이데아, 신 등으로 말하였다. 이 무한자들은 "공간상의 한계나 시간상의 출발점을 가능하게 한 창조자"이다.[15] 근대의 과학자와 경험론자들은 "신이나 자아의 정신에 의거함이 없이 우주를 설명"하려고 하였으며 신의 자리를 절대시간과 절대공간이 대체하게 된다.

칸트가 분명하게 하고자 한 것은 우주의 시공간적 시초와 한계를 논하는 것이 이율배반이라는 점에 있다. 칸트는 변증론을 구성하는 일반적으로 제기되어 온 우주론적 물음들, 즉 네 가지 이율배반들 중 유일하게 해소될 수 있는 이율배반은 자연 필연성과 자유의 이율배반인 제3이율배반임을 밝히는데, 저자는 그러한 해소의 자리가 다른 무엇이 아닌 초월적 주체로서의 인간이라고 주장한다. 우주를 한계가 있는 유한한 것으로 여기지 않고 그것을 유한한 것으로 경계 짓는 무한을 묻는 것은 그러한 무한에 대한 의식이 이미 우리에게 있기 때문이다. 저자는 제3이율배반은 초월적 자아의 자유가 허락될 수 있기에 해소 가능하며, 인간의 심성에서 그 해답의 길을 찾는다는 의미에서 "심성론적 이율배반"이라고 부른다. 여타의 다른 이율배반들은 그 진위가 가려지지 않는 반면 자유라고 하는 것은 초월적 자아에게 허락된 것이기 때문이다. 이후의 다른 모든 문제들에 대한 칸트의 해결은 저자에 따르면 인간의 심성에 기반해서 가능하다는 것이 드러난다.

---

13   한자경, 『심층마음의 연구: 자아와 세계의 근원으로서의 아뢰야식』, 서광사, 2016, 160쪽 참조.

14   한자경, 『칸트 철학에의 초대』, 서광사, 2006, 70쪽.

15   위의 책, 77쪽.

3. 인간에게서 도덕의 의미

3장에서 다루는 문제는 "도덕의 근거는 무엇인가?"이다. 우리는 일반적으로 자신에게 도움이 되는가를 계산하는 '타산성(prudence)'과 '도덕성(morality)'을 구분하는데, 만약 도덕적인 것으로 보이는 우리의 모든 행동 이면에도 사실은 자기 이익을 극대화하기 위한 의도가 있다면 양자의 구분은 무의미해진다. 타산성으로 환원되지 않는 도덕성이 우리 인간에게 있는가 하는 물음은 인간을 인간답게 해주는 인간 본성에 대한 물음이다.

도덕성을 보여주는 양심과 이기성을 보여주는 욕망 사이에서 무엇을 택할 것인가를 고려하고 결단하는 제3자가 바로 도덕적 판단 주체로서의 '실천이성'이고, 결단과 행위의 주체로서의 '의지'이다. 그런데 인간에게 실천이성 즉 의지가 있다고 해도, 이 의지가 따라야 할 도덕규범은 어떻게 형성되는가를 다시 묻게 된다. 저자는 자연적 욕망에 대항하는 '양심'은 도덕성을 암시하는 기호에 그치며 인간 개인이 내적으로 느끼는 주관적 마음상태인 데 반해 도덕은 외적인 행동양식이나 생활 태도에도 적용되며 시간과 공간에 따라 변화하는 것이 아니라고 주장한다. 그리고 칸트의 철학에서 절대적 지위를 갖는 이 도덕법칙의 근원이 무엇인가에 대해 저자는 그것이 자연원리나 사회, 신으로부터 온 것이 아니고 행복을 목표하는 것도 아니라는 칸트적 대답의 의의를 밝힌다.

저자에 따르면 "도덕법칙은 감성적 욕구와 이기적 욕망의 인간을 이성적 질서로 고양시키기 위한 안내자"이다.[16] 그렇다면 이 도덕법칙, 즉 인간이 어떤 방식으로 판단하고 행동해야 한다는 당위판단은 어떻게 정당화될 수 있는가? 자연의 원리에 따른 필연적 귀결, 사회나 신의 명령이 아니라면 도덕법칙의 근원은 무엇인가?

실천규칙은 이성이 산출한 것이다. 왜냐하면 실천규칙은 목적으로서의 결과에 대한 수단으로서의 행위를 지시하는 것이기 때문이다.[17]

중요한 것은 "인간은 누구나 자신의 양심 안에서 인간이면 마땅히 따라야 할 도덕법

---

16   위의 책, 135쪽.
17   위의 책, 115쪽 주 5 재인용.

칙을 의식하고 있다는 것이다."[18] 그리고 "그런 가치들을 상대화시키면서 그것들을 선으로도 악으로도 만들 수 있는 기준, 궁극적인 선악의 자리는 바로 인간의 뜻, 의도, 의지"[19]라는 의미의 선의지, 그 자체로 선한 것, 상대적이지 않은 의미에서의 선한 것이 인간에게 있다는 것이 칸트의 주장이다. 그러면서 저자는 선의지가 『순수이성비판』에서 논의된 대로 개별적이고 경험적인 자아의 현상적 차이성을 넘어서는 보편의식으로서의 초월적 자아 또는 초월적 자아의 자유 이외의 다른 것이 아니"라고 주장한다.[20] 인간이 한편으로는 시공간적으로 제약된 현상적 자아이지만, 현상의 인과필연성을 넘어서는 초월적 자유의 자아의 측면에서는 "보편적인 초월적 시점"에서 사유, 판단, 및 행위하는 도덕주체이기 때문이다.[21] "의지가 그것이 지향하는 대상인 경험적 내용에 의해 완전히 규정되지는 않는다"는 것이 곧 인간의 의지를 자유의지로 만드는 것이다.[22]

준칙의 법칙수립적인 순수 형식만을 법칙으로 삼을 수 있는 의지가 곧 자유의지이다.[23]

그런데 문제는 인간이 동시에 행복을 지향하는 본성을 가지고 있다는 점에 있다. 저자는 4장에서 "덕복일치의 최고선이 실현가능한가?"를 묻는다. 칸트가 최고선으로 말하는 것은 도덕과 행복이 일치하는 것이다.

어떻게 우리는 도덕적이고자 하면서 동시에 행복해지기를 바랄 수 있을까? (…) 철저히 도덕적이고자 한다면 행복하기를 기대하지 말고, 행복하기를 꿈꾼다면 스스로 도덕적이기를 포기해야만 하는 것인가? 행복추구와 도덕성이 서로 다른 것임에도 불구하고 그 둘이 하나로 종합되기를 바란다면, 그 종합은 어떻게 가능한가?[24]

---

18   위의 책, 117쪽.
19   위의 책, 119쪽.
20   위의 책, 120쪽.
21   위의 책, 120쪽.
22   위의 책, 127쪽.
23   위의 책, 127쪽 재인용.
24   위의 책, 136쪽.

이는 곧 저자가 파악한 것처럼 칸트에게 있어서 도덕 자체가 인간이 지향하는 최고선은 아니라는 것을 뜻한다.[25] 도덕성과 행복은 인간의 두 본성으로, 어느 하나가 버려지거나 포기될 수 있는 것이 아니다. 저자는 "도덕적이고자 하면서도 행복하기를 바라고, 행복한 속에서도 도덕을 완성하기를 기대하는 것"을 인간의 궁극적 지향점으로 보고 우리는 "자기 자신에 대해서뿐 아니라, 다른 사람에 대해서도 그 사람의 도덕적 완성과 더불어 지상에서의 행복을 기원"한다고 주장한다.[26] 그러나 칸트가 덕과 복의 결합을 최고선으로 규정할 때, 그것은 곧 "도덕의 요구(덕)가 현실성의 원리인 행복의 요구(복)와 적당히 절충해야 한다는 의미가 아니다."[27]

4. 아름다움의 선험성과 궁극목적으로서의 인간

5장과 6장에서는 『판단력비판』을 중심으로 미와 숭고, 자연에 대한 칸트의 답변이 다루어진다. 먼저 『판단력비판』에서 주목할 만한 칸트 철학의 독창성은, 인간 심성의 작용에서 대상에 대한 객관적 인식이나, 주관적이고 실천적인 욕구가 아닌 제3의 의식 활동을 발견했다는 것이며 그러한 의식 활동이 엄밀한 보편타당성과 필연성을 가질 수 있다고 주장한 것에 있다. 미에 대한 학문적 체계화가 진리 인식이나 도덕 실천보다 더 늦게 이뤄진 것은 미나 예술이 객관적 학문의 대상이 될 수 없었기 때문인데, 그것은 아름다움이나 숭고함 등에 대한 판단은 주관적 느낌에 그칠 뿐이고, 그렇기 때문에 각 개인마다 그 내용이 달라지기 때문이다.[28]

반면 칸트는 인식이나 판단에서의 엄밀한 보편타당성과 필연성은 다른 것이 아닌 바로 인식 주관으로서의 인간의 선험적 형식에서 얻을 수 있다는 점을 미적 판단에도 동일하게 적용한다. 인간이 갖는 관심은 "무관심의 관심"으로 동물적 차원과 이성적 차원을 모두 갖고 있는 인간에게서만 만족될 수 있는 관심이다.[29]

이렇게 보았을 때 반성적 판단력을 통해 아름다운 예술 작품이 미의 보편적 규칙을 따라 만들어지는 것이 아니라 천재적 예술가의 영감에 따라 만들어진다는 칸트의 주

---

25 서양근대철학회, 『서양근대철학』, 창작과 비평, 2001, 375쪽 참조.
26 한자경, 『칸트 철학에의 초대』, 서광사, 2006, 136-137쪽.
27 서양근대철학회, 『서양근대철학』, 창작과 비평, 2001, 375쪽.
28 한자경, 『칸트 철학에의 초대』, 서광사, 2006, 165쪽 참조.
29 위의 책, 175쪽.

장은 주목할 만한 것이 된다.

> 미적 예술은 천재의 예술이다. 천재란 예술에 규칙을 부여하는 재능이다.[30]

규칙에 따라서 예술 작품을 만들어내는 것이 아니라, 오히려 예술 자체에 규칙을 부여할 경우 그것이 미적인 예술이 된다는 것이다. 칸트가 말하는 미적 판단은 "이미 존재하는 보편적인 객관적 기준이나 객관적 개념에 따라 행해지는 것이 아니라, 개별 작품이 내게 일으키는 느낌 또는 감정에 따라 행해"지는 것이다.[31] 즉 우리가 어떤 작품을 감상할 때 예컨대 그 작품이 미술 작품이라고 하면 그 작품이 원근법, 황금비 등을 지켜서 완성되었다는 것을 파악한 후에 비로소 그 작품을 아름답다고 평가하지 않는다는 것이다. 우리는 그 작품을 보고 아름다움을 먼저 느끼게 되기 때문이다. 오히려 많은 사람들이 공통적으로 아름답다고 느끼는 작품들에게서 원근법이나 황금비와 같은 보편적인 규칙을 찾아냈다고 보는 것이 더 합당하다. 물론 보편적인 규칙을 찾아냈다고 해서 이것이 마치 미에 대한 보편적 규칙을 '경험적'으로 도출해 냈다고 해서는 안 된다.

숭고라는 감정의 경우에도 마찬가지이다. "무한정한 것은 객관적 사물 자체가 아니라 이성의 이념"이고 "자연 안의 어떠한 사물도 우리가 그것보다 더 큰 것을 생각할 수 없게끔 그렇게 단적으로 큰 것은 없다."[32] 즉 어떤 대상을 숭고하다고 판단할 때 "실제로 숭고한 것은 그렇게 판단되는 대상에 놓여있는 것이 아니라 그렇게 판단하는 우리의 심성상태라는 것을 의미"한다.[33]

> 반성적 판단력을 활동시키는 객체의 표상에 의해 야기된 **우리의 정신 상태 자체가 숭고한 것이지, 객체 자체가 그런 것이 아니다.**[34]

---

30   위의 책, 172쪽 재인용.
31   위의 책, 173쪽.
32   위의 책, 186쪽.
33   위의 책, 186쪽.
34   위의 책, 186–187쪽 재인용.

이렇게 칸트는 진과 선, 미에 대한 선험적 종합판단이 가능하다고 논증한다. 이에 대해 저자는 다음과 같이 평가한다.

이론적 판단이나 실천적 판단 나아가 미적 판단에서 그 판단의 기초와 근거가 되는 진과 선과 미를 그렇게 판단하는 인간 주관의 의식을 떠난 객관적 실재로 간주하는 것은 독단일 뿐이다. 객관적인 근거나 기준을 설정하는 독단론에 빠지지도 않고 그렇다고 일체의 보편성을 부정하는 회의론에 빠지지도 않으면서 그 각각의 영역에서 판단의 보편타당성을 확보해나가는 것 그리고 그에 따라 인식론과 윤리학 그리고 미학의 성립근거를 밝혀나간 것이 칸트 초월철학의 시도이며 그 성과라고 볼 수 있다.[35]

이후에 칸트는 자연에 속한 존재자로서의 인간이 갖는 목적이 무엇인가에 대해 물으며 자연 자체가 무엇인가를 고찰하는데 "기계와 유기체: 자연은 어떤 존재인가?"에서 저자는 기계와 구분되는 유기체로서의 인간은 자연의 한 부분으로서 궁극목적을 갖는 존재임을 설명한다.

6장에서 저자는 인간과 인간을 포함하는 자연 전체의 목적이 무엇인가를 논의한다. 인간을 자연물 중 하나로 보았을 때 자연물은 크게 합목적적 수단이거나 자기 목적적 존재일 수 있다. 그리고 칸트는 자연 전체의 수단-목적 계열의 목적론적 연관 관계 속에서 그 최종목적은 언제나 인간이라는 것을 밝힌다.

도덕적 존재자로서의 인간에 관해서는 '무엇을 위하여 그는 현존하는가?'라고 더 물을 수가 없다. 인간의 현존재는 최고의 목적 그 자체를 자신 속에 가지고 있어서, 인간은 가능한 한 최고의 목적에 전 자연을 예속시킬 수 있으며, 적어도 그 최고의 목적에 반하는 자연의 어떠한 영향에도 복종해서는 안 되는 것이다."[36]

5. 인간과 사회, 그리고 인류

3-6장이 칸트 실천철학의 개인적 측면을 다루었다면 7장과 8장은 인간이 모여 구성하

---

35 위의 책, 189쪽.
36 위의 책, 213쪽 재인용.

게 되는 사회와 법, 역사에 대해 다룬다. "개인의 도덕성과 사회의 법은 어떤 관계에 있는가?"라는 물음이 궁극적으로 묻는 것은 인간의 본성이 과연 무엇이냐는 것이다. 인간의 본성은 사적인 이기심인가, 아니면 공적 보편의지인가? 그러한 본성을 갖춘 인간이 어떻게 해서 사회나 국가라는 공동체를 형성하였는가? 인간이 형성한 공동체의 성질은 어떤 것인가? 인간 개인의 본성으로서의 내면적 도덕은 공동체의 법과는 어떤 관계를 맺고 있는가가 주된 물음들이다.

저자는 먼저 7장에서 이러한 물음들에 대해서도 칸트의 답변은 현상세계와 인간의 존재론적 지위를 구분하는 것으로 해석될 수 있다고 주장한다. 나아가 저자는 이러한 이원성이 "인간 자신에서 발견되는 이원성"임을 강조한다.[37] 경험적 자아와 초월적 자아라는 인간 자아의 두 가지 측면은, 일상적 차원에서 주객분별의 투쟁 관계에 놓인 개인과 그러한 일상적 자타분별을 넘어선 평등하고 존엄한 존재로서의 인간이라는 것이 공존한다는 것이다. 저자는 칸트 이전의 철학자들 특히 홉즈와 루소는 각각 사적인 이기심과 공적 보편의지를 강조한 반면, 칸트가 인간 자아의 양면성에 대한 통찰을 제시하면서 이 두 가지를 조화시켰다고 주장한다.

8장에서 저자는 이러한 본성을 가진 각 개인으로서의 인간에서 나아가 사회 그리고 인간이라는 류가 형성하는 역사의 방향성이 무엇인가에 대한 칸트적 답변의 의의를 밝힌다. 인류의 역사는 진보하는가 퇴보하는가? 저자는 "삶으로써 문제를 일으키고 삶을 통해 문제를 해결해 나가는 것은 결국 원점으로 되돌아가는 것이 아닌가? 그런데도 인류 전체의 역사에 대해 진보를 말할 수 있다면, 그 진보가 의미하는 바는 과연 무엇인가?"[38]라고 물으며 역사의 '진보'에 대해 문제 삼는다.

칸트에 따르면 자연에서 자유로의 이행이 진보의 첫걸음이다. 자유는 일차적으로 자연적 본능(식욕과 성욕)으로부터의 자유이다. 물론 이것이 이러한 본능을 완전히 거세한다는 것을 뜻하지는 않는다. 다만 자유로의 이행은 이러한 자연적 본능에 따를 것인지 말 것인지에 대한 주체의 결정 능력을 뜻한다.[39] 칸트는 인간이 상상력을 통해 현재를 넘어선 미래를 그려보고, 그 안에서 스스로 자신의 의지를 결정하는 자유를 의식하게 된다고 주장한다.

---

37   위의 책, 224쪽.
38   위의 책, 251쪽.
39   위의 책, 258쪽.

인간사 전체의 과정은 선으로부터 악으로 타락해 가는 것이 아니라, 오히려 나쁜 것에서부터
나은 것으로 서서히 발전해 가는 것이다. 자연은 모든 사람에게 **각자 힘이 닿는 한 이러한 진
보를 위해 기여할 사명을 부여**하였다.[40]

인류의 진보는 개체적 인간의 개별적 행위를 통해 이룩되는 것이지만, 그러나 그러
한 인류의 진보는 칸트에 따르면 인간 개인의 차원에서가 아니라 오직 인간류(類)의
차원에서만 논할 수 있다. 그는 자연 안의 이성의 계획은 인간 개인을 위한 것이라기
보다는 인간류로서의 인류 전체의 관점에서만 발견될 수 있다고 강조한다.[41]

6. 칸트 이후: 독일관념론으로의 이행

마지막 장에서 저자는 칸트 이후에 진행되는 흔히 독일관념론으로 불리는 피히테-셸
링-헤겔의 철학이 어떤 방면에서 칸트를 수용 및 비판하는가에 대해 논한다. 칸트 철
학에서 남는 여러 가지 문제들 중 독일관념론이 해명하고자 하는 것은 칸트가 초월적
통각이라고 부르는 것의 자기 직관 불가능성을 비판하는 것으로부터 출발한다. 이론
적 차원에서 규정될 수 없고 인식될 수 없는 것으로 남겨지는 초월적 자아 혹은 초월
적 통각은 실천적 차원에서는 "의지의 자유로서 도덕판단의 근거"가 되지만 동시에
"그 자체 안에 자신의 자유를 부정하고 전도시킬 수 있는 근본악이 도사리고 있"다는
점에서 불가사의한 측면을 갖는다.[42]

저자는 초월적 자아의 자기 인식의 불가능성에 대한 칸트의 태도는 기본적으로 기
독교적 인간관이 전제된 것이라고 본다. 인간이 현상 세계를 자신의 형식을 갖고 구성
하므로 현상에 대해서 인식할 수 있지만 그 현상을 구성하는 자기 자신에 대해서 알
수 없는 이유는 자기 자신을 신이 만들었다고 보기 때문이라는 것이다.[43]

칸트 이후의 피히테는 칸트에게서의 초월적 자아의 자기 인식 불가능성이 오히려
모든 학문의 가장 근저의 기초가 되며, 그러한 기초에서부터 체계적인 지식론이 완성
될 수 있다고 주장하였다. "전체 지식론의 기초", 즉 가장 확실한 앎으로서의 학문의

---

40   위의 책, 266쪽 재인용.
41   위의 책, 267쪽.
42   위의 책, 274쪽.
43   위의 책, 275쪽.

제1원리는 이 초월적 자아의 자기 인식이라는 것이 피히테의 견해이다. 피히테는 칸트가 부정한 '지적 직관(intellektuelle Anschauung)'을 사태를 대상화시킴 없이 그 자체로서 직접 포착하는 정신활동으로 보고 이러한 대상화를 일으키지 않기 위해 초월적 자아의 활동을 사실과 행위가 하나인 사행(Tathandlung)으로 해석한다.

피히테에 이은 셸링은 일체가 자아라고 주장함으로써 자연 역시 자아와 마찬가지로 궁극적 실재성을 가진다고 주장한다. 셸링에 따르면 반성을 통해 분리를 시작하고 다시 반성을 통해 그 분리를 넘어서는 것이 철학이다. 셸링은 이러한 주객의 분리가 자연적 통합과 동일성을 상실한 "정신병"과 유사하지만, 철학은 스스로의 반성, 즉 자유를 통해 이 분리를 다시 회복한다고 주장한다. 칸트의 초월철학에서는 설명되지 않았던, 일자적인 자아가 어떻게 해서 주관과 객관으로 이분화되는가에 대한 설명이라고 할 수 있다. "자기 분열은 자기기만"이라는 사르트르의 말처럼 사실은 이 근원적 자아라고 하는 것은 애초에 분열되지 말아야 했던 것일 수도 있다.

독일관념론의 완성이라고 할 수 있는 헤겔의 절대정신의 철학은 셸링이 모든 차별을 배제한 무차별적 동일성을 주장했다고 비판한다. 헤겔은 근원적 차원의 동일성과 현상 세계에 나타나는 비동일적 차별성을 종합하고자 하였다. 특히 헤겔은 이러한 차별적 현상지와 무차별적 절대지가 상호 연관된다는 것을 인간의 정신에서 찾고 있다. 저자는 칸트에 의해 열린 초월적 관념론은 이후의 피히테, 셸링, 헤겔에 의해 그 초점이 초월적 자아에 맞추어진 형이상학적 체계라고 평가한다.

⟨참고문헌⟩

김진·한자경, 『칸트: 인간은 자연을 넘어선 자유의 존재다』, 21세기북스, 2015.
서양근대철학회, 『서양근대철학』, 창작과 비평, 2001.
한자경, 『심층마음의 연구: 자아와 세계의 근원으로서의 아뢰야식』, 서광사, 2016.
한자경, 『칸트 철학에의 초대』, 서광사, 2006.

『나를 찾아가는 21자의 여정』

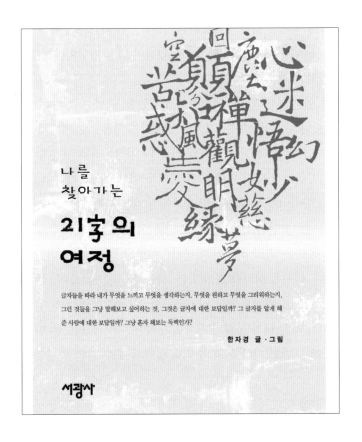

발행 연도: 2006년
펴낸곳: 서광사
144 페이지

지은이의 말

중학생 때 날 좋아하던 한 친구가 당시 자주 내게 편지를 전해줬는데 어느 날 갑자기 교회에 나가더니 편지에 예수님에 대한 사랑을 적어 보냈다. 그걸 읽는 순간 나는 그 애는 더 이상 나를 좋아하는 것이 아니라고 느꼈다. 인간이 과연 신을 질투해도 되는 것일까? 이 풀리지 않는 물음이 어느 날은 불꽃이 되고 어느 날은 재가 되고, 어느 날은 가시가 되고 어느 날은 상처가 되면서 나의 내면을 들끓게 했다.

인간과 신, 유한과 무한 사이, 애증이 교차된 갈등으로부터 내 마음 안에 저 오래된 화두 '나는 누구인가?'의 물음이 생겨난 것인지도 모른다. 그 답을 찾아가는 방황의 날들. 그러면서 언제부터인가 나는 흔들리지 않는 확신으로 인간이 인간 이상이라는 것, 인간이 신이라는 것, 즉 '내 안의 신'을 믿게 되었다.

그렇다고 내가 곧 신이라는 말은 아니다. 내가 내 안에서 확인할 수 있는 것은 내 안에 있어야 할 신이 나를 떠나갔다는 사실뿐이다. 남겨진 빈자리가 아픔으로 메워지면, 그때 비로소 그렇게 떠난 자가 내 밖의 신이 아니라 바로 나 자신이라는 것을 발견한다. 남겨진 나는 내가 아니고 단지 떠나간 나에 대한 그리움 덩어리일 뿐이다. 내가 나를 떠나고 그래서 내가 나를 찾아야 하는 유령들의 숨바꼭질 같은 인생.

그 인생길에서 되찾아야 할 나, 내 안의 신, 그런데 그 신은 나와 너, 나와 세계의 분별을 넘어선 존재가 아닌가? 우리는 결국 하나가 아닌가? 이렇게 해서 나는 '인간이 곧 신'이라는 인내천(人乃天)이 '타인을 신처럼 섬기라'는 '사인여천(事人如天)'을 뜻함을 알게 되었다. '내 밖의 신'(기독교)과 '내 안의 신'(불교)의 갈등이 결국 우리 안의 신, '우리의 신'의 형태로 정리된 것은 내가 동학의 후예이기 때문일까? 그리고는 인간 사이의 신의 임재, 천국의 도래 그리고 지상 위의 불국토 실현이 모두 같은 이념임을 상기하게 되었다.

'우리의 신'에 대한 소망은 지상 위의 우리의 삶, 우리의 사랑, 우리의 고통을 긍정하고픈 열망 때문일 것이다. 우리가 이토록 영겁을 두고 윤회하는 것은 우리 안에 못 다한 사랑, 평생을 다해도 아직 못 다한 사랑이 남아 있기 때문일 것이다. 줄어들지 않는 이 사랑이 과연 신에의 사랑과 다른 것일까? 그대와의 하나 됨이 신과의 하나 됨과 과연 다른 것일까? 이 사랑을 긍정하는 것이 진정 불교에 대한 반역일까? 신과의 하나 됨을 꿈꾸는 것이 정말 신성에 대한 모독일까?

이 물음들은 누구나의 가슴속에 자리 잡고서 때로는 삶을 아름답고 따뜻하게 만들기도 하고 또 때로는 삶을 절망과 갈등투성이로 만들어놓기도 하는 그런 물음일 것이다. 내게도 그렇게 남아 있던 이 물음들이 이 글을 쓰게 한 것 같다. 다만 이 물음들을 분석하고 그 답을 논증하기보다는 그냥 느껴지는 대로 생각나는 대로 써내려 갔다. 그러면서 생각들이 뒤범벅되는 혼동을 피하기 위해 일렬로 정리하고 각 단계마다 제목을 붙여보았는데, 그것이 21자로 간추려졌다. 출발지점에서 목적지를 향해 한 발자국씩 걸어 나가듯 그렇게 나를 찾아 앞으로 나아가는 각 단계를 21개의 단계로 나열하고, 그 각각을 한 글자로 대변해 본 것이다. 21은 3 곱하기 7이다. 3편씩 묶어 한 단락으로 보면, 한 단락 마칠 때마다 숨 한 번 돌리고 그다음 단락으로 나아갈 수 있을 것 같다. 그렇게해서 여기 그려진 나를 찾아가는 고민들의 여정이 삶의 여정처럼 한 길로 이어지는 것처럼 보인다면 다행이겠다.

그런데 그 사색의 여정을 왜 굳이 이런 방식으로 표현하였는가? 인간 영혼을 사로잡고서 운명처럼 따라다니는 물음, '나는 누구인가?'의 물음, 그 답을 알기 전까지 그 누구도 진정 행복하다고 말할 수 없을 것 같은 그 물음에 대한 사색을 이제까지와는 아주 다른 방식으로 표현해 보고 싶은 생각이 들었기 때문이다. 어쩌면 우리는 모두 같은 것을 묻고 같은 것을 생각하고 같은 것을 원하며 살고 있는지도 모른다. 내가 오래도록 물어온 '나는 누구인가?'의 물음은 결국 내게 다가오는 당신, 내가 사랑하는 당신을 향해 '당신은 누구십니까?'를 묻고 있는 물음인지도 모른다. 내가 나를 발견하는 것은 우리 안의 하나를 발견하는 것과 맞물려 있는지도 모른다. 더 이상 홀로 개념에 싸여 외로워할 필요가 없는지도 모른다는 생각이 들었다. 그러자 철학적 논변 방식보다 좀 더 간단하고 쉬운 전달방식을 찾아보고 싶은 충동이 생겼다. 그러나 시나 소설, 그림이나 음악은 내가 아는 길, 내가 갈 수 있는 길이 아니다. 언제나 그 길은 예술적 천재나 가는 길이라고 생각하며 나 같은 범인은 감히 범접하기 힘든 것으로 여겨왔다. 시인도 못 되고 화가도 못 되는 나. 그래서 내가 나를 물고 간 철학의 길. 문득 그 길이 형극의 길처럼 느껴지면서 억눌렸던 절규가 터져 나오는 것인지도 모르겠다. 그러니 이것은 시도 아니고 그림도 아닐 것이다. 그저 더듬거리면서 무작정 밖으로 기어나가고자 했지만, 그래도 아직 철학 안에서 뒹굴고 있는 것인지도 모른다.

분명 하고 싶은 말은 있었다. 그러나 하고 싶은 말의 내용보다 그 말을 어떻게 전달해야 하는가의 표현방식에 더 많은 고민을 하기는 이번이 처음인 것 같다. 철학적 물음, 철학적 고민, 철학적 사색을 과연 이런 식으로 표현해도 되는 것일까? 개념적 논증의 틀을 벗어나 감성적인 단어들을 사용하고 비유적 표현도 허용하며 그림까지 덧붙여 보는 것, 이런 것들이 과연 우리의 의사소통에 도움이 될까?

시답지 않은 시와 그림 같지 않은 그림만으로는 내 마음에 담긴 생각이 제대로 다 표현되지 않았을 것 같아 사족처럼 각 글자마다 단상을 달아보았다. 그리고 또 두 편의 글을 덧붙였다. 그것들 역시 나름대로 철학적 논문이 아닌 방식으로 표현해 보고자 노력하였지만, 그러나 그것 또한 문학적 글쓰기라고 하기에는 부족할 것이다.

이 별 볼 일 없는 것을 부끄러운 줄도 모르고 지인들에게 좀 봐달라고 들이밀기도 했는데, 그럴 때 참을성 있게 봐주면서 성의 있는 조언을 해주었던 사람들에게 감사한다. 그럼에도 좀 더 아름다운 시어, 좀 더 부드러운 운율, 좀 더 함축적인 이미지, 좀 더 부드러운 문장을 떠올릴 수 없음은 결국 나의 한계일 것이다. 그 한계를 알면서도 이런 형식의 책을 내놓으려 하니 이전보다 한층 더 짙은 아쉬움과 부끄러움이 밀려온다. 이 막막한 우주공간 안에 내가 만들어 놓을 부끄러움의 파장, 그것을 누가 감지할까?

2006년 가을
한자경

후기

아직도 나는 책을 낼 때면, 왜 이런 별 볼 일 없는 책을 세상에 내 놓는지에 대한 변명을 해야만 할 것 같은 그런 강박관념을 가지고 있는가 보다. 늘 그런 변명이 후기를 쓰게 한다. 게다가 얼마 전에 누군가로부터 들었는데, 세상에는 술에 취하면 입고 있는 옷을 모조리 벗어버리려 하는 사람도 있다는 것이다. 글을 쓰는 것, 자신을 표현하려고 하는 것, 자신의 생각과 느낌을 속속들이 드러내고 싶어 하는 것, 어딘가 그 술주정과 통하는 듯 싶었다. 취중이 아닌 맨정신으로 몸이 아닌 맘을 드러내려는 차이가 있을 뿐. 취중 행각은 술 깨면 기억나지 않겠지만, 써놓은 글, 출판된 책은 눈앞에 남아 있을 텐데 부끄럽지도 않은가?

그런데도 글을 쓰는 이유가 뭘까? 남에게 나를 알리고자 함이 무엇 때문일까? 남이 나를 알고 또 내가 남을 안다는 것이 우리 인생에서 의미하는 바가 무엇일까? 예전에는 사람이 다른 사람을 안다는 것 또는 모른다는 것이 내겐 전혀 문제가 되지 않았다. 내가 나를 모른다는 사실, 그 사실 하나만으로도 충분히 절망스러웠기 때문이다. 그렇게 해서 나는 많은 세월을 길고 긴 어둠의 터널을 통과한 것 같다. 어느 날인가부터 내가 쓰는 글들은 그때 그 터널 속에서 숨이 막히도록 들이마신 어둠을 토해내는 것인지도 모른다. 아니, 나는 아직도 터널 속에 있으면서 어둠을 마시고 토하고 다시 그것을 마시며 사는 것은 아닐까? 이미 터널에 익숙해진 채 그 어둠을 호흡하며 살고 있는 것은 아닐까?

이러니 결국 이 후기 또한 의미 없는 사족일 뿐이리라. 글은 빛이 아니고 색이며, 터널 또한 빛이 새어 들어오지 않는 암흑일 뿐이다. 그러니 터널에서 마신 어둠이 낳을 수 있는 것 또한 색일 수밖에, 글일 수밖에 없는 것일까? 글도, 색도 모두 다 사랑하고 싶다는 이 글의 결론, 그건 내가 아직도 색의 세계에 살고 있기 때문일까?

여기 내가 고른 21자의 글자들은 들을 때마다 내 가슴을 뛰게 하는 글자들이다. 과거 어느 때인가는 수없이 고(苦) 자를 되뇌인 적도 있고, 또 어느 때인가는 혹(惑) 자를 되뇌인 적도 있다. 물론 고(苦) 대신 락(樂)을 생각하거나, 명(明) 대신 무명(無明)을 생각한 적도 많았고, 또 자(慈) 대신 인(仁)에 이끌리거나 심(心) 대신 신(神)에 심취한 적도 있었다. 그런 글자들도 내 심장을 뛰게 하는 글자이고 개념이며 살아 있는 정신들이다. 그렇게 많은 글자들이 나를 깨어 있게 한다. 그렇다면 글자에 대한 보답일까?

글자들을 따라 내가 무엇을 느끼고 무엇을 생각하는지, 무엇을 원하고 무엇을 그리워하는지, 그런 것들을 그냥 말해보고 싶어 하는 것, 그것은 글자에 대한 보답일까? 그 글자를 알게 해준 사람에 대한 보답일까? 그냥 혼자 해보는 독백인가?

목차

서평: 21자의 게송에 담긴 보살의 마음

1. 프롤로그

이 책은 2006년에 발간되었다. 벌써 18년 전 일이다. 때는 여름방학 직전이었던 걸로 기억한다. 이 책을 펴내기 전 교수님께서는 한번 읽어보라고 내게 원고를 보내셨다. 나는 낯선 학교, 낯선 학생들과 조금은 주눅 든 채로 서울과 제주를 오가며 박사 첫 학기 수업을 듣고 있었다. 그때의 나는 전생에 무슨 업보로 이 힘든 여정을 보내고 있는지 스스로도 궁금할 정도로 공부와 일에 쫓겨 심신이 피폐해져 있었다.

나는 기말 리포트를 쓰느라 거의 정신이 반쯤 나간 상태로 이 원고를 받았다. 앞에는 시가 있고 이어 산문으로 시에 대한 해설과 설명이 담긴 원고를 나는 조금은 의아해하면서 페이지를 넘겼다. 그러다 기말 리포트 쓰느라 뒤로 제쳐 놓고 있었는데, 교수님께서 읽어봤느냐고 물어보셔서 약간은 미안함에 페이지를 넘겼다. 그때는 시라고 느낀 부분이 마음에 들지 않았다. 시라고 하기엔 문학적인 요소가 부족하다고 느꼈다. 형식도 무슨 도형처럼 너무 꽉 짜인 것처럼 여겨졌다.

그리고 겨울이 되어 책이 나왔다. 원고 꾸러미가 책이 되어 나왔을 때는 아주 근사한 모습을 하고 있었다. 비록 작은 책이지만 시와 산문과 그림, 그리고 논문과 산문까지 담긴 아주 알차고 야무진 책으로 보였다. 그리고 나는 이 책을 불교를 좋아하는 주변 사람들에게 선물했고, 이 책을 받은 사람들은 다시 이 책을 사서 다른 사람에게 선물할 정도로 이 책을 좋아했다.

그러고는 한동안 잊고 있었는데 서평을 쓰려고 이 책을 다시 읽어보니 이 책이 전혀 다르게 느껴졌다. 그때 나는 시를 좀 써보기는 했지만 불교에 대해서는 아무것도 몰랐던 학생이었는데, 18년이라는 시간이 흐르는 동안 학위를 받고 불교학자가 되어 다시 이 책을 읽으니, 이제야 저자의 의도와 책의 진가가 제대로 보이는 느낌이다.

2. 21자에 담긴 일심의 자비 사상

불교에서 21이라는 숫자는 상징적인 의미를 갖는다. 절집에서 하는 3·7일 기도가 있다. 일반 사람들도 숫자를 세서 하는 백일 기도, 천일 기도는 많이 들어봤을 것이다. 3·7일 기도는 21일간 하는 기도로 7일간 3번 곧 3주간 기도하는 것이다. 7세기경 한자 문화권에 등장하여 당시 중국 최고 선사인 규봉 종밀에 의해 정리된 『원각경』에는 21일 동안 부처님이 살아계실 때처럼 똑같이 법당을 장엄하게 꾸미고 21일간 예불을 올리며, 애절히 참회하면 좋은 경계를 만나고 마음이 거뜬해진다며 기도 방법을 소개하고 있다.

　물론 백일이나 천일 기도도 좋지만 출가 수행자가 아닌 일상인의 입장에서 백일, 천일이 버거울 때 3·7일 기도는 큰 부담 없이 불자들이 종종 하는 기도 중 하나이다. 나 또한 종종 3·7일 기도를 했던 경험을 생각하면 21일이란 현재의 업을 다른 업으로 바꾸는 단초를 만들어 주는 가장 효과적이고 단기적인 기간이라는 생각이 든다. 물론 백일은 신체적 습관을 바꿀 수 있고, 천 일은 정신적 습관을 바꾸고, 만 일은 아주 다른 사람으로 만들 수 있는 시간이다. 그러나 하루가 쌓여 한 달이 되듯, 3·7일 기도는 자신이 가진 업의 방향을 바꾸는 첫 출발이 되는 기도라 할 수 있다.

　책에 담긴 21자는 그 글자가 마치 깨달음으로 향하는 화두처럼 주어지고 그 화두는 시로, 그림으로, 해설로 독자의 이해를 돕고 있다. 만약 이 셋이 각각 따로 묶여 있었다면 그 진의를 파악하는 데 일반인이 접근하기에는 쉽지 않았을 것이다. 물론 출가 수행자나 태생적인 철학자는 너무도 당연히 이런 고민들을 오래 붙들고 있었겠지만, 살아가면서 한 번쯤은 자신을 휘감았던 깨달음에 대한 열망들은 보통 사람의 경우 삶의 흐름 속에서 서서히 희미해져 버렸을 것이다.

　이 글자들을 살펴보면 분(分)·연(緣)·고(苦) / 풍(風)·진(塵)·공(空) / 환(幻)·몽(夢)·심(心) / 혹(惑)·미(迷)·지(知) / 관(觀)·선(禪)·오(悟) / 회(回)·명(明)·묘(妙) / 애(愛)·자(慈)·원(願)이다. 이들은 세 자씩 묶여 총 7개로 분류되었다. 그렇다면 이 글자들의 배열과 3자씩 7개로 묶인 것이 의미하는 바는 과연 무엇일까? 처음 글자는 분(分)이다. 그리고 이어 연(緣)과 고(苦)가 한 쌍을 이루고 있다.

　빛도 소리도 없이
　시작도 끝도 없이

누가 일으킨 숨결

스치고 지나가는 바람되어

나의 영혼을 깨워 놓았는가?

나를 찾게 하였는가?

그대의 침묵 속에

혼자 가는 길

분(分)·연(緣)·고(苦)의 챕터에서는 자아 분열의 과정을 다루고 있다. 인간이 세상에 태어나 걸어다니고 말을 하고 자기 의식을 갖는다는 것은 성장한다는 것이고, 결국 세계로부터 나를 분리시키는 과정이다. 세계로부터 분리된 나는 연기에 의해 과거, 현재, 미래로 나아가 윤회한다. 이 연(緣)이 바로 십이연기(十二緣起)이다. 이 연(緣)의 출발은 무명(無明)이다. 중생은 밝지 못한 어리석음 즉 전체로서의 나를 알지 못하고, 분리된 나를 나로 여기며 집착하고 사랑하며 육도 윤회한다. 이를 모르는 것이 무명(無明)이고 괴로움(苦)이다.

그 분별은 결국 전체로서의 나를 모르고 헛되이 연(緣)을 짓는다. 중생들은 누구나 이러한 분열과 괴로움으로 세사[風塵]에 시달리면서 이 괴로움은 과연 어디서 오는 것이며 나는 왜 괴롭고 나는 누구인가?를 물으며 자기반성을 하게 된다. 이러한 중생들의 여정을 담은 것이 풍(風)·진(塵)·공(空) 부분이다. 그러는 중에 다행히 불법을 만나게 되면 이 모든 것들이 사실은 분열된 내가 만든 환(幻)이자 꿈(夢)임을 알게 되지만 다만 가끔씩 얼핏 보이는 찰나의 깨달음일 뿐 여전히 미혹된 채 살아간다.

그리다 숙세의 인연으로 선지식(善知識)을 만나 존재의 공성(空性)을 깨닫고 자기의 본래 면목을 찾아 수행참구(參究)하여 지혜(觀)를 갖게 되고 깨달음에 활연(豁然)하게 되면 내가 세계라고 하는 것, 나라고 하는 것이 결국 내가 만들어 낸 가상임을 알고, 이것을 그려내는 것이 한 마음(一心) 즉 자기의 본래 성품이 부처임을 알게 되는 것이다. 이러한 내용은 관(觀)·선(禪)·오(悟)에 해당한다.

그러나 여기까지만으로는 이 책의 진면목이 드러나지 않는다. 결국 대승의 정신은 이 깨달음의 마음을 돌려 회향하는 보살의 마음을 일으키는 것이다. 나는 더 이상 개별 자아가 아니고 무한한 공으로 화하여 초월적 자아로 하나가 되는 것은 본래의 하

나를 회복하는 것이고, 부처의 깨달음에서 보살행으로 회향하는 것이다. 이것은 회
(回)·명(明)·묘(妙) 부분으로 결국 보살의 회향은 집착과 사랑을 버리는 것이 아니라
시작도 끝도 없는 영원한 사랑을 하는 것이다.

자(慈)

하나가 전체되어
일심이 흩어져 날리면
마음은 몸의 피를 타고
사랑은 고통이 된다

사랑의 번뇌로 업짓는 중생
업력 따라 육도 윤회하고
중생 구제로 자비에 찬 보살
원력 따라 되돌아 온다

이 땅 위에서 운명처럼
다시 만나는 중생과 보살

중생 사랑의 궁극 아픔도
그대를 두고 떠날 수 없음이니
번뇌로 물든 사랑의 핵
그것은 결국 자비 아닌가!

그래서 이 책 마지막 애(愛)·자(慈)·원(願)에서는 고통도 괴로움도 깨달음도 지혜
도 너도 나도 모두 함께 환희로 하나 되어 춤을 춘다. 이는 일즉다, 다즉일이 형성된
화엄의 세계로 모든 존재는 존재 그 자체로 빛나며 영원을 살아가게 된다.
    그러나 내가 이 책을 처음 읽을 때는 이 구도가 보이지 않았다. 내 지식과 경험이 미
천해서이기도 했지만 그때까지 나는 수행을 경험해 보지 못했고, 불교적인 기도도 해

보지 않았다. 후에 부처님이 깨달으신 그 세계가 어떤 세계인지 너무도 궁금하여 이런저런 수행과 기도를 경험해 보고 경을 읽고 책을 쓰면서 어렴풋하게나마 그 세계의 훈향 정도를 찾을 수 있게 되었을 때야 비로소 이 책의 의도와 구도가 눈에 보인 것이다. 이 책을 기도하는 마음으로 읽으면 부처와 보살로 이끄는 경(經)과 크게 다르지 않다.

3. 그림과 게송에 나타난 보살 사상의 변용

이 책의 또 다른 특징은 바로 그림이다. 이 그림들은 프로가 그렸다기에는 조금 모자라고, 일반인이 그렸다기에는 매우 정교한 필치를 보여준다. 또한 어떤 곳에서는 흑백이고 어떤 지점에서는 컬러이다. 처음 이 책을 보았을 때는 나는 그 의도를 명확히 파악하지 못한 듯하다. 아마 글자를 읽기에 바빴던 것 같다. 그러다 시간적 여유가 생기고 찬찬히 이 책을 뜯어봤을 때 나는 이 책을 쓴 저자가 매우 치밀하게 이 책을 구성했음을 알게 되었다.

  이 책에 나오는 그림의 처음과 끝은 얼핏 비슷한 듯하면서도 다른 것을 알 수 있다. 맨 처음 그림은 마치 바다를 그린 듯한 여러 겹의 파도가 일렁이는 모습을 담고 있다. 그런데 마지막 그림은 처음의 그림과 비슷해 보이지만 차이가 있다. 처음의 분(分)에서 보이는 그림이 흑백의 바다라면 마지막 원(願)에서의 바다는 파란색이 들어 있는 바다의 일렁임이 보인다. 그리고 처음의 바다에는 바다만 있을 뿐 파도가 없었지만 마지막에서 보이는 바다는 바다와 파도가 다 드러나 있다. 이것이 의미하는 바는 책의 가장 마지막 장 〈바닷가에 서서〉에 잘 드러나 있다.

아니야
네가 바라는 것이
물방울이 자기 자신을 바다와 하나이고 너와 하나라고 깨닫는 것이라면,
신이 바라는 것은
네가 너 자신을 우주와 하나이고 신과 하나라고 깨닫는 것은 아닐까?
네가 원하는 것이 물방울이 자신 안에서 너를 발견하여
그 하나됨의 환희에 젖는 것이라면,
신이 원하는 것은

네가 너 안에서 우주와 신을 발견하여
그 하나됨의 환희에 젖는 것이 아닐까?

물방울의 의식이 바다의 의식이고 너의 의식이듯이
너의 의식이 우주의 의식이고 신의 의식이라는 것
그것을 깨닫게 하기 위해
신의 의식이 우주의 의식을 일깨우고
우주의 의식이 너의 의식을 일깨운 것일까?

여기서 우주와 하나되지 못한 물방울이 흑백의 바다라면, 파란색 파도의 물결을 보여주는 컬러로 표현된 그림은 우주와 신과 하나가 된 전체로서의 자아를 의미하는 것으로 바로 바다가 파도이고 파도가 바다인 상태를 드러내는 것이라 여겨진다.

이 책에서 보여주는 그림들은 추상적이고, 형이상학적 사고가 익숙하지 않은 사람들이 친숙하게 나의 마음이 어떻게 세계를 만들어 내고, 그 마음이 곧 타인과 다르지 않으며, 신과 우주와 하나라는 것을 이해하기 쉽게 드러낸다. 이것이야말로 자신의 깨달음을 나누고자 하는 보살의 마음이자, 자타불이를 그림으로 혹은 시로 나타낸 오도송이 아니겠는가?

4. 에필로그

이제 일생 '나는 누구인가'를 붙들고 연구했던 한 학자가 퇴임을 앞두고 있다. 나는 그분의 강의를 듣고 오래 가까이서 봐온 한 사람으로 지금 그녀가 하나의 파도가 바다가 되고, 하나의 바다가 파도가 되는 과정에 놓여 있다는 생각이 든다. 무엇이 그녀를 파도에 대해 생각하게 하고, 바다로 이끌었는지는 모른다. 그러나 꼭 그녀가 아니더라도 이 세상에 태어나 나와 남이라는 인식이 생겨날 때 한 번쯤은 했을 생각을 그녀는 놓지 않고 심연의 깊이까지 파고든 것이다.

그리고 그 심연에서 우리는 둘이 아니라 하나임을 글로, 시로, 그림으로 표현하였다. 하나만 하기도 어려운 것을 시와 그림, 논문, 그리고 에세이를 통해 그녀가 말하려는 것은 무엇일까? 결국 우리의 삶은 한바탕 축제라는 것을 알려 주고 싶은 것이 아닐까? 나와 너, 표층과 심층, 중생과 부처, 생과 사는 결국 이 아름다운 존재의 파노라마

들이며 그것이 하나로 춤추며 공명하는 것이 인생이자 지금 현재 이 순간의 충만함을
함께 나누고자 함이 아닐까?

이화학술총서

명상의
철학적 기초

한자경 지음

이화여자대학교출판부

발행 연도: 2008년
펴낸곳: 이화여자대학교출판부
282 페이지

지은이의 말

내게 있어 철학과 명상은 그다지 크게 다르지 않다. 눈귀를 열어 바깥 세계를 바라보고 머리를 굴려 이런저런 판단을 내려보지만, 그것이 인생과 우주의 신비에 대해 아무것도 말해 주는 바가 없는 것 같아 답답하게 느껴질 때, 그때 나를 위로해 주는 것은 철학이기도 하고 명상이기도 하다. 내가 철학 또는 명상에 대해 기대하는 것은 무엇일까?

나는 우리가 일상적으로 아는 것이 우리에게 가능한 앎의 전부라고 생각하지 않는다. 아니, 일상적으로 알고 있는 것조차, 내가 먹어 치우는 사과 한 알이나 내가 밟아 죽이는 벌레 한 마리에 대해서조차, 사실 나는 그들을 잘 알지 못한다고 생각한다. 그리고 내가 그들을 알지 못하는 바로 그만큼 나 자신에 대해서도 알지 못한다고 생각한다. 나는 그들에 대해 내가 나로부터 그들을 분리시킨 그만큼만, 나와 차이 나는 그만큼만 알 뿐이다. 나와 분리되지 않고 차이 나지 않는 부분, 나와 하나로 상통하는 그 부분에 대해서는 알지 못한다. 그래서 그들을 모르는 만큼 나를 알지 못하는 것이다.

그렇게 가려진 부분, 일상의 분별적 의식이 포착하지 못하는 부분을 육안이 아닌 심안(心眼)으로 깨닫고자 하는 것이 명상이라고 본다. 일상의 의식에 가려져 있는 마음 심층으로 내려가 표층 의식적 분별이 덜어진 빈 마음으로 내가 타인, 동물, 식물 그리고 자연 전체와 우주 전체와 하나라는 것. 천지 만물에 나 아닌 것이 없다는 것을 깨닫는 것이 명상의 궁극 지향점이라고 본다.

나는 이것이 일상의 부정이 아니고 일상의 의식에 새로운 빛을 더해주는 일상의 구제이며, 차이의 부정이 아니고 일체의 현상적 차이에 새로운 의미를 더해주는 현상의 구제라고 생각한다. 솔개가 날고 물고기가 뛰는 연비어약(鳶飛魚躍)의 이 활발발한 세계를 경이와 감탄으로 바라보는 것이 그들과 내가 하나라는 자각, 하나의 생명이라는 자각이 없이 가능할까? 그들과 나 사이를 소통하는 하나의 기(氣)의 흐름이 느껴지지 않고서야 그것이 가능할까?

　궁극의 지점에 도달하려는 실천적 과정이 명상이라면, 그러한 실천 안에 담겨 있는 이론적 근거를 밝히는 작업이 철학일 것이다. 그렇지만 이론과 실천이 서로 분리되기 힘든 것처럼 나는 철학과 명상이 근본적으로 서로 별개의 것이 아니라고 본다. 실천을 통해 무언가를 체험할 때, 그 체험된 바를 이해하고 해석하는 방식은 체험자가 가지고 있는 이론에 의존할 수밖에 없기 때문이다. 실제로 내가 이 책에서 행한 작업은 불교, 도교, 유교의 명상 수행론을 밝히는 것이지만, 그런 수행이 전제하고 있는 인간관을 논하는 것은 곧 철학에 해당한다고 본다. 어떤 우주론과 인간관에 입각해서 어떤 명상 수행을 행하였는지를 논하고자 하였기에 이 책의 제목을 '명상의 철학적 기초'라고 붙여보았다.

　그러면서 불교, 도교, 유교를 다루기 전에 불교의 배경이 되는 인도의 요가 명상을 다루었다. 불교, 도교, 유교가 각각 수행을 통해 부처, 신선(神仙), 성인(聖人)이라는 신(神)적 존재가 되고자 하는 것이라면, 요가는 브라만이라는 신적 존재에 각각의 인간이 합일하는 범아일여의 경지를 추구한다. 신에 합일한다는 것이 결국 신적 경지에 이른다는 것, 신이 된다는 것과 다를 바 없기에, 불교는 유정(有情) 바깥에 따로 신을 세우지 않고, 인간이 스스로 수행하여 부처가 될 것을 설한다. 그것은 도교나 유교도 마찬가지이다. 동양적 명상이 인간의 표면적인 사려 분별적 의식 너머로 나아가 심층마음에 이르고자 한다는 점에서 서양의 무의식 분석과 비교될 수 있겠기에, 책의 후반부에 프로이트의 정신분석학과 융의 분석심리학을 덧붙여 보았다. 그들이 표층 의식 이면의 심층 무의식을 무엇으로 이해하는지, 그리고 그것이 동양의 명상과 어떻게 다른지를 논하였다. 나아가 불교 명상을 정신의학적으로 응용한 서양의 명상치료와 인지치료를 불교와 연관하여 살펴보았다. 그리고 마지막 결론에서 인간 심층마음 내지 무의식에 관한 동서 사유의 차이가 무엇인지를 내 나름대로 정리해 보았다.

　요가나 불교, 유교나 도교 그리고 서양의 무의식 분석이나 심리치료에 대한 이 책에서의 논의가 그 각각에 대한 엄격한 전문가의 눈에는 지나치게 간략하다거나 너무 편파적인 것으로 보일지도 모르겠다. 명상이라는 관점에서 그리고 그 명상을 가능하게 하는 인간론의 관점에서 유·불·도를 비교 고찰하고 동서 사유를 비교 고찰하여 한 권의 책으로 정리하다 보니, 나 자신의 시각에 따른 선택과 치우침 그리고 오독이 없지 않을 것이라 여겨진다. 잘못된 부분이 있다면 고쳐나가고 싶다. 무지를 지(知)로, 무명을 명(明)으로 바꿔나가고 싶다. 명상에 대해서는 '마음의 존재론'이라는 제목하에 대학원 수업을 했었다. 그 수업에서 적극적으로 발표와 토론에 참여했던 학생들, 함께 북한산에 올라가 가을 풍광에 취했었던 고은진, 한경옥, 이윤경, 나수현, 문아라. 그들과 대화를 나누면서 마음 깊이 느낄 수 있었던 소통의 감정이 이 책 여기저기에 묻어 있을 것이다. 모든 아름다운 인연에 감사한다.

2007년 해를 보내며
한자경

목차

서평: 인간에 대한 해석과 명상의 원리

고은진(제주대학교 학술연구교수)

1. 정신의 파도타기

나는 80년대 끝자락에 대학에 입학하여 변역의 시대 흐름에 함께하며 마르크스 철학과 노자를 거쳐 불교에 대한 갈망으로 가슴이 들끓었다. 그러나 정작 나는 어렸을 때부터 교회를 다닌 기독교인이었다. 이러한 사상의 변화는 정작 이것도 마음에 안 들고 저것도 마음에 차지 않아서인데 그 사상들이 모자라서가 아니라 내 자신이 결핍을 앓고 있었기 때문이리라. 사실은 이것도 제대로 모르고, 저것도 제대로 알지 못했던 것이다. 그렇게 사상들의 파도타기를 즐기던 나는 바야흐로 불교라는 거대한 바다를 만나 나의 생각을 송두리째 전복당하게 되었다. 그러기까지 또 숱한 방랑과 이주를 경험하게 되었는데 그 방랑과 이주의 경험이 이 책을 만나 하나로 꿰어지게 되었다.

사찰과 스님들 언저리에서 생활하다 보면 불교나 명상에 대한 기본이 되어 있지 않으면 헷갈릴 때가 아주 많다. 나처럼 스무 살이 넘어서 절이라는 데를 처음 가본 사람이나 싯다르타 일대기나 조사들의 선어록을 읽고 불교를 떠올리는 사람은 그 어마어마한 간극과 논리에 허둥대게 된다.

일단 출가하여 수행하시는 스님들께서는 각자 나름대로의 방법으로 수행하시는데 요가를 하시기도 하고, 좌선, 염불, 만다라 그리기 등 매우 다양하다. 출가 수행자들이 수행을 하는 이유는 성불을 목적으로 하는데 그분들은 과연 어떤 연유에서 그러한 수행을 하고, 그러한 수행이 어떻게 성불과 이어지는지 궁금하지 않을 수 없다. 그런 사람들을 위해 이 책은 간략하면서도 엑기스를 모아 다양한 명상법과 그 명상법이 지니는 철학적 의미를 다룬다.

2. 인도의 요가 명상법: 요가

현대인들이 가장 쉽게 명상을 만나는 곳이 바로 요가 학원이다. 대부분의 사람들은 요가를 정신적이라기보다는 운동으로 알지만 사실 요가는 신과 합일하기 위한 수련의 일종이다. 많은 사람들은 운동을 위해 요가를 하다가 명상을 만난다. 그 이유는 바로 요가가 건강한 몸을 통해 의식을 하나로 집중하여 개체와 전체, 나와 우주가 하나가 되는 체험을 하게 하기 때문이다. 그 방식은 소리를 통한 만트라 요가일 수도 있고, 특정 형상을 통한 얀트라 요가일 수도 있고, 신체적 움직임을 통한 하타 요가, 기(氣)의 자각을 통한 쿤다리니 요가일 수도 있다.

『우파니샤드』에서는 요가 수행을 브라만과 하나이며 우주 전체와 하나인 아트만에 이르는 길이라 한다. 즉 정신적 노력을 통해 자신의 참모습인 진정한 아트만과 연결하여 브라만인 신과 하나 되도록 연결하는 것이다. 그것은 자신의 외적 감각을 통제하고, 안으로 자신에 집중함으로써 가능하다. 그 상태는 외감의 활동 속에 깨어 있지도 않고, 내적으로 꿈꾸고 있지도 않지만 깊이 잠든 것도 아닌 명상 상태 즉 삼매에서 활동하는 것을 말한다. 삼매의 상태는 외적 감각 활동을 멈추고 내적으로 고요함을 유지한 채 깨어 있지도 꿈꾸지도 않고 그렇다고 숙면도 아닌 상태를 유지하는 것이다. 우리는 삼매의 상태에서 비로소 내면의 아트만에 이르게 된다. 자신을 아트만으로 자각하고 아트만이 되어, 몸 안의 흐름을 따라 정수리에 이르면, 그리고 다시 정수리를 통과하면, 그때 아트만은 불멸에 이르게 된다.

3. 불교의 명상법: 지관

불교 명상법이라 하면 염불이나 화두 참선, 관상법 등 매우 다양하다. 이 책에서는 특별히 초기불교의 사념처 수행을 다루고 있다. 념(念, sati)은 주의 깊게 주시함을 뜻하며, 사념처(身·受·心·法) 명상 수행법은 몸, 느낌, 마음, 법을 집중하여 알아차리는 것이다. 『대념처경』에는 사념처 수행을 몸, 느낌, 마음, 법을 대상으로 세간에의 애착과 혐오를 벗어나 탐진의 번뇌를 벗어나도록 한다고 언급한다. 왜냐하면 사념처 수행은 일상에 얽힌 괴롭고 즐거운 느낌(신수)과 탐진의 번뇌(심수)를 수행을 통해 그 각각으로 고찰하여 서로 분리해 냄으로써 일상적으로 신수에서 심수로 자동 이행해 가는 그 무의식적 연결고리를 끊을 수 있기 때문이다. 마지막으로 법념처는 그렇게 탐진 번뇌가 멎은 상태에서 참된 불법의 지혜를 얻는다.

사념처 수행은 우선 한적한 장소에 가부좌를 하고 호흡을 주시하면서 신념처에서 호흡의 출입, 몸의 동작, 몸의 부정함, 몸의 사대요소, 몸의 부패 과정을 주시한다. 이렇게 주시하다 보면 우리의 마음이 잡다한 표상들로 둘러싸여 있음을 보게 된다. 그리고 수념처에서는 느낌 자체에 주목하여 고수(苦受)를 느끼면서 '고수를 느낀다'고 알아차리고, 락수(樂受)를 락수로서 알아차리고 불고불락수를 불고불락수로서 알아차려, 그것들이 몸의 느낌인지 마음의 느낌인지를 구분해서 알아차린다. 이는 고락의 느낌으로부터 탐진의 마음 작용으로 그대로 이끌려 가지 않기 위해서이다. 고락의 느낌을 주시하다 보면 생하고 멸하는 현상을 주시하게 된다. 즉 느낌의 무상성을 알아차리게 되는 것이다. 이것은 느낌이 내게서 대상화되면서 그 느낌의 주시자가 되어 느낌 자체를 벗어나게 된다. 이처럼 탐욕과 분노의 마음을 주시 관찰함으로써 주시자로서 마음의 번뇌를 벗어나려는 단계가 심념처이다.

심념처 단계에서는 욕망하는 자가 욕망을 보는 자로 바뀌어 욕망은 둔화되고 욕망의 주시자만 남게 된다. 보는 자는 보이는 것들로부터 스스로를 분리하게 되며 보인 것들의 힘 바깥으로 나오게 된다. 이 주시자가 관하게 되는 것이 바로 일체 제법의 원리이며 이것이 법념처이다. 이처럼 사념처 주시자는 5온(蘊), 6입처(入處), 7각지(覺支), 4성제(聖帝)를 통해 사태를 있는 그대로 직시하여 인생과 우주 존재의 실상을 있는 그대로 여실지견하게 되어 선정을 통해 진리를 깨닫게 된다. 마음의 번뇌를 가라앉히는 지(止)가 정(定)이고, 여실지견하는 관찰의 관(觀)이 혜(慧)이기에 이것이 곧 정과 혜의 쌍수이자 겸수라 하겠다. 이러한 지관(止觀) 수행을 통해 깨닫는 지혜는 바로 연기를 보는 것이다. 연기를 보는 자는 우주 만물 일체가 늘 그러한 것이 없음을 알아 공(空)함을 보는 자라 하겠다.

4. 도가의 명상법: 단학

도가이 인간과 우주에 대한 이해는 『주역』과 노장 사상을 잇는다. 천지가 분화되고 개별 사물이 생성되기 이전 형이상학적 실체가 도(道) 또는 태극이며 모든 이원적 대립을 초월한 단일한 일자이다. 이 태극으로부터 음양 이기가 발생하고, 그 기의 화합으로 개별 사물이 만들어져 후천의 현상세계가 형성된다.

단학의 주요 경전인 『참동계』의 주석서 『참동계천유』에 따르면 태극은 개체 발생 이전의 선천으로 치우침 없고 원만 청정하게 텅 빈 공이되 신령스런 통함이 있고 주재가 있다. 그 태극 내지 태허로부터 빛이 감응하면 신령한 곳에서 한 몸을 형성하여 개체가 존재가 되는 후천이 성립한다. 태극으로부터 음양 이기가 분화되면서 양의 건과 음의 곤이 이루어진 후 그 두 기의 화합으로 개체가 형성되면, 그 건과 곤이 서로 관계하여 그들 가운데 효(爻)가 서로 뒤바뀐다. 즉 건과 곤이 사귐으로써 건괘 가운데 효인 양이 곤으로 내려가 곤괘 가운데 효인 음을 대체해서 곤괘가 감괘가 되고, 그렇게 빠져나간 곤괘 가운데 효인 음은 건으로 올라가 건괘 가운데로 들어가 건괘가 이괘가 된다. 이렇게 해서 건괘로부터 이괘가 개체의 성의 뿌리가 되고, 곤괘로부터 형성된 감괘가 개체의 명의 꼭지가 된다. 이렇게 개체의 성과 명이 갖추어진다.

이때 성과 명은 각각 개체에서의 심과 신을 이룬다고 볼 수 있다. 성은 양의 기로서 혼을 이루고, 명은 음의 기로서 백을 이룬다. 이렇게 보면 태허로부터 개체가 발생하는 것은 하나의 신령한 태극인 원기로부터 음양이 착종된 혼과 백, 얼과 넋으로 분화되는 것이다. 이처럼 건과 곤의 그 둘의 화합으로 개체가 형성되면, 신령한 진성 또는 원신은 그 본래적 모습이 아닌 다른 형태로 분화되고 변화된다. 즉 자연 만물이 다시 만물을 낳는 이치는 자신 밖의 타자와의 결합을 통해 또 다른 제3의 개체를 생성하고 그 스스로는 소멸하고 마는 자기 소멸의 길이다.

그러나 단학에서는 생물의 원리를 거슬러 스스로 안에서 자신의 본래의 상, 진성과 원신을 회복하고자 한다. 즉 선천에서 후천으로 바뀌는 그 도를 순순히 따르면 개체 탄생이 있게 되고, 그 도를 역행하면 스스로 안에서 원신을 회복하게 된다. 이는 각 개인이 단(丹)을 단련하여 원신을 낳는 것이다.

우리 몸 안의 생명 에너지인 기(氣)에는 원기(元氣)와 정기(精氣)와 진기(眞氣)의 구분이 있다. 원기는 태어나는 순간 부여받은 기이며, 정기는 태어난 이후 음식이나 호흡을 통해 얻어지는 기로서, 이 둘은 마음이 집중되지 않아도 자연적으로 발생하는 기이다. 그러나 진기는 정신 집중을 통해서만 비로소 발생한다. 진기는 의식에 의한 마음의 파동에 몸의 정기가 만나 발생한다. 단학 수행은 진기를 발생시킴으로써, 구체적이고 형태화된 정(精)에서부터 미세한 에너지의 기로, 다시 기에서부터 보다 무형적이며 근원적인 신(神)으로 나아가고자 한다.

단학에 따르면 보통 사람은 신(神)이 기(氣)로 바뀌고 기가 정(精)으로 바뀌는 과정을 밟아 수명을 다하는데 단학 수련을 하는 자는 거꾸로 정을 기로 바꾸고 기를 신으로 바꾸는 역천(逆天)의 길을 따라 불사에 이르게 된다. 즉 단전 호흡을 통해 소주천 단계에서는 단전에 모인 기를 독맥과 임맥에 순환시킨 후 대주천 단계에서 전신의 경락에 기를 운행한다. 이처럼 정을 기로 바꾸어 기를 온몸에 돌리고 나면 기를 신으로 바꾸어 신을 자유자재로 구사한다. 단전에서 양신을 10달 만들어 백회혈을 통해 양신을 끄집어 내면 처음에는 작지만 성장하여 자기 몸 크기와 같아진다고 한다. 이 양신의 단계가 되면 천지를 돌아다니며 도계(道界)나 천계(天界)로도 갈 수 있고, 육체가 죽어도 영원히 살아남는 신선이 된다.

이러한 단학 수련의 가장 기본이 되는 원리는 바로 수승화강의 원리이다. 자연물도 수승화강의 원리에 의해서 불은 위로 타오르고, 빗물은 아래로 흐른다. 식물도 태양이 내려보내는 열을 받아들이고, 땅속의 물을 빨아올린다. 마찬가지로 단학 수련을 하게 되면 하단전의 열이 콩팥을 뜨겁게 해서 수기를 위로 올리고(수승), 올라간 수기가 심장을 차게 하면 심장의 화기가 빠져나가 단전으로 내려간다.(화강) 여기서 수기는 등의 독맥을 따라 위로 올라가며, 화기는 가슴의 임맥을 따라 배로 내려오게 된다. 단전호흡 수련자는 이러한 수승화강의 원리에 따라 마음이 차분해지고 단전이 뜨거워진다. 불이 물 아래 있어 물이 데워져 수증기가 되어 상승하게 되어 정이 무형의 기로 전환되는 것이다.

음식에서 얻어진 정기를 단전 호흡을 통해 정기와 조화시켜 진기로 바꾸면 생명력이 강해지고 몸이 건강해지며, 성욕이 잘 조절된다. 이렇게 전환된 기는 중단전에서 가슴에서 기를 진기로 바꾸면 감정적이고 의지적인 기가 강해져서 사랑과 기쁨이 넘치며, 패기와 기백이 생기고, 식욕이 잘 조절된다. 상단전에서는 비로소 완성되는데 기가 신이 되어 지혜가 빛을 발하게 되는데, 자신과 우주에 대한 깨달음이 생기며 수면욕이 잘 조절되어 신명(神明)이 생긴다. 결국 일체는 마음에서 출발해서 마음이 기를 생성하며, 그 기가 응축되어 피가 되고, 몸을 이루는 정(精)을 형성하여 마음을 통해 자기 몸속의 기를 축적하고 몸의 어디로든지 운행할 수 있으며 나아가 몸 밖의 기도 끌어올 수 있게 된다.

5. 유학의 명상법: 존심양성

유학에서는 보편적 사유를 따르는 것을 중시하고, 개인적 신체적 욕망을 따르는 것을 지양한다. 이를 통해 보면 처음부터 마음과 신체, 보편적 사유와 개인적 욕망, 공(公)과 사(私)를 질적으로 다른 두 가지로 구분하였음을 알 수 있다. 인간의 이 두 측면에 대해 송대 성리학에 이르러 우주 만물의 성리학적 근거인 태극 또는 천의 리(理)와 음양·오행의 기(氣)의 차이로 설명하였다. 태극은 우주 만물의 생성과 존재의 궁극 근원으로 다양한 우주 만물을 생성시키는 궁극의 단일한 근원이다. 그것은 단일한 하나라는 의미에서 절대이며 다른 것과 구분하는 경계가 없다는 점에서 무한이자 무극이다.

이 단일한 태극이 상대적인 두 기인 음과 양으로 분화되어 천차만별의 다양성으로 생성이 진행되기 위한 첫 분열을 시작한다. 이 분열 이후 기의 통·색과 정·편 그리고 청·탁 등의 차이가 만들어지고, 그 기의 차별로 인해 천차만별의 서로 다른 온갖 우주 만물이 만들어진다. 인간 역시 그러한 기의 차별을 따라 특수한 개별자의 기질과 형태가 갖추어진다. 이러한 차별적 성질을 기질지성이라 한다.

반면 하늘이 명(命)으로서 부여한 리(理)를 본연지성이라 한다. 성으로 주어진 리는 곧 천리이며 태극이다. 따라서 유학에서 개체는 기의 산물로서 보면 균질적이지 않은 우주 전체 기 중의 일부분이 화합하여 형성된 것으로 각각이 전체의 단지 일부분일 뿐이며 다른 것과 구분되는 차이성과 특수성을 갖는다. 그러면서도 동시에 모두 천으로부터 리를 부여받음으로써 하나의 보편적 리 내지 하나의 태극을 간직하게 되며 이로써 각각의 하나가 곧 전체가 되는 동일성과 보편성을 갖게 된다. 그러나 개체 안에 보편적 리 또는 태극이 본성으로 내재되어 있다고 해서 모든 개체가 그 보편적 리를 바로 자기 자신의 본성으로 자각하여 아는 것은 아니다. 본성을 본성으로 자각하고 깨달아 아는 능력은 곧 마음이다.

유교에서 마음공부는 감정과 사려가 이미 발한 상태에서의 이발시 공부와 아직 그것들이 발하기 이전의 미발시 공부로 구분된다. 마음의 감정이 이미 일어난 상태에서 그 감정의 기미를 내적으로 성찰하는 공부가 이발시 공부인 신독이다. 기미를 성찰하는 것은 그 감정의 근원이 공명정대한 천리인지 개인적인 사적 욕망인지를 사량 분별하여 사(私)를 이기고 공(公)을 실천하기 위해서이다. 일단 신독의 수행을 통해 내면의 관찰에 익숙해지다 보면, 자기 자신에게 가장 잘 드러나는 바로 그 은밀한 내면에서 자신의 감정의 변화 및 감정과 관계하는 자신의 의지의 변화를 세세히 읽어내고 그런 것들이 무엇과 연관되며 어디에서 기원한 것인지 무엇을 지향하는지 잘 알게 된다. 이러한 수행을 통해 마음의 결정이 천리를 따르는 것인지 사적인 욕망을 따르는 것인지 스스로 알아차린다.

반면에 아무런 감정도 사려도 일어나지 않은 미발의 상태에서 마음의 대상을 지워 마음을 적연부동의 빈 마음으로 유지하면서도 성성하게 깨어 있는 것은 미발시 공부인 계신공구이다. 마음이 잠들지 않고 언제나 깨어 있어 성성함을 유지하는 것은 산란

함을 버리고 경계 없이 무한한 마음 심층에서 포착되는 상대 없는 절대적인 무한과 절대의 도를 자각하는 것이다. 분별에 앞서 갖춰져 있는 무분별적 마음 작용을 자각하기 위해서는 마음을 비우면서도 깨어 있어야 한다. 마음이 대상을 갖지 않고 텅 비어 잠들지 않고 신령스럽게 깨어 있을 때 차별과 분별을 떠난 마음 곧 무분별과 절대의 마음을 허령하게 자각할 수 있게 되는 것이다.

이 지점에서 유교의 존심양성 수양법은 불교에서의 지관 수행과 크게 다르지 않다. 12연기의 애(愛)·취(取)가 능동적인 선택이라면 수(受)는 수동적이다. 불교 사념처 수행에서 느낌이나 마음 작용에 주목하는 이유는 느낌에서 애·취로 자동 이행을 막고자 하는 것이다. 유교의 미발공부가 마음에서 마음 작용을 지워나가 마음을 비우면서도 잠들지 않고 성성하게 깨어 마음 자체의 본성을 자각하여 항상 공명정대하고 큰 마음을 유지하고자 하는 것이라면, 불교는 빈 마음 상태에서 성성하게 깨어 신령스럽게 아는 그 마음을 보는 것이라 하겠다.

6. 현대인의 명상법

누군가의 관심이 곧 돈이 되는 후기 자본주의 시대를 사는 현대인은 도처에 널린 자극들로 늘 피곤하고 목마르다. 세상사와는 무관하게 실존적으로 유유자적하려 노력한다 해도 이는 바닷가의 모래알처럼 미미하고 보잘것없이 세상의 파도에 휩쓸릴 뿐이다. 불행인지 다행인지 그럴수록 문제는 드러나기 마련이어서 공황장애가 흔해져 버린 최근, 명상의 필요성과 효과가 부각되고 있다.

한편 현대인은 물질의 결핍을 겪어보지 않은 세대여서 그런지 오히려 미니멀리즘을 선호하고, 명품보다는 수공예품과 친환경적인 제품을 선택하는 젊은 세대들도 늘어나고 있다. 그러나 이전 세대가 마음의 고뇌나 삶이 힘들어질 때 종교를 찾았다면 젊은 현대인들은 스스로 글로벌한 컨텐츠를 이용하여 문제를 해결하기도 한다.

최근 스티브 잡스나 구글의 명상 지도자 차드 멩 탄 같은 유명인들로 인하여 명상이 조명되고 있다. 그러나 인류는 아주 오래전부터 인간 정신에 대해 공부하였고 여러 종교와 철학을 낳았다. 바쁜 현대인이 비록 언어의 장벽으로 인하여 이러한 종교와 철학을 원문으로 접하기는 힘들지만, 현대인이 지닌 새로운 기술 문명 덕에 손쉽게 누구든지 마음만 먹으면 이러한 인류의 오래된 지혜를 공유할 수 있다. 앞으로의 숙제는 조상들의 뛰어난 인류 문화 자산을 현대에 맞게 잘 활용하여 전통과의 맥을 잇고, 가치 있게 잘 쓰는 것이라 여겨진다.

　그것이 한강에서 멍 때리기 시합이어도 좋고, 유튜브를 활용한 호흡 명상이어도 좋고, 템플 스테이에서의 명상 체험이어도 좋다. 우리 마음속에서 참된 자기를 찾고 생명을 소중하게 여기고 더불어 행복하고자 하는 열망이 있는 한 누구나 명상가이자 철학자인 것이다. 그 길을 알기 쉽게 지도를 펴고 여행하듯이 세세하게 알려주신 한자경 교수님께 다시 한번 감사드린다.

17

『한국철학의 맥』

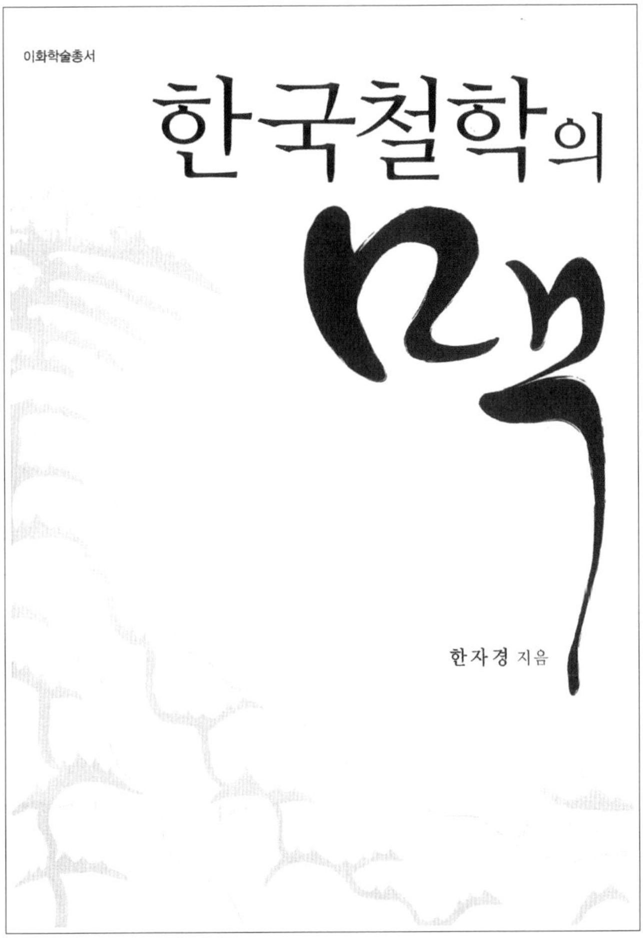

발행 연도: 2008년
펴낸곳: 이화여자대학교출판부
464 페이지

지은이의 말

다른 분야에서와 마찬가지로 한국철학에서도 내가 관심을 갖고 공부한 것은 주로 각 철학자들이 인간 내지 자아를 어떤 존재로 이해하는가 하는 것이었다. 고려에서 조선으로 넘어가면서 불교에서 유교로 국교가 바뀔 때 인간의 자기이해는 어떻게 달라졌는가(정도전). 조선 성리학의 대표적 논쟁거리인 사단칠정론에서 주리론과 주기론의 인간이해는 어떤 차이를 보이는가(이황과 기대승). 17·18세기 조선에 도입된 서양 천주교의 인간관 내지 신관에 대해 조선 성리학자들은 어떻게 반응했는가(이익·신후담·안정복). 천주교의 인간관과 성리학의 인간관은 어떻게 서로 다른가(정약용). 조선말 동학은 인간을 어떤 존재로 이해했는가(최제우). 현대 서양철학의 수용 과정에서 우리의 전통사상은 어떻게 작용했는가(박종홍). 이런 문제들에 대해서는 이미 논문 형식으로 생각을 정리해 본 적이 있다. 이렇게 하나의 관심으로 생각을 이어나가다 보니 글들 전체에서 하나의 흐름이 느껴지면서, 문득 그것이 한국철학의 기본 정신과 그 흐름을 말해 줄지도 모른다는 생각이 들었다.

한국철학의 기본 정신과 그 역사적 전개를 하나의 흐름으로 이해하고 싶은 것은 나의 오래된 소망이었다. 불교를 공부할 때도 인도불교나 중국불교와 다른 한국불교의 특징은 무엇인가를 물었었고, 유학을 공부할 때도 중국의 정주성리학과 구별되는 한국 성리학이 갖는 특징은 무엇인가를 물어왔다. 이는 곧 불교든 유교든 그것을 한국의 사상 흐름 안에서 한국철학의 기본 정신에 따라 이해하고 싶기 때문이었다. 그리고 이런 바람은 서양 기독교나 서양철학을 공부하는 데도 마찬가지였다.

한국철학의 기본 정신이 무엇인가를 묻는 물음은 결국 한국인의 기본 정신이 무엇인가에 대한 물음이며, 이는 곧 한국인의 정체성에 대한 물음일 것이다. 긴 역사를 두고 한국 고유의 언어와 문화가 있는 만큼 한국인의 사유방식이나 철학체계에 분명 일관된 흐름이 있으리라는 것이 나의 기본 신념이며, 그 흐름을 발견하고 그 맥을 잇는 것이 오늘날 우리 철학하는 사람들의 과제라고 생각해 왔다.

그 흐름의 시원을 찾으려다 보니 한국철학의 시작으로 거슬러 올라가 단군신화를 비롯한 한국의 무교문화를 논하지 않을 수 없었으며, 이어 원효, 의상, 지눌 등 불교철학자들도 그 맥락에서 재조명하게 되었다. 나아가 조선 유학자 중에서 한국철학의 맥에 더 충실하다고 여겨지는 권근, 그리고 이황과 대비되는 이이 및 율곡학파의 사상을 덧붙여서 논함으로써 앞서 언급한 정도전과 이황에 대한 글에 짝을 맞추었다. 그리고 끝으로 유학과 천주교의 갈등, 동학의 등장, 서양철학의 도입에 관하여 쓴 글을 가져와서 한국철학을 하나의 흐름으로 소통시켜 한 권의 책으로 정리해 본 것이 바로 이것이다.

가끔 나는 왜 이렇게 시공을 넘어서는 보편의 관점에서 사유하지 못하고 한국이라는 것에 매여 있는 것일까, 한국철학이 보편의 철학일 수 있으려면 한국이라는 특수성은 오히려 극복되어야 하는 것이 아닐까, 이런 물음을 던지기도 한다. 전 세계를 하나로 통합하는 세계화의 물결 속에서, 국어나 국사보다는 영어가 더 중시되는 실용주의의 한가운데에서, 나는 왜 보편을 따라가지 않고 특수의 한국에 매달려 있는 것일까?

그러나 그 물음의 추상성에 머물러 있지 않고 한국철학의 내용으로 들어오면 이 문제는 저절로 해결된다. 한국철학의 기본 정신 자체가 바로 진정한 보편의 추구, 절대적 하나의 추구이기 때문이다. 나는 한국철학의 기본 정신을 하나의 큰 마음, 한마음, 일심(一心)으로 이해하며, 바로 이것이 한국철학의 기본 줄기를 형성한다고 생각한다. 한마음의 '한'은 '크다'는 뜻과 '하나'라는 뜻이 합한 '한'이고, 그것은 곧 '일(一)'과 '대(大)'를 합한 '천(天)'이다. 이 무한의 하나를 유한한 개별자들 바깥의 외적 실재가 아닌 유한한 개별자 내면의 무한, 상대적 개체들 내면의 절대로 이해하는 것, 즉 절대의 무한을 개별 생명체의 핵인 마음으로 파악하는 것이 바로 한국철학의 기본 특징이라고 생각한다. 이 무한의 마음이 바로 불교의 '일심'이고, 유교의 '심위태극(心爲太極)'의 '심'이며, 동학의 '오심즉여심(吾心卽汝心)'의 '심'이라고 본다. 무한과 절대를 유한하고 상대적인 개체 내면에서 구하므로, 일심사상은 곧 '내적 초월주의'다. 상대적인 개체의 내면에서 초월적 하나, 초월적 보편을 발견하고, 그 하나를 통해 만물의 평등과 자유를 확인하는 것이다.

이 책에서 나는 절대 무한의 한마음의 의미를 단군신화와 바리데기 신화를 통해 밝혔고, 그 신화 안에 나타나는 무교(巫敎)적 특성을 한국적 일심사상으로 해석했다. 그

리고 그러한 사상이 이후 한국에 불교와 유교 그리고 천주교나 서양철학을 수용할 때
도 항상 기본 정신으로 작용하면서 한국적 불교와 한국적 유교 및 한국 현대철학을 형
성해 왔다고 논했다. 그렇게 해서 한국철학에서의 하나의 맥을 드러내 보이고자 했다.

　나는 늘 한국에서 동양철학이나 한국철학보다 서양철학이 더 많이 읽히고 연구된다
는 것을 아쉽게 생각해 왔다. 물론 한국철학에 대한 연구도 적지는 않지만, 주로 불교
는 불교대로 유교는 유교대로 각각 연구될 뿐이라고 생각한다. 원효나 퇴계 또는 다산
에 대한 각각의 연구서들은 있지만, 전체를 아우르면서 한국철학 전체를 하나의 흐름
으로 읽어 내는 책은 별로 없는 것 같다. 단적으로 우리에게는 아직도 〈한국철학사〉가
없는 실정이다. 한국의 사상 흐름을 하나로 읽어내자면, 하나의 철학사가 가능하자면,
전체 사상을 관통하여 흐르는 하나의 맥을 잡는 것이 필수적이라고 생각한다.

　이 책은 물론 한국철학의 깊이와 폭을 다 드러내는 그런 수준의 저술은 아니다. 사
실 이 책은 내가 한국철학을 공부하면서 오랫동안 마음에 두고 있었고 또 언젠간 쓰고
싶어 했던 그 〈한국철학사〉가 아니다. 제대로 된 〈한국철학사〉가 되려면 몇몇 대표적
철학자들의 사상체계를 논하는 것으로 그쳐서는 안 되고, 주요 사상들의 통사적 흐름
뿐 아니라 각 사상의 시대적 배경과 영향력까지도 함께 다루어야 할 것이다. 그리고
그러기 위해서는 철학 이외에 역사나 문학, 미학 등 한국사상사와 문화 전반에 대한
고찰도 포함해야 할 것이다. 이 책에는 그런 많은 내용들이 빠져 있다. 다만 내 나름대
로 한국철학에서의 그 기본 정신과 그것의 흐름을 하나로 엮어본 것이기에『한국철학
의 맥』이라는 제목을 달아보았지만, 어쩌면 이 제목조차 이 글의 실상에 비해 너무 거
창한 것인지도 모르겠다. 부족한 것은 앞으로의 공부를 통해 계속 보완하고 개선해 가
리라 다짐해 본다.

2008년 5월
한자경

목차

서평: 한국철학 최초의 연속과 통합의 철학사

신상후(한국학중앙연구원 한국학대학원 철학전공 교수)

1. 한국철학의 맥을 짚다

1944년, 중국의 철학자 풍우란은 『신원도(新原道)』에서 중국철학 전체를 관통하는 정신을 '초세간(超世間)의 추구'라고 선언하였다. 초세간의 철학이란 출세간적이라고도 세간적이라고도 딱 잘라 말할 수 없는 중국철학의 특징을 설명하기 위하여 풍우란이 고안한 개념이다. 출세간의 철학은 부자유와 속박이 없는 해탈의 경지를 꿈꾸기에 일상을 경시하고 세속을 떠나고자 한다. 반면, 세간의 철학은 인간 사회의 원리만을 탐구할 뿐 보통의 삶을 초월한 경지는 논하지 않는다. 풍우란이 보기에 중국철학은 어느 한쪽에도 해당하지 않는다. 중국철학은 우주와 합일하는 최고의 경계를 추구하면서도 인륜적 세계를 떠나지 않는다. 즉, "세속 사회에 속해 있으면서 동시에 세속 사회를 벗어나는 것이다."[1] 풍우란은 '초세간'이라는 용어로 중국철학의 맥을 짚었고, 이로써 중국철학의 맥이 뚫리고 그 정체성이 정립될 수 있었다.

한편, 한국철학의 맥은 한국의 철학자 한자경(이하 저자)이 2008년에 출간한 『한국철학의 맥』에서 비로소 밝혀졌다. 저자는 한국철학을 관통하는 하나의 사상적 맥을 '인간의 마음을 하나의 보편적 마음, 즉 일심(一心)으로 파악하는 것'으로 정의하며, 이를 입증하는 철학사를 저술하였다. 이 철학사는 한국철학 최초의 연속과 통합의 철학사이다. 이 책은 한국철학을 '일심의 사유'라는 하나의 기본정신으로 관통하여 한국철학의 전개를 연속된 흐름으로 파악하고 그 철학의 내용을 통합적으로 이해하도록 하는데, 한국철학을 이렇게 연속과 통합의 관점에서 일관되게 설명한 철학사는 이 책이 처음이기 때문이다.

---

1 풍우란, 『중국철학의 정신, 신원도』, 곽신환 역, 서광사, 1993, 13쪽.

2. 일심과 일심의 사유

그렇다면 일심은 무엇이고, 일심의 사유란 무엇인가? 일심의 '일(一)'은 '하나'라는 뜻과 '크다'라는 뜻을 동시에 내포한다.[2] 일심은 무한히 큰, 하나로 존재하는 마음이다. 나의 마음, 너의 마음, 그녀의 마음처럼 개별적으로 여럿이 존재하는 마음은 각자가 제한된 테두리(限)를 지닌 유한의 마음으로, 자기 아닌 것들과 마주하고 있는(對) 상대적 존재이다. 반면, 일심은 끝없이 확장된 전체의 마음이자 자기 아닌 것이 없는 무외(無外)의 마음으로, 테두리가 없는 무한의 마음이고 마주한 존재를 끊어낸 절대의 마음이다.

절대의 마음, 일심은 우리에게 낯설다. 우리가 일상적으로 '마음'이라고 간주하는 것은 상대의 마음이기 때문이다. 내 마음과 남의 마음이 마주 서 있고, 내 마음과 인식 대상이 마주 서 있다. 마음이 대상을 지각하고 인식하는 활동을 하지 않는다면, 우리는 그 마음의 존재를 확인할 수 없다고 생각한다. 불교에서는 이렇게 대상을 붙잡고 있는 마음을 '반연심(攀緣心)'이라고 한다. 반연심은 대상을 마주하고 성립하는 상대적 마음으로, 우리가 흔히 각자의 마음이라고 여기는 것도 이 마음이고 심리학이나 의학에서 연구하는 마음도 이 마음이다.[3]

하지만 철학 공부를 시작한 이래, 끊임없이 인간의 마음을 탐구해 온 저자는 인간 마음의 더 깊은 차원을 발견하고 이를 철학적으로 입증하고자 한다. 이를 위해 저자가 자주 사용하는 용어는 '표층의식'과 '심층마음'이다. 반연심이 우리 마음 표층의 활동인 표층의식이라면, 일심은 그 심층에서 활동하는 심층마음이다. 해수면 위에 각각 떨어져 존재하는 섬들이 우리 각자의 표층의식이라면, 해수면 아래에 하나로 연결된 지층이 심층마음인 것이다. 그래서 이 심층마음은 단 하나의 보편적 마음이고, 한계가 없는 무한의 마음이자, 바깥이 없는 무외의 마음이다. 인간의 마음을 이러한 무한의 일심으로 간주하는 철학이 바로 일심의 철학인데, 저자는 한국철학을 일심의 철학으로 파악한다.

일심의 철학에서 강조되는 점은 심층마음과 표층의식의 불가분리성이다. 이 둘은 구분되지만 분리되지는 않는다. 심층마음은 표층의식의 배경으로 언제나 작동하고 있

---

2 한자경, 『한국철학의 맥』, 이화여자대학교출판부, 2008, 7쪽.
3 한자경, 『심층마음의 연구』, 서광사, 2016, 75쪽.

다. 심층마음의 활동은 마치 비출 대상이 앞에 없어도 항상 밝게 빛나는 빈 거울의 비춤과 같다. 저자는 이를 스크린 위의 영상을 그려내는 빛 자체로 비유하였다.

> 일심은 표층의 의식과 구분되되 표층의식의 작용을 가능하게 하는 마음 심층의 작용, 빛의 활동이다. 스크린 위의 영상의 차이처럼 표층의식에서 우리는 서로 다른 존재이지만, 그 영상 세계를 가능하게 하는 하나의 빛처럼 우리는 심층마음에서 모두 하나다. 차이성과 동일성, 일상의 표층의식과 마음 심층의 활동은 다음과 같이 그려질 수 있다.

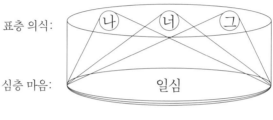

〈심층적 인간 이해 = 일심의 인간관〉

> 일심은 바로 이 심층마음을 뜻한다. 그것은 나의 마음이면서 곧 너의 마음이고, 하나의 큰 마음, 우주의 마음, 천지의 마음이다. 한국인의 심성은 늘 이 하나에 머물러 있다. 이 한마음의 하나를 추구하고 표층의식에는 포착되지 않는 이 하나를 마음 깊이에서 느끼면서 그 하나를 노래하고 싶어 하는 것이다.[4]

일심의 철학은 하나 됨을 추구한다. 저자는 이를 다른 저작에서 '원융적(圓融的) 사고'로 명명하며, 서양의 '분화적 사고'와 대비시킨다.[5] 분화적 사고가 개체들을 구분하고 차이를 통해 세계를 이해하려는 사고방식이라면, 원융적 사고는 차이보다는 공통의 근거와 연결성에 주목한다. 원융적 사고에 따르면, 개체들은 표면적으로는 각기 따로 존재하는 듯 보이지만, 심층에서는 하나로 연결된 유기체로 이해된다.

사물의 본질을 규정하는 방식에서도 두 사고는 대조적이다. 예를 들어, 분화적 사고는 인간의 본질을 자연물과 구분되는 종차적 특징에서 찾으려 하고, 원융적 사고는 다

---

4   한자경, 『한국철학의 맥』, 이화여자대학교출판부, 2008, 61쪽.
5   한자경, 『심층마음의 연구』, 서광사, 2016, 129-132쪽.

른 존재와 공통적인 것 안에서 발견하려 한다. 유교가 만물 공통의 '본연지성(本然之性)'을 강조하고, 불교가 '일체가 모두 불성을 지닌다'는 '개유불성(皆有佛性)'을 주장하는 것에서 이러한 원융적 사고를 엿볼 수 있다.

이 원융적 사고는 필연적으로 외부 세계나 대상보다 인간 마음의 심연에 몰두한다. 원융적 사고가 발견하고자 하는 공통성과 보편성은 인간 마음 밖이 아니라 마음 안에 있기 때문이다. 그래서 원융적 사고는 표층의식 너머 심층마음으로 진입하려 하는 '내적 초월주의'와 연결된다. 저자는 내적 초월주의를 서양의 외적 초월주의와 아래와 같이 대비한다.

> 서양식 사고는 전체를 개체 밖에서, 무한을 유한 밖에서, 신을 인간 밖에서 생각하고, 동양식 사고는 전체를 개체 안에서, 무한을 유한 안에서, 신을 인간 안에서 생각한다. 서양식 사고는 '외적 초월주의'이고, 동양식 사고는 '내적 초월주의'이다. 표층의 현상적 질서를 넘어서는 초월을 발견하기 위해 서양식 사고는 현상 바깥으로 나가는 데 반해, 동양식 사고는 현상 내면의 더 깊은 심층으로 향한다.[6]

내적 초월주의에서 무한은 유한의 마음속에 존재한다. 나의 마음, 너의 마음, 각각의 마음 안에 무한이, 신이 자리하는 것이다. 누구나 그 마음 안에 불성, 본연지성, 신성이 있다. 그렇다면 부처와 범부, 성인과 보통 사람의 차이는 무엇일까? 불교에서는 이를 '시각(始覺)'의 유무로 설명한다. 시각은 내 안에 불성이, 즉 본각(本覺)이 있음을 처음으로 확인하는 깨달음이다. 부처나 범부 모두 본각을 가지고 있지만, 범부는 자신이 본각을 소유하고 있음을 아직 알지 못한다. 본각의 존재를 확인하는 순간, 범부는 부처가 되지만, 사실 본질적으로 달라진 것은 아무것도 없다. 시각이란 그저 본각을 확인하는 것에 지나지 않기 때문이다. 시각을 갖게 되었다고 해서 본각의 내용이 달라지는 것은 아니다. 시각은 본각의 재연 혹은 확인에 불과하다. 내적 초월주의에서 진리는 특수한 소수만의 것이 아니라 이미 모든 사람에게 평등하게 주어져 있는 것이 된다. 진리에 관한 이러한 인식은 진속불이(眞俗不二)의 사유로 이어진다.

---

6 위의 책, 126쪽.

서양식 사고는 진리를 마음 밖에 두고 3인칭적으로 그것을 알려고 노력하기에, 깨달음 이후에는 곧 일상인의 무지(無知)와 깨달은 이의 지(知)를 대립으로 놓고 진과 속을 이원화하게 된다. 반면 동양식 사고는 진리가 만인의 마음 안에 있다는 것, 중생이 이미 부처이고 인간이 곧 신이라는 것을 1인칭적으로 내적으로 깨닫는 것이기에, 깨달은 자 스스로 일상인의 무지와 깨달은 이의 지가 대립이 아니라는 것, 진과 속이 둘이 아니라는 것을 주장하게 된다. 궁극의 깨달음은 무지 안에 지가 있다는 것, 우리 마음 심층에 본각이 있다는 것, 그것을 직시하는 것일 뿐이다. 그것을 직시하는 순간 누구나 언제나 그것을 직시하고 있었음을 알게 된다.[7]

일심 철학의 사유는 이렇듯 원융적 사고와 내적 초월주의, 그리고 진속불이로 설명될 수 있다. 저자가 말하는 '일심의 사유'는 바로 이러한 사고방식을 지칭한다. 이 책에서 저자는 이를 한국철학에 면면히 이어져 온 사유의 전통이자 중요한 특징으로 간주하고, 한국철학의 다양한 분야를 심도 있게 분석함으로써 이를 입증한다.

3. 한국신화에서 발견한 일심의 사유

이 책은 한국철학을 본격적으로 다루기 전에, 그 사유의 원형을 발견할 수 있는 한국의 신화를 먼저 분석한다. 저자가 분석의 대상으로 삼은 신화는 단군신화와 바리데기 신화이다. 저자는 단군신화에서는 천·지·인 일체사상과 내적 초월주의를 발견하고 이를 분석한다. 신(환인)으로부터 인간(단군)이 태어났다는 사실에서 인간에 내재한 초월적 신성을 읽어내고, 하늘을 상징하는 환인과 땅을 상징하는 웅녀의 결합으로 인간인 단군이 태어났다는 내용에서 인간 안에 하늘과 땅이 하나로 융합되어 있다는 천·지·인 일체사상을 발견한다.

바리데기 신화에서는 자신을 버린 부모를 살리기 위해 수양산으로 떠나 약수를 길어오고 죽은 아버지를 살려낸 뒤, 소원을 들어준다는 아버지에게 죽은 사람의 혼을 천도하는 오구신이 되겠다고 하여 결국 오구신이 된 바리데기 이야기를 철학적으로 분석한다. 이 분석을 통해 저자는 바리데기 신화 안에서 생과 사, 성(聖)과 속(俗)의 융합을 찾아낸다. 삶 속에서 죽음을 의식하고, 속세에서 성스러움을 지향하는 한국인의

---

7 위의 책, 128쪽.

사유를 바리데기 신화에서 읽어내는 것이다. 이 사유는 유한한 개별자의 한계를 뛰어넘어 심층마음으로 진입하고자 하며, 경계의 초월을 통해 하나됨의 황홀을 맛보고자하는 사유로서, 일심의 사유 그 자체이다. 이렇게 저자는 바리데기 신화를 철학적으로분석해 그 안에서 한국철학의 원형을 발견해 낸다.

신화 분석에서 가장 감탄을 자아내는 부분은 단군신화의 이중구조를 발견하여, 이를 단군신화와 웅녀신화로 나눈 대목이다. 지금까지 단군신화는 단순히 단군의 탄생이야기로만 이해되었지만, 저자는 웅녀의 자발적 성장을 조명함으로써 단군신화에 새로운 철학적 의미를 부여한다. 단군은 천신 환웅과 지신 웅녀의 결합으로 태어난 존재로, 하늘과 땅의 융합을 상징한다. 그러나 단군의 탄생은 외부의 힘에 의해 이루어진수동적인 결과였다. 반면, 웅녀는 능동적이고 자발적인 행위를 통해 인간으로 변화한다. 이는 인간이 신이나 자연에 의해 형성되는 존재가 아니라, 스스로의 노력과 의지로 자신을 완성해 나가야 하는 존재임을 상징적으로 보여준다.

인간이 되기 위한 웅녀의 수행 과정에 대한 저자의 철학적 분석은 더욱 탁월하다.그 분석에 따르면, 웅녀는 스스로 동굴에 들어가 오감과 의식의 작용을 멈추고, 내면을비우는 자기초극의 길을 택한 것이다. 이는 의식과 분별을 멈추어 표층의식을 잠재움으로써 심층마음으로 진입하려는 수행의 과정이며, 세속적인 자아를 내려놓고 내면의신성을 발견하려는 과정이다. 웅녀는 동굴의 어둠 속에서 마음을 텅 비게 하면서도,그 마음을 깨어 있게 했다. 불교의 용어로 하면 마음을 적적(寂寂)하면서도 성성(惺惺)하게 유지했던 것이다. 그리고 이러한 성성적적의 수행 결과, 웅녀는 자기 안의 신혹은 신성을 발현시켜 인간이 될 수 있었다.

> 동굴의 어둠 속에서 웅녀는 자고 있는 것이 아니다. 빈 마음의 고요와 어둠을 직시하며 성성
> 하게 깨어 있어야 한다. 그녀는 어둠 속에서 인간이 되기를 기도했다. 인간이 되기 위해 그녀
> 는 신이 되어야만 한다. 드디어 그녀를 인간으로 변화시키는 내면의 신성이 빛을 발하게 된
> 다. 죽음을 뚫고 생명의 빛이 발한다.[8]

웅녀가 내면의 신성을 발휘하여 신이 될 수 있었던 이유는 웅녀의 내면에 신성이 이

---

8   한자경, 『한국철학의 맥』, 이화여자대학교출판부, 2008, 37쪽.

미 자리하고 있었기 때문이다. 여기서 우리는 다시 한번 내적 초월주의의 사유를 발견할 수 있다. 웅녀는 감각과 의식을 지우고 표층의식을 잠재움으로써 심층의 마음, 즉 일심으로 진입할 수 있었다. 사물에 대한 이기적 욕망을 비우고 남과 나를 구분하는 사적 의식을 내려놓자, 내면에 잠재해 있던 신성이 그 빛을 드러낸 것이다. 표층의식의 사려분별을 비우고 개체성의 경계를 지우면, 경계 없는 큰마음, 우주적 한마음, 일심이 빛나게 됨을 웅녀신화는 상징적으로 드러낸다. 철학자의 눈을 거침으로써 단군신화는 웅녀신화가 되었고, 한국철학의 원형을 담은 철학적 신화로 재탄생하게 된 것이다.

4. 일심으로 꿰뚫은 한국철학

한국의 신화 분석에 이어 저자는 한국의 불교, 유교, 동학 등 한국철학 전체를 일심으로 꿰뚫어 간다. 그 솜씨가 얼마나 정교한지, 이 책을 정독하다 보면 한국철학의 기본정신을 일심의 사유로 이해하고 있는 자신을 발견하게 된다. 이 책의 설득력은 각각의 철학 자체에 대한 면밀한 분석뿐만 아니라, 다른 철학과의 비교, 예컨대 중국철학과의 비교를 통해서도 한층 강화된다.

예를 들어, 한국불교에 관한 서술에서는 대표적 학자인 원효·의상·지눌의 철학을 일심의 사유를 중심으로 재조명하여, 한국불교에서 강조되는 바가 개체적 차별성 너머의 동일성임을 밝혔다. 이를테면 원효의 '성자신해(性自神解)'나 지눌의 '공적영지(空寂靈知)'가 모두 일심을 형용하는 개념임을 밝힘으로써 한국불교의 핵심 개념이 일심이라는 점을 명확히 제시한 것이다. 더 나아가, 원효와 지눌의 회통 사상 및 의상의 화엄 법계관을 중국의 화엄 법계관 및 교상판석과 비교하여, 한국불교가 중국불교에 비해 일체 존재의 평등성과 보편성을 더 강조하고 있음을 드러냈다.

내가 생각하기에, 한국철학의 기본정신이 일심의 사유임을 입증하는 데 있어 가장 어려운 분야는 불교인 것 같다. 일심의 사유는 대승불교 전체에 공통된 것이기 때문이다. 따라서 같은 대승불교에 속하는 한국불교와 중국불교의 차이를 밝히는 일은 결코 쉽지 않다. 사실, 한국철학의 독자적 특성을 중국철학과 구별해 구명하는 작업은 여전히 미진하고 시급하다. 불교뿐 아니라 유교 특히 성리학에서도 그러하다. 아직까지도 한국철학을 중국철학의 아류나 지류로 보는 견해가 강력하게 남아 있기 때문이다. 이 관점에 따르면 중국철학에서 독립된 한국철학은 존재하지 않는다.

하지만 저자는 "긴 역사를 두고 한국 고유의 언어와 문화가 있는 만큼 한국인의 사유방식이나 철학체계에 분명 일관된 흐름이 있으리라"라는 확고한 신념을 가지고서 철학을 탐구할 때마다 항상 한국적인 것이 무엇인지 고민해 왔고,[9] 한국불교와 한국유교의 연구에서도 이 같은 한국적 특징을 찾아내기 위해 노력해 왔다.[10] 이러한 과정을 통해 저자는 한국불교를 '개체적 차별성이나 현상적 차이를 강조하는 중국불교'와 구분되는, 절대평등의 철학으로 규정할 수 있었고, 한국유교에 있어서도 중국유교와 구분되는 차별성과 독자성을 다음과 같이 논증해 냈다.

이황(李滉) 이후로 한국성리학은 기로 구성된 자연 영역을 넘어서 영적 존재가 우리 마음에서 작용하고 있음을 논한다. 주희성리학이 리(理)나 태극을 추상적 원리로 간주하고 인간 심을 단순히 기의 산물로 보면서 성은 단지 그 마음에 주어진 추상적 원리로서만 인정하는 데 반해, 한국의 이황은 리를 단순한 추상적 원리가 아니라 그 자체 능동성, 자발성, 영성을 지닌 것으로 이해하며, 인간 마음 안의 순수 리가 자체적으로 활동하는 리발(理發)을 주장한다. 그렇게 함으로써 성이나 리보다 심을 강조하게 되며, 성즉리의 중국성리학과 구분되는 심학의 경향을 보이는 것이다. 이는 중국성리학의 객관적 자연주의보다는 유심론적 경향이 우세한 한국적 사유방식을 보여주는 것이라고 본다.[11]

그리고 탁월하게도, 조선 성리학의 미발(未發)지각 논의를 분석함으로써 한국성리학에 내재한 일심의 사유를 조망할 수 있게 하였다. 미발은 표층의식이 활동하지 않는 때로, 이때의 지각은 앞서 말한 '대상 없이 홀로 빛나는 빈 거울의 비춤'과 같다. 즉, 미발지각은 심층마음의 활동을 가리키는 성리학의 용어이다. 이를 간파한 저자는 성리학 연구에서 특히 미발지각에 집중하였고, 이를 토대로 한국유교의 특징을 '일심의 사유'로 규정해 냈다.

---

9   위의 책, 6쪽.

10   한국불교를 연구하면서 한국불교의 특징을 개념화하고 명시하려 했던 노력의 결과는 이미 『불교철학의 전개: 인도에서 한국까지』(예문서원, 2003)라는 저서에서 발표되었다. 이 책에서 저자는 인도불교를 현상 너머 본질을 찾아가는 '이상주의', 중국불교를 이 둘의 중도(中道)를 찾아가는 '현실주의', 한국불교를 이 둘이 융합된 일심을 강조하는 '주체주의'로 규정하였다.

11   한자경, 『한국철학의 맥』, 이화여자대학교출판부, 2008, 333쪽.

5. 중국철학의 비전을 달성한 한국철학

한국불교, 한국유교에 대한 저자의 분석은 중국철학의 특징을 '초세간성'으로 규정한 풍우란의 주장을 재검토하게 만든다. 풍우란은 중국철학이 출세간적 성격과 세간적 성격을 동시에 지닌다고 보았으며, 이를 '초세간성'이라고 명명했다. 초세간성은 출세간성과 세간성의 동시 성립을 의미한다. 만약 이 초세간성을 마음의 관점에서 설명한다면 '표층의식을 떠나지 않으면서도 표층의식을 넘어 심층마음에 도달하고자 함' 정도로 정리할 수 있을 것이다. 이는 일심의 사유와 상통한다. 일심의 사유는 표층의식과 심층마음이 불가분의 관계에 있음을 인식하면서, 궁극적으로는 심층마음에 진입하려는 사유이다. 심층마음으로의 진입은 유한성의 초월이기에 출세간성과 유사하고, 표층의식과 심층마음의 불가분리성은 세간성과 연결될 수 있다. 이 불가분리성은 유한성의 초월 방향을 마음 외부가 아니라 내부로 향하게 하기 때문이다. 이 내적 초월을 통해 우리는 일체가 하나로 연결되어 있음을 깨닫고, 세간의 모든 존재를 부처이자 성인으로 바라보게 되어, 세간을 긍정하게 된다.

그런데 세간의 긍정은 자칫하면 현실의 차별과 억압을 정당화하거나 강화하는 방향으로 흘러갈 수 있다. 세속적 인간관계를 긍정하고 이것의 형성 원리 및 작동 방식을 탐구하는 세간적 철학은 차별적 관계와 위계적 현실을 당위적 질서이자 이상적 원리로 간주할 위험이 있다. 따라서 일심의 철학이나 초세간의 철학이 성립하려면 출세간과 세간, 현실과 이상 사이의 적절한 균형을 찾는 것이 필수적이다.

저자가 지적하는 중국철학과 한국철학의 차이는 이 균형을 통해 설명될 수 있다. 풍우란도 인정했듯이, 중국철학은 대체로 세간적 철학이라고 이해되어 왔다.[12] 풍우란은 이러한 이해가 표면적이라고 주장했지만, 이 책은 중국철학이 한국철학에 비해 세간성 쪽으로 더 기울어져 있음을 입증하고 있다. 그렇다면 중국철학에 비해 부편성과 동일성을 강조하는 한국철학은 출세간성에 더 가까운 철학이라고 해야 할까? 하지만 생각해 보자. 우리는 언제나 세간성에 얽매여 있으며, 우리의 일상적 의식은 동일성이 아닌 차이에 민감하게 반응한다. 그렇다면 세간과 출세간 사이의 균형을 맞추기 위해 철학은 출세간성 쪽으로 더 나아가야 하는 것이 아닐까? 진정한 초세간의 철학은 어쩌면 세간과 출세간, 현실과 이상, 유한과 무한, 개별과 보편 사이의 균형을 추구하는 철

12　풍우란, 『중국철학의 정신, 신원도』, 곽신환 역, 서광사, 1993, 12쪽.

학이 아니라 무한과 보편의 한마음을 추구하는 철학일지 모른다. 그렇다면, "우리 모두의 마음은 절대평등의 한 마음이다."라고 선언하는 철학, 한국철학이야말로 초세간성을 달성한 철학이라고 규정할 수 있을 것이다.

[서평 후기] 한자경 선생님의 한국철학 사랑, 그 깊은 사랑에 물들다

위의 서평은 내용이 허술하고 분량도 부족하지만, 나로서는 정말 어렵게 쓴 글이다. 이 서평의 작성이 어려웠던 이유는 『한국철학의 맥』이라는 책이 한자경 선생님께 얼마나 큰 의미를 지니는지 조금은 알고 있기 때문이다. 선생님께서 이 책에 담아내신 깊은 사유와 철학적 결실을 생각할 때, 한 글자 한 글자 적는 것에 무거운 책임감을 느낄 수밖에 없었다. 이 책의 학술적 우수성과 연구사적 가치를 더 충실히 드러내고 싶었지만, 나의 역량이 부족해 뜻대로 해내지 못했다. 게다가 시간의 압박 속에서 더 이상 글을 발전시키지 못하고 마무리하게 된 점도 아쉽게 생각한다. 그래서 이렇게 후기로나마 못 다한 말을 덧붙이고자 한다.

내가 이 책의 서평을 담당하게 된 이유는 내가 한국철학 연구자이기 때문이다. 하지만 한자경 선생님이 아니었다면, 나는 지금 이 길을 걷고 있지 않았을지도 모른다. 학부 3학년 때 처음 만난 선생님은 내게 단호히 말씀하셨다. 철학을 해야 하고, 철학을 한다면 동양철학을 해야 한다고. 그런데 내가 처음 수강했던 선생님의 강의는 "서양근세철학"이었다. 한자경 선생님은 서양철학에서는 칸트를, 동양철학에서는 유식 불교를 연구하신 만큼, 동서양을 넘나드는 폭넓은 강의를 하셨다. 서양철학 강의를 통해 나는 서양의 관념론에 깊이 빠져들었고, 동시에 선생님의 명료한 해설에 매료되었다. 이후 한국철학과 불교철학 강의를 들으면서는, 그 철학에도 점차 빠져들었다. 지금 생각해 보면, 내가 매료되었던 것은 관념론이나 동양철학 자체가 아니라 한자경 선생님의 철학적 통찰과 설명 방식이었던 것 같다. 철학의 어떤 분야든, 나는 선생님의 설명을 들어야만 그 내용이 온전히 이해되는 것 같았다. 철학책을 읽다가 이해되지 않는 부분이 있으면, 곧바로 그 책을 들고 선생님의 연구실을 찾아갔다. 그때마다 선생님은 반갑게 맞아주시며, 친절하고 상세하게 설명해 주셨다.

선생님의 철학적 해설에 완전히 의지하게 된 나는 자연스레 선생님의 저서들을 탐독하기 시작했다. 그중 내가 가장 좋아했던 책은 『일심의 철학』이었다. 특히 이 책의 7장, 「한국철학을 생각하며」는 내 진로에 중요한 이정표가 되었다. 이 글에서 선생님은 "한국인의 사유에 깊이 자리 잡은 것은 일심의 사유"라고 하시면서도, 이를 한국철학의 기본정신으로 단정 짓지는 않으셨다.[13] 이러한 규정을 위해서는 더욱 풍부한 이론적 입증이 필요하다고 여기신 듯하다. 대신, "진정한 한국철학이란 무엇일까?"라는 질문을 던지셨고, "한국에서 철학적 천재가 탄생하면 그때부터 한국철학이 꽃피울 것"이라고 쓰셨다.[14] 이 문장을 읽으며, 나는 가슴이 두근거렸다. 마침내 내 삶의 목적을 찾은 것 같았기 때문이다. 이제 방황하지 않고 이 길에 내 인생을 바칠 수 있겠다는 생각이 들었고, 그렇게 나는 한국철학 연구자로서의 길을 걷기로 결심하였다.

이렇듯 한국철학 연구에 헌신하겠다는 결심을 쉽게 할 수 있었던 것은 전적으로 한자경 선생님의 가르침 덕분이었다. 선생님은 불교를 강의하시든 유학을 강의하시든, 언제나 강의의 끝을 한국 불교, 한국 유학으로 맺으셨다. 결론은 늘 한국철학이었다. 그 귀결이 어찌나 자연스럽고 설득력이 있었던지, 어느새 나는 모든 철학의 진수가 한국철학에 담겨 있다고 믿게 되었다. 한국철학을 향한 선생님의 열렬하고 한결같은 사랑에 나 또한 깊이 물들어 갔던 것이다.

한국철학을 향한 한자경 선생님의 사랑과 헌신은 한국철학에 관한 열정적 연구로 발휘되었다. 새벽부터 밤까지 연구실의 불은 늘 환하게 켜져 있었고, 주말이나 휴식이라는 개념은 아예 존재하지 않았다. "어떻게 그렇게 쉬지 않고 연구를 계속하실 수 있나요?"라고 물으면, 공부가 가장 즐거운데 휴식이 왜 필요하냐며 되물으시곤 하셨다. 이러한 몰두 끝에 선생님은 2008년『한국철학의 맥』을 세상에 내놓으셨다. 2002년에 출간한『일심의 철학』에서와는 달리, 이 책에서는 한국철학의 기본정신을 '일심의 사유'로 명시하고, 우리 역사 속 다양한 철학들을 하나하나 분석함으로써 이 주장을 입증하셨다. 마침내 선생님은 한국철학을 관통하는 하나의 사상적 맥을 발견하고 이를 한 권의 철학사로 풀어내신 것이다.

『불교철학의 전개: 인도에서 한국까지』(예문서원, 2003)의 머리말에서 선생님은 철학을 하는 궁극적 목적이 "삶에 대한 투명한 통찰과 깨달음을 얻는 것"이지만, 세속적 목적은 한 권의 한국철학사를 쓰는 것이라고 밝히신 바 있다. 이 생각은 한번도 변함이 없으셨던 것 같다. 학자로서 이루고 싶은 꿈이 무엇이냐고 여쭈면, 늘 한결같이 "한

13   한자경, 『일심의 철학』, 서광사, 2002, 148쪽.
14   위의 책, 150–151쪽.

국철학사를 쓰는 것"이라고 말씀하셨다. 이 일관된 대답은 선생님이 철학에 쏟아온 열정과 사명감을 여실히 보여주는 것이었다.

결국 선생님은 2008년에 『한국철학의 맥』을 출간하셨지만, 이로써 꿈을 실현했다고 여기지는 않으셨다. 선생님은 항상 이 책이 진정한 한국철학사가 되려면 더 많은 철학자들을 다루어야 하고, 각 사상의 시대적 배경과 영향력까지 깊이 있게 고찰해야 한다고 말씀하셨다. 그래서 『한국철학의 맥』은 꿈을 향해 가는 과정에 불과하다며, 진정한 철학사는 아직 완성되지 않았다고 하셨다. 그리고 내가 박사학위를 받을 무렵부터는 "나는 이제는 나이가 들었으니, 나의 제자들이 내 꿈을 대신 이루어 주기를 기대한다."고 말씀하시기 시작했다. 그때마다 나는 그저 죄송스러웠다. 20년 전, 선생님의 책에서 "한국에서 탄생할 철학적 천재"라는 문장을 읽고 가슴이 두근거렸던 어린 나는 이제 없고, 현실의 높은 벽을 알아버린 나만 남았기 때문이다. 철학적 천재는커녕, 훌륭한 철학 연구자가 되는 일조차 쉽지 않다는 사실을 이제는 깨달아 버린 것이다.

그래서 선생님이 그런 말씀을 하실 때마다 나는 "아직 한창이신데 무슨 그런 말씀을 하세요! 열정과 능력, 어쩌면 체력까지도 저희 제자들을 여전히 능가하시잖아요!"라고 너스레를 떨곤 했다. 선생님을 닮지 못한 슬픔을 농담으로 풀어버리려는 것이기도 했지만, 사실은 선생님의 꿈을 이룰 사람은 결국 선생님뿐이라는 생각을 늘 하고 있었다. 선생님이 말씀하신 그 철학사, 한국의 다양한 철학자와 사상을 다루면서 이를 하나의 철학적 사유로 관통하는 철학사, 역사·문학·미학 같은 한국사상과 문화 전반을 고찰하되 이를 한국철학의 기본정신과 연결 짓는 철학사는 선생님만이 쓰실 수 있을 것이기 때문이다. 이 생각은 지금도 변함이 없고, 그 기대 역시 여전하다.

그럼 나는 무엇을 할 것인가? 나도 나름대로 한국철학에 관한 연구를 이어갈 것이다. 선생님처럼 철학적 통찰을 담은 한국철학사, 한국유학사를 쓰겠다는 꿈도 계속해서 마음속에 간직할 것이다. 그러나 그 꿈의 실현이 매우 요원하다는 것을 알고 있다. 그래서 그 전에, 나는 『한국철학의 맥』의 '지식 소매상' 혹은 '유통업자'를 자청하려 한다. 비록 내가 그러한 철학사를 직접 생산해 내지는 못하지만, 선생님의 사상을 널리 전파하는 데는 최선을 다할 수 있기 때문이다. 실제로 나는 이 책을 철학과 학부 수업, 대학원 세미나, 그리고 일반인을 대상으로 한 철학아카데미에서 강의한 경험이 있다. 나의 착각일지도 모르지만, 그때마다 수강생들은 한국철학을 일심의 철학으로 규정하는 이 책의 주장에 적극 동의하는 듯했고, 이 책의 명료한 분석에 통쾌해하는 듯했다.

특히, 한국의 신화를 일심의 사유로 풀어낸 부분을 강의할 적에는 짧은 탄성이 터져 나오기도 했다. 그렇게 나는 『한국철학의 맥』 유통업자로서 자부심과 보람을 느낄 수 있었다.

하지만 성실한 유통업자는 현재의 상품에 안주하지 않는다. 더 나은 상품을 요구하는 것이 유통업자의 당연한 역할 아니겠는가. 그래서 나는 선생님께 이 책의 개정증보판을 부탁드리고 싶다. 2008년 이후 집적된 연구 성과를 추가하고, 유통업자인 내 의견도 조금 반영하셔서, 선생님의 꿈에 한 발짝 더 가까워진 철학사를 내주셨으면 한다. 솔직히 말하면, 지금의 이 철학사도 이미 진정한 한국철학사로 충분하다고 생각하지만, 만족을 모르는 선생님의 끝없는 열정을 어쩌겠는가. 그러니 감히 말씀드린다. 선생님, 유통일랑 걱정 마시고, 일단 생산에만 전념해 주십시오!

〈참고문헌〉

풍우란, 『중국철학의 정신, 신원도』, 곽신환 역, 서광사, 1993.
한자경, 『심층마음의 연구』, 서광사, 2016.
한자경, 『한국철학의 맥』, 이화여자대학교출판부, 2008.
한자경, 『불교철학의 전개: 인도에서 한국까지』, 예문서원, 2003.
한자경, 『일심의 철학』, 서광사, 2002.

18
『불교철학과 현대윤리의 만남』

발행 연도: 2008년
펴낸곳: 예문서원
300 페이지
제3회 원효학술상, 2012.

지은이의 말

불교를 논하려 할 때면 늘 마음속에 의혹이 일어난다. 석가가 설한 진리는 깊은 수행을 통해 스스로 증득해야 하는 것이지 범부의 언설분별을 통해서 밝혀질 수 있는 것이 아니지 않을까? 나를 위해서든 남을 위해서든 언어와 개념으로 왈가왈부하는 것이 무슨 의미가 있단 말인가? 그런데 여기서 내가 하고 있는 것, 그리고 할 수 있는 것은 단지 범부의 언설이고 분별일 뿐 그 이상이 아니다. 그럼에도 이렇게 글을 쓰는 이유는 무엇일까?

그러면서 이런 생각을 해본다. 범부가 범부이고 부처가 못되는 까닭이 언설과 분별로 얽혀 있기 때문이라면, 그 얽혀 있는 실타래는 가위로 잘라 버릴 것이 아니라 한 올 한 올 풀어야 하지 않을까? 땅에 걸려 넘어진 자는 땅을 딛고 일어서야 하듯, 언설로 얽힌 것은 언설로 풀어야 한다. 언설과 분별이 궁극 지점에서는 버려져야 할 것일지라도, 그 지점에 이르기까지는 불가피한 방편이다. 피안에 도달하여 버려질 뗏목이라고 그 뗏목을 아예 취하지도 않는다면 피안에 다가갈 수도 없지 않겠는가?

그래서 나는 또다시 무아와 일심에 대해, 윤회와 해탈에 대해 생각하고 또 생각하면서 개념의 숲을 헤매고 다닌다. 이 지구상에 개념의 틀에 걸려든 미혹한 중생이 있다면, 그건 바로 우리 인간종이 유일할 것이다. 개념적 사유와 언어적 분별은 어쩔 수 없는 우리의 운명일지도 모른다. 이렇게 위안 내지 변명을 해가면서 분별 가득한 이 한 권의 책을 세상에 내놓는다. 그러나 아무리 분별하고 분석해도 불교는 여전히 깨달음의 종교이다. 내적 깨달음보다는 외적 감각이, 자증적 확신보다는 객관적 논변이 더 중시되는 오늘날, 이 현대사회에서 불교가 갖는 의미는 무엇일까? 불교의 현대적 의미는 무엇일까? 오늘날 우리는 불교를 어떻게 이해해야 할까? 이것이 이 책 전체를 일관하여 내가 묻고 있는 근본물음이다.

불교의 '현대적 의미'를 발견하기 위해 사람들은 종종 현대의 과학적 세계관에 따라 불교를 재해석하는 작업을 시도한다. 2500년 전에 석가가 설한 진리가 현대의 자연과학적 진리와 일치한다는 것, 이것을 밝히는 것이 불교를 살리는 것이라고 여기는 것이다. 그런데 이것은 결국 종교를 과학의 잣대로 평가하겠다는 것이며, 일체 진리의 기준을 현대과학에 두겠다는 것이다. 그래서 흔히 불교 교리 가운데 현대과학과 비교적 잘 어울릴 수 있는 무아설은 수용되고 잘 어울리지 않아 보이는 윤회설이나 해탈설은 배제된다. 그러나 이런 식으로 종교를 현대과학의 기준에 따라서 재단하는 것이 과연 정당한가?

우리에게 필요한 것은 불교를 현대적 관점에서 읽어내는 것이 아니라 현대를 불교의 관점에서 읽어내는 것이 아닐까? 우리가 해야 할 것은 현대의 시대정신에 따라 불교를 해석하는 것이 아니라, 불교의 기본정신에 따라 현대의 시대정신을 비판하는 것이 아닐까? 그래야만 우리가 현대 너머에서 현대를 바라보며 현대가 안고 있는 문제들을 비판적으로 사유할 수 있지 않겠는가? 현대의 시대정신을 비판하고 넘어설 수 있게 하는 힘, 그것을 불교에서 구할 수 있을 때 비로소 참된 의미에서 불교의 '현대적 의미'가 살아나지 않겠는가?

이런 생각에서 나는 불교를 현대의 관점에서 재해석하기보다는 불교를 불교 그 자체의 논리로 읽어내고자 노력하였다. 불교 자체의 논리로 불교의 기본정신을 드러내는 것이 곧 불교의 현대적 의미를 밝히는 것이라고 보기 때문이다. 따라서 불교가 우리의 일반상식이나 현대과학의 주장과 일치하는 점을 찾아내려 하기보다는 오히려 그것과 다른 점이 무엇인지, 불교가 일반상식이나 과학지식을 넘어서서 우리에게 제시하는 통찰이 무엇인지를 밝혀보고자 하였다. 불교를 서양철학과 비교하는 데에서도 둘 간의 공통점을 넘어서서 둘 간의 차이점을 밝히는 데에 주력한 것도 이 때문이다.

긴 의도고 이 책을 구상하였지만, 긴애이 글이 처음부터 하나의 책으로 기획되어 씌어진 것은 아니다. 이미 여러 학회지에 발표되었던 글들 가운데 현재의 시점에서 불교를 어떻게 이해할 것인가, 이 물음 아래 묶일 수 있는 글들을 모으고 부족한 것을 보충해서 한 권의 책으로 엮어보았다. 우선 불교의 가르침이 우리에게 하고자 하는 말은 무엇인지, 불교의 가장 기본적인 사유방법은 어떠한 것인지를 가능한 한 짧고 간단하게 오늘날의 우리가 알아들을 수 있는 말과 이해할 수 있는 논리로 설명해 보고자 하였다. 그것이 '제1장 불교의 근본사유'이다. '제2장 불교와 서양철학'에서는 불교를 보다 일반적인 철학적 지평에서 논하기 위해 동양의 불교와 서양의 현대철학을 비교하는 글들을 모았고, '제3장 불교와 현대윤리'에서는 현대사회에서 문제가 되는 생명과 윤리 그리고 생태학의 문제들을 불교적 관점에서 논하는 글들을 모아보았다. 그리고 1장에서 논의된 무아와 윤회와 해탈에 관한 논쟁의 글들을 '무아론 논쟁'이란 제목 하에 부록으로 덧붙여 놓았다.

　나는 불교의 개념들이 불교의 전문용어로서 우리에게 낯선 것이 많지만 그 실질적인 내용은 불교전통의 우리에게 그렇게 낯선 것만은 아니라고 생각한다. 우리의 마음이나 삶 속에 이미 스며들어 있는 불교적 사고방식을 들추어내고 밝혀내는 것, 그것은 곧 나를 아는 것이고 역사 속의 우리를 아는 것이라고 본다. 마음이 불교에 머물러 있을 때의 편안함이 곧 몸이 우리나라 산 속 절에 들어섰을 때의 편안함과 유사한 것도 그 때문이 아니겠는가?

2008년 8월

한자경

목차

서평: 불교 윤리, 고통에서 자비로

김도연(서울대학교 철학과 박사과정)

처음 철학을 공부하기 시작했을 때 나는 윤리학에 관심이 많았다. 도덕이란 어떻게 성립하는가, 왜 도덕적이어야 하는가? 이러한 질문에 답하는 여러 서양 철학의 이론들을 살펴보아도 궁극적인 근거에 도달하는 것 같지는 않았다. 이후 불교를 공부하면서는 불교 인식론과 형이상학에 재미를 느꼈지만, 불교에서는 도덕의 근거를 어떻게 설명하는지에 대한 나름의 결론을 찾고자 했다. 한자경의 『불교철학과 현대윤리의 만남』은 서양철학과 불교철학의 비교와 더불어 현대사회의 윤리적 문제에 대한 불교적 관점을 제시하고 있다. 불교에서 윤리는 어떻게 성립하며 불교 윤리는 현대 사회에서 어떤 실천적인 함의를 가질 수 있는가?

이를 말하기에 앞서 저자는 1장에서 무아(無我), 연기(緣起), 공(空), 일심(一心), 유식무경(有識無境) 등의 개념을 중심으로 불교의 근본 사유를 설명하고 있다. '나'라는 것은 연기의 산물일 뿐, 끊임없이 그 경계는 이동하고 있다. 경계를 가지고 있는 모든 개별적인 것들은 전체의 상호 연기작용 속에 놓여 있다. 만물은 견고한 경계를 가지고 있는 것처럼 보이지만 사실 언제든 무화되어 다른 것이 될 수 있는 허상이고, 이를 '색즉시공(色卽是空)'이라고 하는 것이다. 이는 현대과학에서 원자의 대부분이 비어 있는 공간이라고 믿어는 것과도 일부 상통한다. 불교와 현대과학은 인연화합이라고 하는 연기작용, 인과에 따라 존재자가 생겨난다는 것에서는 의견이 일치한다. 그러나 불교가 연기를 통해 지향하고자 하는 바는 그 굴레를 계속 따라가며 만물을 규정하고 실체화하는 유전문(流轉門)이 아닌, 그 굴레를 해체시키는 환멸문(幻滅門)이다. 연기의 굴레가 계속되는 유전문은 존재자를 실체화하고 집착하여 계속해서 고통을 낳는 원인이 된다. 불교에서는 환멸문을 통해 이 계속되는 연기과정에 대한 집착을 끊고 고통을 없애고자 하는 것이다. 사문유관(四門有觀)에서 보듯이 애초부터 불교는 '고통의 문제'를 해결하는 것에서 시작되었다.

한편 저자는 '공'과 '일심'을 궁극적으로 같은 것으로 보고 논의하고 있다. 모든 존재가 '공'이며 그 공은 다름아닌 바로 일심, 즉 마음의 공이라는 것이다. '공'을 꼭 '마음'으로 보아야 할 이유는 무엇인가? 이러한 의문을 염두에 둔 것인지 저자는 공과 일심이라는 제목 옆에 '물질인가 마음인가'라는 부제를 붙이고 있다. 저자는 서양에서의 '공'은 '순수물질'로 이해되어 왔다고 말한다. 서양의 기독교는 개체의 근원인 무(순수물질)와 그것 너머의 신(순수정신)을 이원화했다. 이때의 순수물질이라는 것은 물리적 에너지일 뿐 의식성을 갖는 마음이 아니다. 반면 불교에서의 '공'은 모든 개체의 경계가 사라지면서 드러나는 무한한 마음, 자기자각성을 가진 마음이다. 마음이 스스로 공인 동시에 자신의 본성을 공으로 자각하는 것이다. 나는 이때의 '마음'이라는 것은 물질과 정신이 분리되지 않고 완전히 동일해지는 마음이라고 이해한다. 그러므로 저자가 비판하고 있듯이 '공'이 만약 그저 서양적 '무(無)'가 아니라 '일심'이라면, 그것은 단순히 '물질'이라고는 표현될 여지가 없어 보인다. 하지만 나는 동시에 '마음'을 순수물질에 대비되는 순수 '정신'이라고 표현하는 것 또한 서양철학의 이분법 체계 중 한쪽의 개념을 선택한 것이기 때문에 잘못되었다고 생각한다. '마음'은 물질과 정신이 둘로 나누어지지 않는 궁극의 지점이 되어야 한다고 생각된다.

흔히 유식불교에서는 '마음'이 물리적 '세계'를 만든다고 말한다. '식(識)'과 물질의 관계를 이해하기 위해서는 다음에 논의하고 있는 '유식무경'에 대해서 알아야 한다. 어떻게 마음이 물리적 현상세계를 만들어낼 수 있는가? 유식은 물리적 존재자들을 '허상'일 뿐만 아니라 '식'으로부터 발생한 것으로 본다. 물리적 세계와 그 세계 속의 자아는 모두 현상적 존재이다. 그리고 이 현상을 만들어내는 것은 아뢰야식(阿賴耶識), 정확하게 이야기하면 아뢰야식에 함장된 업력(業力), 즉 종자(種子)이다. 함장되어 있던 종자가 현행식(現行識)으로 드러나는 것을 식의 전변(轉變)이라고 한다. 전변을 통해 아뢰야식은 견분(見分, 인식 작용)과 상분(相分, 인식 대상)으로 나뉘는데 우리는 이것을 잘못 분별하여 인식 주관과 인식 객관이라는 고정된 실체가 있는 듯 여기며 아집과 법집에서 벗어나지 못한다. 실은 양측 모두 아뢰야식의 자체분으로부터 전변된 결과일 뿐이다. 그러나 중요한 것은 그렇다고 우리가 아뢰야식 그 자체를 모르고 사는 것은 아니라는 점이다. 누구나 마음의 본래적인 깨달음[本覺]을 가지고 있고, 그렇기에 수행을 통한 해탈이 가능하다.

불교 윤리에서 또한 중요한 점은 보살 정신이라고 할 수 있다. 보살은 홀로 해탈하여 탈세간으로 나아가지 않고, 중생들의 해탈을 위해서 기꺼이 허망한 현상세계로 돌아간다. 어느 한 사람이라도 고통을 받고 있다면 우리 모두는 고통에서 벗어날 수 없다. 우리가 단체로 꿈을 꾸고 있고, 그 사실을 알고 있다면, 보다 행복한 꿈을 꾸기 위해 기꺼이 꿈 속에서라도 노력해야 하는 것이다. 현실의 허망함을 현실 바깥에서 직관했다면, 그 허망한 현실을 단지 부정하고 없애려는 것이 아니라 행복한 현실로 탈바꿈시켜야 하는 것이다.

불교철학과 현대윤리를 말하는 책에서 형이상학적인 이론을 재차 말하고 있는 이유는 다음과 같을 것이다. 앞서 말했던 대로 불교에서 윤리는 고통을 해소하는 문제와 관련이 있고, 그렇다면 고통이 왜, 어떻게 발생하는지를 분석할 필요가 있다. 고통은 마음에서 생겨난 현상을 실체화하고 임의로 규정하여 집착하기 때문에 생겨난다. 그렇다면 마음에서 어떻게 현상이 생겨나고 또 의식은 그 현상을 어떻게 실체화하여 집착하게 되는지 그 과정을 여실히 파헤쳐야 한다. 고통의 원인을 파악하고 따라가 뿌리 뽑기 위해 마음의 작용을 밝히고자 한 것이 유식불교의 지향점인 것이다. 즉 이 책의 1장은 불교의 윤리를 설명하기 위한 형이상학적 바탕을 설명했다고 할 수 있다.

2장에서 저자는 불교철학과 서양철학의 비교를 통해 불교철학이 지향하는 바를 더욱 명료하게 보여주고 있다. 독일관념론과의 비교, 마르크스(K. Marx)의 종교비판에 대한 비판, 마지막으로 후설(E. Husserl) 현상학과의 비교 순으로 이어지고 있다. 저자는 먼저 독일관념론과 불교 모두 주관과 객관을 포괄하는 절대의 마음을 포착했다고 본다. 주객대립 너머의 절대적 마음의 활동성을 불교는 공적영지(空寂靈知)라고 말하고, 독일관념론에서는 사행(事行, Tathandlung)이라고 말하는 것이다. 이러한 활동성을 갖는 마음은 주객으로 이원화된 현상 세계를 산출하되 그 자체는 그러한 현상적인 주객대립을 넘어서 있는 마음이다. 저자는 불교와 독일관념론 모두 현상세계를 기능하게 하는 궁극적 근거를 외부에서 발견하지 않고 인간 스스로의 마음이나 정신에서 찾았다는 점에서 유사하다고 보고 있다. 그러나 결정적인 차이는 그러한 주객대립을 넘어서 있는 절대적 마음 그 자체를 '인식'할 수 있는가의 여부이다. 저자는 독일관념론자들이 말하는 '지적직관'이라는 것은 '나는 나다'라는 의식으로서 자기 '의식'이지, 자기 '인식'에 해당하는 것이 아니라고 말한다. 가령 칸트(I. Kant)는 초월적 자아의 자기의식이 '인식'이 아닌 것은 자기의식이 그 속에 아무런 직관적 내용을 갖지 않기 때문이라고 말한다. 즉 자기활동성에 대한 의식은 있다 해도, 그 활동을 그 자체로 인식하는 것은 직관의 내용이 없기 때문에 불가능하다는 말이다. 어떤 대상에 대한 일상적인 인식은 그것 아닌 것을 인식함이 전제되어야 한다. 피히테에 따르면 우리는 절대적인 자아의 활동성 그 내부에 비아(非我)를 정립함으로써 가분적(可分的) 자아만을 인식할 뿐이다. 즉 비아와 가분적 자아로 나뉘기 전의 절대적 자아의 활동성은 인식의 대상이 따로 없기 때문에 인식될 수 없는 것이다. 그러나 불교에서는 견성(見性)을 말한다. 이는 절대적 마음의 본래적 성품을 직관할 수 있다는 것이며, 이를 위한 수행방법이 적성등지법(寂惺等持法)이다. 마음의 상들을 지우고 대상이 사라졌을 때에도 마음이 혼침(昏沈)에 빠지지 않고 깨어 있도록 하는 것이다. 이렇게 대상 없는 깨어 있음을 실현할 때 비로소 대상에 대한 유한한 마음이 아닌, 대상 없이도 작동하고 있는 무한한 마음을 확인하게 된다. 불교에서는 이를 단지 이념이나 이상으로 설정하는 것이 아니라, 수행을 통해 확인하고자 한다.

다음으로 마르크스에 대한 저자의 불교적 비판은 특히 이 책의 주제가 되는 윤리적 실천과 참여의 문제와 밀접하다고 생각된다. 저자는 종교가 현실에 아무런 도움이 되지 않는다는 마르크스의 종교 비판이 과연 종교의 핵심을 겨냥한 비판인지, 그 비판이 불교에도 적용될 수 있는지를 검토하고 있다. 마르크스는 종교가 추구하는 무한과 절대의 이념이 유한과 상대로부터 이끌어져 나온 추상적 관념일 뿐이라고 말한다. 여기서 저자의 핵심 반박은 종교가 지향하는 무한과 절대의 이념은 현실적인 세계와 같은 유한하며 상대적인 것으로부터 만들어진 것이 아니라는 것이다. "절대의 가치는 현실 자체로부터 경험적으로 얻어지는 것이 아니다. 오히려 반대로 우리 안에 자유의 이념이 있기에 현실의 부자유함을 의식하게 되고, 우리 안에 정의의 이념이 있기에 현실의 부정의함을 의식하게 된다"(127). 즉, 인간에게 이상이라는 지점이 있어야 그 지점과 비교하여 현실의 문제 또한 인식할 수 있게 된다는 말이다. 종교는 이러한 이상의 지점을 일깨워 줌으로써 현실을 바꾸어나갈 수 있다. 예를 들면 "신 앞의 평등"이라는 기독교적 사상에서 서양 민주주의의 이념을 찾을 수 있다는 것이다.

특히 불교는 인간이 추구하는 절대적 이상의 경지가 결국 스스로에게 내재된 본질임을 깨닫고자 하는 종교이다. 그렇다면 마르크스가 말하는 '자기소외'는 불교에 대해서는 해당되지 않는다. 오히려 불교는 수행을 통해 자기 자신을 여실히 직시하고 발견하고자 하는 종교인 것이다. 또한 불교에서 말하는 '불이(不二)'의 정신은 중생과 부처, 열반과 현세, 진여와 생멸이 완전히 다르지 않다는 것을 알려준다. 불교는 현실을 도외시하지 않고 불국토를 실현할 장으로 간주한다. 흔히 불교는 서양철학자들에 의해 허무주의로 오해받았고, 누군가는 불교에 대해 속세를 등지고 출가하여 혼자만의 수행에 전념하는 수도승의 모습을 떠올릴지도 모른다. 이 글은 철학 논문이기에 구체적인 현실 참여의 길은 제시되고 있지 않지만, 적어도 불교가 이 현실 세계에 모종의 실천을 할 수 있다는 것을 이론적으로 뒷받침하고 있다. 마르크스는 "철학자들은 세계를 다양하게 해석해 왔지만, 중요한 것은 세계를 변화시키는 것"이라고 말한 바 있다. 하지만 나는 세계의 가시적인 변화를 이끌어내는 것은 궁극적으로 개인의 세계 해석과 결단으로 소급될 수밖에 없다고 생각하며, 저자가 말했듯 종교는 이상을 제시하고 나아가게 하는 하나의 원동력이 될 수 있다는 점에 동의한다.

저자는 또한 유식의 아뢰야식과 후설 현상학에서의 초월적 주관을 비교하고 있다. 유식과 현상학은 시대와 지역의 간극에도 불구하고 닮은 부분이 많다. 현상학과 유식 모두 일상적인 세계의 소박한 정립을 배제하며, 마음 혹은 초월적 주관이 지향성을 가지고 객관세계를 구성한다고 말한다. 의식이 세계를 하나의 대상으로 객관화하기 전에 이미 우리에게는 선(先)소여된 지평으로서의 생활세계(Lebenswelt)가 있다. 나아가 객관화되기 이전의 생활세계 또한 초월적 주관의 지향작용에 의해 구성된 것이다. 특히 후설은 가장 근원적인 의식의 지향작용을 파지(Retention, 과거지향)와 예지(Protention, 미래지향) 등의 '시간의식'으로 보고 있으며, 이러한 지향 작용으로 인해 시간 연속체로서의 세계가 구성된다. 이렇듯 객관세계와 그의 바탕이 되는 생활세계를 구성하는 초월적 주관성은 세계 속에 있는 주관이 아니라 지향성을 가지고 세계를 구성하는 자아이다. 유식의 경우 앞서 설명했듯이 아뢰야식의 종자가 현행으로 생하여 세계를 구성한다고 말한다. 종자가 현행으로 생하고 현행으로부터 다시 종자가 훈습되는 순환이 반복되면서 아뢰야식은 쁨류이 같이 유전한다. 이러한 과정을 통해 시간적 흐름이 형성된다는 점에서 아뢰야식의 유전은 시간의식과 비교될 수 있다.

그러나 저자는 크게 두 가지 방향에서 불교와 현상학 간의 차이를 발견한다. 첫째로, 현상학의 기본 전제는 현상 자체에 본질이 내재되어 있고 우리는 본질을 현상을 통해 직관할 수 있다는 것이다. 즉 현상학에서는 현상 바깥에 본질이 따로 있는 것이 아니라 현상이 곧 실재이며 본질을 드러내 준다고 생각한다. 그러나 저자는 유식에서는 현상의 공성(空性)을 강조한다고 말한다. 즉 모든 현상은 마음이 그려낸 가유(假有)인 것이다. 그러나 만약 저자가 여래장(如來藏) 혹은 일심 등의 개념을 유식과 연관

짓고 있다면, 일체 현상이 단지 공이 아니라 곧 여래장이라는 결론에 이를 수 있고, 그 렇다면 유식에서도 현상이 본래적 성품을 드러낼 수 있는 것은 아닐까? 한편, 현상학 의 근본 목표는 엄밀하고 보편적인 학문의 토대를 세우기 위함이다. 즉 세계의 토대를 마련하기 위해 열심히 세계를 해체시키며 그 구조를 확인하고 다시 쌓아올리는 과정 을 거치는 것이다. 그러나 유식은 세계의 구성 과정 자체를 허망한 것으로 보고 구성 작용 자체를 멈추고자 한다. 즉 세계를 보다 견고하게 쌓아올리는 것이 목적이냐, 세 계의 허망함을 인식하는 것이 목적이냐에 따라 두 철학은 차이를 보인다.

3장에 와서 저자는 불교철학이 현대의 구체적 윤리적 문제에 어떠한 답을 줄 수 있 을지 이야기하고 있다. 먼저 저자가 다루는 주제는 욕망과 자유이다. 욕망은 나와 세 계를 분별하고 내가 세계의 대상에 집착하고 얽매이게 해 부자유한 상태를 만든다. 불 교에서는 세계를 대상화하고 주관과 객관을 이원화시키는 욕망 작용으로부터 벗어나 욕망 바깥에 서보라고 말한다. 여기서 욕망 바깥에 선다는 것은 아예 욕망을 느끼지 않는 것이 아니라, "욕망을 자각하되 따르지 않는 것"(175), 즉 그 욕망 자체에 매몰되 지 않는 것이다. 이렇게 자신의 욕망을 자각하는 방법으로 관(觀) 수행을 말하고 있다. 이는 단지 욕망을 부정하거나 억제하려는 것이 아니라 이 세계를 분별하여 집착하게 하는 욕망의 실체를 그 바깥에서 바라보는 것이다.

그러나 욕망 바깥에 서는 것, 그리하여 욕망을 떠나는 것이 궁극의 귀결점은 아니 다. 저자는 결국 윤회를 완성하는 해탈의 길은 불이 법문에 있다고 이야기하고 있다. 욕망과 자유, 윤회와 해탈이 완전히 서로 다른 둘이라면, 욕망은 자유롭게 될 수 없고, 윤회로부터 해탈을 이룰 수 없다. 부처의 깨달음은 중생 안에서만 나타날 뿐이고, 욕 망의 삶 가운데에 있을 때 자유는 의미를 가지게 된다. 대승의 보살은 중생들의 해탈 을 돕기 위해 기꺼이 다시 윤회하여 현실에 거한다. 보살은 깨달음이 있어도 고통받는 다른 중생이 있는 한 현실을 벗어나지 못하는 자비의 존재이다.

그런데 저자는 이러한 보살의 자비심은 중생의 사랑과 다른 것이 아니라고 말한다. 중생의 대표적인 욕망 중 하나는 애욕(愛慾)이다. 그러나 신체적 욕망 또한 궁극적 지 향이 '하나됨의 환희'라는 점에 있어서는 보살의 자비정신, 즉 중생과 나를 하나로 여 기는 동체의식과 다르지 않다는 것이다. 현대의 성윤리에 대해 『범망경(梵網經)』의 불 음계(不淫戒)를 언급하는 부분에서도 저자는 몸과 마음, 욕망과 자비 등이 서로 완전 히 다르지 않은 관계라는 것을 말하고 있다. 한편 저자는 성윤리는 우리에게 단지 '몸'

의 문제가 아니라 결국 '마음'의 문제이기 때문에 중요하다고 말한다. 저자의 말대로라면, 진정 사랑하는 마음은 진정 사랑하는 몸이 될 수 있을 것이다.

생태학적 위기에 대한 불교적 진단을 논한 부분은 이 책을 읽으면서 저자의 깊은 통찰을 느꼈던 부분이었다. 저자는 생태 문제를 불교의 연기론을 들어 '상호의존성'으로 풀고자 하는 기존의 만연한 진단에 대해 강한 비판을 제기하고 있다. 여기서 저자는 불교의 연기론을 체계(system)이론의 상호의존성과 유사한 것으로 해석하는 관점에 문제가 있다고 말한다. 상호의존성이라는 것은 존재자들이 서로 유기적으로 연결되어 영향을 끼치고 있다는 것이다. 흔히 환경이나 생태 문제를 논할 때 환경과 인간의 상호 유기적 영향관계를 언급하는 경우가 많다. 그러나 저자는 이러한 상호의존성 자체에 주목하는 것은 생태 문제를 해결하는 것이 아니라고 보고, 생태 문제에 대한 불교적 해결 또한 단지 연기론에 맞추어지면 안 된다고 주장한다. 오히려 상호의존성을 강조할수록 개인적 행위의 생태학적 결과는 불특정 다수에게로 확장된다. 이 때문에 그 문제점은 추상화되고 희석되어 개인에게는 체감되지 못하는 것으로 남게 된다. 즉 상호의존성에 주목해 생태학적 위기를 극복하고자 하는 것은 오히려 인간 행위의 실천적 구속력을 약화시킬 뿐인 것이다. 일체가 상호연관관계에 있다는 것은 그 큰 연관관계에 속한 개인에게 책임감보다는 무력감을 느끼게 하고, 결국 실천의 부재로 귀결된다.

그렇다면 저자가 제시하는 생태적 문제에 대한 불교적 해결은 무엇인가? 불교에서 연기를 논하는 것은 그러한 상호의존관계를 강조하려는 것보다, 그로 인해 생겨나는 현상적 차별이 모두 허망한 것임을 말하기 위한 것이다. 결국 차별상으로 드러나는 모든 것들은 허상이며, 그 차이에도 불구하고 남는 것은 만물에 내재된 평등성, 즉 불성(佛性)이라는 것이다. 즉 우리는 의식상에 드러나는 차이 나는 것들의 상호의존성을 논의하는 것에서 나아가, 그 차이 나는 것들이 심층 차원에서는 모두 불성을 가지고 있다는 것을 알 때, 모든 존재가 평등하게 존중받아야 한다는 주장을 할 수 있다. 즉 차이 나는 것들 간의 상호의존성으로만은 그래서 왜 현재의 생태 문제를 해결해야 하는지에 대한 정당한 이유를 제시할 수 없다. 상호의존성을 넘어서서, 모든 존재 속에 내재된 평등함을 발견할 때 인간이 자연을 지배하고 있는 불평등한 현실을 비로소 문제로 인식할 수 있게 되는 것이다. 즉 불평등한 상호의존성을 해체하기 위해서는 그것이 잘못되었다는 인식이 필요하고, 그러한 인식은 너와 나를 하나로 아는 심층의 마음에 근거를 두고 있다.

나는 결국 불교의 윤리는 고통에 대한 보편적 공감과 관련이 있고, 그것이 또한 윤리학의 가장 궁극적인 출발점이라는 생각을 한다. 옳고 그름의 문제, 그 귀결점은 고통에 대한 공감을 할 수 있느냐 없느냐에 있다. 그리고 그 공감은 저자의 언어로는 너와 나의 개별성을 넘어선 '심층'에서 가능한 것이라고 할 수 있다. 또 다른 불교 윤리의 핵심은 '불이'의 정신이라고 생각한다. 중생세계와 불국토를 둘로 보지 않는 것, 그리하여 현실 세계를 통해서 이상을 실현하고자 하는 강한 의지가 윤리적 행위자를 만든다고 생각한다. 이 책이 전하는 바 또한 '심층'과 '불이'라는 핵심어로 요약될 수 있을 것이다.

발행 연도: 2009년
펴낸곳: 서광사
368 페이지
문화체육관광부 우수학술도서

지은이의 말

헤겔의 『정신현상학』은 각각의 인간 안에서 주체로서 활동하는 정신이 사적이고 주관적인 개체의식에서 어떻게 점차 공적이고 객관적인 보편정신으로 깨어나게 되는지 그 과정을 밝혀 놓은 책이다. 정신은 우선 사물세계를 대상적으로 바라보는 의식으로 활동한다. 그러다가 그렇게 대상을 의식하는 자기 자신을 자각함으로써 자기의식이 된다. 그리고 다시 이 자기의식은 자연의 생명적 활동성 안에서 생명으로서의 자신을 자각하여 이성이 되고, 사회적 공동체와 역사 안에서 인류적 주체 내지 역사적 주체로서의 자신을 자각하면서 정신이 된다. 이처럼 정신의 자각 과정은 한 단계에서 다음 단계로 나아가는 정신의 자기이행을 뜻하며, 이것은 곧 인간의 자기성장의 과정이고 인류의 자기발전의 역사이기도 하다.

이와 같이 정신이 스스로를 드러내며 현상하는 단계들을 체계적으로 서술한 『정신현상학』은 비록 난해하기 이를 데 없지만 그 안에 담긴 치밀한 논리와 깊이 있는 사유, 역사와 현실에 대한 정확한 통찰, 철학의 제 분야에 대한 종합적 체계화 등으로 인해 진지하게 철학하고자 하는 사람이라면 결코 소홀히 해선 안 될 책이라고 본다. 인식론과 존재론, 형이상학과 윤리학, 정치철학과 역사철학, 미학과 종교철학 등 그 안에 다뤄지지 않는 영역이 없으면서도 그것들이 전체적으로 하나의 체계로 엮여 있다는 것은 굉장한 매력이다. 철학의 모든 중요한 문제들이 내 안에서 부글거리고 있다면, 그 문제들은 결국 하나의 인격체인 내 안에서 하나의 사유체계로 통합되어야 하지 않겠는가? 그런 방대한 전체 철학체계를 스스로 자기 전개하는 정신의 단계적 드러남의 양식으로 밝혀 놓은 책이 바로 『정신현상학』이다. 나는 그 정신의 깊이와 크기를 놓치지 않고 따라가면서 각 단계마다 정신이 무엇을 보고 무엇을 생각하는지를 알아보고 싶었다. 그렇게 헤겔의 『정신현상학』을 읽고 공부하고 또 강의하면서 내 나름대로 각 단계들을 해석하고 정리한 것을 한 권의 책으로 엮어보았다.

이 책에서 나는 헤겔이 정신의 각 단계마다의 경험과 좌절을 어떤 방식으로 그려내고 있는지를 밝혀보려고 노력하였다. 어느 단계에서든지 정신은 자신 앞의 무엇인가를 발견하지만, 그것은 곧 발견하는 자신과 발견된 대상과의 분리의 의식이기도 하다. 너와 나를 이원화하고 분리시키는 그 경계 앞에서 정신은 절망하고 좌절한다. 그러나 분리와 차이를 아는 정신은 이미 분리 너머에 있는 정신이며, 좌절을 자각한 정신은 이미 좌절을 초극한 정신이다. 이렇게 해서 한 단계에서 좌절한 정신은 스스로 자신의 좌절을 딛고 그다음 단계로 나아간다. 나는 헤겔을 따라 한 단계에서 그다음 단계로 나아가는 정신의 여정을 연속적으로 이어지는 하나의 길로 나타내고자 노력하였다. 정신의 한 경계에서 다음 경계로의 무한한 이동은 결국 정신의 자리가 경계 안도 아니고 경계 밖도 아니고 정확히 경계선 위라는 것, 우리는 누구나 유동하며 미끄러지는 경계선상의 존재, 공간을 가르는 경계선 위에서 춤추는 존재라는 것을 말해 준다. 이러한 정신의 운동을 나는 유한과 무한, 개체와 보편, 분별과 무분별 사이에서 전개되는 경계와 무경계의 변증법으로 이해하였다.

우리는 흔히 헤겔철학을 그 깊이와 방대함과 체계성에 입각해서 서양 근세 대륙 합리론과 영국 경험론의 종합인 칸트 초월철학에서 한걸음 더 나아간 독일관념론의 완성으로 평가한다. 그리고 그 이후의 쇼펜하우어나 키에르케고르의 실존철학, 포이어바흐나 마르크스의 유물론을 이미 완성된 헤겔철학에 대한 반작용으로 해석한다. 그만큼 헤겔철학은 전체 서양 형이상학의 완결판으로 간주되고 있다.

이처럼 서양철학의 전성기이기도 한 독일철학의 전성기는 칸트에서 헤겔까지라고 볼 수 있다. 칸트 이전의 대륙 합리론자들은 주로 라틴어나 불어로 글을 썼으며 칸트까지도 학위 논문을 라틴어로 썼었다. 그러다가 칸트가 독어로 주저 『순수이성비판』을 완성한 것이 1781년이다. 그즈음 수많은 철학자·문학가·예술가 등이 함께 활동되었지만 독일철학의 완성자는 역시 헤겔이고 그 주저는 『정신현상학』이라고 할 수 있을 것이다. 그런데 『정신현상학』이 간행된 해는 1807년이다. 이웃 나라 프랑스에서 1789년 대혁명이 일어났을 때, 그 혁명의 정신을 사유로 포착하고 철학으로 체계화하는 작업이 바로 독일에서 일어났던 것이다. 그로써 독일인들은 자신을 철학이 있고 정신이 살아 있는 민족이라고 스스로 각성시키고 부흥시켰다. 그리고 실제 역사가 그 정신에 따라 그렇게 만들어졌다. 그래서 그곳으로부터 이 멀리 떨어진 한국에서도 그리고 200년도 더 지난 오늘날에도 칸트를 따라 헤겔을 따라 철학을 공부하겠다고 독일을 향해 떠나곤 한다. 그럴 수 있다. 헤겔 자신이 논하듯이 역사를 만드는 것이 바로 정신이니까 그럴 수 있다. 내가 놀라는 것은 칸트 『순수이성비판』에서 헤겔 『정신현상학』에 이르는 기간이 30년도 채 안 된다는 사실이다. 한 나라가 철학이 있고 정신이 살아 있는 나라로 새롭게 각성하고 부흥하는 것이 30년만으로도 가능하다는 사실, 그것이 놀라운 것이다.

의식 있는 몇몇의 지성을 통해 한 나라가 통째로 각성하고 부흥하는 것이 30년만으로도 가능한데, 우리의 정신은 왜 아직도 깨어나지 못하는 것일까? 30년 이상 철학을 하면서 살아온 우리들의 잘못이고 우리들의 책임이 아닐까? 30년, 60년 동안 민족의 혼을 일깨우고 정신을 부흥시키기는커녕 우리는 오히려 우리 역사 속에 살아 있던 정신까지도 망각하고 우리 스스로를 변방이라 자처하며 정신없이 살고 있는 것은 아닐까?

칸트의 『순수이성비판』을 공부하고 헤겔의 『정신현상학』을 읽는 것이 그 자체만으로 나와 우리의 정신을 일깨우는 것은 아니라고 생각한다. 경계에 부딪혀 좌절하되 다시 그 경계를 딛고 일어나는 정신만이 깨어 있는 정신이듯이, 칸트와 헤겔을 딛고 오늘의 나, 오늘의 우리를 발견하는 정신만이 살아 있는 정신이고, 그 정신을 통해서만 우리 전부가 함께 각성될 수 있으리라고 본다.

『정신현상학』에 나타난 헤겔 사상의 깊이와 폭을 내가 제대로 잘 포착하였는지조차 자신하지 못하는 상황에서 작은 해설서나 하나 내놓으면서 정신의 각성 운운하니 그저 부끄러울 따름이다. 경계에 서서 경계 너머를 바라보며 무경계를 꿈꾸는 것, 그것이 인생이려니 생각하며 살아간다.

2009년 3월
한자경

목차

서평: 헤겔 절대정신의 자기지(自己知)와 '바닷가에 서서'

염승준(원광대학교 원불교학과 교수)

2009년 발간된 한자경의『헤겔 정신현상학의 이해』는 1988년부터 2024년 현재까지 발간된 23권의 단독 저서, 19권의 공저, 5권의 번역서 중 특정 서양 철학자의 저서에 대한 해석서로는 유일하다. 물론 헤겔 외에 칸트 철학을 '하나의 통일된 체계'로 해석한 저자의 박사 학위 논문[1](1988)의 완역인『칸트와 초월철학: 인간이란 무엇인가』(1992)와 이 책에 포함되지 않은 칸트 미학, 정치학, 역사철학 등 그의 철학 전체를 총체적으로 다룬『칸트 철학에의 초대』(2006), 데카르트, 스피노자, 라이프니츠, 홉스, 흄, 칸트, 피히테, 셸링, 헤겔, 포이에르바하, 니체, 훗설, 메를로-퐁티, 하이데거, 푸코, 라캉의 철학을 인간 자아관을 중심으로 해석한『자아의 연구: 서양 근·현대 철학자들의 자아관 연구』(1997), 그리고 고대 그리스 소크라테스 이전부터 중세, 근대, 현대(탈근대) 철학에서 실체 개념을 중심으로 서양 형이상학의 역사를 "바른 궁극을 얻기 위한 사투의 과정"으로 보여주고 있는『실체의 연구: 서양 형이상학의 역사』(2019)가 있지만,『정신현상학』(1807)과 같은 서양 특정 철학자의 저서를 처음부터 끝까지 온전하게 해석한 것은『헤겔 정신현상학의 이해』뿐이다.『대승기신론 강해』(2013),『선종영가집 강해』(2016),『성유식론 강해 1: 아뢰야식』(2019),『능엄경 강해 I·II』(2023)와 같은 불교 경전에 대한 저자의 다른 강해서와 비교해 볼 때도,『헤겔 정신현상학의 이해』라는 해석서는 저자의 36년 학문 여정에서 특별한 의미를 갖는다고 할 수 있다.

---

1 Han, Jakyoung, *Transzendentalphilosophie als Ontologie: Kants Selbstinterpretation der Kritik der reinen Vernuft und Kritik der praktischen Vernunft in seiner Schrift, "Welches sind die wirklichen Fortschrifte, die die Metaphysik seit Leibnizens und Wolff's Zeiten in Deutschland gemacht hat?"*, Würzburg: Königshausten u. Neumann, 1988. 독일에서 출판된 이 저서는 Georg Mohr가 편저한 *Immanuel Kant Theoretische Philosophie: Text und Kommentar Band 3*(Suhrkamp Verlag, Frankfurt am Main, 2004)에 포함되어 있는데, 칸트 철학 연구에 있어 간과할 수 없는 참고문헌으로 인정받고 있다.

1. 헤겔 「정신현상학」의 철학사적 위상과 한국철학의 연관성

왜 저자는 유독 칸트 철학과 헤겔 주저인 『정신현상학』에 대한 해석서를 집필했을까? 이에 대한 이유로 두 가지를 들 수 있는데, 이 이유를 통해서 철학계뿐만 아니라 국내·외 학계 전체에서 이 책이 갖는 학문적 가치와 의의도 드러낼 수 있다. 첫째, 헤겔의 '철학'과 '학문'은 한자경의 학문관에 근접한다. 『명상의 철학적 기초』(2008)에서 "철학과 명상은 그다지 크게 다르지 않다"[2]고 말하고 있듯, 저자에게 학문과 철학은 '좌학(坐學)'을 통한 '상구보리(上求菩提)'이며 그 결과물인 저술과 번역서는 '하화중생(下化衆生)'의 실천을 위함이다.

『정신현상학』에서 헤겔이 말하고 있는 '학문'과 '철학'은 "진리와 확신의 일치", "존재와 개념의 일치"인데, 이는 곧 그의 철학과 학문이 절대정신의 자기인식, 즉 "절대지를 완성하는 철학"이 되는 지점이다.

> 보편적 정신인 절대정신은 정신적 실체이며 절대자로서 절대적 자기동일성을 지닌 비시간적 존재이다. 그러나 전체 『정신현상학』의 과정이 보여 주듯 정신이 자기 자신을 정신으로 알기까지, 즉 실체가 주체가 되기까지 정신은 자기 자신을 외화하고 그 외화된 것 안에서 자신을 발견하고 대상을 지양하여 자기복귀하는 기나긴 과정을 거치게 된다.[3]

서양 형이상학 역사에서 탐구 대상인 무한과 절대가 인간 밖의 '실체'인 '선의 이데아'도, '순수형상'도, '순수질료'도, '신(神)'도 아닌 인간 '주체'의 절대정신임을 자각한 철학자는 헤겔이 유일하다. 헤겔 철학은 서양철학의 역사를 통틀어 '한국철학의 기본특징'이자 '한국철학의 기본줄기'인 "무한의 하나를 유한한 개별자들 바깥의 외적 실재가 아닌 유한한 개별자 내면의 무한, 상대적 개체들 내면의 절대로 이해하는 것"[4]에 가장 근접해 있다.

서양 철학의 역사에서 헤겔 철학의 주체가 갖는 혁명적인 존재론적 위상에 대한 통찰은 『헤겔 정신현상학의 이해』가 출판되기 이전부터 저자가 이미 다른 저서와 논문에서 '내재적 초월주의', '심층마음', '일심의 철학' 등의 개념으로 규명해 왔으며 심지어

---

2   한자경, 『명상의 철학적 기초』, 이화여자대학교출판부, 2008, 5쪽.
3   한자경, 『헤겔 정신현상학의 이해』, 서광사, 2009, 362쪽.
4   한자경, 『한국철학의 맥』, 이화여자대학교출판부, 2008, 7쪽.

저자가 대학에서 철학을 전공하기 이전의 통찰이기도 하다. 그러한 통찰을 처음으로 구현한 동양철학에 대한 저서 한 권을 굳이 꼽는다면, 저자의 동국대학교 불교학과 대학원 박사 학위 논문의 완역으로 "존재와 인식, 있는 것과 아는 것, 그 각각은 무엇을 의미하고 그 둘은 어떤 관계에 있는가"의 문제를 밝히고 있는 『유식무경: 유식불교에서의 인식과 존재』(2000)를 들 수 있다.

일체의 존재와 인식이 인간 '심층마음'에 의존한다는 불교 '일체유심조(一切唯心造)'[5] 그리고 절대와 초월과 무한의 경지를 유한자인 모든 중생이 이미 자신의 경지임을 알고 있다는 '본각(本覺)', '공적영지(空寂靈智)', '성자신해(性者神解)' 그리고 그 본래의 깨달음의 경지를 다시 회복하기 위한 '시각(始覺)'에 근거한 불교의 신앙과 수행의 길은 "영혼의 끊임없는 자기 부정과 자기 극복의 과정, 실망과 좌절의 과정, 그러면서도 절대와 무한에 대한 희망을 갖고 정상을 향해 나아가는 영혼의 경험의 오솔길"을 담고 있는 헤겔의 『정신현상학』에서도 찾을 수 있다.

인간 자아의 무한성과 초월성을 강조해 온 한자경의 저서에서 '수행론'이 차지하는 비중은 매우 큰데, 유한성의 한계를 넘어서지 못해 "현상의 근거인 절대를 대상적으로 표상하는 종교"와 철학이 신에 의한 구제와 구원을 인간의 사명으로 삼거나 그게 아니면 그러한 인간관으로부터 그다지 멀지 않은 '밋밋한 자유주의'나 유물론적 인간관의 철학과 달리, 헤겔 철학은 '끊임없는 자기 부정'과 '자기 극복 과정'을 통해 "그 절대를 자기 자신으로 인식하는 절대지"를 궁극 목표이자 철학의 완성으로 삼고 있다는 점에서 한국철학의 수행론과 유사하다고 볼 수 있다.

이와 같이 현상지에서 절대지에 이르는 과정을 영혼의 끊임없는 자기 부정과 자기 극복의 과정, 실망과 좌절의 과정, 그러면서도 절대와 무한에 대한 희망을 갖고 정상을 향해 나아가는 영혼의 경험의 오솔길로 밝혀나가는 것이 바로 헤겔의 《정신현상학》이다. 감각적 확실성에서 지각으로 다시 오성으로 의식의 단계를 밝혀나가고, 그러한 의식작용의 근거로서 다시 자기의식의 작용을 분석하며, 그로부터 다시 자연이나 행위 속에서 자기 자신을 발견하는 이성 활동을 해명한다. 그리고는 역사 안에서 자기를 실현해 가는 정신, 현상의 근거인 절대를 대상적으로 표상하는 종교, 다시 그 절대를 자기 자신으로 인식하는 절대지에로 나아가는 과정을

5   한자경, 『마음은 어떻게 세계를 만드는가: 한자경의 일체유심조 강의』, 김영사, 2021.

단계적으로 그리고 체계적으로 밝혀나간다.[6]

한자경은 서양 철학자 중 칸트에게서도 이러한 수행의 측면을 발견한다. 칸트가 『순수이성비판』, 『실천이성비판』, 『판단력비판』에서 시도했던 것이 '의식에서 의식의 내용을 지워보는 것', '마음을 비우는 것' 그렇게 아무 내용도 없이 '텅 빈 마음에서' 본 것이 '인식의 형식', '의지규정의 형식', '미감의 형식'이며, 그렇게 의식의 모든 내용을 비웠을 때 비로소 발견되는 '마음 자체의 광채',[7] '공적영지(空寂靈智)의 광명'에 근접한다는 것이다.

둘째, 서양 철학의 시작과 완성으로 평가받고 있는 칸트와 헤겔의 철학사적 위상을 고려할 때, 정신조차도 서양의 것을 무비판적으로 추앙해 온 철학계뿐만 아니라 정치학, 역사학 등 국내 학계를 각성시키는 데 헤겔의 『정신현상학』은 전략적으로 훌륭한 도구가 될 수 있다. 한자경은 "칸트 『순수이성비판』(1781)에서 헤겔 『정신현상학』 (1807)에 이르는 기간이 30년도 채 안 된다"는 사실 그리고 "한 나라가 철학이 있고 정신이 살아 있는 나라로 새롭게 각성하고 부흥하는 것이 30년만으로도 가능하다는 사실"을 주목하고 있다. 앞서 밝혔듯 서양철학의 완성인 헤겔의 절대정신의 자기지가 '한국철학의 맥' 또는 '일심(一心)'의 철학과 맞닿아 있다면, 『헤겔 정신현상학의 이해』는 '지은이의 말'에서 밝히고 있듯 "우리 역사 속에 살아 있던 정신까지도 망각하고 스스로를 변방이라 자처하며 정신없이 살고 있는" 국내 철학계를 각성시키는 데 더할 나위 없이 유용한 도구가 될 수 있다.

한자경은 『헤겔 정신현상학의 이해』가 출판되기 3년 전에 발행된 『칸트 철학에의 초대』 「결론: 칸트와 독일관념론」에서 '헤겔의 절대정신의 철학'이 "서양 형이상학을 완성시킨다"는 점을 밝히고 있다.

이렇게 해서 칸트의 초월철학은 피히테와 셸링을 거쳐 헤겔의 절대정신의 철학으로 전개되면서 서양 형이상학을 완성시킨다. 피히테의 절대자아의 철학(주관적 관념론), 셸링의 동일철학(객관적 관념론) 그리고 헤겔의 절대정신의 철학(절대적 관념론)은 모두 칸트가 비판적으로

6 한자경, 『칸트 철학에의 초대』, 서광사, 2006, 286-287쪽.
7 위의 책, 6쪽.

확립한 초월적 관념론의 핵심을 다시 자아와 자연과 절대정신의 관점에서 전개한 형이상학 체계라고 말할 수 있다.[8]

실제로 칸트는 그의 학문적 경력의 절정기에 집필한 『법이론의 형이상학적 기초』 (1797) 서문에서 1781년에 출판된 자신의 주저인 『순수이성비판』의 '비판철학' 이전에 어떤 철학도 존재하지 않았다고 주장했다.[9] 그리고 그는 『순수이성비판』의 '초월적 방법론'의 마지막 부분인 '순수이성의 역사'에서 단 세 페이지로 서양철학 전체 역사를 요약하는 천재성을 보이고 있는데, 거기서 그는 철학이 눈으로 내다볼 수 있을 만큼 완성의 직전에 서 있으며 "수세기 동안 성취할 수 없었던 것이 금세기가 경과하기 전에 달성될 수 있을 것이다."[10]라고 예언했다. 이 예언은 칸트 당대에는 실현되지 못했으나, 그가 사망한 지 2년 후인 1806년 봄, 『정신현상학』을 탈고한 헤겔이 자신의 청강생들에게 "이것으로 철학의 이 역사는 종결되었다"[11]라고 선언한 것은 칸트 예언의 실현을 연상시키기도 한다.

헤겔 『정신현상학』에서 전체 내용의 근간이 되고 있는 '절대정신'의 '자기지(自己知)', '서양의 변증법의 논리' 그리고 『정신현상학』의 '기본 논리'가 되는 보편과 특수, 무한과 유한의 변증법적 관계에서 '절대정신'이 '이원화'를 통해 '자기소외'를 거쳐 다시 자기동일성을 회복하기 위해 자기 복귀하는 '자기복귀성'의 원리는 『일심의 철학』 (2002)에서 이미 소개되었고 『헤겔 정신현상학의 이해』보다 1년 앞서 출판된 『한국철학의 맥』(2008)에서 유·불·선을 받아들이기 이전 한국무교의 '웅녀신화'를 통해 "무한과 유한 그 둘 가운데 어느 하나도 부정하지 않은 채 유한이 그 자체 무한으로 여겨지는 것",[12] 한국불교에서 『대승기신론』의 '현상론'의 일심(一心)의 존재론적 위상과 '일

8   위의 책, 286-287쪽.
9   "비판철학의 발생 이전에는 어떤 철학도 존재하지 않았다고 주장하는 것은 건방지고, 이기적이며 그리고 그들의 오래된 체계를 단념하지 않는 사람들에게 있어서는 비방하는 것처럼 들린다." Eckart Förster, *Die 25 Jahre der Philosophie: Eine systempatische Rekonstruktion*, Vittorio Klostermann, Frankfurt am Main, 2011, S. 7.
10   Kant, *Kritik der reinen Vernunft*, A856
11   Hegel, *Vorlesung über die Geschichte der Philosophie III*, G.W.F. Hegel Werke in zwanzig Bänden 20, S. 461. Eckart Förster, *Die 25 Jahre der Philosophie: Eine systempatische Rekonstruktion*, Vittorio Klostermann, Frankfurt am Main, 2011, S. 7.
12   한자경, 『한국철학의 맥』, 이화여자대학교출판부, 2008, 34쪽

심의 자각성'(性自神解), 그리고 한국유교에서는 양촌 권근(陽村 權近, 1352-1409), 퇴계 이황(退溪 李滉, 1501-1570), 농암 김창협(農巖 金昌協, 1651-1708)의 '허령불매(虛靈不昧)'와 '미발지각(未發知覺)' 그리고 박종홍의 '한국 현대철학'의 수용에서 '한국철학의 하나의 맥'임을 드러내 보이고 있다.

　헤겔철학은 "서양 근세 대륙 합리론과 영국경험론의 종합인 칸트 초월철학에서 한걸음 더 나아간 독일관념론의 완성"으로 평가받고 있고 헤겔 이후의 "쇼펜하우어나 키에르케고어의 실존철학, 포이에르바흐나 마르크스의 유물론"이 이미 '완성된 헤겔철학의 반작용'이라는 점에서 '전체 형이상학의 완결판'이다.

> 우리는 헤겔 철학을 그 깊이와 방대함과 체계성에 입각해서 서양 근세 대륙 합리론과 영국경험론의 종합인 칸트 초월철학에서 한걸음 더 나아간 독일관념론의 완성으로 평가한다. 그리고 그 이후의 쇼펜하우어나 키에르케고어의 실존철학, 포이에르바흐나 마르크스의 유물론을 이미 완성된 헤겔철학에 대한 반작용으로 해석한다. 그만큼 헤겔 철학은 전체 서양 형이상학의 완결판으로 간주되고 있다.[13]

　헤겔이 말하고 있는 '절대정신' 그리고 그 절대정신의 '자기지', 다시 말해 '자기인식'이 이미 유·불·도, 서학(西學) 그리고 서양철학을 받아들이기 오래전 한국무교에서부터 한국불교, 한국유교 그리고 동학(東學)에 이르기까지 면면히 계승되고 있는 '정신'과 다르지 않다는 사실을 밝힘으로써 국내 철학계에서 "30년, 60년 동안 민족의 혼을 일깨우고 정신을 부흥시키기는커녕 스스로를 변방이라 자처하며 정신없이 살고 있는"[14] 국내 철학계를 각성시키고 우리의 정신을 다시 회복하는 탁월한 전략적 도구가 될 수 있다.

　헤겔은 『정신현상학』에서 우리의 정신을 내어주고 그 빈자리에 그토록 채우고자 했던 서양의 철학, 제도, 정치, 종교에서 나타나는 것들이 절대정신의 절대지에 도달되기까지의 과정에서 나타나는 역사적 현상(現象)으로 '실체'가 아닌 '가상'에 불과하다는 사실을 밝히고 있다.[15] "정신이 시간 형식으로 전개된 것이 인류의 역사를 형성하

13　한자경, 『헤겔 정신현상학의 이해』, 서광사, 2009, 8쪽.

14　위의 책, 8쪽

15　헤겔이 감각적 확신에서 절대정신의 절대지에 이르러 대상의식에서 자기의식에 도달하면서 객관

고, 정신이 공간의 형식으로 전개된 것이 자연"이라는 절대지의 자각은 인류 역사에서 등장했던 모든 것이 '현상' 또는 '가상'이지 '실체'와 "절대적인 것이 아니다."라는 것을 의미한다.

모든 것의 판단에 있어 '유용성'이 척도가 되어버린 서구 근대의 근대성과 시민사회에 대해 헤겔이 비판적일 수 있었던 것은 철학의 역사를 형성한 근원적 생명력인 절대 정신의 자기지가 전제되어 있기 때문에 가능한 것이었다. 이러한 통찰은『마음은 이미 마음을 알고 있다: 공적영지』(2018)에서 한자경이 불교의 '공적영지(空寂靈智)'와 '공업(共業)'의 관점에서 자본주의 체제를 진단하는 것과 다르지 않다.

자본주의적 사유재산권 또한 절대적인 것이 아니다.[16]

그러나 한자경이『헤겔 정신현상학의 이해』를 통해 학계를 각성시키고자 한 바는 이 책이 출판된 지 15년이 지난 지금까지도 실현되기 어려운 상황이다. 저자가 이 책보다 10년 전에 번역 출판한『자연철학의 이념』에서 "셸링 철학의 바른 이해가 관념론적 서양 형이상학에 대한 바른 이해에 기여하는 바가 있을 것"[17]이라는 바람을 가졌지만, 아직까지도 기대에 못 미치고 있는 실정이다.

그는 이 번역서에서 '자연과 자유, 물질과 정신 등의 이분법적 도식을 서양 근세 형이상학의 잔재'라고 밝히며, '주체는 죽었다'는 등 포스트모더니즘이 위세를 떨치던 당시에 사람들이 '물질과 정신', '자연과 자유의 이원론'에 대한 비판이 마치 '이분법적 사유의 굴레'로부터 성공적으로 벗어나 있다고 생각하는 것은 순전한 '착각'이며 "실제 철학사에 있어 반형이상학적 실재론자 이외에 어느 누구도 자연과 인간, 물질과 정신

적 실체라고 생각했던 것이 인간 정신이 시간과 공간에서 자기 현현한 것이라는 것을 밝혀 내는데, 이러한 철학의 역사를 조망하는 관점은 한자경의 다른 저서에서도 발견된다. 대표적으로 '인도의 이상주의'에서 시작해서 '중국의 현실주의'를 거쳐 '한국의 주체주의'에 도달되기까지의 역사를 서술하고 있는『불교철학의 전개: 인도에서 한국까지』(2003)와 '유부의 존재론'에서 '유식의 무아론'까지의 과정을 살피고 있는『불교의 무아론』(2006)을 들 수 있다. 헤겔 절대정신이 인간 정신 밖의 객관적 실체에서 인간 자신의 절대정신의 주체로의 이행의 과정을 통해 철학의 완성을 간파하고 있듯, 이 두 저서에서 철학의 역사를 구상하는 관점으로 헤겔이 철학과 역사를 조망하는 관점이 이미 선취되고 있다.

16   한자경,『마음은 이미 마음을 알고 있다: 공적영지』, 김영사, 2018, 127쪽.
17   셸링,『자연철학의 이념』, 한자경 옮김, 서광사, 1999, 12쪽.

의 철저한 이원론을 주장하지는 않았다"[18]는 사실을 밝힌 바 있다.

> 자연과 자유, 물질과 정신 등의 이분법적 도식을 서양 근세 형이상학의 잔재라고 생각하며,
> 반대로 형이상학의 극복을 시도하는 오늘날의 포스트모더니즘 철학자들은 그러한 이분법적
> 사유의 굴레를 성공적으로 벗어나 있다고 생각한다.[19]

국내 철학계뿐만 아니라 21세기 전지구적 위기가 되어버린 기후위기 등을 진단하고 대안을 제시하고 있는 정치학, 사회학 그리고 다양한 생태 담론에서 주적으로 소환되고 있는 데카르트조차도 신(神)개념을 통해 사유적 실체와 연장적 실체의 이원론을 피하고 있고 '스피노자의 신'과 '라이프니츠의 모나드'가 "이원론 또는 비정신적 물질 자체를 비판 극복하기 위한 형이상학적 시도"였으며, "칸트의 현상론이나 독일관념론자들의 관념론 역시 그러한 이원론적인 물자체의 형이상학을 비판하기 위한 것이었다." 라는 사실을 올바르게 이해하지 못하고 있는 실정이다.

> 사유적 실체와 연장적 실체라는 데카르트식의 분류가 행해진 이후(데카르트도 그 둘을 매개하
> 는 신개념을 통해 엄격한 이원론을 피하고 있다.), 스피노자의 신이나 라이프니츠의 모나드는
> 바로 그와 같은 이원론 또는 비정신적 물질 자체를 비판 극복하기 위한 형이상학적 시도였으
> 며, 칸트의 현상론이나 독일관념론자들의 관념론 역시 그러한 이원론적인 물자체의 형이상학
> 을 비판하기 위한 것이었다.[20]

한자경이 '우리 역사 속에 살아 있던 정신'까지도 망각했다고 했을 때 그 정신은 '공적영지', '성자신해' 그리고 미발지각(未發知覺)일 것이다. 우리가 우리의 것을 망각했으니 우리의 것을 제대로 읽어낼 수 없게 되었고 그와 같은 경지에 근접한 독일관념론의 절대정신의 자기인식의 경지, 자연과 자유의 동일성, 물질과 정신의 불일불이(不一不二), 불상잡·불상리(不相雜·不相離)의 관계도 올바르게 이해할 수 없는 것이다.

---

18   위의 책, 5쪽.
19   위의 책, 5쪽.
20   위의 책, 6쪽.

2. 『헤겔 정신현상학의 이해』의 형식과 특징

『헤겔 정신현상학의 이해』는 구성 형식과 내용면에서 원전인 『정신현상학』에 일치한다. 이러한 특징은 이 저서뿐 아니라 저자의 모든 저서에서도 일관된 특징으로 해설자의 주관적 관점 개입을 최소화하여 원전과 해석서의 차이가 거의 없도록 하는 한자경 학문의 엄격함이라고 할 수 있다.

헤겔 『정신현상학』에 대한 해석서가 집필되기 위해서는 이 책 자체가 갖고 있는 성격으로 인해 몇 가지 선행되어야 할 것이 있다. 『정신현상학』이 멀리는 고대 그리스 플라톤과 아리스토텔레스 철학부터 헤겔 이전의 근대 철학, 역사, 정치, 종교 등 인류의 역사 전체를 다루고 있을 뿐 아니라 헤겔 자신의 철학이 칸트와 피히테의 '비판철학' 또는 '반성철학'과 셸링의 '동일철학'에 대한 비판과 절충을 통해 독일관념론을 완성한다는 점에서, 『정신현상학』에 대한 온전한 해석서가 가능하기 위해서는 헤겔 이전 독일관념론 철학자인 칸트, 피히테, 셸링에 대한 선이해가 필수적이다.

이를 위해 한자경은 1996년부터 1999년까지 매해 피히테 『전체지식론의 기초』(1996), 『인간의 사명』(1997), 셸링 『인간자유의 본질』(1998), 『철학의 원리로서의 자아』(1999), 『자연철학의 이념』(1999) 5권을 국내 최초 번역하고 난해한 이론을 독자가 쉽게 이해할 수 있도록 해제를 달고 있다. 이러한 저자의 노력과 성과가 모두 『헤겔 정신현상학의 이해』에 집약되어 있다. 이러한 특징은 책 곳곳에서 발견할 수 있는데, '서론'에서 인간 이성 도구의 능력과 한계를 비판하는 칸트의 '비판철학'의 한계, 셸링의 '동일철학'과 '자연철학'에 대한 헤겔의 비판과 절충 그리고 '절대정신'의 절대지에 도달되는 과정에서 등장하는 '자기의식'의 단계에서 '욕구의 자기의식'이 "피히테의 제1 원리로부터가 아니라 제3원리로부터 출발한다는 것", "자기의식은 절대자아의 자기의식이 아니다 실천적 자기의식이다." 등을 들 수 있다.

또한 저자는 헤겔이 "본문의 내용을 완성한 후 전체를 총괄적으로 정리하는 방식으로 쓰인 것"[21]인 '서설'을 제외하고 『정신현상학』 '서론'과 제1장 '의식'에서부터 마지막 제6장 '절대지'까지 원저의 형식과 내용을 그대로 따르면서 "정신의 깊이와 크기를 놓치지 않고 각 단계마다 정신이 무엇을 보고 무엇을 생각하는지" 밝혀내고 있다.

21　한자경, 『헤겔 정신현상학의 이해』, 서광사, 2009, 24쪽.

이 책에서 나는 헤겔이 정신의 각 단계마다의 경험과 좌절을 어떤 방식으로 그려내고 있는지를 밝혀보려고 노력하였다. 어느 단계에서든지 정신은 자신 앞의 무엇인가를 발견하지만, 그것은 곧 발견하는 자신과 발견된 대상과의 분리의 의식이기도 하다. 나와 나를 이원화하고 분리시키는 그 경계 앞에서 정신은 절망하고 좌절한다. 그러나 분리와 차이를 아는 정신은 이미 분리 너머에 있는 정신이며, 좌절을 자각한 정신은 이미 좌절은 초극한 정신이다. 이렇게 해서 한 단계에서 좌절한 정신은 스스로 자신의 좌절을 딛고 그다음 단계로 나아간다. 나는 헤겔을 따라 한 단계에서 그다음 단계로 나아가는 정신의 여정을 연속적으로 이어지는 하나의 길로 나타내고자 노력하였다. 정신의 한 경계에서 다음 경계로의 무한한 이동은 결국 정신의 자리가 경계 안도 아니고 경계 밖도 아니고 정확히 경계선 위라는 것, 우리는 누구나 유동하며 미끄러지는 경계선상의 존재, 공간을 가르는 경계선 위에서 춤추는 존재라는 것을 말해 준다.[22]

저자가 정신의 깊이와 크기를 놓쳐서는 안 된다고 말한 이유는『정신현상학』이 "인식론과 존재론, 형이상학과 윤리학, 정치철학과 역사철학, 미학과 종교철학" 등을 '하나의 체계'로 '통합'하여 엮고 있기 때문이다. 어떤 한 부분도 결여되어서는 체계성이 무너지기 때문에『정신현상학』에 대한 해설서는 원서가 갖는 체계성과 통일성을 반드시 견지해야 하는데,『헤겔 정신현상학의 이해』는 그 요건을 충족하고 있다.

철학의 모든 중요한 문제들이 내 안에서 부글거리고 있다면, 그 문제들은 결국 하나의 인격체인 내 안에서 하나의 사유체계로 통합되어야 하지 않겠는가? 그런 방대한 전체 철학체계를 스스로 자기 전개하는 정신의 단계적 드러남의 양식으로 밝혀 놓은 책이 바로『정신현상학』이다.[23]

『헤겔 정신현상학의 이해』는 시종일관 '절대정신'이 스스로 이원화하여 '자기소외'와 '외화'를 통해 '시간'의 '역사'와 '공간'으로서의 '자연'에 현상하는 모든 경험의 단계와 그 단계들의 실상과 전도됨, 그러면서도 정신이 끊임없이 자기동일성을 회복하고

---

22   위의 책, 6쪽.
23   위의 책, 6쪽.

자기지에 도달하기 위해 좌절하지 않고 '철학자의 반성'을 통해 '자기 소외'를 극복하고 절대정신이 절대지에 도달되기까지의 모든 전 과정을 빠짐없이 소개한다. 그중 저자가 '감각적 확신'에서 '절대정신'의 '자기지'에 도달하기까지의 모든 정신의 역사적 경험을 하나도 놓치지 않고 있다는 사실은 저자가 직접 도식화한 80여 개의 도표를 통해서 확인할 수 있다. 도표를 한눈에 볼 수 있도록 출판사가 편집해서 독자에게 제공한다면, 정신의 능동적 활동성을 간과하지 않는 독자라면『정신현상학』 전체를 한눈에 일람할 수 있다.

국내에 소개된 헤겔『정신현상학』 해석서에는 40여 년 전 번역 소개된 장 이뽈리트의『헤겔의 정신현상학 I · II』,[24] 최근에 번역된 스티븐 홀게이트의『헤겔의 정신현상학 입문』[25] 그리고 이병창의『헤겔의 정신현상학』[26] 등이 있다. 스티븐 홀게이트의 경우 '머리말'에서부터 지면상의 이유로 헤겔 논증의 각 단계에 대한 상세한 설명을 제공하는 것이 불가능하다고 솔직하게 고백하는데, 이와 비교해 볼 때『헤겔 정신현상학의 이해』는 360여 쪽의 분량으로 '정신의 여정'과 '스스로 자기 전개하는 정신의 단계적 드러남'을 '하나의 길'로 나타냄으로써 원전의 내용뿐만 아니라 형식에서도『정신현상학』의 '정신의 각 단계마다의 경험과 좌절'의 과정을 모두 보여주고 있다.

또 한 가지 주목할 점은『정신현상학』을 해석하기 위해 기존 특정 학자나 학파의 해석이나 관점을 빌리거나 기대지 않고 오직 원전에 의거한다는 점이다. 헤겔이 '정신'을 논함에 있어『정신현상학』과 다른 방식으로 접근하고 있다는 사실까지도 밝히고 있는데 이 또한 헤겔의 저서인『법철학』,『엔티클로페디아』,『대논리학』의 원전에 근거하고 있다.[27] 기존의 학파나 학자의 특정 견해에 의존하지 않고 주체적으로 집필하는 방식은 박사 학위 논문에서부터 지금까지 저자의 모든 저서에서 일관된 특징인데, 이는 '근거에 있어서의 모방', '내용에 있어서의 추종'이 '인간 영혼이 기반과 활동성'에 위배되기 때문이다.

예술이 "천재의 예술"이듯이 진정한 사상도 어쩌면 "천재의 사상"으로서만 가능한 것일는지도

24 장 이뽈리트,『헤겔의 정신현상학』 I · II, 이종철·김상환 옮김, 문예출판사, 1989.
25 스티븐 홀게이트,『헤겔의 정신현상학 입문』, 이종철 옮김, 서광사, 2019.
26 이병창,『헤겔의 정신현상학』, 한국철학사상연구회, EBS BOOKS, 2022.
27 한자경,『헤겔 정신현상학의 이해』, 서광사, 2009, 232쪽.

모른다. 진리에 있어서의 모방, 사유에 있어서의 추종—그것만큼 나 자신을 돌아보아 나를 가슴 아프게 하는 것이 없다. 더구나 이 책이 궁극적으로 해명하고자 하는 것이 인간의 본질이란 바로 인간 영혼의 자발적 활동성이라는 점이기에 더욱 그렇다.[28]

『헤겔 정신현상학의 이해』는 원저 헤겔 『정신현상학』보다 더 원전에 가깝다고 말할 수 있다. 단적으로 책의 목차만으로도 그 사실을 확인할 수 있는데, 저자는 독자가 책의 핵심 내용을 한눈에 파악할 수 있도록 『정신현상학』에서 헤겔이 작성하지 않은 소제목을 붙여 독자가 본문 내용의 전체 요지와 핵심을 파악하게 하는 데 도움을 준다. 원전의 본문 내용을 세밀하고 내용에 맞게 구분하고 소제목을 붙일 수 있다는 것은 그 내용을 완벽히 파악하지 않고는 불가능하다. 이는 사실 헤겔이 스스로 했어야 할 일을 저자가 대신해 준 것이나 다름없다.

서론과 총6장으로 구성된 이 책에서 마지막 장인 「정신」을 제외하고는 「의식」, 「자기의식」, 「이성」, 「정신」, 「종교」가 모두 3개의 절로 구성이 되어 있는데, 각 절 시작에 앞서 각 장의 전체 내용을 단 3, 4쪽 분량으로 요약 정리해 줌으로써 독자는 각 장의 내용을 한눈에 파악할 수 있다.

저자가 소제목을 붙여 구분한 것은 원전의 내용에 정확하게 부합하는 일관성과 체계성을 갖춘다. 이는 헤겔이 '의식'과 '자기의식'을 집필함에 있어 동일한 목차의 구성이 가능하도록 완벽한 체계를 갖추고 집필했기 때문이다. 이러한 특징은 특히 『정신현상학』 제1장 '의식'과 제2장 '자기의식'에서 더욱 도드라진다. 헤겔은 『정신현상학』 제1장 「의식」의 '감각적 확신: 이것 그리고 사념'에서 소제목으로 내용을 세분화해서 집필하지 않았다. 이와 달리 『헤겔 정신현상학의 이해』에서는 1장 「감각적 확신」, 「지각」, 「오성」 등 전체 내용을 3개의 제목을 갖춘 절로 구분한다. 이러한 구분은 『정신현상학』의 본문 내용에 정확하게 부합하는데 제1장 「의식」의 '감각적 확신', '지각', '힘과 오성'에서 각 단계마다 동일한 목차의 형식일 수 있는 것은 헤겔이 『정신현상학』을 집필할 때 체계성을 갖췄기 때문이다.

『정신현상학』의 제2장 '자기의식'에서도 헤겔은 단 두 개의 절(I. 자기의식의 자립성과 비자립성: 지배와 예속, II. 자기의식의 자유: 스토아주의, 회의주의, 불행한 의식)로

---

28 한자경, 『칸트와 초월철학: 인간이란 무엇인가』, 서광사, 1992, 3쪽.

구성한 것과 비교해, 『헤겔 정신현상학의 이해』는 더 세부적으로 구분하여, 각 장에 원전에는 없는 소제목을 붙여 독자의 이해를 돕고 있다.

3. 독일관념론의 완성자 헤겔

헤겔『정신현상학』의 이해를 위해서는 반드시 헤겔 이전의 칸트, 피히테, 셸링의 철학에 대한 이해가 전제되어야 한다. 앞에서 이미 밝혔듯이 헤겔의 '절대정신의 철학(절대적 관념론)'은 칸트가 비판적으로 확립한 '초월적 관념론'의 핵심을 피히테의 '절대 자아의 철학(주관적 관념론)'과 셸링의 '동일철학(객관적 관념론)'을 비판적으로 절충하여 "자아와 자연과 절대정신의 관점에서 전개한 형이상학 체계"이기 때문이다.

한자경은『헤겔 정신현상학의 이해』를 집필하기 이전 1996년부터 1999년까지 피히테와 셸링의 저서—피히테의『전체 지식론의 기초』(1996), 『인간의 사명』(1997)과 셸링의『인간 자유의 본질』(1998), 『철학의 원리로서의 자아』(1999), 『자연철학의 이념』(1999)—5권을 국내 최초로 초역하여 칸트에서 시작하여 헤겔에서 완결되는 독일관념론 전체를 종합 정리했다.

이러한 사전 작업은 이미『칸트 철학에의 초대』의 결론 부분인 '칸트와 독일관념론'에서 총괄적으로 정리된 바 있고, 『헤겔 정신현상학의 이해』의 서론 '반성철학과 동일철학의 절충'에서 헤겔이 칸트로부터 비롯되는 독일관념론을 어떻게 비판하고 절충했는지를 압축해서 설명하고 있다. 그러나 이러한 내용이 불과 10여 쪽으로 압축되어 있기에『정신현상학』과『헤겔 정신현상학의 이해』를 정확하게 이해하기 위해서는 한자경의 번역서 5권과 그 번역서에 대한 해제를 공부해야 할 필요가 있다. 헤겔의 '절대적 관념론'은 칸트와 피히테의 반성철학과 셸링의 '동일철학' 내지 '주관적 관념론'의 한계를 비판하고 '반성철학과 동일철학의 절충'[29]이자 "칸트 초월철학에서 한걸음 더 나아간 독일관념론의 완성"[30]이라는 점에서뿐만 아니라 헤겔이『정신현상학』곳곳에서 칸트, 피히테, 셸링의 철학을 염두에 두고 있기 때문에, 헤겔 이전의 독일관념론 철학에 선이해가 없다면『정신현상학』의 이해도 제한적일 수밖에 없다.

독자가 이 책을 읽는 데 가장 큰 어려움은 헤겔이『정신현상학』에서 왜 절대정신이

---

29   한자경, 『헤겔 정신현상학의 이해』, 서광사, 2009, 21-28쪽 참고.

30   위의 책, 7쪽.

'자기동일성'을 상실해 가면서까지 스스로 '이원화'를 하는지를 납득하는 것이라고 할 수 있다. 물론 서론 『정신현상학』의 기본논리'에서 "의식은 스스로 경계를 긋고 다시 그 경계를 넘어서는 활동"을 '의식의 변증법적 운동'을 통해 설명하고 있지만, 왜 의식 혹은 정신은 무한과 절대로서 가만히 있지 않고 스스로 이원화를 통해 자기소외를 거쳐 다시 자기 복귀를 하는지에 대한 별도의 설명을 『정신현상학』에서도 『헤겔 정신현상학의 이해』에서도 찾아보기가 쉽지 않을 수 있다.

이에 대한 실마리는 한자경의 다른 저작 『실체의 연구: 서양 형이상학의 역사』(2019)에서 반실체론자라고 할 수 있는 '플로티노스: 개별적 실체 너머의 일자(一者)'와 '에크하르트: 개별자의 비실체성'에서 찾을 수도 있을 것이다. 그러나 섣불리 헤겔을 "인간을 신으로 통합시키는 신비주의"나 '범신론'과 동일시할 수 없다. 그 이유에 대해 한자경은 "헤겔에 있어 신의 자기지는 인간이 보편적 자기의식으로서 자기 자신에 대해 갖는 지 속에서만 표현되기 때문이다. 의식의 자각성이 신성의 근본특징으로 대두된다"는 점을 강조하면서 신비주의와 헤겔철학의 근본적 차이를 분명히 밝히고 있다.

> 헤겔에게서 종교가 나타내고자 하는 바는 바로 화해의 사상이다. 무한한 정신이 유한한 개체 안에서 실현되며, 유한한 정신은 무한한 신성으로 고양된다. … 그렇다면 이것은 인간을 신으로 통합시키는 신비주의인가? "나의 시선과 신의 시선이 하나"임을 주장하는 에카르트, "신은 인격적 생이고 주체이고 자기지이며, 인간은 작은 신이다"라고 주장하는 뵈메 그리고 "인간은 소우주"를 논하는 파라셀수스의 신비주의와 상통하는 것인가? 이들 신비주의에 있어 신은 그 자체 내에서 스스로를 생성하고 발견하며, 신은 시간인 동시에 영원이다. 그러나 그렇다고 해서 헤겔이 범신론자인 것은 아니다. 헤겔에 있어 신의 자기지는 인간이 보편적 자기의식으로서 자기 자신에 대해 갖는 지 속에서만 표현되기 때문이다. 의식과 자각성이 신성의 근본특징으로 대두된다.[31]

절대정신의 이원화를 통한 자기소외 과정을 거쳐 절대정신으로 복귀하는 자기 복귀성의 원리와 활동성은 피히테의 '전체지식론'에서 이해의 단서를 찾을 수 있다. 절대정신의 자기 현현의 근원적 생명력으로서의 활동성은 피히테 『전체지식론의 기초』의 '나

---

31   위의 책, 339쪽.

는 나다'라는 '절대적인 자기 정립' 그리고 정신의 이원화를 통한 '비아(非我)'와 '가아(假我)'의 대립 구조와 다르지 않다. 피히테의 『인간의 사명』에서 절대자아에 도달하기까지의 '비아'와 '가아'와의 대결에서 오는 '비애'와 '절망'의 '아픔'[32]은 『정신현상학』에서 절대정신이 자기지에 도달되기까지의 '성자적 절망'과 다르지 않다.

　『정신현상학』과 『헤겔 정신현상학의 이해』의 주요 개념인 '자연' 개념을 이해하기 위해서는 사전에 셸링의 '자연철학'과 '동일철학'에 대한 공부도 필요하다. 『정신현상학』에서 각 단계에서 다음 단계로 나아가는 '의식'이 '철학적 반성'을 통해 형성되는 것이 아니라 철학적 반성에 앞서 이미 '인간의 자연적 의식 안에 존재하고 있다'는 견해를 이해하기 위해서는 "자연은 그 자체 무한한 활동성을 지닌 무제약자이고 자유이며, 그 점에서 정신과 물질은 하나"이며 "정신은 비가시적 자연이고, 자연은 가시화된 정신"이라는 것을 이해할 수 있어야 한다.

　　셸링은 이와 같은 정신과 물질, 인식 주관과 객관, 존재와 인식의 이원론을 비판한다. 셸링에 따르면 우리가 사는 자연 세계는 우리 자신의 정신에 의해 대상화된 현상 내지 비아가 아니라, 그 자체 우리의 정신과 마찬가지로 스스로의 자발적 활동성을 지닌 무제약적 힘이다. 자연은 그 자체 무한한 활동성을 지닌 무제약자이고 자유이며, 그 점에서 정신과 물질은 하나이다. 정신은 비가시적 자연이고, 자연은 가시화된 정신이다. 이러한 셸링의 철학을 동일철학이라고 부른다.[33]

　　셸링의 자연철학과 동일철학에 대한 한자경의 설명과 해석은 셸링의 『인간자유의 본질』, 『철학의 원리로서의 자아』, 『자연철학의 이념』을 근거로 하고 있으며 헤겔과 '변증법적 원리'에서 다뤄지는 정신이 '가연적 의식'의 특징은 셸링이 동일철학이나 자연철학과 그 맥을 함께하고 있다.

　　변증법적 원리는 인간에 의해 쓰어진 것보다 더 오래된 계시인 '자연'이 바로 이해될 때, 더 확신한 광채로 빛날 것이다. 그때 비로소 모든 대립 너머에 있는 것, 절대자가 온전하게 찾아

---

32   피히테, 『인간의 사명』, 한자경 옮김, 서광사, 1997, 8쪽.
33   한자경, 『헤겔 정신현상학의 이해』, 서광사, 2009, 29쪽.

질 것이다.[34]

앞서 말했듯『헤겔 정신현상학의 이해』를 이해하는 데 가장 큰 어려움은 전체성과 통일성의 무한자로서의 정신이 왜 스스로 이원화하여 무한 안에 경계를 긋는 것으로 자기소외를 경험하고 다시 그 경계를 지양하여 정신 자신에게로 자기복귀하는 그 운동성과 순환성을 이해하는 것이다. 왜 절대정신은 무한자로서 아무런 결핍이 없음에도 경계를 긋는 것으로 무한을 유한화하는 것일까?

헤겔은 "인식과 진리의 구분은 바로 의식 자신이 행한 구분일 뿐"[35]이라고 말하고 이에 대해 한자경은 "의식은 스스로 자신 안에 의식에 대한 존재(대타존재/인식)와 대상 자체(즉자존재/진리)의 구분을 만들어 이 둘을 인식과 진리, 개념과 대상으로 이원화한다"고 해석했다. 그런데 왜 의식은 가만히 있지 않고 스스로 경계 긋는 것일까?

한자경은『전체 지식론의 기초』(1996) '옮긴이 해제'에서 "단적으로 자기 자신을 정립하는 절대적 자아가 왜 자신의 무한한 활동성의 일부분을 지양하는가 하는 것"이 남겨진 문제라고 보고 "자아의 자기 제한은 왜 발생하는가?"라고 질문한다. 이 물음과 답은 "무제약적이며 무한한 절대적 자아와 한계 안에 정립된 유한한 자아와의 관계"[36]에 대한 규명과 직결된다. 이와 동일한 문제를 저자는『일심의 철학』「제6장. 철학이란 무엇인가: 절대의 사유」[37]에서, 그리고 이 문제를 대중들이 보다 쉽게 이해할 수 있도록 저자가 제시해 온 '물고기의 비유', '꿈꾸는 나'와 '꿈속의 나', '빈 도화지 바탕 위의 그림', '빨간 바탕 위의 경계 그어진 사과' 등을 통해 다양하게 해명해 왔다. 이러한 문제는 불교의 유식철학의 핵심과도 맞닿아 있는데, 저자는 이 문제를『유식무경』(2000)에서의 '식의 심층구조'에서 밝히고 있는 '식전변'에 의한 '능연과 소연'[38]의 '견분과 상분'으로의 이원화로 답을 하고 있다.

그런데도 여전히 이해하기 어렵다. 왜 자아의 사유하는 활동성은 무한자로 자기동일성을 상실하면서까지 비동일성의 유한자를 생성하는 것일까? 한자경은 그것은 무한

34   셸링,『인간 자유의 본질』, 한자경 옮김, 서광사, 1998, 122쪽, 158쪽.

35   한자경,『헤겔 정신현상학의 이해』, 서광사, 2009, 36쪽.

36   피히테,『전체 지식론의 기초』, 한자경 옮김, 서광사, 1996, 292쪽.

37   한자경,『일심의 철학』, 서광사, 2002, 113-128쪽.

38   한자경,『유식무경: 유식불교에서의 인식과 존재』, 예문서원, 2000.

자가 무한자로서의 존재를 알릴 수 있는 유일한 길이 무한자가 스스로 경계를 그어 유한자가 되는 길이기 때문이라고 말한다. 그렇게 생성된 유한자로서의 자아를 실체가 아닌 무한과 유한의 변증법적 관계에서 생성된 '가아(假我)'라는 사실 그리고 그렇게 가아로의 나에 상대되는 세계가 비아(非我)라는 사실을 자각하면, 우리는 시간과 공간 속의 가아와 비아를 실체화하지 않을 수 있고 그러한 실체에 집착하지 않고 보다 더 자유로울 수 있으며, 특정한 사상이나 이데올로기, 정치체제, 제도 그리고 이념을 절대화하지 않고 상대화할 수 있게 된다.

절대정신과 그 절대정신의 자기지를 망각하거나 포기할 때 발생할 수 있는 참담한 현실에 대해 저자는 『실체의 연구』(2019)에서 밝히고 있는데 여기서의 '절대의 마음'은 헤겔 철학에서 '절대정신'으로 대체해서 이해해도 괜찮다. 한자경은 절대의 마음을 '용광로'에 비유하여 다음과 같이 설명한다.

> 절대의 마음은 그 마음 안에 주어지는 모든 것을 녹여내어 유동화하고 비실체화하는 용광로와 같다. 용광로는 모든 것을 녹여 유동화하되 그 자신은 녹지 않고 남아 있어야 한다. 용광로마저 녹아버리면, 그 안에서 유동화되어야 할 모든 것이 다시 고체화되고 실체화된다. 그렇게 절대의 마음은 모든 것의 연기성과 가상성을 유지하고 알아차리기 위한 마지막 보루이다. 그 마지막 보루인 절대의 마음을 잃어버리면, 그 앞에서 상대화되고 비실체화되어야 할 모든 것이 다시 절대화되고 실체화된다. 우리는 또다시 특정 이데올로기나 물질, 돈이나 권력을 실체화하고 절대화하면서 그 힘에 휘둘리는 삶을 살게 된다. 실체-없음을 논하는 오늘날과 같은 이 무실체의 시대에 모든 것이 유동화되고 상대화되는 것 같지만, 사실은 바로 그렇기 때문에 무수한 것들이 도로 고정화되고 실체화되며 절대화되고 권력화되어 우리 일상의 삶을 짓누르는 일이 벌어지는 것이다.[39]

절대정신과 절대의 마음을 망각하면 거짓의 것들이 실체화되고 권력화되어 우리 일상을 짓누른다. 바로 이 점이 저자가 "실체-없음을 논하는 오늘날과 같은 무실체의 시대"에 헤겔 철학의 절대정신의 자기인식의 경지를 강조하는 중요한 이유 중 하나일 것이다.

---

39   한자경, 『실체의 연구: 서양 형이상학의 역사』, 이화여자대학교출판문화원, 2019, 9쪽.

4. 헤겔 『정신현상학』의 '정신'과 '바닷가에 서서'

지금으로부터 20여 년 전 2004년 7월 28일, 선생님께서는 당신이 대학 때 쓰신 레포트들을 내가 워드 파일로 작성해서 전해 드린 것에 대한 답신을 주셨다. 그때 메일과 더불어 '정신'이라는 제목의 한글파일도 함께 보내주셨다. 이 파일에 있는 글은 내가 청강했던 2003학년도 2학기 이화여자대학교 철학과 대학원 수업 때 '정신현상학' 강의를 하시다가 떠오른 생각을 당일 강의 마치고 쓰신 글이었을 것이다. 파일명은 '정신'이었지만 글의 제목은 '바닷가에 서서'였다.

'바닷가에 서서'는 그로부터 2년 뒤 2006년도에 발행된 『나를 찾아가는 21字의 여정』[40]에 '공간과 시간 그리고 순간'이라는 글과 함께 실려 있다. 선생님께서 직접 그리신 "햇빛을 받아 은빛으로 반짝이는 눈부신 광채/푸른빛 초록빛 에메랄드빛 물결 따라 변화하는 마력의 빛깔"[41]의 바다 그림과 함께 말이다.

선생님께서는 강의를 하실 때 꼭 강의안을 작성하시고 그 강의안을 차후에 보완하셔서 책으로 출판하셨던 것으로 알고 있다. 아마도 『헤겔 정신현상학의 이해』도 그렇게 탄생한 책일 것이다. 이 책은 2009년도에 발행되었지만 1988년 칸트 철학으로 박사학위를 하시고 피히테와 셸링 그리고 헤겔까지 독일관념론 전체를 종합 정리하기 위해 1996년부터 1999년까지 피히테와 셸링의 저서를 국내 최초로 번역해서 칸트부터 헤겔까지의 독일관념론을 『칸트 철학에의 초대』(2006) 결론 부분에서 '칸트와 독일관념론'으로 종합 정리하신 것으로 판단할 때, 선생님은 헤겔을 끝으로 독일관념론에 관한 연구를 2000년대 초반에 완료하신 것으로 추측할 수 있다.

선생님의 『헤겔 정신현상학의 이해』에 대한 서평을 쓰기 위해 수 번을 읽고 또 읽으면서 문득 『나를 찾아가는 21字의 여정』(2006)에 실려 있는 '바닷가에 서서'가 생각났다. 어리석고 우둔한 나는 20여 년이 지난 지금에서야 헤겔 『정신현상학』의 핵심 내용인 '나 즉 우리', '우리 즉 나'의 경지와 '바닷가에 서서'에서 화자가 '아이'와 파도에 이리저리 휩쓸리면 부유해야 하는 '물방울'에게 전하는 깊은 위로와 위안의 말이 다르지 않다는 사실을 알게 되었다.

이 글에 등장하는 '아이'는 당시 30대 초반의 나일 수도 있고 인생을 살아가면서 우

---

40   한자경, 『나를 찾아가는 21字의 여정』, 서광사, 2006.
41   위의 책, 127쪽.

리가 살고 있는 사회와 체제 속에서 타인과 대립하고 갈등하며, 실망하고 좌절하고 또 무력감과 권태를 느끼고 고독과 외로움, 한없는 초라함을 갖고 자신의 어두운 내면으로 깊이 은둔하고 싶어 하는 누군가일 수도 있겠다.

'바닷가에 서서'는 아이와 물방울에게 '파도 위 흔들림 속에서' '대립'과 '갈등'을 느끼며 '밀려오는 순간', '밀려가는 것'에 저항을 느끼고 '무력'과 '권태'를 느끼고 외로워 괴로워하는 '물방울'에게 '심층바다의 신비'가 '바로 물방울 그 자신의 신비라는 것', '밀어닥치는 바람이 바다 자신이 일으킨 공기의 운동이라는 것', '파도의 선율과 색채의 변화가 바다 자신의 아름다운 작품'이라는 것을 자각하도록 한다.

선생님은 당시 수업 때 수강생들에게 "자기 마음을 읽어내지 않고서야 철학이 제대로 되겠는가"라는 말씀을 해주셨는데, 당시 나는 그 말씀을 이해하지 못했다. 그 말씀의 참된 뜻은 "마음속에서 무슨 거창한 철학체계를 읽어내야 된다"는 뜻이 아니라 "그냥 문득 스치는 생각, 느낌, 한순간 마음에서 일어나는 기쁨, 슬픔 등 그런 작은 기미들 안에 진리가 담겨 있다"는 의미라는 걸, 이제야 자각하게 되었다.

『정신현상학』과 『헤겔 정신현상학의 이해』를 읽고 이해하고 싶은 누군가가 있다면, 무엇보다도 자기 마음을 먼저 읽어낼 수 있는 용기를 가져야 할 것 같다. 그런 용기만 있다면 "허공 속 작은 미소 하나가 천 년 후 인간의 가슴 속에 그리움을 불러일으키기도 한다"는 선생님의 말씀대로 조금 늦더라도 결국에는 '불행한 의식'을 극복해서 결국에는 무한과 유한이 자신의 주체 안에서 화해할 수 있는 환희와 기쁨을 느낄 수 있을 것이다.

『헤겔 정신현상학의 이해』에서 나는 나의 수많은 모습의 실상을 직면할 수 있었고 우리가 살고 있는 근·현대의 실상과 체제의 성격을 직면할 수 있었다. 내가 갈구했던 사랑은, 배가 고파 빵녀 지우는 내 앞의 빵을 원하는 것과 같을 수 있다는 사실. 그런 방식의 욕구나 탐욕의 대상으로 타인을 대하는 것은 욕구가 충족되는 순간 충만감이 아닌 '무상함'과 '허망함'이 찾아오고 그 허망함을 '생리적 욕구'로 메워 나간다는 사실. 또 내 욕구가 참된 자기의식의 상태에서의 욕구이기 위해서는 내가 대하는 사람과 사물도 자기의식으로서 대자적으로 존재할 수 있도록 '상호인정'이 필요하다는 사실. 그렇게 너와 나의 상호인정이 있는 곳에서 참다운 사랑과 참다운 자기의식이 가능하다는 사실. '파우스트적 에로티시즘'과 같은 욕망과 쾌락 추구의 빈곤성을 자각한 철학자의 반성은 다음 단계로 '인류의 복지'와 같은 보편적 쾌락을 추구하는 '루소의 센티멘

탈리즘'에 해당하는 '심정적 자기의식'으로 나아가게 되지만 결국 자신의 이기심을 완전히 극복하지 못하고 '자만'에 빠져 그 책임을 '세계의 폭력적 질서'에 전가한다는 사실. 그래서 '마음의 법칙'만이 실제적이고 본질적이라고 주장하면서 '통례적인 질서'란 가상일 뿐이라고 믿지만, 그러한 관계가 전도되어 현실의 법칙이 본질이 되고 마음의 법칙은 비본질이 되어버리면서 '마음의 광란'에 빠지게 된다는 사실. 공동체에서의 '인륜성'의 조화가 깨지고 개별자의 이기적인 마음을 고양시켜야 할 필요가 있어 '문화'와 '교양'이 등장하는데, 교양의 의도와 목적은 '현실적 교양세계'에서 전도되어 '교양 있는 소설'이 실제로는 '돈벌이'를 위해 쓰인 글일 수 있다는 사실. 종교는 교단과 성직자를 매개로 인간의 정신을 누군가의 계시를 받아야 하는 정신의 노예로 만들게 된다는 사실. 계몽주의의 종교 비판이 또한 편협할 수 있다는 사실. 이 모든 사실들은 인생을 살면서 겪게 되는 '나와 우리' 모두의 경험일 텐데, 헤겔은 『정신현상학』에서 정신의 역사적인 자기이행을 통해 '인간의 자기성장의 과정'과 '인류의 자기발전의 역사'를 보여주고 있다.

그리고 한자경은 『헤겔 정신현상학의 이해』에서 이 모든 좌절과 고통의 경험과 느낌에도 불구하고 끝까지 포기하지 않고 의식의 첫 단계인 감각적 확신에서 시작해 자기의식, 이성, 정신, 종교, 절대지의 자기인식에 도달한다면, 마치 바다의 물방울이 심층 바다, 파도 그리고 바람과 둘이 아니듯, 우리는 유한과 무한 어느 하나도 부정하지 않은 채, 유한을 그 자체 무한으로 자각하여 부처와 중생이 둘이 아니며 인간이 곧 신이 될 수 있다는 환희의 경지를 보여주고 있다.

〈참고문헌〉

한자경, 『칸트와 초월철학』, 서광사, 1992.
피히테, 『전체 지식론의 기초』, 한자경 옮김, 서광사, 1996.
피히테, 『인간의 사명』, 한자경 옮김, 서광사, 1997.
셸링, 『인간 자유의 본질』, 한자경 옮김, 서광사, 1998.
셸링, 『철학의 원리로서의 자아』, 한자경 옮김, 서광사, 1999.
셸링, 『자연철학의 이념』, 한자경 옮김, 서광사, 1999.
한자경, 『자아의 연구: 서양 근·현대 철학자들의 자아관 연구』, 서광사, 1997.

한자경, 『유식무경: 유식불교에서의 인식과 존재』, 예문서원, 2000.

한자경, 『일심의 철학』, 서광사, 2002.

한자경, 『불교철학의 전개: 인도에서 한국까지』, 예문서원, 2003.

한자경, 『칸트 철학에의 초대』, 서광사, 2006.

한자경, 『나를 찾아가는 21字의 여정』, 서광사, 2006.

한자경, 『명상의 철학적 기초』, 이화여자대학교출판부, 2008.

한자경, 『한국철학의 맥』, 이화여자대학교출판부, 2008.

한자경, 『헤겔 정신현상학의 이해』, 서광사, 2009.

한자경, 『대승기신론 강해』. 불광출판사, 2013.

한자경, 『선종영가집 강해』, 불광출판사, 2016.

한자경, 『성유식론 강해 1: 아뢰야식』, 서광사, 2019.

한자경, 『실체의 연구: 서양 형이상학의 역사』, 이화여자대학교출판문화원, 2019.

한자경, 『마음은 어떻게 세계를 만드는가: 한자경의 일체유심조 강의』, 김영사, 2021.

한자경, 『능엄경 강해 I·II』, 서광사, 2023.

장 이뽈리트, 『헤겔의 정신현상학』 I·II, 이종철·김상환 옮김, 문예출판사, 1989.

스티븐 홀게이트, 『헤겔의 정신현상학 입문』, 이종철 옮김, 서광사, 2019.

이병창, 『헤겔의 정신현상학』, 한국철학사상연구회, EBS BOOKS, 2022.

Han, Jakyoung, *Transzendentalphilosophie als Ontologie: Kants Selbstinterpretation der Kritik der reinen Vernuft und Kritik der praktischen Vernunft in seiner Schrift, "Welches sind die wirklichen Fortschrifte, die die Metaphysik seit Leibnizens und Wolf′s Zeiten in Deutschland gemacht hat?"*, Würtzburg: Königshausten u. Neumann, 1988.

Eckart Förster, *Die 25 Jahre der Philosophie: Eine systempatische Rekonstruktion*, Vittorio Klostermann, Frankfurt am Main, 2011, S. 7.

발행 연도: 2013년
펴낸곳: 불광출판사
411 페이지
대한민국학술원 우수학술도서
제10회 불교출판문화상, 2013.

『대승기신론 강해』에 앞서

나는 가끔 이런 생각을 한다. 모든 생명체, 일체 중생은 표층에서는 서로 다른 각각의 개체로서 존재하지만 심층에서는 서로 다르지 않은 하나일 것이라고, 바로 그 심층의 하나가 '동귀일체(同歸一體) 동체대비(同體大悲)'의 지점일 것이라고. 우리의 삶은 험난한 현상세계를 굽이굽이 돌고 돌아 결국 그 심층의 하나로 귀결되는 것이라고. 그러면 세상은 내게 묻는다. 현상적으로 보면 모든 중생이 서로 다 다른데, 어째서 차이보다 공통성에, 다양성보다 동일성에 더 이끌리느냐고. 하나에 대한 나의 그리움은 과연 어디에서 온 것일까?

일반적인 사진 필름에서는 한 부분을 크게 확대하면 그 부분의 모습만 크게 확대되어 나타나지만, 홀로그램 필름에서는 어느 부분이든 한 부분을 확대하면 그 안에 다시 전체의 모습이 동일하게 나타난다고 한다. 전체를 구성하는 각 부분에 다시 전체가 포함되어 있는 것이다. 몸을 구성하는 최소 부분인 체세포 하나하나에 몸 전체의 정보가 모두 담겨 있고, 우주를 구성하는 일개 중생의 두뇌 신경회로 안에 그 중생이 바라보는 우주 전체의 질서가 모두 담겨 있는 것도 마찬가지 이치일 것이다. 그래서 의상 대사는 '일미진중함시방(一微塵中含十方)'이라고 하였다.

이런 방식으로 나는 모든 중생은 우주 전체를 품에 안은 존재, 우주 전체와 동일한 존재이고, 따라서 모든 중생이 동일한 하나라고 생각한다. 개체가 전체의 서로 다른 각각의 부분으로 등장하는 것은 표층 차원의 일이지만, 그 각각의 개체 안에 전체가 그대로 담겨 있어 모두가 동일한 하나라는 것은 심층 차원의 진리일 것이다. 다음의 〈표층 – 심층〉의 도표는 이러한 믿음의 표현이다.

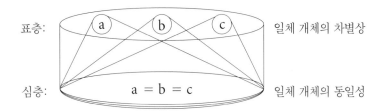

표층: ⓐ   ⓑ   ⓒ   일체 개체의 차별상

심층: a = b = c   일체 개체의 동일성

표층에서는 너와 내가 서로 다른 남으로 등장하여 네가 죽어도 나는 살고 네가 고통스러워도 나는 즐거울 수 있지만, 심층에서는 네 안에 내가 있고 내 안에 네가 있어 너와 내가 분리되지 않는 하나를 이룰 것이다. 이러한 심층의 하나에 대한 믿음이 나로 하여금 철학을 계속하게 하는 것 같다. 이 심층의 하나가 내가 떠올린 임의적 상상이나 허구가 아니라 궁극의 실재라는 것, 너와 나의 관계가 상생상극의 상호의존적 먹이사슬 관계 그 이상이라는 것, 표층 의식보다 더 깊은 심층 마음에서 우리는 이미 하나로 공명하고 있다는 것, 이것을 확연하게 밝혀보고 싶은 것이다.

나는 그 답을 유식(唯識)에서 발견한다. 나의 마음이 표층적인 제6의식의 활동으로 그치는 것이 아니라 그보다 더 미세한 심층마음인 제8아뢰야식의 활동이 있다는 것, 내가 의식으로 포착하는 세계는 나의 심층 아뢰야식이 만들어낸 영상이라는 것, 빛이 만들어낸 홀로그램처럼 우주는 그렇게 나의 심층 아뢰야식이 허공에 투사해 놓은 시공간적 영상이라는 것, 이것이 유식의 핵심이다. 그러므로 표층에서 보면 나는 우주의 일부분일 뿐이지만, 심층에서 보면 우주 전체가 내 안에서 실현되고 있다. 그리고 이런 식으로 모든 중생의 심층에서 우주는 무한히 반복되고 있으므로, 바로 이 심층에서 '일즉다(一卽多) 다즉일(多卽一)'이 성립한다.

각 중생의 아뢰야식이 빛을 발해 허공에 홀로그램 우주를 만드는데, 그 만들어진 우주 속에 다시 각 중생의 모습이 그려져 있다. 자기 자신이 우주를 만드는 광원(光源), 심층 아뢰야식이라는 것을 자각하지 못하는 한, 중생은 홀로그램 속 자신을 진짜 자기로 알고(我執) 나머지 홀로그램을 세계 자체인 줄 알고(法執) 살아간다. 마치 꿈이 꿈인 줄을 자각하지 못하는 한, 꿈 속 자기가 진짜 자기이고 꿈의 세계가 실재 세계인 줄 아는 것과 같다. 결국 우리가 집착하는 너와 나의 차이는 표층의식이 분별하는 홀로그램 영상 속의 차이일 뿐이다. 꿈속에서의 자타분별이 꿈 깨고 나서 보면 허망분별이듯, 우리의 일상적 자타분별이 망집과 분별일 뿐이기에 '무아(無我)'가 성립한다.

이런 의미에서 나는 심층 아뢰야식을 하나의 우주를 만드는 하나의 식(識)으로서 일체 중생 안에 내재된 보편적 마음, 각각의 중생이 모두 하나로 공명하는 공통된 한 마음(一心)이라고 생각한다. 이 심층에서는 너의 고통이 곧 나의 고통이 되고 나의 기도가 곧 너의 현실이 되는 그런 불가사의한 작용력이 작동하기에 '석가성불시 산천초목 동시성불(釋迦性佛時 山川草木 同時成佛)'이 가능하다고 본다. 일반 종교가 논하는 신(神)과 성(聖)의 영역, 신비와 자타불이의 영역이 바로 이 영역일 것이다. 유식은 이 영역을 신비로 남겨 놓지 않고 수행을 통해 진입 가능한 '보살십지(菩薩十地)'로 밝히면서 거기에 첫발을 내딛는 초지를 '환희지(歡喜地)'라고 부른다. 심층에서 너와 내가 둘이 아니고 나와 우주가 둘이 아니라는 것을 발견하는 마음이 어찌 환희가 아니겠는가.

그래서 나는 유식이 아뢰야식을 번뇌에 물든 염오(染汚)의 망식(妄識)이라고 불러도 그것은 아뢰야식이 만들어 놓은 영상인 이 고통스런 세간에 집착하지 말라는 의미이지 영상을 산출하는 심층마음의 활동성(삶) 자체를 부정하는 말은 아니라고 생각한다. 우주가 아뢰야식의 활동산물이라는 '의타기(依他起)'를 알지 못하고 나와 세계를 각각 별개의 실체로 집착하는 '변계소집(邊計所集)'이 문제이지, 의타기를 깨달아 변계소집을 벗은 의타기(緣起)는 '원성실성(圓成實性)'으로서 긍정되기 때문이다. 의타기를 아는 것은 곧 유식성(唯識性)을 아는 것이고, 그것은 곧 우주를 형성하는 광원이 바로 나 자신이라는 것, 우주의 근원이 모든 중생의 심층의 한마음, 일심(一心)이라는 것을 아는 것이다. 이와 같이 유식이 도달하고자 하는 궁극 지점인 일심에서 여래장사상은 출발한다. 빛을 발해 홀로그램 우주를 만드는 광원은 바로 그 우주를 바라보는 그 중생의 마음 자체라는 것을 강조하는 것이다. 만들어진 영상세계는 갖가지 색깔로 변화하는 생멸상을 보이지만, 광원은 부증불감의 광명 자체인 진여(眞如)이며, 우주의 근원적 생명력인 법신(法身)이다. 그래서 여래장사상은 중생심이 곧 진여심이고, 모든 중생이 곧 법신이라는 것을 강조한다. 유식이 밝힌 아뢰야식 자체가 곧 일심이고 진여심이며 법신인 것이다. 우리가 자신을 광원으로 자각하지 못해 진여가 어둠(무명)에 가리면 이를 '여래장'이라고 부르지만, 그때에도 심층의 진여는 여전히 빛을 발해 우주를 생성한다. 다만 우리의 표층의식이 그 밝음(明, 本覺)을 자각하지 못하기에 무명(不覺)이라고 하는 것이다.

몇몇 불교 연구자들은 유식의 아뢰야식은 현상세계를 형성하는 식이기에 염오의 망식이고, 여래장사상의 일심 내지 진여는 현상세계의 생멸상을 벗은 불생불멸의 심체이기에 무구의 청정식이라고 둘을 구분하며, 그렇게 상(相)을 논하는 유식과 성(性)을 논하는 여래장은 서로 다른 사상이라고 주장한다. 그러나 성에 기반하지 않고 어떻게 상을 말할 수 있고, 상에 의거하지 않고 어떻게 성을 논할 수 있겠는가? 유식은 아뢰야식으로부터 현상세계가 만들어진다는 것을 밝히고, 여래장은 그렇게 세계를 만드는 아뢰야식이 바로 진여이고 법신이며 광원이라는 것을 밝힌 것이다. 유식은 광원으로부터 영상(현상)까지의 빛의 전개를 논하고, 여래장은 영상에서부터 빛을 말아 올려 광원으로 되돌아간 것이다. 념(念)에서 멸상(滅相), 이상(異相), 주상(住相), 생상(生相)을 차례로 없애 무념(無念)에 이르고자 하는 것은 마음 심층에서 자신을 광원으로 확인하기 위한 것이다. 이렇게 확인되는 무념무상의 진여가 어찌 빛을 발해 우주를 만드는 아뢰야식의 광명의 근원이 아니겠는가. 그러므로 유식은 '주기만 하고 빼앗지는 않지만(與而不奪)' 여래장은 '다 주어서 빼앗는다(窮與而奪)'는 원효의 말은 여래장이 유식과 다르다는 말이 아니라 여래장이 유식을 완성한다는 화쟁(和諍)의 말로 이해해야 할 것이다. 여래장이 어떻게 유식을 완성하는지는 기신론을 통해 확인할 수 있을 것이다.

결국 유식과 여래장의 차이는 달을 가리키는 손가락들 간의 차이이지 그 손가락들이 가리키는 달의 차이가 아니라고 본다. 아뢰야식과 아리야식, 일심과 진여를 서로 다른 식이라고 여기는 것은 식 내지 심을 자신의 마음으로 확인하지 못하고 오직 경론상의 문자로만 여기기 때문일 것이다. 그러나 내가 과연 달을 본 것일까? 달은 보지 못하고 여전히 손가락만 바라보며 시시비비하고 있는 것은 아닐까? 두려운 마음이 든다.

2013년 가을
한자경

목차

대승기신론(大乘起信論)

서분(序分)

정종분(正宗分)

서평: 『대승기신론』 읽기와 여래장 비불설 문제

박태원(울산대학교 철학과)[1]

1. 불교에 대한 학적(學的) 탐구를 '불교학'이라 불러볼 때, 불교학의 내용은 매우 다양하다. 불교를 구성하는 모든 조건을 대상으로 하는 해당 학문 분야에서의 탐구가 불교학일 수 있기 때문이다. 그러나 '삶의 지혜로서 통찰'이 불교의 중추적 생명력이라는 점을 감안한다면, '불교에 대한 사상적 탐구'가 불교학의 중심을 형성하는 것은 불가피하며 또 자연스럽다. 통상적으로 '불교 교학의 탐구'를 불교학이라 부르는 것은 이러한 사정의 반영이다.

교학 탐구로서 불교학을 기준 삼아 볼 때, 한국에서 축적되어 가는 불교학에서는 크게 두 유형이 목격된다. 하나는 '주석적 불교학'이고 다른 하나는 '철학적 불교학'이다.

주석적 불교학은, 주석(註釋/注釋)이라는 말뜻처럼 '경론에 대한 이해를 돕기 위한 작업'이다. 경론에 대한 문헌학적 탐구, 번역, 경론의 자구(字句) 풀이와 논리 파악, 주제에 따른 내용의 체계적 재구성이 그 내용이다. 한국 불교학계의 방법론적 경향은 주로 이러한 주석적 탐구이다. 주석적 탐구는 문헌학을 강점으로 하는 일본 불교학의 전통적 개성이기도 한데, 한국 불교학은 현재까지 일본 불교학의 방법론적 태도에 큰 영향을 받고 있는 듯하다.

주석적 탐구는 경론 내용의 탐구 기반을 제공해 주는 장점을 지닌다. 그러나 선행하는 언어와 그에 대한 해석학적 전통의 권위에 과다하게 의존하는 '닫힌 해석학'에 머물 위험이 있다. 기존의 해석학적 권위에 수동적으로 의존하는 불교 탐구는 진리 탐구의 정도(正道)도 아닐뿐더러 근원적으로 '비불교적'이다. 불교를 '불교적'으로 탐구하려면, 전통 언어와 관점을 경청하면서도 지배받지 않는 '열린 해석학적 탐구'가 필요하다. 이 요구에 응하려는 방법론적 선택을 '철학적 불교학'이라 부를 수 있을 것이다.

---

1 현 울산대학교 철학과 명예교수. 본 서평은 『불교평론』 제57호(2014), 337-348쪽에 게재되었음.

　무릇 모든 철학적 성찰의 생명력은 '일체 통념과 거리 두고 탐구하기'에 있으며, 이는 붓다가 권면하신 진리 탐구의 태도이기도 하다는 점에서 '불교적'이다. 불교학의 발전을 위해서는, 그 어떤 해석학적 권위나 전제도 괄호 치고 탐구해 보려는 태도를 축으로 삼는 철학적 방법론이 그 비중을 더욱 확대해 갈 필요가 있다.

　철학적 불교학은 불교의 사유를 번쇄한 개념적 사변으로 요리하려는 것이 아니라, 불교의 사유를 구성하는 조건들을 선행 이해와 전통에 갇히지 않고 읽어보려는 불교적 태도이자 방법론적 선택이다. 불교의 지혜를 구성하는 조건들을 관점과 사유, 인식, 언어, 논리, 욕망, 행위, 수행, 가치, 인간론, 존재론, 세계관 등 다채로운 각도에서 연기적으로 밝혀내고 음미하는 것이 '철학적 불교학'의 구체적 내용이 된다. 그러다 보니 철학적 불교학은 불교 교학을 구성하고 있는 사유들을 성찰적으로 읽어내는 작업이 주요 과제가 된다. 그러나 철학과는 달리 수행이라는 실존 차원의 검증과정이 수반되어야 성공할 수 있는 분야가 '철학적 불교학'이다.

　근대 이후의 학문 방법론을 소화해 낸 불교학 연구자와 그들의 연구 성과들을 양적 비율로 볼 때, 현재까지는 주석적 불교학이 압도적이다. 주석적 불교학과 철학적 불교학을 대쪽 가르듯 나누기는 어려우며, 양자에 걸쳐 있는 경우가 실제에 가까울 것이다. 사실 양쪽을 아우르는 종합 불교학이 이상적일 수도 있다. 그러나 철학적 불교학의 필요성은 시간이 흐를수록 증대하고 있고, 국내외에 걸쳐 이 범주에 배속시킬 수 있는 연구 성과들도 점증하는 추세로 보인다. 필자가 볼 때, 한국 불교학의 새로운 지평 전개는 결국 철학적 불교학의 활성화 정도에 달려 있다고 생각한다.

　한자경 교수는 불교에 대한 철학적 성찰에 접속해 가는 많지 않은 연구자 중 한 분이다. 그런 그의 역량이 이번에는『대승기신론 강해』(불광출판사, 2013)로 표현되었다. 견실한 철학적 소양에 입각한 그의 연이는 선행하는『대승기신론』해설서들과 차별화되는 작업을 선보이고 있다. 한자경 교수의 글들에서는 언제나 명석한 논리적 사유와 쉽지 않은 철학적 사유를 쉽게 풀어내는 능력 및 핵심에 집중하는 구도적 열정이 돋보인다. 원효와 법장의 주석에 의지하면서『대승기신론』의 사유를 정련된 개념들로써 풀어내는『대승기신론 강해』는,『대승기신론』해설의 견실한 사례로 남을 것이다.

2.『대승기신론』을 읽는 한자경 교수의 교학적 입장은 이른바 '여래장 사상' 및 '진여연기설'을 취하고 있다. 진여와 여래장 및 일심을 존재론적으로 등치시키면서, '불생불멸

의 진여/여래장/일심에 대한 믿음을 일깨우고자 하는 것이 『대승기신론』의 취지'(20-21, 29쪽)라는 관점을 기신론 독해의 해석학적 기본 원리로 채용하고 있다. 법장의 관점이자 기신론 이해의 지배적인 해석학적 관점으로 채용되어 온 것이 진여/여래장 연기설이다. 한자경 교수의 『대승기신론 강해』는 『대승기신론』에 대한 진여/여래장 연기설의 존재론적 읽기'로 보인다. 그리고 바로 이 점에서 이 책의 가치와 한계가 교차한다.

대승불교 사상사에서 여래장 사상의 지위는 묘하다. 기본적으로 여래장 사상은 해탈의 능력과 가능성 및 해탈의 경지를 긍정형 서술을 통해 명확히 해보려는 태도의 표현이다. 그런데 이러한 언어 전략으로 인해 불교 이해의 혼란을 발생시킨다는 것이 문제다. 여래장 사상은 자칫 붓다가 명백히 거부했던 아뜨만적 실체론의 변형된 유형으로 읽힐 수 있기 때문이다. 아무리 여래장의 공성을 천명하는 등 다양한 언어 출구전략을 구사할지라도, 유식과 여래장을 결합시켜 진여를 존재론적으로 이해하거나 기술하려는 시도는 '실체-현상'의 사유 범주에서 빠져나오기가 어려워 보인다. '여래장 비불설(非佛說)'의 혐의를 해소하기란 결코 쉽지 않다.

법장은 기신론 해석(『의기』)에서 여래장 개념을 주목하여 기신론의 사상사적 의미를 여래장 연기설로 판독하고 있고, 일본 불교학계가 축적한 여래장 사상에 대한 학문적 성과는 법장의 기신론 이해와 결합한 것이다. 그리고 기신론에 대한 이해는 현재까지 '법장-여래장 사상' 유(類)의 관점이 압도하고 있다. 한자경 교수의 기신론 독해는 그러한 관점의 존재론적 계승에 해당하는 것으로 보인다.

> 나는 심층 아뢰야식을 하나의 우주를 만드는 하나의 식으로서 일체중생 안에 내재된 보편적 마음, 각각의 중생이 모두 하나로 공명하는 공통된 한 마음(一心)이라고 생각한다. … 유식이 아뢰야식을 번뇌에 물든 염오(染汚)의 망식이라고 불러도 그것은 아뢰야식이 만들어 놓은 영상인 이 고통스런 세간에 집착하지 말라는 의미이지 영상을 산출하는 심층마음의 활동성 자체를 부정하는 말은 아니라고 생각한다. … 우주가 아뢰야식의 활동산물이라는 의타기(依他起)를 아는 것은 곧 유식성(唯識性)을 아는 것이고, 그것은 곧 우주를 형성하는 광원이 바로 나 자신이라는 것, 우주의 근원이 모든 중생의 심층의 한마음, 일심이라는 것을 아는 것이다. … 유식은 아뢰야식으로부터 현상세계가 만들어진다는 것을 밝히고, 여래장은 그렇게 세계를 만드는 아뢰야식이 바로 진여이고 법신이며 광원이라는 것을 밝힌 것이다.(6-8쪽)

… 념에서 멸상, 이상, 주상, 생상을 차례로 없애 무념에 이르고자 하는 것은 마음 심층에서 자신을 광원으로 확인하기 위한 것이다. 이렇게 확인되는 무념무상의 진여가 어찌 빛을 발해 우주를 만드는 아뢰야식의 광명의 근원이 아니겠는가? 그러므로 유식은 '주기만 하고 빼앗지는 않지만(與而不奪)' 여래장은 '다 주어서 빼앗는다(窮與而奪)'는 원효의 말은 여래장이 유식과 다르다는 말이 아니라 여래장이 유식을 완성한다는 화쟁의 말로 이해해야 할 것이다.(9쪽)

… 유식이 심층마음의 생멸활동을 강조하고 있다면 기신론은 그렇게 생멸활동하는 심층마음 자체는 생멸의 바탕으로서 불생불멸의 심체(心體)라는 것을 강조한다. 그렇게 함으로써 현상세계를 형성하는 중생의 생멸심 안에 불생불멸의 진여심이 있다는 것, 진여심이 곧 여래법신이며 그 안에서 일체중생은 모두 하나라는 것, 모두 일심(一心)이라는 것을 강조한다.(28-29쪽)

… 일체중생의 몸과 그 몸들이 의거해 사는 우주 세간은 시간에 따라 생겨나고 사라지는 것이지만 모든 생멸하는 것을 바라보는 중생의 눈, 그 생멸을 느끼고 지각하는 중생의 마음은 생멸 너머의 빛, 불생불멸의 광명, 바로 법신이라는 것이다. 이것이 바로 일체중생심 안의 불생불멸의 진여심, 여래법신이다. 변화하는 생멸의 지평 너머 일체중생 안에서 하나로 빛나는 광명, 즉 일심이다. 결국 중생은 불생불멸의 진여심과 인연따라 생멸하는 생멸심의 양면을 가진다. 이로써 기신론의 일심이문(一心二門)이 성립한다.(31쪽)

… 마음이 심층으로 내려갈수록 개인의 범위를 넘어서서 다른 마음과 직접적으로 서로 소통하게 된다. 마음의 가장 밑바닥으로 내려가면, 일체중생의 마음이 하나가 된다. 이 바닥에서의 하나의 마음을 일심이라 한다.(38쪽)

… 기신론은 그러한 마음의 심층세계, 모든 마음이 서로 소통하는 세계, 일체 세간과 출세간을 만들어내는 자신 안의 법신의 활동이 그대로 자각되는 일법계(一法界), 그 진여의 세계를 제시함으로써 대승법인 일심 내지 진여에 대한 믿음을 일깨워 주는 논서이다.(39쪽)

'변화 생멸하는 현상의 이면에 바탕으로서 존재하는 불생불멸의 심체(心體), 세간과 출세간을 지어내는 일점 근원으로서의 보편적 광원, 우주와 현상세계의 창출하는 아뢰야식의 광명 근원인 일심/여래장/진여, 현상세계를 형성하는 중생의 생멸심 안에 존재하는 불생불멸의 진여심, 마음의 심층에 존재하는 불생불멸의 일심과 그 일심의 보편성, 중생의 마음은 불생불멸의 진여심과 생멸하는 생멸심의 이중 구성이며 그것이 기신론의 일심이문(一心二門)이라는 것.'―유식, 기신론, 여래장, 일심, 진여를 읽는 한자경 교수의 관점을 관통하는 내용들이다. 그리고 이것은 여래장 사상으로 기신론을 읽을 때 등장하는 해석학적 시선의 전형이다.

생멸 변화하는 모든 현상의 근거이자 그 현상의 기저(基底)에 존재하는 불생불멸의 그 무엇, 마음의 심층에 존재하는 불생불멸의 바탕이면서 생멸하는 세계를 창출하는 광원, 그것이 일심이고 여래장/진여/법신이며, 개별 존재들의 우주적 동일성과 보편성의 근거라고 읽는 시선.―문득 기시감이 솟구친다. 때로는 아뜨만/브라흐만으로, 때로는 실체/현상론으로 표현되는 존재 형이상학, 그 깊고 질긴 실체 선호의 존재론적 사유 습벽과 그 언어적 연출을 떠올리게 되는 것은 필자만의 오해인가.

사실 기신론은 이런 식의 독해로 나아가기 쉬운 언어들을 간직하고 있다. "심성이라고 하는 것은 불생불멸이다." "심생멸이라는 것은 여래장에 의거하기 때문에 생멸심이 있는 것이니, 소위 불생불멸과 생멸이 화합하여 같은 것도 아니고 다른 것도 아닌 것을 아리야식이라 부른다." "이른바 멸이라는 것은 오직 심상(心相)이 멸하는 것이지 심체(心體)가 멸하는 것은 아니다." "만약 심체가 멸하는 것이라면 곧 중생이 끊겨 의지할 바가 없지만, 심체는 멸하지 않기 때문에 마음이 상속(相續)할 수 있다. 오직 어리석음만이 멸하기에 심상(心相)이 따라 멸하지 마음의 지혜가 멸하는 것은 아니다." 등등.―생멸 현상의 근거이자 현상 이면에 존재하는 불생불멸의 기체(基體)를 상정케 하는, 전형적인 '본체-현상'의 존재론으로 읽기 쉬운 언어들이다.

그런 구절들에 언어의 세간적 일상 의미를 적용해 이해한다면, 기신론은 '불생불멸의 본체적 존재와 그것이 자아내는 생멸 현상세계에 관한 교설'이 되고 만다. 그럴 경우 기신론이 아무리 불교 계보에 등재되어 있는 권위 있는 교설이라 할지라도, 불교 언어로 포장된 아뜨만 사상 내지 실체적 존재 형이상학의 아류라는 혐의를 벗기가 어렵게 된다. 흔히 시도되는 것처럼 연기와 공성의 의미를 이런저런 방식으로 접목시켜 실체적 본체/현상 존재론의 덫에서 벗어나고자 할지라도, 과연 제대로 된 탈출이 가능할지 솔직히 의문이다. 기신론의 이런 구절들을 '실체/현상 존재론'에 빠뜨리지 않으려면, 이 언어들의 독특한 의미맥락을 포착하는 새로운 독법이 필요하다. 그리고 전통

주석과 불교학계는 아직 그러한 독법을 제대로 확보하지 못하고 있다.

원효의 평가처럼, 기신론은 그 이전까지 등장한 대승교학의 주요 개념과 이론들을 종합하고 있지만, 동시에 원효의 극찬처럼 기신론이 불교의 정수를 적절한 언어로 고스란히 담아내고 있는 것인지는 의문이다. 그러나 모든 경전을 붓다의 설법으로 간주할 수밖에 없었던 시대, 대승교학이 붓다의 지혜를 제대로 드러낸다고 확신했던 언어 환경을 감안한다면, 기신론에서 불교 이론의 종합과 정수를 읽어내고자 했던 원효의 태도는 충분히 적절하다. 기신론을 비롯한 방대한 대, 소승경론을 통해 붓다의 지혜를 읽어내는 원효의 안목과 성과는 실로 경이로운 것이어서, 그를 능가할 내·외공을 구사할 수 있는 후학의 등장은 결코 쉽지 않아 보인다.

원효의 글을 읽다 보면, 현학적일 정도로 현란한 언어임에도 불구하고, 읽는 사람의 생각을 장악하여 끌고 가면서 사유 지평을 툭 터주고 훌쩍 높여주는 강한 힘을 느끼게 된다. 그와 동시대의 불교 언어들은 물론, 한껏 유식해지고 똑똑하며 정교해진 오늘의 불교 언어 속에서도 그런 힘을 갖는 언어를 만나기란 쉽지 않다. 그런 원효의 기신론 읽기에서 주목되는 것은, 그가 기신론의 언어를 실체적 본체/현상론으로 전락시키지 않으려고 무진 애를 쓰고 있다는 점이다. 그 점이 법장 내지 여래장/진여연기설 유(類)의 해석학적 시선과 구분되어 음미되어야 할 주요한 차이이기도 하다.

3. 유식, 여래장, 진여, 일심의 언어들과 실체적 본체/현상론과의 접속 가능성이 매우 높다는 점은 충분히 고려되어야 한다. 또한 이러한 언어들을 적극 채용하고 있는 선종의 돈오견성 교설도 자칫 변형된 실체론의 덫에 걸려들 수 있다는 점을 직시해야 한다. 사실 선불교에 대한 이해들 가운데 이 덫에 걸린 사례는 쉽게 목격될 정도로 널리 있다.

이 문제에 대한 종래의 비판과 반론들은 그다지 충실한 내용도 아니고 성공적으로 보이지도 않는다. 유식/유심/일심/여래장/진여 등 기신론이 종합하고 있는 대승의 언어들을 현양매구(懸羊賣狗)의 비불설(非佛說)이라고 질타하는 경우들은 초기경전의 무아나 연기의 언어를 논거로 들이대고 있으나, 혐의와 비판 의식만 고조되어 있을 뿐 초기 교설이나 대승 교학 내지 선종의 언어에 대한 상투적, 피상적 독해로 인해 그 설득력이 제한되어 있다. 반면 유심/일심/여래장/진여의 언어가 무아와 해탈의 정수를 제대로 담아내는 기호라며 반론에 나서는 경우도, 일심/여래장/진여는 실체가 아니라 공성이라고 주장하는 정도를 넘어서지 않는다. 그런 방식과 수준으로는 비판과 반론 모두 성공하기 어렵다.

유식/유심의 교학에 관한 전통적 이해가 중요한 해석학적 오해나 일탈일 수도 있고, 유식/유심의 교학 자체가 과도한 언어 선택 등으로써 '너무 나간' 것일 수도 있다. 진실이 무엇이건 간에, 후학들에게 주어진 과제 하나는 해석학적 선택을 통해 불교의 계보에 등재된 언어들을 '불교적'으로 소화해 내는 일이다. 필자의 소견으로는, 이 문제를 다루는 데 가장 중요한 관문은 정학(定學)의 선(禪)이라고 본다. 유식의 '만법유식(萬法唯識) 유식무경(唯識無境)' 기신론의 '불생불멸과 생멸' '일심'도 결국은 정학의 맥락에서 접근해야 그 특유의 의미 지평이 드러날 수 있다. 유식사상 역시 기본적으로는 정학의 교학적 표현으로 보는 것이 적절할 터인데, 유식 내지 유심의 언어를 어떤 맥락에서 읽느냐에 따라 전혀 다른 의미 지평이 펼쳐진다. 종래의 여래장사상 맥락으로 읽으면, 유식 및 여래장은 생멸세계를 연출하는 불생불멸의 인식적 기체(基體)를 드러내고자 하는 교학이 되고 만다. 그리고 이런 식으로 읽는 유식/유심 교학은, 읽는 이의 의도와는 달리, 어느새 '실체/현상 존재론'의 범주로 미끄러져 들어가기 쉽다. 유식/유심의 언어를 읽는 새로운 독법의 확보는 불교학의 중차대한 과제이다.

4. "우심기자 무유초상가지 이언지초상자 즉위무념(又心起者 無有初相可知 而言知初相者 即謂無念)"을 "또 마음이 일어나면 알 수 있는 초상이 없다. 그런데도 초상을 안다고 말하는 것은 곧 무념이라는 뜻이다."라고 번역하고 있는데(135쪽), 이것은 "또 '마음이 일어난다'는 것은 알 수 있는 초상이 있는 것이 아니다. 그러나 '초상을 안다'고 말하는 것은 곧 무념을 일컫는 것이다."로 번역하는 것이 적절할 것이다. 이 구절을 어떻게 번역하느냐에 따라 기신론이 언급하는 일심과 수행론에 대한 이해가 완연하게 달라진다. 또 "불각심기 이유기념(不覺心起 而有其念)"을 "자기도 모르게 마음이 일어나 그 염이 있게 되는 것을 뜻한다."고 번역했는데(152쪽), 여기서 '불각심기'는 "깨닫지 못하여 마음이 일어나"로 하는 것이 좋겠다.

5. 한자경 교수의 『대승기신론 강해』는 기신론에 종합된 대승불교의 언어를 읽는 종래의 해석학적 주류 관점을 존재론적으로 재현하고 있다. 기신론의 수행론에 대한 저자의 이해 역시 그러한 존재론적 이해의 연장선에 있다. 그 결과, 저자가 의도하지는 않

았겠으나, 기신론과 '대승/여래장 비불설'의 연관 논거를 따져보게 해준다. 기신론 철학 내지 불교철학의 핵심 과제 하나를 환기시켜 주는 것이다. 저자의 관점에 대해 수용적이건 비판적이건 간에, 바로 이 점이 이 책의 한 장점이다.

『화두: 철학자의 간화선 수행 체험기』

발행 연도: 2013년
펴낸곳: 도피안사
264 페이지

책을 내면서

'나는 누구인가?' '인간이란 무엇인가?'라는 그 단 하나의 물음에 빠져 있는 것이 꽤 답답하게 느껴질 때가 많았다. 그것은 답이 쉽게 찾아지지 않는 물음, 묻고 또 물어도 미로를 헤매도 답이 보이지 않는 물음, 그렇지만 그 문제만 해결되면 인생의 의미와 우주의 신비가 다 밝혀질 것 같아 끝까지 붙잡고 있을 수밖에 없는 물음이었다. 그 물음은 내게 화두(話頭)가 되어 30년 넘게 나를 철학 공부로 내몰았다.

답이 보이지 않을 때는 가끔 회의가 밀려오기도 했다. 이 물음이 과연 인간의 사유와 인간 이성의 힘으로 풀릴 수 있는 물음인가? '너 자신을 알라!'는 델피의 신탁에 충실했던 소크라테스도 '무지의 지'를 고백했고, 20세기의 뛰어난 철학적 지성 비트겐슈타인도 '말할 수 없는 것에 대해서는 침묵하여야 한다'고 말했다. 지혜의 화신 장자(莊子)도 '득의망언(得意忘言)'을 말했고, 선종의 초조 달마도 '언어도단(言語道斷)'을 주장하였다. 그런데 개념적 사유, 분별적 사유로써 과연 진리에 이를 수 있을까? 머리로 하는 철학이 과연 존재를 밝히는 빛이 될 수 있을까? 적지 않은 시간을 개념적 사유로써 개념 너머를 생각하고, 철학으로써 철학 너머를 꿈꾸어 왔다.

그것이 사고입선(捨教入禪)의 염원이었을까? 불교를 공부하면서도 단지 책상머리에 앉아 교(教)에만 전념할 뿐 온몸으로 정진하는 선(禪)을 행하지 못함이 늘 마음에 걸렸다. 언젠가 나도 화두(話頭)를 들고 선을 해보고 싶은 마음, 나를 진리의 세계로 이끌어줄 선지식을 만나고 싶은 마음이 간절하였다. 그리고 어느 날 마치 우연처럼, 마치 선물처럼 내게 그런 기회가 왔다. 수불 스님의 간화선 집중수행에 참여하게 되었던 것이다.

이 책 『화두』는 그런 인연으로 체험한 선수행의 기록이다. 글은 세 부분으로 되어 있다. 1부와 3부는 6개월의 차이를 두고 각각 부산 안국선원과 해남 달마산 미황사에서 7박 8일의 집중수행 기간에 바로 그 자리에서 쓴 것이고, 그 사이에 있는 2부는 미황사에 가기 전에 썼던 것을 후에 조금 손을 본 것이다. 본래 이 글들은 수행을 하는 과정에서 내 마음을 정리하고자 나 자신을 위해 일기처럼 썼던 글들이다.

미황사에 다녀온 후 1부와 3부의 수행 체험기를 우연한 기회에 송암 스님께 메일로 보내드렸는데, 그때 송암 스님께서 글을 출판하는 것이 어떻겠냐는 제안을 하셨다. 한국에 위빠사나 수행 체험기는 적지 않게 있지만 선 수행기는 거의 없으니 선 수행 체험기의 출판이 선을 하는 누군가에게 도움이 될 수도 있지 않겠냐는 것이었다. 글이 수불 스님과 미산 스님을 중심으로 전개되기에 이 글을 출판해도 괜찮겠냐고 미산 스님께 말씀드린 지 어느덧 3년의 시간이 흘렀다. 수행이 아직 완성되지도 않은 단계에서 순전히 개인적 체험을 공식적으로 드러내는 것을 염려하시는 것 같았다.

그렇게 잠자고 있던 원고가 이제 세상에 나오게 되었다. 그런데 이 글이 과연 세상에 내놓을 만한 글일까? 나는 내가 느끼고 생각한 바를 있는 그대로 솔직하게 기술하였지만, 이것이 혹 누군가에게 부담이 되거나 누가 되지는 않을까? 이 글에서는 수불 스님, 미산 스님, 혜민 스님, 버스웰 교수 그리고 또 많은 사람들이 모두 실명으로 거론되고 있다. 그 모든 기술은 다 내 마음에 비치고 내 마음이 그려낸 그들의 모습일 뿐이다. 잘못이 있다면 내가 잘못 보고 내가 잘못 판단한 탓일 것이다. 그만큼 주관적인 느낌과 생각, 주관적인 판단과 해석으로 이루어진 글이다.

간화선이 궁금한 사람, 철학과 종교, 이성과 영성을 하나로 연결시키고 싶은 사람, '나는 누구인가?', '시체를 끌고 다니는 그자는 누구인가?'라는 물음을 벗어날 수 없는 사람, '주인공' 내지 '이 뭐꼬'의 화두에 사로잡혀 있는 사람, 그런 사람에게 말을 건네고 그런 사람으로부터 말을 듣는 그런 책이 되었으면 싶다.

2013년 기을
한자경

목차

서평: 온 마음으로 철학하는 철학자의 수행 체험기

신상후(한국학중앙연구원 한국학대학원 철학전공 교수)

이 책은 한자경 교수(이하 저자)의 간화선 수행 체험기이다. 저자는 철학 공부를 시작한 이래, 줄곧 인간의 마음을 탐구해 왔다. 마음 철학자로서 저자가 강조하는 것은 우주에 편재해 있는 마음, 일체 존재와 하나인 마음, 불교의 용어로 하면 곧 일심(一心)이다. 저자는 이 일심을 다양한 철학 이론을 통해 학문적으로 규명해 왔다. 저자의 수많은 저서와 논문에서 우리는 일심에 대한 가장 명쾌한 해설을 접할 수 있다. 그런 저자가 이 일심을 생생하게 직관하기를 바라며 간화선 수행에 임하고 그 체험을 기록으로 남겼다. 이로써 '철학자의 수행 체험기'가 탄생하였다.

철학자의 수행 체험기라니? 다소 낯설게 느껴질 수 있지만, 자신의 이론을 직접 체험하고 실천하려 했던 철학자들은 역사 속에 적지 않았다. 특히 동양의 전통에서는 철학과 종교, 이성과 영성, 이론과 실천이 분리된 적이 없었다. 저자 역시 이러한 태도를 견지하며 누구보다 간절히 일심을 직관하기를 바란다. 좌학(坐學)에 만족하지 않고 좌선(坐禪)까지 실천하고자 하는 것이다.

애초에 저자는 이론적 탐구 그 자체를 위해 철학을 시작한 것이 아니라, 인생의 근본적 물음을 해결하고자 철학을 선택했다. 진정한 자아를 찾지 못해 생기는 답답함에, 스님들은 출가했고 저자는 철학을 공부했다. 철학 공부를 통해 일심이라는 답을 찾았지만, 이론적 탐구만으로 얻은 답은 저자를 만족시키지 못했다. 불교에서 일심은 개념적 상정이 아니라 생생한 현실이며, 자기자각성을 지닌 '직관 가능한 실재'이기에, 일심을 직접 직관하지 않으면 그것을 진정으로 아는 것이 아니라고 생각했다. 삶과 철학이 분리되지 않는 저자에게 일심의 직관을 위한 수행은 이론적 탐구의 자연스러운 귀결이었을 것이다.

난 봐야 한다. 세계를 보는 눈 자체를. 분명 있는 것이니 단지 생각하는 것이 아니라 직접 보고 확인해야 한다. 그런데 보이지 않는다. 그렇다면 자성청정심(自性淸淨心), 순수 자아에 대한 지적(知的) 직관은 없다고 말하는 것이 더 정확한 것 아닌가? 내겐 그것이 더 정직한 것 아닌가? 그런데 나는 늘 그것이 있다고 말해왔다. 그건 정직하지 못한 것 아닌가?(57쪽)

저자가 체험한 간화선 수행은 화두를 붙잡는 수행법이다. 이 화두에는 답이 없다. 그래서 화두에 집중하다 보면 생각이 멈춰지고 끊어져 마음 자체를 직관하게 된다. 저자가 참여한 간화선 수행은 수불 스님의 지도로 진행된 프로그램이었는데, 수불 스님이 내주는 화두는 '손가락을 튕기게 하는 자는 누구인가?' 하는 물음이다.

손가락을 튕겨보십시오. 무엇이 손가락을 튕기게 하는가? 내가 하는 것도 아니고 마음이 하는 것도 아니고 손가락이 하는 것도 아닙니다. … 누가 하는 것인지를 모르니까 답답합니다. … 답을 모르니 답답합니다. 그 답답함을 가득 채우십시오.(18-19쪽)

화두참구에서 중요한 것은 물음을 붙잡지 말고 답을 찾아야 한다는 점이다. 물음을 계속 떠올리면 나도 모르게 생각으로 물음에 답하려고 해서, 마음의 분별작용이 끊어지지 않기 때문이다. 생각은 언어와 논리의 길을 따라간다. 철학도 이 길을 따라가고 우리의 일상적 의식도 이 길을 따라간다. 하지만 불교에 따르면, 진리나 실재는 이 길 위에 있지 않다. 이 길을 끝까지 간다고 해서 일심을 직관할 수는 없다. 오히려 밝은 이 길에서 튕겨 나가 공포스런 심연으로 빠져들어 갈 때, 마음 자체를 직관할 수 있다고 말한다. 간화선의 화두참구는 언어와 논리로는 답을 찾을 수 없는 물음을 붙잡게 함으로써 그 길에서 튕겨 나가도록 하는 수행법이다.

하지만 수불 스님의 화두는 저자를 답답하게 하지 못했다. 힘 저자를 맞는 물음은 저자가 철학을 공부하는 내내 붙잡고 있던 화두였기 때문이다. 이 화두는 오히려 저자를 깊은 철학적 사유로 이끌었다. 그래서 이 책의 1부 앞부분은 진아(眞我)를 찾아가는 철학자의 집요한 사유로 채워져 있다. 데카르트의『성찰』보다 훨씬 더 치밀하고 철저한 성찰이다.

화두가 타파되기 위해서는 의심과 답답함이 커져야 하는데, 머릿속에 철학적 해답이 떠오르니 그 답답함이 커질 수가 없다. 그래서 저자는 철학과 수행의 간극으로 괴로워한다. 특히 깨달음을 얻기 위해 매달려 온 철학 공부가 오히려 깨달음의 장애가 된 것은 아닌지 회의하게 된다.

> 내 안에 답이 있다면, 그럼 나는 아예 처음부터 책을 읽거나 생각하지는 말고 그냥 '나는 누구
> 인가?'라는 물음의 답답함만 갖고 좌선하고 앉아 있기만 했다면, 그 물음의 답을 찾을 수 있
> 었던 것일까? 내가 그랬어야 했던 것일까? 난 지금까지 잘못된 길을 걸어온 것일까? 남의 생
> 각으로 내 깨달음의 길을 막아버린 것일까? 철학 공부, 철학 강의가 본래 그런 것일까?(30쪽)

저자는 깨달음의 길을 가로막는 것이 자신이 평생 걸어온 철학의 길일지도 모른다
는 생각에 깊은 슬픔을 느낀다. 하지만 거기에 좌절하지 않고 더욱 정진한다. 이 정진
의 힘은 아마도 철학을 통해 키워진 것이리라. 철학을 통해 일심의 존재를 확인하고
또 확인했기에 그것을 체험하려는 열망이 이토록 뜨거울 수 있었던 것이리라.

결국 저자는 생각의 장애를 넘어 화두 타파에 성공한다. 돈오를 체험한 것이다. 첫
번째 수행에서는 죽음의 공포와 마주한 뒤 아름다운 세계를 보며 환희를 경험하고, 두
번째 수행에서는 몸이 빙빙 도는 듯한 신체적 느낌을 경험한다. 첫 번째 수행에서 이
미 화두가 타파되었기에, 두 번째 수행에서는 천지가 진동하는 듯한 체험은 없었던 것
인데, 그럼에도 모든 사태를 명징하게 이해하고자 하는 철학자는 수불 스님에게 왜 화
두 타파가 되었다는 것을 스스로 확연히 알지 못하는지 묻고, 수불 스님은 이렇게 답
한다.

> 화두타파의 순간 깨닫는 것은 자신의 업에 따라 천차만별이요. 누구는 심신탈락을 경험하며
> 크게 자유를 느낄 수도 있고, 또 누구는 '에게, 겨우 이거야. 별거 아니잖아' 이렇게 느낄 수도
> 있지. 그때 누가 더 깊이 체험했다고 하겠어? 누가 더 깊이 깨달았다고 말할 수 있겠어? 각자
> 가 업에 따라 다른 겁니다. 뭐가 또 더 남아있으리라고 생각하는 것, 그게 망상인 거지.(198쪽)

이 말씀을 통해 화두 타파의 의미를 깨달은 저자는 화두 타파의 과정을 다음과 같이
설명한다.

> 화두가 걸린다는 것은 자기 마음속에 자신도 모르게 쌓여있는 지난 업력들을 긁어모아 쌓는
> 것이다. 마치 불붙일 장작을 쌓듯이, 지난 삶으로부터 남겨진 앙금, 의식의 잔재물들을 모두

다 긁어모아 그것이 한꺼번에 폭발하기까지 쌓는 것이다. 화두는 마치 자석처럼 그것들을 긁어모으고 끌어모은다. 그것이 쌓이면 쌓일수록 심신이 무거워지고 갑갑해지고 숨이 막히게 된다. 그러다가 그 압력이 절정에 이른 어느 순간 드디어 그것이 폭발한다. 그것이 화두가 타파되는 순간이다. 그 폭발의 순간 아픔에 소리치기도 하고, 슬픔에 울기도 하고, 감춰진 욕망에 환희의 웃음을 웃기도 하고, 조용히 미소짓기도 한다. 마치 폭죽이 터지는 방식이 각양각색인 것처럼, 화두타파는 그렇게 각자의 업을 따라 각양각색의 방식으로 일어나는 것이다. 화두가 불러 모은 것들은 지난 업들이 남긴 잔재일뿐, 본래 있던 것은 아니다. 다 내 마음이 만들어 쌓아놓았던 것이니까, 본래 없는 것이니까, 그렇게 본래 없던 것이 본래 없는 그 모습으로 다시 없어지는 것이다.(199-200쪽)

나 역시 수불 스님이 지도하는 간화선 집중수행에 참여한 적이 있다. 저자의 주선 덕분이었다. 당시 나는 철학과 석사 수료생으로, 철학적 사유가 아직 삶의 문법으로 자리 잡지 못한 상태였고 그래서인지 그 사유를 떨쳐내는 일이 그다지 어렵지 않았다. 생각으로 답을 찾으려 했던 것은 하루 정도에 불과했고, 그 뒤로는 화두의 답을 모른다는 비애감으로 눈물 콧물을 흘렸다. 4일째부터는 온몸이 꽁꽁 묶이는 느낌이 이어졌는데 그 시간이 길어지면 기운이 빠져서 그 느낌이 사라져 버렸다. 다음 날 아침 수불 스님의 법문 시간에 "이렇게 힘이 없어서 집중이 풀려버리면 어떻게 하나요?"라고 질문을 했는데, "왜 거기서 멈춰! 왜 겁을 내! 더 밀어붙여야지! 마지막에 겁이 나서 쓸데없는 생각이 나오니까 멈춰버리는 것 아니야!"라고 답하셨다. 죽을 각오를 했다고 생각했는데 그것도 아니었다니, 또 눈물이 나왔다.

법문이 끝난 후, 죽기 전에는 자리에서 일어나지 않겠다는 결심을 하고 앉았다. 앉자마자 비로소 화두에 집중할 수 있었다. 온몸이 저리고 몸의 감각이 점점 사라졌다. 잠시 후 감각이 돌아오는 듯싶더니 마치 공간이 사라지는 듯한 느낌이 들었다. 내 몸을 무언가가 강하게 짓누르고 조여왔다. 몸이 진동하고 신음과 괴성이 나왔다. 이 상태로 3시간이 흘렀다. 수불 스님이 와서 등을 때리며 할을 해주시고 화두에 계속 집중하라고 말씀하셨고, 잠시 후 내 어깨를 밀쳐 뒤로 넘어뜨리셨는데, 나는 오뚝이처럼 다시 일어났다. 몇 번을 반복해도 계속 일어났다. 고통은 더 심해졌다.

그러던 중 스님이 갑자기 "화두 놔! 호흡 놔!"라고 하시며 나를 뒤로 눕히셨다. 나는 아쉬움과 서러움에 호흡을 놓지 못한 채 헐떡거렸다. 수불 스님은 "이제 화두 놓고 쉬어. 잠이 오면 좀 자고."라고 말하고 나가셨다. '스님도 나를 포기하셨구나. 나는 결국 실패했구나.' 하는 생각이 들어 계속 눈물이 흘렀다.

시간이 조금 지나자, 몸에 마비가 풀려서 팔을 움직일 수 있게 되었고, 눈물을 닦으려고 팔을 움직였다. 그러자 갑자기 온몸에 힘이 빠지면서 편안해졌고 웃음이 피식 나왔다. 누워서 계속 웃었다. 소리 내서 웃은 것은 아니었지만 피식피식 계속 웃었다. 세수하고 돌아와 다시 선방에 앉았지만, 화두가 잡히지 않고 그냥 실실 웃음이 났다.

실실 웃으며 이런저런 생각들을 했다. 가장 먼저 떠오르는 것은 '세상엔 심각할 것이 아무것도 없다'라는 생각이었다. 나는 예전부터 꿈이 뭐냐는 질문을 받으면 언제나 "평온해지는 것이요"라고 답했는데, 갑자기 그 꿈에 성큼 다가간 것 같았다. 이 평온함을 시험해 보려 당시 산재해 있던 문제들을 떠올렸다. 나를 그렇게도 괴롭히던 문제들이 정말 아무것도 아닌 것처럼 느껴졌다. '진여와 일심의 진면목은 웃김인가 보다'라는 생각이 들었다. 실상이 공(空)이고 눈에 보이는 것과 언어로 표현된 것은 모두 가(假)라는 불교철학의 가르침을 이미 알고 있었지만, 그 앎이 나를 평온하게 만들어 주지는 못했다. 이 진리를 온 마음으로 체득하지는 못했던 것이다.

그리고 생각한 것은 선사(禪師)들의 선문답이었다. 예전부터 나는 선사들의 선문답을 깨달은 자들의 은어, 지식인들의 암호라고 생각했었다. 예컨대 조주선사(趙州禪師)의 '뜰 앞의 잣나무'와 같은 말에는 내가 읽어내지 못하는 중요한 진리가 담겨 있다고 여겼었다. 그런데 문득 '이 말들은 이 웃김을 깨달은 사람들이 그 웃김에 머물면서 한 말에 불과한 것 같다'는 생각이 들었다. 말에 집착하고 거기에 진지한 의미를 부여하면 웃김에서 더욱 멀어질 텐데, 지금까지 철학을 공부하면서 내가 걸어간 방향은 웃김의 반대 방향인 것 같았다. 공(空)을 가(假)로 설명하려 노력하다 보니, 어느새 가(假)에 집착하게 된 것이다. 그런데 그 집착을 잠시 내려놓고 언어와 논리의 길에서 튕겨 나오자, 언어와 논리로 얻어보려 했지만 끝내 얻지 못했던 마음의 평온함이 찾아왔다. 나는 그때 이 평온함을 언어와 논리로부터 잠시 해방되면서 맛본 환희라고 생각했다. 이 해방을 저자는 시간의 흐름과 연결해서 이렇게 설명한다.

순간을 체험한다는 것, 시간 흐름을 끊는다는 것은 결국 업력으로 밀려오는 그 힘에 맞선다는 것이다. 그러니까 힘이 드는 것이다. 언어가 물줄기를 거슬러 올라가는 것, 개가 죽어라 물고 늘어지는 것, 그것은 다 시간을 멈추게 하려는 노력이다. 시간 흐름을 멈춘다는 것은 과거에서부터 밀려오는 업력에 저항하고 그것을 거슬러 올라가는 것이다. 그건 결국 시간 흐름 속의 제6의식의 작용을 멈춘다는 것이다. 그러니까 화두만 붙잡고 의식작용, 사고작용을 멈추라고 하는 것이다. 의식적 사고는 시간 흐름을 따라 진행된다. 의식에 의해 시간 흐름이 형성되고 그 시간 흐름 속에서 의식의 작용인 주객분별, 자타분별이 일어나는 것이다. 그러니까 화두에 만 집중하고 이런저런 생각을 일으키지 말라는 것은 곧 시간 흐름에 휩쓸려 가지 말고 그 흐름 바깥의 찰나로 튕겨나가라는 말이다. 시간 흐름에서 벗어져 나오는 순간 도달하는 자리가 바로 시간 밖의 찰나의 자리, 불생불멸의 영원의 자리, 마음 본래의 자리가 아니겠는가? 그 마음자리로 돌아가 자신의 본래모습을 보는 것, 그것이 곧 견성이고 돈오가 아니겠는가? (189쪽)

이 설명에 따르면, 나 역시 시간의 흐름을 거슬러서 순간을 체험하고 견성을 한 셈 이다. 하지만 삶은 여전히 어렵다. 저자는 "나를 답답하게 하던 건 생각이었다. 철학이 었다. 삶은 그냥 그렇다."(65쪽)라고 했지만, 예나 지금이나 나를 답답하게 하는 건 삶 이다. 그때도 그랬다. 그래서 일상으로 다시 돌아갈 생각에 겁이 났다. 이 불안함을 안 고 수불 스님을 뵈었다. 화두 타파의 순간에 웃겼다고 말씀드리니, "찾고 있던 게 뭐였 는데 웃겨? 뭘 찾고 있었어?"라고 물어보셨다.

"진여, 참 자아와 같은 것들을 찾았습니다."
"그래? 철학 공부 좀 했나 보네."
"한자경 선생님 제자입니다."
"웃겼으면 찾던 게 아무것도 아니라서 웃긴 거 아니야? 그렇게 너무 집중만 하면서 살지 마. 골병들어. 웃으면서 살어."

그런데, 그렇게 살지 못했던 것 같다. 이 체험으로부터 10년이 지나 골병이 들어버 렸으니 말이다. 견성의 체험을 통해 조금은 가볍고 경쾌해졌던 나의 마음은 일상으로 돌아오자 다시 무겁고 어두워졌고, 철학 공부에 매진하면서 언어와 논리의 길에만 더 욱 익숙해졌다. 말하자면, 오후수(悟後修)가 없었다. 마음의 때를 닦지 못한 나는 익숙 한 방식대로 살아갔고, 수불 스님의 말씀처럼 골병이 들었다.

저자는 어떨까? 저자는 이 책의 간행 이후로도 저술과 강의를 이어가며 철학자로서

의 삶을 꾸준히 걸어오셨다. 그래서 묻고 싶다. 수행 이후의 삶에는 어떤 변화가 있었
는지, 철학이 다시 답답함으로 다가온 적은 없었는지. 부산 안국선원에서의 첫 번째
수행 이후, 저자는 수행 체험기를 써서 수불 스님에게 보였고, 스님은 "10년 뒤에 나한
테 다시 진짜로 감사할 거요. 내가 마치 예언처럼 말하는데, 예언이지. 이게 글 쓴 것
에 대한 내 감상이오."(109쪽)라고 말씀하셨다고 한다. 저자의 첫 번째 수행이 2009년
에 있었으니, 어느덧 15년이 흘렀다. 수행 당시보다 더 큰 감사가 생기셨는지, 그 감사
의 의미가 무엇인지 저자에게 묻고 싶다. 아마도 어떤 답을 가지고 계실 것 같다. 부
디, 언어와 논리의 길에 묶여 답을 찾지 못하는 나 같은 이들에게, 그 이후 깊어진 통
찰과 깨달음을 전해주시기를 바란다.

禪宗永嘉集
講解

선종영가집
강해

한자경 지음

불광출판사

발행 연도: 2016년
펴낸곳: 불광출판사
590 페이지
세종 우수학술도서

『선종영가집 강해』에 앞서

우리는 늘 분별하면서 산다. 나와 너를 분별하고 인간과 자연을 분별한다. 좋은 것과 나쁜 것을 분별하고 맞는 것과 틀린 것을 분별한다. 눈과 귀의 총명, 두뇌의 명석을 우리는 모두 분별을 위해 사용한다. 그 분별 속에서 우리는 어제보다는 오늘, 과거보다는 현재가 더 발전한 단계라고 믿고, 그 안에서 저들보다는 우리, 너보다는 내가 더 나아야 한다고 여긴다.

분별은 같음을 배제하고 다름에 주목하는 것이다. 사과가 자신을 배와 분별하기 시작하면 사과는 자신이 배와 마찬가지로 과일이라는 사실을 망각하고는 배와 공유하는 부분을 모두 제외하고 배와의 차이에서 자기정체성을 찾으려고 할 것이다. 그런 식으로 인간이 다른 생명체와 공유하는 부분을 모두 제외하고 다른 생명체와의 차이에서 자기정체성을 찾는다면, 그 인간의 삶은 얼마나 궁핍하고 또 얼마나 피곤하겠는가? 자신을 타인과 자연과 우주 만물과 하나로 아는 자비(慈悲)와 인(仁)의 마음, 하나로 소통하는 공감 능력을 모두 상실하고 나면, 그 삶 어디에 기쁨이 있고 평화가 있고 사랑이 있겠는가?

현대사회는 분별사회다. 분별 이전의 공통의 기반은 부정되고 잊혀진 지 오래다. 인간은 자연으로부터 멀리, 우리는 저들로부터 멀리, 나는 타인으로부터 멀리, 너무 멀리 떨어져 나왔다. 분별을 통해 전진하는 것은 마치 한 계단씩 올라가면서 그 기반이 되는 바로 아래 계단을 치워버리는 것과 같다. 그렇게 우리는 허공 중에 떠 있고 바닥으로 내려갈 길을 잃어버리고 말았다. 오로지 위만 보고 그다음 분별을 향해 나아갈 뿐이다. 분별은 승패를 가르기 위한 노력이며, 그래서 분별사회는 결국 경쟁사회다. 우리는 끊임없이 경쟁을 위해, 승리하기 위해 전력 질주하고 있을 뿐이다. 창조, 창발, 진화, 발전, 이런 개념만을 되뇔 뿐이다. 허공에서 추는 춤, 어지럽지 않은가? 분별로 얻어낸 나, 표층에 떠도는 하나의 점, 외롭지 않은가?

허공에서 춤추다가 어느 한순간 우리는 문득 이러한 일체 분별이 모두 허망분별이라는 것, 우리가 만든 개념의 분화를 따라 긋고 지우고 또 긋고 지우는 허망한 줄긋기에 지나지 않는다는 것, 그렇게 그려지고 그렇게 집착된 나는 허공 속에 피어난 환상의 꽃, 하룻밤 꿈속 주인공에 지나지 않는다는 것을 알아차리게 된다. 내가 나라고 여겨온 그 나가 허공 속 환화, 꿈속 주인공에 지나지 않는다는 것, 내가 그렇게 무아(無我)이고 공(空)이라는 것을 알게 된다.

그렇다면 내가 나라고 여겨온 그 나가 허공 속 환화이고 꿈속 주인공이라는 것을 아는 그 앎, 무아의 앎은 어떤 앎인가? 그것을 아는 마음은 어떤 마음인가?『선종영가집』은 바로 이 물음에 대한 답을 제시하는 책이라고 생각한다.『선종영가집』은 주객분별에 따라 대상을 반연하여 일어나는 대상의식(제6의식)은 우리의 개념에 따라 일어나는 허망분별의 식이라는 것을 분명히 하며, 그러한 허망분별이 아닌 지(知), 참된 지를 일체의 주객분별과 자타분별을 넘어선 차원에서 찾는다. 그리고 그 참된 지를 이원화된 주와 객, 자와 타를 모두 포괄하는 텅 빈 마음의 지, 텅 비고 고요한 공적(空寂)이 생생하게 깨어 자신을 아는 영지(靈知)로 설명한다. 우리의 본래 마음은 일체의 상(相)을 여읜 성(性)이 스스로를 신령하게 아는 성자신해(性自神解)의 마음, 공적영지(空寂靈知)의 마음이다. 이 공적영지의 마음으로 우리는 일체 분별이 허망분별에 지나지 않는다는 것을 안다. 그리고 우리 모두가 표층의식에서는 서로 다른 나와 너로 각각 분리되어 존재하지만, 심층마음에서는 그러한 분별과 분리 너머 하나로 숨 쉬고 하나로 공명하며 하나로 소통한다는 것을 안다.『선종영가집』은 우리가 일체의 분별심을 내려놓고 고요한 마음으로 깨어 있는 적적성성(寂寂惺惺)을 유지하면 그러한 심층의 소통을 알아차릴 수 있음을 일깨워 준다.

『선종영가집』은 선으로써 선정과 반야, 지(止)와 관(觀), 정(定)과 혜(慧)를 포섭한다. 선종의 초조 달마는 9년 면벽이었다. 내가 벽을 보다가 내가 벽이 되어 벽이 나를 보면 선이 완성된다. 벽은 곧 공(空)이다. 내가 공의 마음이 되는 것, 그 공의 마음으로 그 공 안의 일체를 보는 것, 이것이 선의 지향점이다. 마음이 공이 되는 것이 사마타(śamatha), 지(止)이고 정(定)이며, 그 공의 마음으로 공 안에 등장하는 세계를 보는 것이 비파사나(vipaśyanā), 관(觀)이고 혜(慧)이다. 공의 마음이 되어 적적(寂寂)하고 공의 마음으로 세계를 관하여 성성(惺惺)한 것, 그렇게 적적과 성성의 균형을 유지하는 것이 우필차(upekkhā), 중도(中道)이다.『선종영가집』은 세 개의 장에서 각각 사마타, 비파사나, 우필차를 논한다.

『선종영가집』 전체는 10개의 장으로 되어 있다. 세 장에 걸쳐 사마타와 비파사나와 우필차를 논하고 나머지 일곱 장에서는 불교적 삶의 바른 자세, 신구의(身口意) 3업(業), 계정혜(戒定慧) 3학(學), 공가중(空假中) 3관(觀), 삼승점차(三乘漸次), 리사불이(理事不二), 진속불이(眞俗不二) 등 불교의 핵심사상을 모두 설명하고 있다. 이 점에서 『선종영가집』은 불교가 무엇인지를 간단하고도 명료하게 정리하여 보여주는 불교 교과서 같은 책이라고 생각된다.

이 강해의 원고는 본래 철학과 대학원 수업을 위해 만들었던 강의노트다. 불교사상이 아주 체계적으로 짜임새 있게 정리되어 있으면서도 또한 상당히 치밀한 논리성과 내용적 심오함을 갖춘 책이라는 생각이 들어 대학원 수업에서 『선종영가집』을 읽었던 것이다. 세종의 한글 창제 이후 세조가 간경도감에서 불경언해본을 펴낼 때 『능엄경언해』, 『법화경언해』 등과 더불어 『선종영가집언해』를 간행하였다는 사실도 『선종영가집』을 더 친근하게 느끼게 한 것 같다. 그만큼 예전부터 이 땅에서 읽혀온 책이라는 것, 스님이나 불자들뿐 아니라 어쩌면 조선의 유학자들도 이 책을 읽었을지 모른다는 것, 그만큼 우리 역사에 깊이 들어와 있는 책이라는 것이 『선종영가집』의 가치를 더해준다고 생각한다.

『선종영가집』은 현각(玄覺)의 글이 기본이며 거기에 구절마다 행정(行靖)의 주가 붙어 있고 부분적으로 함허(涵虛)의 주가 더해져 있다. 이 책에서는 우선 현각의 원문을 번역하고 그 내용을 철학적으로 설명해 보고자 노력하였다. 그 설명을 좀 더 간단명료하게 표현해 보고자 도표화를 시도하였는데, 그것이 독자들의 이해에 조금이라도 보탬이 되었으면 한다. 행정의 주와 함허의 설의는 문단을 새로 시작하면서 행정이라는 단어 또는 함허라는 단어로 시작하도록 문단을 나누었다. 『선종영가집』 원문만 읽거나 그 원문에 대한 강해만 읽고 싶으면 행정이나 함허의 주를 생략하고 읽어도 좋을 것이다. 행정은 현각의 글에 구절마다 주를 달면서 주에서 많은 글들을 인용하고 있다. 그에 반해 함허는 거의 인용을 하지 않고 자신의 논리로 설명하고 있는데, 행정보다 좀 더 명확하게 철학적으로 내용을 분석하거나 행정의 주에서 잘못된 부분을 지적하기도 하고 현각의 글을 문맥에 맞춰 수정하기도 하였다.

수업시간 학생들과의 대화는 내게 늘 신선한 자극이 된다. 그들에게 감사한다. 씨베타 찾는 데 도움을 준 윤수민 씨와 글 전체를 읽고 코멘트를 해준 신상후 씨 그리고 한마음선원의 김용환 선생님께도 감사한다. 특히 이 강해를 처음부터 끝까지 세밀하게 읽고 많은 도움을 준, 나의 좋은 도반 남편 팽철호 교수에게 진심으로 고맙게 생각한다. 많은 사람들과의 고마운 인연 덕분에 이 책이 나오게 되었다. 이 책을 읽는 독자들과도 좋은 인연 짓게 되기를 희망한다.

2016년 2월
한자경

목차

서평: 유식 철학과 선종의 교차점

한경옥(이화여자대학교 철학과 강사)

많은 현대인들이 사찰에 가서 스님을 만나 불법을 듣거나 거창한 수행법을 따르지 않아도 불교의 수행과 삶에 대한 통찰에 관심을 가지고 있다. 민주주의, 자본주의 시대에 사는 현대인이 가질 수 있는 기회 중 하나는, 다양한 종교나 철학 중 자신에게 감동을 주거나 깨달음을 주는 내용을 선택하여 삶에 대한 해답을 스스로 찾을 수 있는 점이라고 생각한다. 예를 들어, 그리스도교에 속한 사람이라도 불교의 내용 중 자신을 편안하게 하는 가르침이 있다면 그것을 수용할 수 있고, 불교에 속한 사람도 그리스도교의 가르침 중 훌륭한 점이 있다면 그것을 자신의 삶에 적용할 수 있다. 어느 종교에 속하더라도 궁극적 진실에 가까이 갈 수 있다는 믿음이 있다면 말이다.

이러한 상황에서 우리가 마음에 대해 알고 싶을 때, 마음의 괴로움을 알아보고 괴로움을 소멸하기 위한 수행을 하고자 할 때 할 수 있는 가장 쉬운 방법은 이 분야의 권위 있는 서적을 찾아보는 것이다. 그 책은 오랜 시간 동안 가치를 인정받아 온 책이면 좋을 것이고, 무엇보다 평이하고 쉬운 현대 우리말로 씌어 있어서 편안한 마음으로 들여다볼 수 있는 책이면 더할 나위 없이 좋을 것이다. 한자경 교수의 저서『선종영가집 강해』(불광출판사, 2016)는 그러한 목적에 잘 부합하는 책이라고 볼 수 있다.

이 책은 수행자가 수행을 처음 시작할 때 계정혜를 차례로 닦은 후, 다시 정과 혜를 함께 닦아(정혜쌍수, 定慧雙修) 중도에 머물며(우필차, 優畢叉), 성문, 연각, 보살이라는 수행자가 되는 과정, 이후 수행자가 이사불이(理事不二)의 진리를 깨우쳐 일승의 깨달음을 얻는 모습을 그리고 있다. 한 마디로 수행의 시작에서부터 불과(佛果)에 이르는 전 과정에서 깨닫고 닦아야 할 내용들을 포괄적으로 담아내면서 수행의 지침서 역할을 하고 있다. 또한 저자인 영가현각(永嘉玄覺, 665-713)뿐만 아니라 중국 송(宋)의 석벽행정(石壁行靖), 한국의 함허득통(涵虛得通, 1376-1433)이 해석한 내용까지 망라하여 이를 철학적 관점에서 통찰하고 있다.

한자경 교수는『선종영가집』을 현대인이 이해하기 쉽게 평이한 언어로 번역하면서도, 유식철학의 관점을 놓치지 않고 그 바탕 위에서 해석하는 모습을 보인다. 아래에서 몇 가지 부분을 살펴보겠다.

『선종영가집』에서 유명한 구절 중 하나는 사마타(止)에 관하여 '恰恰用心時(흡흡용심시), 恰恰無心用(흡흡무심용), 無心恰恰用(무심흡흡용), 常用恰恰無(상용흡흡무)'라고 설명하는 제4장의 첫 구절일 것이다. 행정은 이 흡흡하게 마음을 쓰는 흡흡용심을 적성등지(寂惺等持)와 무심(無心)으로 다시 설명한다. 적성등지란 적적(寂寂)과 성성(惺惺)이 함께 유지되는 것으로 적적은 산란하지 않고 들뜨지 않는 것이며, 성성은 고요하게 깨어 있는 마음이라고 할 수 있다. 여기서 한자경 교수는 "흡흡함이란 눈앞에 대상이 주어지든 주어지지 않든 분별을 일으키지 않고 본래의 마음자리에 머물러 있는 것"이라고 표현하고 있는데, 마음의 산란하지 않음과 고요함이라는 행정의 인식이 마음과 대상의 관계를 나타내는 통찰의 언어로 전환된 것을 알 수 있다. 이는 선과 유식이 한 교수의 사상에서 회통되는 한 지점을 드러내고 있다.

또한 '사마타(止)-비파사나(觀)-우필차(捨)'의 과정에 대한 한 교수의 해석은 오랫동안 깊은 수행으로 마음을 탐구해 온 연구자가 내릴 수 있는 해석의 한 경지를 보여준다. 사마타는 주관과 객관이 버려지면서 이루어진다. 주관인 지(知)와 객관인 대(對)가 버려지면 깊은 고요(명적, 冥寂)가 이루어진다. 이는 능(能), 소(所)의 소멸이며 동시에 영지(靈知)가 현현한 상태이다. 그런데 한 번 더 내려가 성찰하면, 주관과 객관이 버려져 얻어진 이 고요함(寂)을 다시 대상화하여(緣) 아는 지(知)도 모두 대상지(연지, 緣知)로서, 일체의 대상화를 떠난 직접적 자각이 되지 못하므로 궁극적인 것이 되지 못한다. 고요함도, 고요함을 대상화한 지도 떠나야 진정한 무연지(無緣知), 사마타에 들어서는 것이라고 할 수 있다. 비파사나에 대한 설명에서도 영가현각은 지(智)와 경(境)에 대한 실명을 통해 무분별의 경지를 표현한다.

생기되 능히 생기게 하는 자가 없으면, 비록 지혜이어도 있는 것이 아니다. 요달하되 요달되는 바가 없으면, 비록 경계이어도 없는 것이 아니다.[生無能生, 雖智而非有. 了無所了, 雖境而非無.][1]

---

1   한자경,『선종영가집 강해』, 불광출판사, 2016, 293쪽.

이 말을 한자경 교수는 "생기되 생기게 하는 자가 없다는 것은 인식을 일으키는 인식주관이 따로 있지 않다는 것이고, 요달하되 요달되는 것이 없다는 것은 인식에 의해 알려지는 인식객관이 따로 있지 않다."[2]는 말로 설명하였다. 즉 우리는 인식주관과 인식객관이 분리되는 분별 위에서 주관과 객관이 둘 다 존재한다고 생각하지만, 사실 주관과 객관은 각각 따로 존재하는 것이 아니라 객관이 있기에 주관이 있고, 주관이 있기에 객관이 있다. 이를 깨달은 경지를 지혜와 경계가 서로 의지하는 능소무분별의 경지인 지경명합(智境冥合)이라고 한다. 이때 우리는 지혜가 있어서 대상 경계가 본래 없음을 깨닫는다고 생각할 수 있지만, 행정이나 함허는 모두 지혜는 있는 것이 아니고, 대상은 없는 것이 아니라고 말한다. 참된 차원에서는 지혜와 대상이 분리되지 않기 때문에 서로 '무엇이 있다/없다'는 차별을 지을 수 없다. 왜 이렇게 되는가를 다시 유식적으로 설명하자면, 지경명합의 경지는 오직 제8아뢰야식의 심층마음의 차원으로 내려가 무분별지 속에 지혜와 경계가 분별되지 않는 상태를 말하는 것이기 때문이다. 한자경 교수는 이에 대해 다음과 같이 해명하고 있다.

> 유식이 주객무분별 내지 지경명연(智境冥然)으로서 전체를 포괄하는 것은 결코 죽은 나무나 돌처럼 자각성이 없는 물질적 경(境)이 아니라 스스로를 자각하여 아는 심(心)이라는 것을 강조하는 것일 뿐이다.[3]

유식에서 말하는 주객무분별, 지경명합의 차원은 일상생활에서 경험되지 않는 심층적인 마음이다. 이때 대상은 물리적인 사물로서 존재하는 게 아니다. 지혜가 경계를 볼 때 이미 대상은 지혜와 분별되지 않으며 '마음의 자각성을 지닌다'고 표현될 수 있다. 이렇게 사마타와 비파사나를 하고 난 후 둘의 근원이 다르지 않으므로 둘을 통합하고 넘어서는 것이 우필차이다. 우필차는 평온, 중도(中道)를 의미하는데,『선종영가집』에는 사마타와 비파사나를 모두 넘어선다고 씌어 있다. 우필차는 고요(止), 비춤(觀), 진제(眞諦), 속제(俗諦)를 넘어선다. 그리고 침묵한다.[4] 한자경 교수는 사마타와 비파사나, 우필차의 수행 과정이 유가행파의 수행론과 다르지 않음을, 나아가 동아시

---

2 위의 책, 같은 곳.
3 위의 책, 295쪽.
4 위의 책, 338쪽.

아의 불교사상이 인도의 불교사상과 연속선상에 있음을 드러내는 매우 의미 있는 작업을 수행하고 있다. 독자들은 이 책에서 한 교수의 안내를 따라 동아시아와 인도를 넘나들며 자신의 지평이 확대되는 즐거운 경험을 하게 될 것이다.

『선종영가집』은 1464년에 세조가 직접 간경도감에서 그 언해본을 간행한 책으로서, 오랜 시간 동안 동아시아 불교의 수행론에서 큰 역할을 담당해 왔다. 여러 차례 현대어로 번역되기도 했지만, 한자경 교수는 자신의 철학의 근간이 되는 유식 철학을 바탕으로 옛것을 되살림으로써 선종을 한층 더 깊은 차원에서 이해할 수 있는 계기를 만들었다. 괴로움이 많은 삶 속에서 현대인이 자신의 마음을 다루는 길을 스스로 찾으려 한다면, 선 수행과 유식을 잘 버무려 놓은 이 책을 가까이 하는 것은 어떨까. 부디 여러분이 『선종영가집 강해』에서 한 교수의 다정하고 묵직한 목소리로 위안을 얻기 바란다.

『심층마음의 연구:
자아와 세계의 근원으로서의 아뢰야식』

발행 연도: 2016년
펴낸곳: 서광사
456 페이지
세종 우수학술도서
제7회 반야학술상, 2017.

지은이의 말: 왜 심층마음을 논하는가

인간이 무엇인지, 내가 누구인지, 그것을 정확하게 아는 사람이 있을까? 존재의 의미가 무엇인지, 삶의 의미가 무엇인지, 무엇을 위해 사는 것인지, 그것을 분명하게 알고 사는 사람이 있을까? 버스가 어디로 가는지, 왜 그 버스를 탔는지도 모르는 채 버스에 앉아 있는 사람을 보면, 우리는 그 사람을 정신 나간 사람이라고 여길 것이다. 하루를 그러고 돌아다녀도 정신 나간 짓일 텐데, 평생을 그러고 산다면 어찌 제정신이라고 할 수 있을까?

나를 모르고 인생의 의미를 잘 모른다고 해도, 그래도 삶이 즐겁고 아름다울 뿐이라면, 즐김이 삶의 목표라고 생각할 수도 있을 것이다. 그러나 인생이 즐겁기만 한 사람이 있을까? 삶의 무게가 느껴지지 않는 사람이 있을까? 늙고 병듦의 신체적 고통, 만나고 헤어짐의 심리적 고통, 먹고살 길을 마련해야 하는 생존의 고통, 강자의 갑질을 견뎌내야 하는 사회적 고통 등등 삶은 온갖 고통과 비애로 물들어 있다. 그런데도 그 역경을 딛고 살아야 하는 이유는 무엇일까?

시선을 밖으로 향하면 회의는 더 커진다. 내가 얻는 즐거움은 누군가의 고통 위에서 얻어지는 것 같기 때문이다. 인간의 번영은 다른 생명체와 자연의 착취를 통해 성취된다. 한 국가의 번영은 타 국가의 빈곤화와 무관하지 않고, 대기업의 번영은 중소기업의 몰락과 연결되어 있다. 과거에 대지주가 소작농 위에 군림했듯, 현대에는 건물주가 세입자의 삶을 좌지우지한다. 옛날에는 혈통의 신분제였다면 지금은 자본의 신분제이다. 뭐가 다른 걸까? 하늘과 공기가 사유화될 수 없듯, 발 딛고 사는 대지 또한 그래야 하는 것 아닐까? 언젠가는 하늘도 사유화되고 돈 없는 많은 사람은 숨 쉴 자유조차 잃어버리게 될지 모른다.

그런데도 현대사회는 오늘날의 삶의 방식, 욕망의 무한 확장, 부의 쟁취를 위한 끝없는 경쟁과 투쟁, 경쟁에서 살아남기 위한 선택과 집중 전략, 이것만이 우리의 유일한 살길인 것처럼 말한다. 자연 자체를 적자생존의 싸움터로 보며 사회 또한 그럴 수밖에 없는 것처럼 설명한다.

물건을 사고파는 시장뿐 아니라 인간이 함께하는 직장, 인간을 교육하는 학교, 진리를 탐구하는 대학, 심지어 예술과 종교에 이르기까지 일체가 시장논리에 따라 움직인다. 어려서부터 우리가 배우는 것은 누군가를 딛고 일어서는 것, 경쟁에서 이기는 것이다. 최후의 승자는 막대한 돈과 비상한 머리로 최고의 살상무기를 만들고, 최고의 유전자 조작법을 개발하며, 최고의 신세계행 우주선을 발명한 신인간, 그래서 마지막 인간을 원숭이 보듯 내려다보며 지구를 떠날 준비를 하는 그런 신인간일지 모른다. 이 문명은 과연 어디를 향해 나아가고 있는 것일까?

우리를 태운 버스에는 가속장치만 있고 브레이크가 없다. 모두가 '자유'라는 이름에 현혹되어 하나의 이념, 신자유주의의 무한경쟁의 이념에 빠져 있다. 자유가 일체의 인간적 가치로부터의 자유여도 그게 진정 자유일까? 그렇게 자유로워진 영혼은 결국 누군가의 부를 위한 수단으로 활용될 뿐이다. 나무나 기름을 '천연자원'으로 부르듯, 누군가 우리를 '인적 자원'으로 부르면, 우리는 그것이 함축하는 인간관에 제동을 걸기보다는 자신을 남들보다 더 비싼 자원으로 만들어 경쟁에서 이겨나갈 궁리만 한다. 그게 자유일까? 생명의 무한가치, 인간의 존엄성과 절대평등성, 대동(大同)의 이념, 현대사회 어디에서 이 이념이 실현되고 있는가?

문제는 인간의 자기이해이다. 우리는 일체 존재를 전체로부터 분리된 각각의 존재로 이해한다. 수면 위 각각의 섬이 서로 무관한 각각으로 존재하듯, 나무에 피어난 각각의 꽃송이가 서로 무관한 각자로 존재하듯, 인간을 지구 표면 위의 한 점, 바람 불면 흩날려 떨어질 각자로만 간주한다. 해수면 아래에서 섬이 하나로 연결되고, 지면 아래에서 꽃들이 하나의 뿌리로 이어진다는 것을 모른다. 표층에서는 개체가 각각 분리된 각자이지만, 심층에서는 개체가 곧 하나의 전체이다. 표층의 각각의 섬 안에 심층의 전체 땅이 포함되어 있고, 표층의 한 송이 꽃 안에 심층 뿌리의 생명이 담겨 있다. '일미진중함시방(一微塵中含十方)'이다. 개체는 표층에서 보면 전체의 일부분인 한 점에 불과하지만, 심층에서 보면 각 개별자 자체가 곧 전체이다. 심층에서는 모두가 그대로 전체이며, 따라서 모두가 하나이다. 심층에서는 '일즉다 다즉일(一卽多多卽一)'의 진리가 성립하며, 모두가 절대평등이고, 모두가 하나로서 대동(大同)을 이룬다.

이 심층의 하나가 생명의 핵심이고 나의 본래면목이며, 이 대동의 하나를 깨닫고 그것을 실현하는 것이 우리의 삶의 의미가 아닐까? 이 심층의 하나를 불교는 불성(佛性), 진여(眞如), 일심(一心)이라고 하고, 유교는 천심(天心), 도심(道心), 성인(聖人)의 마음이라고 했다. 이 하나를 깨닫고 실현함이 견성(見性)이고 성불(成佛)이며 성인이 되는 것이고, 그렇게 일체를 나와 하나로 아는 마음이 곧 자비(慈悲)이고 인(仁)이다. 이 심층의 하나를 잊고 자신을 표층의 한 점으로만 이해하면, 나를 어찌 알고 남을어찌 알며, 인간을 어찌 알고 자연을 어찌 알겠는가? 인생의 의미와 지향점을 어찌 알겠는가? 나의 내적 근거와 뿌리를 모르니 물 위를 떠다니는 꽃잎처럼 세상을 부유하면서 부딪치는 자들과 빈번히 비교하고 경쟁하며 승패를 겨룰 뿐이다. 어디에 평안이 있고 사랑이 있고 기쁨이 있겠는가?

최제우는 서양정신에 의해 영향받는 현대사회의 가장 큰 문제점을 '각자위심(各自爲心)'이라고 진단했다. 일체 존재를 표층의 분리된 개체로만 이해하는 개인주의가 그것이다. 그러나 개체 너머에서 모든 개체를 하나로 통합하는 외적 가치, 이데아나 신(神)이나 천리(天理)는 답이 아니다. '개체 외적 초월'은 개체를 결국 각각으로 분리된 표층적 존재로만 남겨놓기 때문이다. 절대의 가치가 개체의 심층으로 내면화되어 '개체 내적 초월'임이 드러날 때 비로소 모든 개체가 일체의 이데아나 신이나 천리보다 더 근원적 존재라는 것이 밝혀진다. 그래야 모든 개체가 심층에서 하나이며 그대로 전체라는 것이 드러난다. 인내천(人乃天)이어야 '사인여천(事人如天)'이 가능하고, 그래야 진정한 대동의 공동체가 가능해진다. 심층의 한마음은 대동의 초석이다.

나는 우리 모두에게는 표층의식보다 더 깊은 심층의 마음활동이 존재한다는 것, 심층마음은 심리학자들이 논하듯 단지 무의식이나 잠재의식으로만 존재하거나 인식론자들이 논하듯 단지 경험적 의식의 근거나 능력으로서만 존재하는 것이 아니라 구체적인 현실적 마음으로 현재적으로 작동하고 있다는 것을 밝히고 싶었다. 표층의식도 실은 심층마음의 전개라는 것, 따라서 심층마음이 제대로 밝혀지지 않는 한, 누구나 알고 있다고 생각하는 표층의식조차도 사실 제대로 이해된 것이 아니라는 것, 나를 알고 나의 의식을 이해하자면 내 안의 심층마음을 알아야 한다는 것을 밝히고 싶었다. 이 책은 이런 바람의 표현이다.

마음에 대한 관심은 처음 철학 공부를 시작할 때부터 갖고 있었으며, 따라서 나의 글들은 늘 자아나 무아 또는 마음에 관한 글들이었다. 그러다가 어느 순간부터 마음에 관한 일체 논의를 모두 '표층의식'과 '심층마음'의 틀로 해명하게 된 것 같다. 그것이

동일 패턴의 반복임을 의식하면서 2015년 연구년을 맞아 나는 〈심층마음의 연구〉라는 책 제목을 떠올리게 되었다. 처음에는 생각을 최종적으로 정리해서 새로 써내려 가려 하였지만, 새로 떠올리는 생각들이 모두 기존의 글들에 담겨 있다는 것을 깨닫고 그냥 그간의 글들을 가져다 엮는 것이 더 낫겠다는 생각이 들었다. 총 5부 중 제1부 '표층의 식에서 심층마음으로'를 새로 쓰면서 전5식, 제6의식, 제7말나식, 제8아뢰야식을 설명 하였고, 나머지 제2부에서 제5부까지는 2009년 이후 쓴 글 중에서 심층마음에 관한 불교 관련 글들을 모아서 책의 체제에 맞춰 수정하고 보충하며 정리하였다. 세부사항은 책 말미에 밝혀 둔다.

　글을 쓸 때는 아주 중요한 문제에 대해 나름 의미 있는 통찰을 제시하고 있다고 생각하면서 열심히 쓰곤 한다. 그러나 완성된 글을 다시 읽어보면 별것 아니라는 생각이 들어 멀리 치워놓게 된다. 그렇게 치워 놓았던 글들을 다시 책으로 묶어 내려니 많이 쑥스럽다. 아직 세상을 향해 하고 싶은 말이 있는 것은 세상을 사랑하기 때문이리라. 이 책을 손에 들고 읽고 있는 그대에게 감사한다.

2016년 가을
한자경

지은이 후기

인간의 마음이 무엇인지, 나는 그것을 알고 싶다. 내가 마음을 가진 사람으로 살고 있는데, 늘 마음을 쓰면서 살고 있는데, 그 마음을 내가 모른다고 생각하면, 마음이 너무나 아득해진다. 내 마음인데, 어찌 내가 나를 모를 수 있단 말인가? 내가 내 마음을 모른다면, 나는 나도 모르는 그 무엇에 이끌려 산다는 말이 되지 않는가? 나는 결국 꼭두각시라는 말이 되지 않는가? 그런 삶이 무슨 의미가 있겠는가?

　내가 마음을 알고자 하는 것은 결국 나를 알고 싶기 때문이다. 나를 알기 위해서는 사회와 자연, 사물과 법칙을 두루 다 아는 것도 필요하겠지만, 나는 마지막 답은 결국 마음에 있다고 생각한다. 세상만사와 우주만물을 다 안다고 해도 그렇게 알고 있는 그 마음을 알지 못한다면 그 모든 앎이 어찌 부유하는 상념 이상일 수 있겠는가? 가까이 감각되고 지각되는 사물들뿐 아니라 저 멀리 바라보이는 밤하늘 별들까지도 그렇게 보고 듣는 마음을 떠나 있는 것이 아니라는 것, 눈에 보이는 현재의 현상세계뿐 아니라 보이지 않는 과거와 미래, 생전과 사후, 천계와 지옥, 영혼과 신(神)까지도 그 모든 것이 마음을 벗어나지 않는다는 것, 그렇게 마음이 일체를 포괄하는 전체라는 것, 마음이 일체의 근원이라는 것, 나는 이것을 언제 어디에서 알게 되었는지 모르지만, 이 확신에서 흔들려 본 적이 없다. 의심이나 부정을 해도 결국 마음 안의 일이니, 마음은 곧 무외(無外)의 마음이다. 따라서 마음의 바깥 또는 마음의 시작이나 끝을 설명하려는 모든 논의는 내게 자기부정의 역설을 담은 궤변으로만 보일 뿐이다.

　마음은 그냥 추상적 이름 내지 기능일 뿐이지 실재하는 체가 없다는 설, 물리적 사물만이 유일한 실재이고 마음은 물리적 두뇌신경세포의 활성화가 일으킨 부수(창발)현상 내지 그림자에 불과하다는 설, 마음을 알고자 하면 뇌과학을 알아야 한다는 설, 나는 이런 설들을 믿지 않는다. 나는 마음이 다른 어떤 것으로도 환원될 수 없는 궁극의 것이라고 믿기 때문이다. 사라진 사람에 대해서는 눈밭에 남겨진 발자국을 좇아 그의 행적을 알아낼 수 있고, 자취를 감춘 고생동물에 대해서는 땅 속에서 발굴한 화석을 통해 그의 삶을 추적해 볼 수 있을 것이다. 그러나 누가 발자국을 그 사람이라고 하고, 화석을 그 생명체라고 하겠는가? 살아 있는 사람을 앞에 두고 어찌 그 발자취를 좇아 그를 규정하려 한단 말인가? 일체의 가시적 현상은 비가시적 마음이 남겨 놓은 흔적에 불과하다. 보는 마음을 어떻게 보여진 뇌로써 밝힐 수 있겠는가? 마음을 뇌로 설명함은 사람을 발자국으로, 생명체를 화석으로 간주하는 것과 같다.

마음이 활동하고 그 활동을 통해 몸이 움직인다. 마음이 뇌신경을 움직이지, 뇌신경이 마음을 일으키는 것이 아니다. 자판을 두드릴 때 '손가락을 움직이려는 마음' a와 '손가락의 움직임' b의 관계를 보면 분명 a로 인해 b가 있다. 그 사이에 손가락을 움직이게 하는 뇌신경세포의 완성화 c를 고려하면, a로 인해 c가 있고 그로 인해 b가 있는 것이므로, 결국 마음이 뇌신경세포를 활성화시킨 것이지 그 반대가 아니다.

손가락의 움직임 b

↑

b를 일으키는 신경세포의 활성화 c

↑

손가락을 움직이려는 마음 a

그런데 뇌물리주의자들은 '물리적 인과폐쇄성'에 입각해서 마음의 영향력을 받아들이지 않는다. 그들은 마음현상을 뇌신경세포의 활성화로 인해 일어나는 부수(창발) 현상으로 간주한다. a는 그런 마음을 부수현상으로 갖는 뇌신경세포의 활성화 d 이외의 다른 것이 아니라는 것이다. 실제로 존재하는 것은 뇌신경세포의 활성화 d일 뿐이고, 심리현상 a는 있는 것 같지만 실제적 작용력이 없는 그림자와 같은 것으로 간주된다.

손가락의 움직임 b

↑

b를 일으키는 신경세포의 활성화 c

↑

신경세포의 활성화 d ＝ 손가락을 움직이려는 마음 a

마음에 의해 뇌신경이 활동하는 것이 아니라면, 내 뇌신경이 도대체 무엇에 의해 움직인단 말인가? 뇌과학은 외부로부터의 물리적 자극과 뇌신경세포망의 자체반응이라고 설명한다. 이렇게 해서 마음은 존재의 영역 뒷전으로 물러나고 마음을 알기 위해서는 뇌를 알아야 하는 것이 된다. 그러나 손가락의 움직임 b가 일어날 때 a는 내가 직접 아는 것이고 d는 내가 알지 못하는 것이다. 그런데도 사람들은 b의 근거를 a아닌 d라고 설명한다. 수의근인 내 손가락이 나도 모르게 움직인다는 것이 말이 되는가? 그럼에도 사람들은 b의 근거를 왜 a가 아닌 d로 여기는 것일까?

1990년 리촐라티가 원숭이의 전두엽에서 특수하게 작동하는 신경세포를 발견하였다. 남이 땅콩을 집는 것을 보기만 해도 내가 땅콩을 집을 때와 동일하게 활성화되는 신경세포 소위 거울신경을 발견한 것이다. 사람들은 거울신경의 발견으로 드디어 공감능력이 과학적으로 증명되었다고 떠들썩했다. 1976년 도킨스의 『이기적 유전자』이후 생명체가 단지 이기적인 줄 알았는데, 그렇지 않고 남과 나를 동일하게 느끼는 공감능력이 있음을 새롭게 증명했다고 여긴 것이다. 그러나 정말 그런가? 우리는 우리에게 공감능력이 있음을 우리 자신의 공감의 마음을 통해 이미 오래전부터 알고 있다. 내가 누군가와 공감한다는 사실은 내가 내 마음으로 직접 아는 것이다. 그런데 어째서 우리는 마음의 자기증명인 자증(自證)을 무시하고 다른 것을 통한 증명인 타증(他證)에 매달리는 것일까? 왜 우리는 '명상이 마음을 편안하게 한다'를 증명하기 위해 '편안한 마음'의 자증보다는 뇌파나 심박수나 혈압 등 타증에 주력하는 것일까?

우리는 우리의 마음을 직접 알고 있으면서도 우리가 모르고 있다고 생각한다. 물질을 알고 뇌를 알아야 마음을 제대로 아는 것이라는 말에 혹하기 때문이다. 신(神)을 알아야 인간을 제대로 아는 것이라는 서양 중세신학의 주장과 물질 내지 뇌를 알아야 인간을 제대로 아는 것이라는 현대과학의 주장은 상통하는 데가 있다. 나로 하여금 나 자신의 마음을 알지 못하게 만들고 믿지 못하게 만드는 것이다. 그러나 내가 나 자신이 직접 아는 내 마음을 치워버리면, 내가 나에 대해 알 수 있는 것은 아무것도 없다. 결국 나는 나를 알기 위해 신학자나 과학자의 말을 듣게 되고, 나를 믿는 것이 아니라 그들을 믿게 된다. 마음을 잃어버리는 것은 결국 나를 잃어버리는 것이다. 마음을 배제하는 현대과학은 나를 알아가는 학이 아니라 나를 망각하게 하는 학, 인간을 마음 없는 괴물 또는 마음 없는 허수아비로 만들어 가는 학이다. 나는 마음을 지키는 것이 인권을 지키는 것이라고 생각한다.

　나는 마음이 우리가 생각하는 것보다 훨씬 더 깊고 근원적이라는 것. 우리의 일상적 자기의식인 표층의식이 우리 마음의 전부가 아니라는 것, 우리 안에 무한히 깊은 심층마음이 작동하고 있으며 누구나 그것을 스스로 자각하고 있다는 것을 논하고자 했다. 나는 이러한 심층 마음의 자각성이 바로 불교가 말하는 본각(本覺)이자 성자신해(性自神解) 공적영지(空寂靈知)이고, 성리학이 말하는 허령불매(虛靈不昧)의 미발지각(未發知覺)이며, 양명학이 말하는 양지(良知)라고 생각한다. 불교든 유교든 동양사상은 항상 의식보다 더 깊이에서 작동하는 이 심층마음의 활동 및 그 자기자각성을 강조해 왔다고 생각한다. 그것이 바로 인간의 자율성과 자유를 뜻하기 때문이다.

　인간의 마음을 표층의식보다 더 깊은 심층마음으로 밝혀내는 것은 나의 자율성과 자유, 나의 인권을 지키는 것이면서, 동시에 동양철학의 심오한 깊이를 밝혀 동양인으로서 우리 정신의 역사성을 바르게 지켜내는 것이라고 생각한다.

목차

서평: 인간에게 내재된 절대의 발견

김도연(서울대학교 철학과 박사과정)

이 책의 원고를 처음 보았던 것은 2016년 여름이었다. 나는 당시 학부생으로 막 철학을 부전공으로 선택하고 처음 〈형이상학〉이라는 철학 전공 수업을 들었던 것으로 기억한다. 학기말에 이 원고를 받아 보았는데, 그때는 불교에 대해 전혀 알지 못한 상태로 원고를 읽었기 때문에 글이 매우 어렵게 느껴지고 질문도 많았다. 지금에 와서 나는 그때 나의 마음이 당연한 것이었다고 생각하게 된다. 왜냐하면 책 제목이 알려주듯 이 책은 평생을 '마음'에 대해 연구했던 한자경의 철학을 총망라하고 있다고 생각되기 때문이다.

앞서 말했듯이 이 책에서 저자는 그의 평생의 연구 주제였던 '마음'에 대해 말한다. 저자는 우선 유식불교의 관점에서 마음의 8식(識) 구조를 설명하고 있다. 저자는 여기서 8식인 아뢰야식(阿賴耶識)을 '심층마음'으로, 그 외의 오감에 해당되는 전5식(前五識), 사유나 대상의식과 같은 제6의식(第六意識), 본능적 자의식이라고 할 수 있는 제7말나식(第七末那識)은 '표층의식'이라는 개념으로 규정하며 이후의 논의 또한 이 도식을 따라 진행하고 있다. 우리가 일반적으로 말하는 감각하고, 지각하며, 사유하고, 본능적인 자의식을 갖는 마음은 모두 표층의식에 해당하는 것이다. 반면, 아뢰야식은 표층으로 드러나는 활동은 아니지만, 표층의식을 가능하게 하는 더 절대적인 마음이며 근원적인 깨어 있음이다. 여기서 주목할 것은 심층마음은 표층의식과 '함께' 작동하고 있고, 수행을 통해 스스로 그 마음 작용을 깨달을 수 있다는 점에서 서양철학이나 심리학에서 말하는 '무의식'과는 엄연히 다르다는 점이다. 구분을 위해 심층마음을 '심식'(心識)이라고 칭하기도 한다.

저자는 '심층마음'과 관련해 서양철학에서는 어떤 논의를 해왔는지, 불교의 사유와는 어떻게 같고 다른지를 비교하여 설명하고 있다. 데카르트(R. Decartes), 칸트(I. Kant), 피히테(J. G. Fichte) 등의 서양 철학자들은 절대의 마음을 발견했지만, 그 마음을 다시 대상화하거나 마음은 그 스스로를 그 자체로 인식할 수 없다는 결론에 이르렀다. 한편, 여래장(如來藏) 사상에서 본각(本覺)이라는 것은 누구나 본래적인 절대의 마음을 가지고 있음을 의미하며, 나아가 마음의 작용을 대상화하지 않고도 단적으로 그것을 깨달을 수 있다는 것을 의미한다.

근래 포스트모더니즘의 철학에 의해 절대적 하나에 대한 형이상학적 논의는 로고스 중심주의, 남성중심주의, 전체주의의 논리로 간주되었고, 동양철학은 변화, 차이, 자연, 상호의존성 등을 강조하는 철학으로서 서양철학의 한계를 극복할 수 있는 대안으로 여겨졌다. 하지만 저자는 동양철학에 대한 이러한 반형이상학적 독법은 핵심을 간과한 것으로 본다. 그렇다면 동양의 형이상학은 서양의 형이상학과 어떤 차이가 있는가? 저자는 '웅녀신화'를 언급한다. 웅녀는 곰에서 인간이 되었기에, 동물이자 곧 인간이고, 스스로를 인간으로 만들었기에 인간이면서 곧 신이다. 이를 심층과 표층의 구도로 살펴본다면, 웅녀는 표층에서는 유한하고 제한된 개별적 인간이지만, 심층에서는 스스로를 인간으로 형성해 내는 신성을 가진 존재라고 할 수 있다. 즉 인간성과 신성은 다른 층위이지만 모두 웅녀라는 개인에게 내재되어 있는 것이다. 인간은 인간과는 질적으로 다른 신에 의해 만들어진 것도 아니고, 자연 세계의 인과 과정을 따라서 만들어진 것도 아니다. 다름 아닌 그 스스로의 '신적' 능력으로 인간이 된 것이다. 저자는 표층의 유한하고 상대적인 현상 너머에 심층의 원리 혹은 성품이 있다는 것은 불교뿐 아니라 유교도 마찬가지라고 생각한다. 즉 서양의 형이상학이 신이나 자연이라는 외적 초월자를 설정한 반면, 동양의 형이상학은 인간 스스로의 내적 초월을 이야기한다는 것이 저자의 관점이다.

저자는 인식과 앎에 있어서도 서양적 사고와 동양적 사고의 차이를 구별하고 있다. 서양적 사고에서 앎이란 개념을 분별하여 참, 거짓을 따질 수 있는 것이다. 이것과 그것을 구분해서 이것을 '저것 아닌 것'으로 간주한다는 전제하에 성립할 수 있는 앎이다. 반면 동양에서는 전체로서의 인간이 가지고 있는 절대적 앎에 주목한다. 즉 서양적 사고에서는 어떤 것을 '대상'으로서 인식할 때에만 그것을 안다고 말할 수 있다. 가령 물고기가 완전히 물 속에만 있어서 물 바깥으로 나가본 적이 없다면, 물을 대상으로 경험한 적이 없으므로 물을 모르는 것이 된다. 하지만 물 속에서만 산 물고기는 분명 전체로서의 물을 알 것이고, 이렇게 물고기가 경계 없는 전체로서의 물을 아는 것은 특정 대상에 대한 앎이 아니라 전체에 대한 절대적 앎이다. 즉 물고기는 물 밖으로 나가보지 않고도 이미 물에 대해 알고 있다. 인간도 마찬가지로 자신에게 이미 본래적인 깨달음이 내재되어 있음을 알 수 있다. 저자는 서양적 사고가 대상 간의 차이를 인식하는 분화적 사고인 반면, 동양적 사고는 대상의 차이보다는 그 차이의 기반이 되는 심층의 공통점에 주목하는 원융적 사고라고 말하고 있다.

저자는 구체적으로 세친(世親)과 칸트를 비교한다. 둘 모두 경험세계의 가상성 및 표층의식과 구분되는 다른 차원의 마음을 이야기한다는 점에서 서로 소통할 수 있다. 저자는 유식에서의 전5식, 제6의식을 칸트에서의 감각과 직관, 사유 등과 비교하고 있다. 그러나 칸트는 감각으로 주어지는 질료를 인간이 인식할 수 없는 '물자체'의 소여로 간주한 반면, 유식은 그러한 감각자료까지도 심층마음의 작용을 통해 구성된 것이라고 설명한다는 점에서 차이가 있다. 물리적이라고 생각되는 질료[色] 또한 아뢰야식 내의 종자의 드러남[現行]이라는 것이다. 즉 아뢰야식은 내용이 배제된 순수형식적인 것이 아니다. 저자는 또한 원측(圓測)과 칸트를 비교하고 있다. '눈이 눈을 볼 수 있는가'라는 부제를 붙여 절대의 심층마음이 그 스스로를 대상화하지 않고 그 자체로 인식할 수 있는지에 대한 두 철학자의 주장을 검토하고 있다. 칸트는 직관은 시공간의 형식 내에서 이루어지기에 그 시공간의 형식으로 인식을 수행하는 초월적 자아 그 자체는 인식이 불가능하다고 하다고 하였다. 그러나 원측은 『해심밀경소(解深密經疏)』에서 마음이 비워진 상태로 스스로 깨어 있다면 그 스스로를 대상화[攀緣]하지 않고 그 자체로 인식할 수 있다고 말한다.

불교철학과 서양철학을 비교하고 나서 저자는 심층의 마음은 모른 채 표층의식만을 마음의 전부로 간주하는 여러 이론들을 비판하고 있다. 전통적으로 서양의 실체론에서는 속성(F1, F2, F3…)의 담지자로서의 실체(x)를 말한다. 하지만 속성을 모두 제거하면 실체라고 부를 만한 것은 아무것도 남지 않는다는 것을 알 수 있다. 이것이 곧 무아(無我)이며 공(空)이다. 그러나 우리는 여기서 한 발 더 나아갈 수 있는데, 바로 이 공을 아는 '마음'은 '있다'는 사실이다. 공을 공으로 확인하는 그 마음의 존재는 있다. 다시 말하면 현상세계 너머에 개별적 실체는 없지만 그 비어 있음을 자각하는 마음은 있다. 그렇다면 마음은 또다른 실체가 되는 것은 아닌가? 이것은 사실이기도 하고 아니기도 하다. 왜냐하면 비어 있는 그 자리가 곧 마음이기 때문이다. 즉 마음은 공을 아는 마음으로서 있지만, 그 자체가 비어 있는 마음이다. 그러므로 이렇게 저렇게 구별되어 존재하거나 존재하지 않는 개별 실체와는 다른 방식으로 '존재'한다.

　　다음으로 저자는 물리주의적 인과론과 대비해『중론(中論)』의 인과부정과 유식의 연기론(緣起論)을 이야기한다.『중론』은 '원인 속에 결과가 있다'는 인중유과(因中有果)와 '원인 속에는 결과가 없다'는 인중무과(因中無果) 모두 타당하지 않음을 밝힌다. 이는 원인과 결과를 별개의 것으로 전제한 것 자체가 잘못되었음을 알려준다. 즉『중론』에서는 원인과 결과는 별개의 실체가 아니며 인과라는 것 자체가 성립할 수 없다고 말한다. 저자는 이에 대해 일체는 별개의 자성을 가지고 존재하는 것이 아니며 표층의 식에 따른 분별에 지나지 않는다고 해설한다. 한편, 유식의 연기론은 종자론이다. 유식에서는 드러난 현상적 사물 x와 y 사이의 인과관계가 아니라, 심층마음에 함장된 종자(種子)와 표층으로 드러나는 현행식(現行識)의 관계로 연기를 설명한다. 한편으로는 심층에 저장된 종자가 원인이 되어 표층으로 현행화되는 반면, 다른 한편으로 종자는 표층에서의 현행식이 남긴 업력이고 경험 세계로부터 축적된 에너지라고 할 수 있다. 씨앗으로부터 나무가 솟아나고 나무의 열매로부터 씨앗이 생겨나는 것과 같이, 종자와 현행은 서로 인(因)이 되기도 하고 과(果)가 되기도 하며 직선적 인과가 아닌 순환적 인과 구조를 보인다.

　　뇌과학은 인간과 포유류, 파충류의 뇌를 분별하여 인간 마음의 본질을 이성적 사유 능력에 둔다. 하지만 불교에서는 분별되지 않는 공통된 마음에 주목한다. 저자는 뇌과학에서 의식을 뇌파에 따라 4가지로 구분하는 것을 들면서도, 우리가 일상에서 강한 자극에 초점을 둘수록 그보다 덜한 자극은 의식되지 않기 때문에 가장 원초적인 미세한 의식에 대해서는 둔감해진다고 말하고 있다. 즉 우리가 의식하지 못하는 무언가가 있다면 그것이 그 자체로 감지불가능한 것이기 때문이 아니라, '의식의 문턱'이 높아진 인간이 미세한 것을 감지하는 능력을 상실했기 때문이다. 점점 더 고차원화되는 세계 속에서 인간은 자연과 공명하지 못하고 스스로가 만들어낸 허구적 개념만을 분별하는 기계가 되었다. 그렇다면 개념과 언어를 사용하며 일상을 살아가고 있는 인간은 어떻게 자연과 공명하는 마음을 가질 수 있을까? 저자는 의식의 문턱을 낮추어 원초적이고 본래적인 의식을 되찾으려는 노력으로 명상을 말한다. 이때 의식의 문턱을 낮추어 도달하고자 하는 심층의 깨어 있는 의식이 심식이다. 명상은 대상을 인식하고 사유하는 일상적인 의식보다 더 심층에 있는 마음 활동이 본래적 마음으로 작용하고 있다는 전제하에 이루어진다.

　　마음이 물질세계로부터 창발되었다는 현대의 주장과는 달리, 유식은 선험과 경험이 서로를 결정하는 순환을 이야기한다. 신경망이 이 세계를 그려내고, 그 세계와의 경험이 다시 신경망을 구성하는 것이다. '보는 대로 생각하는 것'을 강조하면 경험에 의해 선험이 결정된다는 경험론을, '생각한 대로 보는 것'을 강조하면 마음이 세계를 형성한다는 관념론을 주장하게 된다. 하지만 유식에서 종자(선험)와 현행(경험)은 서로를 규정한다는 점에서 순환적이다. 환경이 바뀜에 따라 인식 틀이 발달하며 다시 그 인식의 틀에 따라 환경이 구성된다. 이런 순환은 과학에서는 종의 진화나 발전으로 이해된다. 하지만 불교에서 이렇게 무한히 계속되는 순환은 모두 허망한 것이다. 존재한다고 생각되는 현상 세계나, 어떤 종 혹은 개인에게 있는 인식의 틀은 모두 형성된 것이며 그 자체로 존재하는 것이 아니기에 그렇다. 인식 틀에 따라 경험이 구성되고 경험에 의해 인식 틀이 형성되는, 허상이 허상을 낳는 순환을 넘어서기 위한 방법으로 저자는 지관(止觀)과 간화선(看話禪)을 이야기한다. 지(止)는 판단을 중지하는 것이다. 대상에 대한 판단, 개념적 사유를 멈추는 것이다. 그다음으로 인식 틀의 작동을 멈춘 후 떠오르는 사태를 여실히 주목하는 것이 관(觀)이다. 인식 틀의 작동을 멈추고 틀에 의해 해석되기 이전의 감각자료를 관찰하는 것이다. 마지막으로 간화선은 우리의 일상적 틀, 신경망으로는 파악되지 않는 화두를 제기하는 것이다. 우리의 일상 틀로는 해결할 수 없는 문제를 붙잡고 갑갑해하는 마음은 주어진 신경 회로를 벗어나려는 마음이다. 과거의 업과 습에 매여 있는 틀 바깥으로 튕겨져 나가 그 너머의 자리에 서 보는 것이 간화선의 원리라고 할 수 있다.

저자는 이론적 비교와 비판에서 나아가 수행과 깨달음에 대해 말하고 있다. 불교는 인간의 고통이 표층의식에 드러난 세계 속의 나를 자신으로 규정하고 집착하기 때문에 발생하는 것으로 본다. 인간의 고통을 만드는 장애, 벽은 표층차원의 벽과 근본무명의 벽으로 나누어 설명된다. 일상에서 개념적 틀로 사물을 분별하는 것이 표층차원의 벽이라면, 중생의 심층마음에 이 세계를 만들어내는 습기(習氣)가 있다는 것을 모르는 것이 근본무명의 벽이다. 즉 이 세계가 마음의 종자가 만들어낸 허상이라는 것을 모르고, 사물을 분별하고 '나'라는 것에 집착하기 때문에 고통이 생겨난다. 그렇다면 표층의 개념 틀과 근본무명의 벽을 넘어설 수 있다면 고통을 해소할 수 있는 것이다.

물론 이러한 깨달음으로 가기 위해서는 깨달을 수 있다는 '믿음'이 우선 필요할 것이다. 불교에서의 믿음은 외부 대상에 대한 믿음이 아니라 자기 스스로에 대한 믿음이다. 스스로 깨달아 부처가 될 수 있다는 믿음이 있어야 깨달음으로 가는 수행의 과정을 따라가는 것이 가능하기 때문이다. 이러한 점에서 불교는 믿음을 깨달음의 발판으로 생각한다고 할 수 있다.

저자는 깨달음을 앎과 구분하여, 앎이 기존의 우리의 인식 틀에 따라 성립하는 것과 달리 깨달음은 앎을 규정하는 그 인식 틀 그 자체를 아는 것이라고 말하고 있다. 그리고 이를 위한 단계로 첫째로는 인식 틀 바깥으로 나가 보는 지(止), 돈오(頓悟)를 말하고, 둘째로 그 틀에 매여 있는 앎의 내용을 확인하고 그 정체를 여실히 밝히는 관(觀), 점수(漸修)를 언급하고 있다. 저자는 우리가 가지고 있는 벽, 장애를 개인적 측면의 장애와 인간 전체가 가진 종적 측면의 장애로 나누고, 이에 따라 각각의 장애를 극복한 깨달음 또한 경험적 깨달음과 초월적 깨달음으로 나누어 설명하고 있다. 개인적 측면의 장애는 분별기(分別起) 번뇌로 인지적 장애인 견번뇌(見煩惱)와 정서적 장애인 애번뇌(愛煩惱)로 나뉜다. 각각은 견도(見道)와 수도(修道)에서 수행으로 정견(正見)과 정념(正念)을 얻음을 통해 극복할 수 있다. 저자는 이를 경험적 차원의 깨달음이라고 규정하고 있다. 이에 비해 인간 전체가 가진 종적 측면의 장애는 구생기(俱生起) 번뇌로, 인간에게 있는 탐진치(貪瞋癡)의 삼독(三毒)을 말한다. 탐심과 진심은 지관 수행으로, 치심 즉 근본무명은 보살 10지(地) 수행을 통해 극복된다. 이는 인간의 인식 틀로는 해명될 수 없는 초월적 깨달음이다. 이러한 깨달음으로 인간의 종적 인식 틀의 한계를 넘어서서 인간이 살고 있는 삶의 전모를 확연하게 알게 된다. 저자는 개인적 번뇌도 결국 초월적 깨달음이 없이는 완전히 해소될 수 없다고 말하고 있다. 인간이라면 느끼게 되는 삶 자체의 부조리함을 타파하지 않고서 어떻게 개인의 문제를 해결할 수 있겠는가?

결국 깨달음의 마음은 나와 너라는 구분에 얽매이지 않는 하나의 마음이며, 이는 곧 자비라는 긍정적인 감정을 일으키는 마음이기도 하다. 자비는 이지김 심층의 보편심을 요구하지만, 한편으로는 표층에 머무르며 '나'와 다른 '네'가 겪는 고통이 있음을 인지해야 비로소 가능하다. 그렇지 않고 모든 차이가 무화되어 버린다면, '나'는 '너'에게 자비를 베풀 필요가 없어지기 때문이다. 너의 고통을 진지하게 받아들이기 위해서는 심층의 보편심을 가지면서도 그 시선으로 표층에서의 '너'와 '나'의 차이를 인지해야 하는 것이다. 즉 자비는 심층의 마음으로 표층의 현실을 도외시하지 않는 불일불이(不一不二)의 마음이다. 저자는 깨달음, 즉 지혜의 깊이가 깊을수록 자비의 폭이 넓어야 하고, 또 폭넓게 자비를 행하면 불이를 깨닫게 되므로 지혜의 깊이도 깊어진다고 말하고 있다.

마지막으로 저자는 한국 현대불교를 심층마음, 즉 일심의 철학으로 규정하고 있다. 또 일심, 여래장, 진여(眞如)와 같은 개념을 비불교적으로 보는 비판불교와는 달리, 불교가 궁극적으로 지향하는 것은 '공'이 아니라 '일심'이라고 말한다. 저자는 불교의 핵심 사상을 단순히 '공'으로 이해하게 된 것에는 서양 혹은 기독교 관점에서의 불교 해석의 영향도 크다고 본다. 불교에서 말하는 '공'은 '신', '하나님'과 같은 절대자의 존재와는 양립 불가능할 것 같기 때문이다. 그러므로 서양에서는 불교가 어떤 실체도 부정하고 단지 '무'의 철학, 즉 허무주의를 주장할 뿐이라고 하며 그것이 곧 서양철학 혹은 기독교와의 차이로 간주되는 것이다. 하지만 불교 내에서 개별 '실체'가 없다고 해서 절대적인 것이 없다고 한다면 그것은 불교의 본질적 가르침을 간과하는 것이 된다. 불교는 분명히 인간과 세계에 대한 형이상학적 근원으로서 마음을 말하고 있으며 이를 수행을 통해서 직접 증명하고자 한다. 즉 불교의 '공'을 단지 '없음'이 아니라 '일심'의 '공'으로 이해할 때 불교의 형이상학은 제대로 조명받게 된다.

『마음은 이미 마음을 알고 있다: 공적영지』

발행 연도: 2018년
펴낸곳: 김영사
167 페이지

지은이의 말

'인간이란 무엇인가?' '나는 누구인가?' '왜 사는가?' 이런 물음은 철학을 공부하든 하지 않든 살다 보면 누구나 던지는 물음일 것이다. 나 또한 이런 물음을 갖고 철학 공부를 시작했고, 그 후 40년이 넘도록 이 물음을 안고 살아왔다. 철학 안에서 배우고 생각하고 읽고 쓰고 하면서 긴 시간을 보냈다.

공부를 정리해야 할 때가 온 것일까? 시골의 자연스러움에 반해서일까? 요즘 들어 부쩍 철학에서의 나의 공부 방식, 표현 방식에 대해 회의가 느껴졌다. 누구나 묻고 생각하는 물음에 대해 철학이라는 학문은 너무 어렵고 복잡하게 말하는 것이 아닐까? 관심 있는 사람 모두와 소통할 수 있게끔 좀 더 쉽고 간단하게 표현할 수는 없을까? 쓸데없이 긴 설명과 논증을 늘어놓는 대신 내 생각의 핵심만을 간략히 말해도 되지 않을까?

이 책은 이런 의도로 시도해 본 것이다. 그동안 동양철학과 서양철학을 공부하면서 내가 배우고 생각하여 얻어낸 결론들을 가능한 한 군더더기 없이 간략히 표현해 보고자 노력했다. 예전부터 품어왔던 물음, '인간이란 무엇인가?' '나는 누구인가?'라는 물음에 다른 철학자의 설에 기대지 않고 내 나름의 생각으로 답해본 것이다.

1부에서는 '나는 누구인가?'의 물음에 대한 내 생각을 정리해 보았다. 여기서 내가 내린 결론은 인간의 마음은 누구나 불이(不二)의 심층마음인 한마음, 일심(一心)이며, 누구나 그 마음의 빛인 공적영지(空寂靈知)로서 자신과 세계를 안다는 것이다. 이 심층 한마음에 근거해서 이어 2부에서는 현대사회의 제반 문제를 내 나름의 방식으로 검토해 보고 그 문제를 헤쳐나갈 대책을 모색해 보았다. 여기 담긴 간단한 생각들이 인간의 본질 및 우리의 현실 사회에 대해 진지하게 고민하는 누군가와 함께 나누는 대화가 될 수 있기를 희망한다.

가평 연인산을 바라보며

2018년 6월 한자경

목차

서평: '공적영지'에서 세상 변혁의 근거를 찾다

윤수민(성천문화재단 아카데미 실장)

사람이라면 누구나 '인생의 질문'을 갖고 산다. 대부분 그것을 도외시하기 때문에 질문 없이 사는 것처럼 보일 뿐이다. 그것을 잊고 사는 사람에게든, 단단히 붙들고 사투를 벌이는 사람에게든 '인생의 질문'은 살아가는 동안 사라지지 않는다. 그것은 잊힌 듯해도 어딘가에 똬리를 틀고 있다가 예상치 않은 때 문득 떠오르기도 하고, 어떤 고비를 거칠 때마다 더 강력한 물음이 되어 의문에 휩싸이게도 한다. 하지만 그것을 외면하지 않고 화두처럼 간직하고서 끝까지 그 풀이를 찾는 이에게는 언젠가 반드시 그 질문이 인간과 세계의 비밀을 드러내 보여줄 것이다. 처음 알 수 없는 어떤 때 '문득', 혹은 어떤 계기로 인해 '갑자기' 던져지는 이 물음은 그것을 어떻게 풀어가는가에 따라 질문자 삶의 행로를 결정하기도 한다. 대부분 가슴속 깊이 묻어두거나 잠정적인 해답을 갖고서 저마다의 길을 가지만, 아예 '해답을 구하는 길'로 직진하는 이도 있다. 구도자의 길이 그러하고, 학자의 길도 이와 다르지 않을 것이다.

'인간이란 무엇인가?' '나는 누구인가?' '왜 사는가?'—누구나 던지지만 대부분 묻어버리는 이 질문을 붙들고 필생의 업으로 삼아 그 해답을 구해온 이가 있다. 철학자 한자경 교수. 그는 10대 후반에 자신의 인생을 '철학'에 걸어보자 다짐했다. 그리고 그 다짐에 따라 긴 세월 동안 탐색하고, 사유하며, 논증하는 글을 쓰고, 강의를 해왔다. 철학자나 선생으로서의 이러한 직분 외에도 그는 인간사에서 겪어내야 할, 자식으로서 부모로서 그 외 다양하게 주어지는 공동체의 일원으로서의 직분 등 어느 것도 포기하지 않고서 그 질문과 풀이에 몰두했다. 이렇게 그는 '철학'이라는 나침반을 잡고 '구도자의 길'을 걸어온 셈이다. 그가 탐색해 온 과정에서 도출해 낸 결과물들은 특정 시대 및 특정 지역에 한정되지 않는다. 칸트를 비롯한 서양의 철학자들과 유학과 불교 등 동양의 철학, 그리고 동학 및 우리 전통의 신화와 설화, 현대의 한국 철학자들에 이르기까지 깊고 광범위하다. 과거와 현재와 미래를 잇고 동과 서를 가로지르는 그의 사유 과정은 그가 쓴 많은 논문과 저서들에 고스란히 담겨 있다.

　이처럼 자신의 길을 올곧게 가는 이는 다른 이들을 대표해 자기 직분을 수행함으로써 다른 이들도 저마다의 길을 올곧게 집중하며 갈 수 있게 돕는다. 그리하여 저마다의 직분이 일궈낸 결과물들을 함께 누릴 수 있게 된다. 그런데 문제는 전문적으로 깊이 들어가는 경우엔 그 분야 전문가가 아닌 이상 그 결과물에 대한 접근이 어렵다는 점이다. 그래서 전문 분야에서 성취한 결과물을 다수의 대중이 함께 향유 하는 것은 제한적일 수밖에 없다. 물론 휴대전화나 전기자동차, 컴퓨터 등 첨단기술이 적용된 기기들의 작동 원리를 잘 몰라도 대부분 큰 무리 없이 사용하고 있긴 하다. 이처럼 그것의 원리를 잘 몰라도 크게 문제 되지 않는 분야도 있다. 하지만 어떤 분야는 최소한의 기본원리와 논리구조를 알아야 하는 것이 있다. 만약 그 분야의 몇몇 전문가들만 이해할 수밖에 없다면 그것의 향유는 한정되고 독점될 수밖에 없다. 따라서 어떤 분야든 일부분에 불과할지라도 그 분야의 핵심 내용을 다수의 대중이 이해할 수 있도록 쉽게 풀어주는 작업이 꼭 필요하다. 그러할 때 도출해 낸 결론이나 주장, 성취의 결과물은 더 많은 이의 삶에 더 크게 기여할 수 있을 것이다.

　특히 철학이 그에 해당할 것이다. 종교를 창시한 석가나 예수도 실은 철학자라 할 수 있지 않을까. 그들의 깨달음과 가르침, 그리고 삶은 그들이 가졌던 문제의식과 해답을 도출하기까지의 지난한 과정을 거친 결과물이었다. 그런데 그러한 과정이나 문제의식보다 그들이 찾은 궁극적 해답만을 정답 외우듯이 기억하는 경우가 많다. 그러면 그것은 종교적 도그마가 되어, 사유하는 인간 안에서 제대로 힘을 발휘하지 못한다. 어떤 생각이나 말이 진정으로 힘을 발휘하려면, 결론뿐 아니라 그것을 도출하기까지의 과정이 이치에 맞아야 하고 이성적으로나 정서적으로나 다 수긍할 수 있어야 한다. 그 전체 사유의 과정을 제대로 이해하고 동의할 때, 아무리 사소한 것이라 할지라도 그것은 무너지지 않는 힘을 갖는다.

　그러한 점에서 『마음은 이미 마음을 알고 있다: 공적영지』는 힘이 있다. 심오한 내용을 짧게 압축해 적은 책이지만 사유 과정이 명쾌하게 드러난다. 저자가 평생을 치열하게 탐색하고 사유하고 논증한 과정과 결론의 핵심 내용을 간결한 필치로 이해하기 쉽게 풀어 놓았다. 저자에게는 이 책 외에도 난해하기로 정평이 난 칸트와 헤겔 철학을 해설한 『칸트 철학에의 초대』, 『헤겔 정신현상학의 이해』뿐만 아니라, 불교의 핵심 개념으로 존재의 실상을 밝혀준 『마음은 세계를 어떻게 만드는가』와 불교 논전을 강해

(講解)한 『대승기신론 강해』, 『선종영가집 강해』, 『성유식론 강해』, 『능엄경 강해』 등 대중이 읽을 수 있도록 친절하게 해설한 책이 다수 있다. 그 가운데 『마음은 이미 마음을 알고 있다: 공적영지』야말로 가장 짧고 쉽게 풀어쓴 책이라 할 수 있다. 여러 논문을 통해 그야말로 바늘구멍 하나 들어갈 여지도 없을 만큼 반박의 여지를 남기지 않고 촘촘하고 세세하게 논증하고 결론을 도출해 낸 사유의 핵심을, 줄이고 줄여서 이 한 권의 책에 간결하게 풀어 설명하고 있다. 짧고 단순하게 쓴 이 책이 이토록 설득력 있고, 힘을 갖는 것은 오랫동안 사투를 벌이듯 써 내려간 이전의 논문과 책들을 통해 먼저 치열한 사유의 과정을 거쳤기 때문일 것이다.

저자는 '지은이의 말'에서 이 책을 "예전부터 품어왔던 물음, '인간이란 무엇인가?' '나는 누구인가?'라는 물음에 다른 철학자의 설에 기대지 않고 내 나름의 생각으로 답해본 것"이라 소개한다. 이 말은 다른 누구의 철학이 아닌, 오로지 '한자경 철학'의 핵심을 이 책에 온전히 담았다는 뜻일 것이다. 동서양의 철학을 종횡무진하면서 탐색해온 '한자경 철학'의 여정은 이미 그가 자신 안에 형성한 '한자경 철학'을 논증하고 정합성과 보편성을 확인하기 위한 과정이 아니었을까. 그 점에서 나는 이 책이야말로 철학자 한자경의 대표작이라 주장하고 싶다.

책으로 들어가 살펴보자. 저자는 불교에서 깨달음의 길로 제시하는 상구보리(上求菩提)와 하화중생(下化衆生)의 두 길에 빗대어 존재의 본질인 '본래면목(本來面目)'을 찾는 길과, 그 본래면목을 통해서야 비로소 자신과 세계의 정체를 알게 됨으로써 들어서게 되는 '회복과 변혁'의 길을 보여준다. 이로써 자기 본래면목을 잊은 존재들이 갇혀 사는 현대사회를 치유할 기본 전제가 무엇이며, 치유의 방향이 어디로 향해야 하는지를 제시하고 있다. 위로는 지혜를 구하고[상구보리], 아래로는 중생을 교화한다[하화중생]는 의미의 이 길에서 저자는 '존재의 실상'뿐 아니라 그 '존재의 실상에 맞는 삶'까지 규명한다. 이 길은 '구도자 한자경'이 평생 탐색해 온 진리의 길이며, 마침내 찾아낸 참다운 인생의 길이자 철학이 가야 할 길이다. 존재와 인식이 규명되어야만 어떻게 살아야 하는지, 즉 윤리가 규명되는 그 길이다. 그는 우리 존재의 본래면목은 '상구보리의 길'에서 찾을 수 있음을 보였고[존재와 인식의 규명], 현대사회라는 감옥에 갇힌 우리를 해방하는 것은 본래면목에서 비롯된 '하화중생의 길'에서 가능함을 보여준다[윤리의 규명]. 현대사회를 치유해야 하는 근거를 우리의 본래면목을 비추는 빛,

즉 공적영지에서 찾아 보여주고 있다.

간단히 표현하자면, 현대사회에 만연한 부조리와 타인의 고통을 외면하지 않고 그것의 해결을 위해 노력해야 하는 까닭은 우리가 심층에서는 그 본질에 있어서 나눔 없는 불이(不二)의 존재이기 때문이다. 이목구비와 여러 장기를 갖춘 '나'라는 존재는 내 몸 어딘가 아프면 그 부분의 회복을 위해 열을 내거나 토하거나 콧물을 흘리는 등 온 몸이 경계 태세를 갖추듯, 나눔 없는 전체로서의 우리 본래면목은 사회의 부조리와 타인의 고통을 결코 외면할 수 없음을 말하고 있는 것이다. 따라서 '상구보리'를 마친 자는 '하화중생'할 수밖에 없다. '하화중생'하지 못하는 '상구보리'는 아직 다다르지 못한 '상구보리'이며, 온전하게 이룬 '상구보리'는 '하화중생'이 필연적으로 따라올 수밖에 없음을 보여주고 있다. 그 점에서 이 책은 현대사회의 치유를 위해 노력해야 할 필요성을, 그리고 그것이 가능해지려면 먼저 존재의 본래면목을 깨달아야 함을 대단히 설득력 있게 보여준다.

그런데 본래면목을 깨닫는 것은 너무 어렵지 않을까? 그리고 이 깨달음이 선행되어야 가능한 '하화중생'은 더더욱 먼 미래로 미뤄지는 것은 아닐까? 하지만 걱정하지 않아도 된다. 저자가 제시하는 희망의 메시지는 이 책의 제목에 오롯이 드러난다. 즉 "마음은 이미 마음을 알고 있다"는 것! 우리는 이미 이 마음의 빛인 '공적영지'로써 우리의 본래면목을 알고 있고, 깨달음 안에 있다! 다만 우리가 이미 알고 있고 깨달음 안에 있다는 사실을 모를 뿐이다. 이미 우리가 알고 있는 존재의 진실, 즉 이 심층마음의 정체가 무엇인지 저자는 다음과 같이 서술한다.

보이는 것과 들리는 것이 없어도 보고 들으면서 깨어 있는 마음이 있다. 보고 있기에 보이는 것이 없음을 알고, 듣고 있기에 들리는 것이 없음을 안다. 우리에게는 보이고 들리는 대상보다 더 멀리 더 깊이, 무한으로 나아가는 마음이 있다. 무한으로 나아간 마음은 그 안에 보이는 것이 없는 허공과 같은(공) 마음이고 그 안에 들리는 것이 없는 적적한(적) 마음, 공적(空寂)의 마음이다. 공적의 마음은 본래적 각성으로 깨어 있는 '아는 자'로서의 마음이다. 공적의 마음이 자신을 신령하게(영) 아는(지) 것을 공적영지(空寂靈知)라고 한다. 인간의 영성은 무한한 심층마음의 공적영지에서 온다.[1]

---

1   한자경, 『마음은 이미 마음을 알고 있다: 공적영지』, 김영사, 2018, 68–69쪽.

이 마음이 바로 우리 존재의 본질이고 우리가 타인의 고통과 사회의 부조리에 눈감지 않고 그것의 개선을 위해 분투해야 하는 근거다. 이 근거의 확증 없이는 타인의 고통과 사회의 부조리에 대해 개체화된 내가 그것을 위해 분투할 타당한 이유를 찾기 어렵다. 하지만 불교뿐 아니라 성리학[2]도 밝히고 있는 이 마음—나뉘지 않고 경계가 없으며 무한하고 본래적 각성을 지닌 공적영지의 심층마음—은 전체로서의 나의 일부에 문제가 생길 때 분투해야 할 분명한 근거가 된다. 이는 전체로서의 일부가 훼손될 때 그것의 복구뿐 아니라, 훼손을 막는 사회시스템의 근본적 변혁까지 가능케 하는 가장 강력한 근거가 된다.

이 근거는 바울이「고린도전서」13장 1–3절에서 말한 '사랑'과도 통한다. 사랑이 없으면 그 어떤 행위도 행위자도 무용지물이 되듯,[3] 무한한 심층마음의 공적영지에서 비롯된 행위가 아니면, 그것 역시 무용지물에 불과해 절대 힘을 발휘하지 못한다. 이에 근거하지 않은 그 어떠한 위대한 행위도 빈껍데기에 불과할 뿐이다. 동학에서 '수심정기(守心正氣)'해야 하는 까닭도 이와 다르지 않다. 내 안에 모신 한울님[侍天主]은 나에게 하늘마음[天心]도 본래 부여해 주었으니 이 마음을 늘 지켜서[守心] 한울님의 기운과 나의 기운이 조화된 상태[正氣]를 유지해야 하는 것이다. 이러한 시천주(侍天主) 사상에서 비롯된 '수심정기'의 동학 수도(修道) 방법으로, 수운 최제우가 말한 "인의예지는 옛 성인의 가르친 바이고, 수심정기는 내가 다시 정한 것이다"[4]에 대해 해월 최시형은 "만일 수심정기가 아니면 인의예지의 도를 실천하기 어려울 것"[5]이라고 해설한다. 이를 통해서도 동학에서 '시천주'의 한울님의 마음, '수심정기'로 유지되는 그 마음

---

2 "성리학도 심층마음의 본래적 각성을 모르지 않았다. 마음에 대상이 주어지지 않는 사물미지(事物未至)의 상태에서 감정의 들뜸이 없는 희로애락의 미발(未發)과 사려분별의 작용이 일어나지 않는 사려미맹(思慮未萌)의 순간에도 마음이 성성하게 깨어 활동함을 미발지각(未發知覺)이라고 한다. 우리의 마음은 언제나 자체지광명으로 빛나는 마음, 비고 신령하여 어둡지 않은 허령불매(虛靈不昧)의 마음이다."—한자경, 위의 책, 73쪽 참조.
3 "내가 인간의 여러 언어를 말하고 천사의 말까지 한다 하더라도 사랑이 없으면 나는 울리는 징과 요란한 꽹과리와 다를 것이 없습니다. 내가 하느님의 말씀을 받아 전할 수 있다 하더라도 온갖 신비를 환히 꿰뚫어 보고 모든 지식을 가졌다 하더라도 산을 옮길 만한 완전한 믿음을 가졌다 하더라도 사랑이 없으면 나는 아무것도 아닙니다. 내가 비록 모든 재산을 남에게 나누어준다 하더라도 또 내가 남을 위하여 불 속에 뛰어든다 하더라도 사랑이 없으면 모두 아무 소용이 없습니다."—대한성서공회,『공동번역성서』(개정판),「고린도전서」13장 1–3절, 1999.
4 『東經大全』,「水德文」, "仁義禮智, 先聖之所敎, 守心正氣 惟我之更定."
5 『海月神師法說』,「守心正氣」, "若非守心正氣則, 仁義禮智之道, 難以實踐也."

역시 어떤 상황에서 그에 합당한 실행을 가능케 하는 근거가 됨을 알 수 있다.[6] 따라서 이 마음에서 비롯되지 않은 행위는 제대로 힘을 발휘할 수 없다.

위 인용문의 마지막 문장에서 "인간의 영성은 무한한 심층마음의 공적영지에서 온다"라고 한 것은 바로 이런 의미다. 이것은 그동안 사회변혁을 꿈꾸었던 수많은 시도가 실패한 원인이 무엇인지를 보여준다. 이러한 심층마음을 비추는 공적영지에 대한 자각이 개인이든 공동체든 변혁의 우선 조건이다. 아래의 글이 그 조건을 잘 보여준다.

> 심층마음의 빛, 공적영지는 우리 각자의 마음 안에서 세상을 밝히는 빛이다. 우리는 심층마음
> 의 빛으로 세상을 보며 세상을 안다. 우리에게 보여진 세상이 하나이듯이, 세상을 비추는 심
> 층마음의 빛은 하나이다. 우리는 심층에서 모두 한마음이고 한생명이다.[7]

철학자 김상봉 교수는 한국 민주주의 위기의 원인으로 영성(靈性)의 부재를 지목한 바 있다.[8] 그가 사용한 영성 개념도 '나와 전체가 하나라는 믿음'[9]을 의미하는데, 이 영성의 부재를 한자경 철학으로 표현하면 '무한한 심층마음의 공적영지에 대한 자각'의 부재가 한국 민주주의 위기의 원인인 것이다.

한자경은 이러한 원인을 해결할 대안으로써, 지금까지의 논의 결과로 도출된 다음 글을 제시하면서 책을 끝맺는다. 이 내용은 깊이 숙고하지 않고 읽으면 누구나 할 수 있는 일반적이고 상식적인 이야기처럼 느껴질 것이다. 하지만 이전의 논의 과정과 그에 따른 실천을 염두에 두고 읽으면 대단히 급진적이고 혁명적인 내용을 담고 있음을 알 수 있다. 우리가 하나의 생명, 하나의 마음이라는 존재의 진실을 철두철미하게 깨

---

6   이에 대해 김용휘는 "마음과 기운이 하늘의 기운과 화해진 상태 즉 심화기화(心和氣和)[『東經大全』, 「題書」]가 되면 몸과 마음이 편안하고 도덕적 의지가 충만하며, 밝은 지혜가 생긴 상태가 된다"고 설명한다. 이는 "모든 공부에서 마음뿐만 아니라 기운까지 다스려서 화평한 상태"인데, 이렇게 우주의 근본적 실재인 한울님의 원기(原氣), 즉 "지기(至氣)의 기운이 온몸에 가득 찰 때 조화롭지 못했던 기운들이 저절로 조화로워지며 참으로 신령하고 거룩한 마음이 되어 자발적인 실천이 가능하다"고 본다. 또한 "마음이 하늘이라는 것을 깨달아 잘 지킴으로써 궁극적으로 본래의 나를 자각할 뿐만 아니라 하늘과 그 덕을 합하고 우주의 기화 작용을 온전히 깨달아 그 조화에 참여"한다고 말한다.─김용휘, 『우리 학문으로서의 동학: 사람이 하늘이다』, 도서출판 모시는사람들, 2021, 168-169쪽 참조.

7   한자경, 위의 책, 160쪽.

8   김상봉, 『영성 없는 진보─한국 민주주의의 위기를 생각함』, 온뜻, 2024, 9쪽.

9   김상봉, 위의 책, 10쪽.

닫는다면, 아니 공적영지의 빛으로 이미 우리가 그 안에 있음을 안다면, 필연적으로 우리는 그 일부가 행복할 때 함께 기뻐하고 그 일부가 아프거나 핍박을 당할 때 그것을 막기 위해 무엇이든 할 것이기 때문이다.

　　모두의 행복을 위해 우리가 필요로 하는 것은 인의이고 자비이고 사랑이다. 인과 자비는 심층 한마음에서 일어나는 감정이다. 자신을 심층 한마음으로 자각함으로써만 우리는 가족과 이웃, 국민과 인류를 하나의 생명, 하나의 마음으로 공감하고 공명하며 사랑할 수 있을 것이다. 모두가 행복해지는 참된 길이라면, 한 국가로부터 시작하여 전 인류로 확장될 것이다. 네가 아프면 나도 아프고, 네가 행복해야 나도 행복한 것은 우리가 심층 뿌리에서 모두 한생명이고 한마음이기 때문이다. 이제 현대인의 병, 연야달다의 광기[10]에서 벗어나야 할 때이다.[11]

　　따라서 『마음은 이미 마음을 알고 있다-공적영지』는 혁신과 변혁의 책이고, 그것을 꿈꾸는 자들의 필독서가 되어야 할 책이다. 개인의 혁신과 사회의 혁신, 나아가 세상의 혁신에 귀중한 내적 원리와 지침을 탄탄한 논리로 이 책은 제공해 준다.

〈참고문헌〉

『東經大全』
『海月神師法說』

10　"자신의 심층마음을 망각하고 표층에서 방황하는 우리 현대인의 삶은 『능엄경』에 나오는 미친 연야달다(演若達多)를 연상시킨다. 실라벌성의 연야달다는 어느 날 새벽, 거울로 얼굴을 비추다가 거울 속 얼굴에서는 눈썹과 눈을 볼 수 있지만 자기 머리에서는 얼굴과 눈을 보지 못함에 자신을 얼굴 없는 도깨비로 여겨 미처 달아났다고 한다. 연야달다의 광기에도 광기로부터 벗어남에도 특별한 이유는 없다. 얼굴은 항상 그대로 있고 잠시도 없었던 적이 없기 때문이다. 심층마음이 있는데도 그것이 가시화되어 드러나지 않기에, '마음은 없다' '주체는 죽었다' '신은 죽었다'라고 외치며 돌아다니는 것은 연야달다의 광기와 흡사하다."― 한자경, 위의 책, 158-159쪽 참조.
11　한자경, 위의 책, 166-167쪽. 김상봉이 제시하는 대안도 이와 맥락을 같이 한다. 그 내용은 다음과 같다. "그렇다면 이 위기를 어떻게 극복할 수 있는가? 보다 높은 하나를 위한 필연적 계기로서 차이가 승인되는 곳에서만, 우리가 직면한 시대적 분열상이 치유될 것이다. 그리고 이것은 전체가 하나라는 믿음, 그 전체가 나와 다른 것이 아니라는 믿음, 그러므로 나와 다른 자도 전체 속에서 나의 일부라는 믿음이 우리 마음속에 뿌리내릴 때 가능할 것이다."― 김상봉, 위의 책, 111쪽.

대한성서공회, 『공동번역성서』(개정판), 대한성서공회, 1999.

김상봉, 『영성 없는 진보』, 온뜰, 2024.

김용휘, 『우리 학문으로서의 동학: 사람이 하늘이다』, 도서출판 모시는사람들, 2021.

발행 연도: 2019년

펴낸곳: 서광사

526 페이지

대한민국학술원 우수학술도서

『성유식론 강해』에 앞서

내가 불교에 관심을 가지고 불교 서적을 읽기 시작한 것은 철학을 공부하기 시작하던 대학생 때였다. 불교라는 새로운 세계를 알고 난 후 '여시아문(如是我聞)'으로 시작하는 『아함경』에서부터 '뜰 앞의 잣나무'가 나오는 선어록까지 이것저것 마구 읽었지만 그중에서 가장 마음에 깊이 와닿던 것은 역시 유식(唯識)이었다. 유식을 알게 되면서 나는 철학과 종교, 이론과 수행, 세간과 출세간을 분리하지 않는 동양철학의 매력에 푹 빠졌었다. 철학에서 던지는 물음, 인간이란 무엇인가? 나는 누구인가? 나와 세계는 어떤 관계인가? 세계는 어떤 존재이고 나는 세계를 어떻게 알 수 있는가? 이런 철학적 물음들을 열반과 해탈을 꿈꾸는 종교인 불교가 해명하고 있다는 것이 가슴 벅차게 느껴졌었다. 유식은 어떤 존재론, 어떤 인식론보다도 더 깊이 있게 현상세계의 존재 및 인식에 대해 해명하고, 어떤 정신분석보다도 더 치밀하게 인간 마음의 심층을 분석하며, 어떤 심리학보다도 더 진지하게 인간 삶의 고통과 그로부터의 벗어남을 논한다는 그런 확신을 갖고 살아왔다.

　유식으로 석사와 박사 학위 논문을 쓰면서 내가 주 텍스트로 삼았던 책이 바로 『성유식론』이다. 인도의 대승 유식사상이 중국으로 전파된 후 현장과 규기에 의해 '법상종(法相宗)'이 세워졌는데, 법상종의 주된 소의논전이 바로 『성유식론』이다. 우리나라에도 삼국시대 때부터 전파되어 오늘날까지도 널리 수용되고 있는 유식사상을 본격적으로 공부하고자 하면 『성유식론』을 읽지 않을 수 없다. 그렇게 『성유식론』을 읽고 공부하면서 그것에 의거하여 박사 학위 논문 『유식무경: 유식불교에서의 인식과 존재』를 쓴 것도 꽤 오래전 일이다. 계속 미뤄오다가 이제야 『성유식론 강해』를 내놓게 된 것은 『성유식론』이란 책의 난해함과 복잡함과 광범위함에 겁먹어 감히 강해를 내겠다는 엄두를 내지 못했기 때문이다. 부분적으로 대학원 수업을 하면서 함께 읽고 분석하고 토론하기도 하였지만, 결코 쉽지 않은 책이다. 지금 강해를 내지만, 그것도 전체 책의 일부분에 지나지 않고, 그나마 그 내용도 온전히 다 이해하였다고 자신 있게 말하기 어렵다. 더 미루면 결국 끝내 못할 것 같고, 불완전한 해설서라도 없는 것보다는 낫지 않을까 하는 마음에서 내놓기로 마음먹었다.

물론 『성유식론』의 우리말 번역은 이미 몇 권 나와 있다. 첫 번역 책은 동국대역경원에서 나온 김묘주의 『성유식론』(1995)이다. 그 후 김윤수가 규기의 『성유식론술기』를 선택적으로 번역하여 『자은 규기의 술기에 의한 주석 성유식론』(2006)을 내놓았고, 얼마 전 이만이 부분적으로 각주를 달아 『성유식론주해』(2016)를 내놓았다. 그런데 원문과 번역 그리고 주석이나 주해만으로 『성유식론』의 내용을 이해하기는 쉽지 않은 것 같다. 모든 문장이 너무 압축적이고 의미심장해서 각 문장마다의 친절한 설명이 없으면 한 걸음씩 발을 떼기조차 어렵다. 그런데도 우리나라에는 유식에 대한 일반적 설명서는 있지만 『성유식론』의 문장을 하나하나 풀이해 내는 해설서는 아직 없다. 강해에서 나는 내가 각 문장을 어떻게 이해하면서 그다음 문장으로 나아갔는지, 『성유식론』의 세계 속에서 내가 걷는 걸음을 하나하나 그려내고자 노력하였다. 물론 그것이 너무 더딘 발걸음이나 비틀거림으로 보일지도 모르겠다. 멋진 비행을 꿈꾸는 자에게는 나의 걸음걸이가 너무 지루한 머뭇거림으로 여겨질 수도 있을 것이다. 평생을 불교 교학 연구와 실참 수행으로 살아가는 자들이 보기에는 많이 부족할지도 모른다. 그러나 꼭 있어야 할 책이라면 아무리 부족하고 허점이 많은 것일지라도 없는 것보다는 낫다는 것이 내 생각이다. 많이 비판받는다고 해도 누군가 바른 이해의 길로 나아가는 징검다리 정도의 역할만이라도 할 수 있다면 그것도 의미 있는 일일 것이라고 생각한다.

나는 한국에서 불교를 알고자 하는 사람뿐 아니라 철학을 공부하는 사람들도 유식에 대해 더 많은 관심을 갖고 더 많은 연구를 수행하기를 희망한다. 유식불교의 이해가 인간의 자기 이해 및 우주 삼라만상의 존재 이해에도 도움이 될 뿐만 아니라 우리나라의 역사를 이끌어 온 긴 정신사를 바르게 정립하기 위해서도 꼭 필요한 것이라고 생각하기 때문이다. 누구나 유식불교의 핵심사상을 원전을 통해 쉽게 확인하고 활용할 수 있기를 바란다.

이 강해는 『성유식론』의 일부분에 해당한다. 『성유식론』은 세친의 『유식30송』을 풀이한 것인데, 여기에서는 제8아뢰야식을 설명한 제4게송까지의 풀이를 강해한 것이다. 그래서 『성유식론 강해 1: 아뢰야식(阿賴耶識)』이라고 제목을 달았다. 나는 이 책에 이어 3권의 강해를 더 내어 『성유식론 강해』를 전체 4권으로 완성하고자 한다.

유식은 세계 존재와 인간 삶의 본질에 대한 유익한 통찰을 담고 있다고 생각한다.

과거 한국의 많은 선조들이 잘 알고 있었을 이 멋진 보물을 현대의 우리도 더 깊이 음미하여 누구나 밝은 깨달음을 얻고 더 활발한 요익중생(饒益衆生)의 길로 나아갈 수 있기를 희망한다.

2018년 12월 광화문에서

한자경

목차

서평: 암호문의 해독 과정을 즐기며 철학하기

박정원(이화여자대학교)[1]

종교학을 전공하셨던 아버지의 서재에서 만났던 수많은 책들 중에서도 종교 경전들에 관한 해설서나 주석서들은 일필휘지로 써 내려가는 다른 책들에 비해 유달리 신뢰감을 품고 아끼면서 조금씩 읽곤 하던 습관이 있다. 그때의 감정은 무엇이었을까? 필자를 놀라게 한 것은 내용도 내용이지만 그 형식의 아름다움 때문이다. 길게는 수천 년의 시공간의 간격에도 불구하고 하나의 고전의 글귀를 두고 수많은 학자들이 바른 이해를 위해 서로의 견해들을 진지하게 검토하고 논변하며 대화한 내용들을 읽어갈 때의 감정은 누멘과 비슷한 것이었다. 그것은 종교기관에서 느끼는 성스러움보다 더욱 생생한 것이었다.

  2019년 초에 출간된 한자경 교수의 『성유식론 강해 1: 아뢰야식』도 이러한 아름다움과 누멘적 감정을 불러일으키는 책이다. 이 책의 아름다움은 우선 형식 면에서 두드러진다. 이 책은 한자경 교수가 한 매체에서 밝힌 대로 '강의를 말로 때우고 싶지 않아서' 가능한 한 글로 적어 완성한 강의록을 기초로 하여 수년간의 수정과 보완을 거친 것이다. 한 교수는 본문 내용의 전체 흐름을 명료하게 이해할 수 있도록 핵심 개념들을 전면에 내세워 차례를 만들어내고 있다. 한 교수는 한역(漢譯)본 성유식론 1권에서 4권 중간까지의 내용을 유식의 근본 원리와 아뢰야식으로 크게 양분한 후, 다시 아뢰야식의 내용을 5개의 장으로 분류한다. 이 장들의 제목은 각각 종자식으로서의 아뢰야식, 아뢰야식의 활동과 그 활동의 산물, 아뢰야식과 함께하는 마음작용, 수행의 과정에 따른 아뢰야식의 차원의 변화, 그리고 아뢰야식의 존재증명으로 되어 있다. 또한 각 장에 따른 소제목들도 원문의 내용을 압축적으로 보여줄 수 있는 용어들로 선별되

---

1   현 이화여자대학교 학술연구교수. 본 서평은 『철학』 139집(한국철학회, 2019), 261-266쪽에 게재되었음.

고 선택되었다. 그러므로 독자들은 본문을 읽기에 앞서 책 서두의 차례만 천천히 몇 번 반복해서 읽어보더라도 전체 흐름의 맥을 파악하는 데에 도움이 된다.

　성유식론을 처음 읽는 사람이 난관에 부딪히는 것들 중 하나는 원문에서 사용되고 있는 용어나 개념들에 대한 생소함과 낯설음일 것이다. 독자들은 본문 전체가 거대한 암호문과도 같이 느껴질 수도 있다. 한자경 교수는 이 점을 고려하여 본문이나 색인, 그리고 소제목 등에서 자주 등장하는 개념과 용어들을 현대인의 일상적 용어로 명료하고 쉽게 풀이하고 있다. 한 교수의 『헤겔 정신현상학의 이해』에서 그림과 도식의 명쾌함을 기억하고 있는 사람이라면 이 책에서도 그 강점이 역시 발휘되고 있다는 것을 발견하게 될 것이다. 한 교수는 각각의 성유식론 원문 단락 바로 밑에 그림과 도식을 먼저 제시한다. 이 그림과 도식은 저자의 해설을 압축적으로 나타낸 것이다. 또한 필요한 경우에는 해설 속에 규기의 『성유식론 술기』의 내용을 함께 실어 본문의 이해를 돕고 있다. 그러므로 본문을 먼저 읽은 후 해설을 읽고 나서 그림과 표식으로 내용을 다시 한번 확인하고 원문을 반복하여 읽는 순서를 거치면 좋다. 혹은 반대로, 그림과 도식을 중심으로 본문과 해설을 번갈아 읽는 것도 좋다. 퇴계 이황이 10개의 그림으로 자신의 학문을 요약한 『성학십도』를 지은 것과 같이, 한자경 교수의 그림과 도식은 그 자체로 따로 모아 '성유식론 그림 도해집'으로 구성해도 좋을 만큼 본문의 이해에 긴요한 역할을 한다. 아울러 이 책의 말미에 있는 색인에는 인명과 개념 이외에도 '수(數)' 항목이 있는데 이 항목들에 따라 본문을 찾아 읽는 재미 또한 쏠쏠하다.

　『성유식론 강해』는 형식적 아름다움에 이어 내용 면에서도 풍부한 쟁점들을 제기하고 있다는 점에서 오늘날 한국에서 철학을 연구하는 사람들에게도 반가운 책이다. 불교철학자가 아닌 기독교철학자나 심리철학자, 그리고 과학철학자나 미학자라 하더라도 『성유식론 강해』에 주목할 필요가 있을까? 이러한 의문에 대해 한자경 교수는 다음과 같이 말한다. "나는 한국에서 불교를 알고자 하는 사람뿐 아니라 철학을 공부하는 사람들도 유식에 대해 더 많은 관심을 갖고 더 많은 연구를 수행하기를 희망한다. 유식불교의 이해가 인간의 자기이해 및 우주 삼라만상 존재 이해에도 도움이 될 뿐 아니라 우리나라의 역사를 이끌어 온 긴 정신사를 바르게 정립하기 위해서도 꼭 필요한 것이라고 생각하기 때문이다."[2] 한 교수의 지적대로 인간의 자기이해와 우주 삼라만상의

2　한자경, 『성유식론 강해 1: 아뢰야식』, 서광사, 2019, 7-8쪽.

이해, 한국 정신사의 바른 정립이라는 3가지 문제는 그 자체로 한국에서 철학을 공부하는 사람이라면 필수적으로 논제로 삼을 수밖에 없는 주제들이다. 그렇다면 요즈음 우리가 대학에서 '인식론'과 '존재론', '한국철학'이라는 교과목으로 가르치고 배우는 내용들에 대하여 『성유식론 강해』에서는 어떤 논쟁점들을 제기하고 있을까?

인식론이나 존재론은 우리가 인식할 수 있는 것과 인식할 수 없는 것이 무엇인가? 우리가 인식하는 대상이 참으로 존재하는 것인가 아닌가, 참으로 존재하는 궁극적인 것은 무엇인가 등을 탐구한다. 『성유식론 강해』에서는 현상계에서 자아와 세계, 인식 주관과 인식대상으로 구분되는 것들이 사실은 아뢰야식이라는 현상 너머의 식, 현상을 구성하는 식이 견분(見分)과 상분(相分)으로 분화된 산물이라고 본다. 따라서 아뢰야식의 활동 층위에서 보면 현상적으로 이원화된 산물은 각각 그 자체의 자립적 실체성을 상실한다. 이 두 가지는 아뢰야식이 전변(轉變)한 결과물일 뿐이다. 이와 같이 유식에서는 우리가 일상적으로 자아와 세계가 각각 자립적 실체라고 간주하는 관점을 바른 인식으로 보지 않는다. 자아와 세계는 아뢰야식이 전변한 산물이며 그런 만큼 궁극적인 것이 아니라 가설(假設)적인 것이다.

그런데 자아와 세계가 하나의 통일된 것, 불이(不二)의 존재로부터 나온 것이라면 그 불이의 존재, 즉 일자(一者)인 아뢰야식은 어떻게 인식될 수 있는가? 『성유식론 강해』에서는 이 질문을 사분설로 설명한다. 모든 식에는 견분과 상분, 그리고 이 둘을 포괄하는 식 자체분인 자증분이 존재한다. 그리고 다시 이 자증분은 증자증분에 의해 증득될 수 있다는 것이다. 한 선생님은 『성유식론 강해』에서 자증분과 증자증분을, 법칭의 구분을 인용하면서, 각각 세간의 현량과 출세간의 현량으로 구분한다. 자증분은 자기인식에 해당하며 증자증분은 요가현량, 즉 정관에 해당한다.[3] 요가현량은 정관(yogipratyaksa)이기 때문에 감각으로 포착하는 세간의 현량과 구분된다. 17세기 조선 성리학자 김창협-김창흡 형제는 천기(天機) 개념을 탐구하였는데 그들이 말한 천기는 감각에 포착되는 세간의 현량과 비슷하다. 그렇다면 출세간의 현량인 요가현량, 즉 정관은 어떤 것일까? 출세간의 현량과 세간의 현량의 구분과 관련을 탐구하는 것은 그 자체로 중요한 인식론적 연구가 될 수 있다.

철학을 공부하는 사람으로서 필자에게 특히 흥미로웠던 부분은 마지막 부분인 '아

---

3   위의 책, 198쪽, 362쪽.

뢰야식의 존재증명'이었다. 존재증명이라면 자연스럽게 아퀴나스나 데카르트의 신 존재증명을 떠올리게 된다. 성유식론이 아뢰야식의 존재를 증명하는 방식은 경전을 전거로 삼아 논증하는 경증(經證)과 이치에 따라 논증하는 리증(理證) 두 가지이다. 하지만 리증을 읽어가다 보면 그것이 정말 '이치에 따라서만' 논증하는 것인지 의문이 들기 시작한다. 책에서 논증하는 리증은 모두 10가지이다. 종자의 집지, 업과, 유전, 신체의 집수, 수명과 체온의 의지처, 생사, 명색의 식, 식을 먹는 식, 멸진정에도 남는 식, 염오와 청정의 의지처로서의 아뢰야식이 존재한다고 증명하는 것이다.

　그런데 이런 방식으로 아뢰야식의 존재를 증명하는 것은 아퀴나스가 인간과 세계의 근원인 신을 증명하는 방식과는 다르다. 아퀴나스의 신 존재증명에서는 신과 피조물의 관계가 '움직이는 자'와 '움직여지는 자', '원인으로 작용하는 자'와 '원인에 의해 작용되는 자'의 관계이며 이 둘의 관계는 근본적으로 별개의 존재로 상정된다. 또한 아퀴나스는 움직이고 작용하는 원인이 무한 소급되지 않고 궁극적 존재인 신으로부터 시작되는 것으로 본다. 아퀴나스가 보기에 신이 존재한다고 볼 수밖에 없는 것은 만물의 움직임과 작용의 '원인과 결과 관계'로부터 따라 나오는 결론이다. 그러나 이런 방식으로 신의 존재를 증명하는 것은 원인과 결과의 관계를 서로 별개의 것으로 설정하고 있다는 점에서 '외재적 존재증명'이라고 할 수 있다.

　이와는 달리 『성유식론 강해』에서 인간과 세계의 근원인 아뢰야식의 존재를 증명할 때의 원인과 결과의 관계는 아뢰야식 자체의 자기 자각적 활동 안에 '내재해' 있다. 종자를 집지하는 식이 있다고 보지 않을 수 없는 것은 다른 식은 종자를 집지할 수 없는데 종자의 집지로서의 식의 활동이 계속 이루어지고 있기 때문이다. 종자를 집지하는 식이 존재하지 않을 수 없다는 것이다. 그런데 종자의 집지과정을 이치로 설명하는 과정 이면에는 종자의 집지에 대한 증득이 이미 '내재해' 있다. 또한 신체의 집수나 멸진정에도 여전히 남는 식이 있다고 말할 때에도 아뢰야식의 존재를 '증험'하지 않고는 말할 수 없는 방식으로 설명되고 있다. 필자가 보기에 이러한 방식의 증명은 아퀴나스와는 달리 '내재적 존재증명'이라고 말할 수 있지 않을까 생각한다. 이때의 '내재적'이라는 말의 의미는 아뢰야식의 존재를 증명하는 주체가 그 아뢰야식을 제3자의 입장에서 추상적 원리와 같은 것으로 설명하는 것이 아니라 아뢰야식을 직접 증험하는 수행과정에서 발견되고 확인하며 통찰하는 내용으로 증명하는 것을 말한다. 앞에서 출세간의 현량에 해당하는 정관이 이와 관련되지 않을까 싶다.

『성유식론 강해』는 모든 고전이 그렇듯이 한 번 통독한 후 치워버릴 수 있는 종류의 책이 아니다. 심지어 어느 한 부분조차도 쉽사리 통달했다고 보기 어려울 만큼 광범위한 영역의 내용을 다루고 있다. 이 서평 역시 작은 한 조각을 보고 쓴 단상에 지나지 않는다. 그러나 책의 어느 부분을 펼쳐들고 그 부분부터 읽어나간다고 하더라도, 여느 고전이 그러하듯이 그 작은 한 부분에서도 전체와 관통할 수 있는 핵심적인 알맹이들이 존재한다는 것을 느끼게 될 것이다. 『성유식론 강해』에서 한자경 교수는 자신의 책을 소개하면서 이 책이 "어떤 정신분석보다도 더 치밀하게 인간 마음의 심층을 분석하며 어떤 심리학보다도 더 진지하게 인간 삶의 고통과 그로부터의 벗어남을 논한다고 생각한다"고 말한다.

『성유식론 강해』에서 '인과' 개념을 분석하고 있는 부분을 읽어가다 보면 이 점을 확인할 수 있다. 현상적인 차원, 일상적인 관점에서 원인과 결과의 관계로 제한되고 고정된 채로 파악되는 것들은 그것이 나에게 이로운 것이든 해로운 것이든 그것 자체에 매이거나 휘둘릴 수 있는 여지를 남긴다. 하지만 아뢰야식의 활동 층위에서 보면 그것들은 모두 궁극적인 원인이나 결과가 될 수 없으며 단지 곁에서 도와주고 부추기는 증상연(增上緣)일 뿐이다. 모든 것의 참된 원인과 결과는 언제나 나의 아뢰야식의 활동과 직결되는 것임을 알게 된다면 그만큼 주체적이고 자유롭게 자신과 세계를 대할 수 있게 되지 않을까 한다. 왜냐하면 지금 당장 나를 고통에 빠뜨리거나 행복을 안겨준다고 확실히 믿고 있는 사물이나 대상들 역시 궁극적인 것이 아니라 내 마음, 나의 아뢰야식, 너의 아뢰야식이 함께 만들어 내는 가상의 것들, 임시적인 것들일 뿐인 것을 알게 되면, 그만큼 그 대상들에 대한 맹목적인 집착이나 그로 인한 좌절에 휩싸이지 않게 되기 때문이다.

누군가는 반문할지 모른다. 『성유식론 강해』와 같은 책 한 권을 읽는다고 자신과 세상에 대해 주체적이고 자유로운 경지로 될 수 있겠는가? 철학을 공부하며 살아가는 우리와 같은 철학도들은 연구하고 공부하며 학생들을 가르치거나 글을 쓰며 스스로를 돌아보고 세계를 돌아보면서 학자로서의 한평생의 삶을 살아간다. 군이 종교인을 표방하지 않더라도 우리의 삶 자체가 항상 스스로를 갈고 닦으면서 그 결과물이 일상의 모든 상황에 고스란히 반영되고 표현된다. 일상의 모든 활동이 사실은 종교인의 수행과 크게 다르지 않은 것이다. 플라톤의 동굴의 비유에서는 동굴 안의 죄수가 '강제로', '강요에 의해' 동굴 밖으로 나가게 된다고 말한다. 이때 플라톤이 말한 강제와 강요는 외적 교육제도나 교육활동이라고 해석할 수도 있고 내적 진리로 향하는 에로스라고 말할 수도 있겠다.

　하지만『성유식론 강해』를 읽고 나면 이렇게 바꾸어 말할 수도 있게 된다. 이 강제성이나 강요는 우리 자신의 마음인 아뢰야식이 갖는 본래적 모습이 우리로 하여금 일깨우는 근원적인 정신적 에너지와 같은 것이다. 그것은 '보편적'인 것에 눈을 뜨는 것, 혹은 한자경 교수가 해제에서 표현한 대로 '절대평등의 존재'와 '공생(共生)의 삶'에 대한 자각의 힘이라고 말할 수도 있겠다. 그러므로 책 한 권을 읽는다는 것은 결코 사소한 일이 아니다. 특히『성유식론 강해』와 같은 책이라면 더욱 그러하다.

발행 연도: 2019년

펴낸곳: 이화여자대학교출판문화원

439 페이지

지은이의 말

오늘날 동양철학에서든 서양철학에서든 사람들이 제일 싫어하는 것, 모두가 격렬하게 부정하고 싶어 하는 것은 아마 '실체(實體)'일 것이다. 많은 사람이 실체에 대한 반감과 거부감을 노골적으로 드러낸다. '실체의 부정'을 최고로 세련된 사고의 전형으로 간주하고, '그거 실체 아니냐?'라는 지적을 결정적 비판처럼 여기며, '이건 실체가 아니다'라는 주장을 최고의 자랑처럼 늘어놓는다. 실체인가 아닌가로써 그 주장이 틀린가 맞는가를 판가름할 기세이다.

　그런데 실체를 부정하면서 우리는 과연 무엇을 실체로 생각하는 것일까? 모두가 끝까지 부정하고 싶어 하는 그 실체는 과연 무엇일까? 모두들 실체를 부정하고 싶어 하지만, 모두가 과연 같은 것을 생각하면서 부정하는 것일까? 혹시 서로 각각 다른 것을 실체로 떠올리면서 그 실체를 부정하는 것은 아닐까? 누군가는 현상적인 개별적 사물은 실체가 아니라는 의미에서 실체를 비판하는 것일 수도 있고, 다른 누군가는 현상적 사물 배후에 보편적 형이상학적 근거는 없다는 의미에서 실체를 비판하는 것일 수도 있다. 결국 모두들 실체를 부정한다고 주장해도, 그렇게 부정되는 실체는 일의적이 아니다. '실체'라는 개념이 정확히 무엇을 의미하고, 실체의 부정이 구체적으로 어떤 세계관을 보여주는지에 대한 합의된 의견은 없다. 그러면서도 우리는 마치 어떤 하나의 실체, 우리가 극구 부정해야 할 어떤 특정한 의미의 실체가 있는 것처럼 생각하면서 그 실체를 부정하고 있다고 여긴다.

　이 책에서는 서양철학에서 실체 개념이 얼마나 다양하게 이해되어 왔는지를 살펴볼 것이다. 서양철학에서 실체는 '궁극적인 것'을 의미한다. '자아와 세계를 이루는 궁극(窮極)의 존재는 무엇인가?'라는 형이상학적 물음을 따라 추구된 궁극이 바로 실체이다. 궁극의 이해가 다양하기에 실체의 이해 또한 단일하지 않다. 궁극이 개별적인 물리적 사물이면 물질적 개별자인 물체가 실체이고, 궁극이 개별적 자아이면 개별적 영혼이 실체이다. 개별자들이 궁극이 아니고 개별자들을 이루는 입자가 궁극이면 입자가 실체이고, 입자를 있게 한 우주 에너지나 신(神)이 그 배후에 있다고 간주되면 에너지나 신이 실체이다. 에너지나 신이 궁극이 아니고 그 배후의 빈 공간이 궁극이면, 그 빈 허공이 실체이다. 이처럼 실체는 무엇을 궁극으로 보는가에 따라 다양한 방식으로 이해된다. 이 책에서는 서양 고대부터 중세를 거쳐 근대 및 현대에 이르기까지 각각의 철학자들이 실체를 무엇으로 간주하는지, 존재의 궁극을 무엇으로 설명하는지를 밝혀 보고자 한다.

그런데 21세기 한국, 지금 여기의 우리가 실체를 논하기 위해 굳이 서양 고대에서부터 형이상학의 흐름을 되짚어보는 것은 왜일까? 동양의 우리는 실체를 무엇으로 이해했을까? 실체는 불교식으로 표현하면 아(我, atman)이다. 불교는 처음부터 개별자를 바로 그것이게끔 하는 기반, 본질 내지 자성(自性)은 존재하지 않는다는 의미에서 '무아(無我)'를 주장해 왔다. 인무아(人無我)는 개별적인 영혼적 실체는 존재하지 않는다는 것, 법무아(法無我)는 개별적인 물질적 실체 또한 존재 하지 않는다는 것을 의미한다. 개별자를 그것이게끔 하는 개별적 실체, 아가 없다는 것이 곧 무아이고 공(空)이다. 인무아이기에 아공(我空)이고, 법무아이기에 법공(法空)이다. 불교는 언제나 일체가 인연화합의 산물이며, 따라서 어느 것도 궁극의 실체가 아니라는 연기론(緣起論)을 주장한다. 우리가 찾고자 하는 궁극은 언제나 무한 후퇴하여 사라지고, 원인과 결과는 연기로서 순환하며 반복된다. 선험이 경험을 가능하게 하고, 다시 경험이 선험을 가능하게 한다. 종자(種子)가 현행(現行)을 일으키고, 다시 현행이 종자를 심는다. 개념과 언어구조가 경험을 규정하고, 경험이 다시 개념과 언어구조를 생산한다. 다양한 차이가 하나의 개념 아래 포섭되고, 다시 하나의 개념이 다양한 차이로 전개된다. 어디에서도 궁극의 기반은 발견되지 않고 모든 것은 허공에 떠 있는 현상이고 가상이다. 허공에 핀 꽃, 환화(幻花)일 뿐이다. 내게 주어지는 모든 것, 주관적 자아나 객관적 사물이라고 생각되는 것, 이데아나 신(神)이라고 여겨지는 것, 그 모든 것이 전부 실(實)이 아닌 허(虛)이고 가(假)이며, 체(體) 아닌 용(用), 성(性) 아닌 상(相)일 뿐이다. 한마디로 궁극이 아니고 실체가 아니다. 따라서 실체에 관한 한, 불교는 철저히 무아, 즉 무실체를 주장한다. 그렇게 동양의 무아론 내지 연기론은 서양의 실체론과 대비된다.

동양의 무아론이 서양의 실체론과 대비되는 것은 사실이지만, 나는 불교 무아론의 진정한 깊이는 실체론과의 대비만으로는 다 해명되지 않고 그것보다 훨씬 더 깊고 의미심장한 곳에 놓여 있다고 생각한다. 실체 내지 궁극에 대한 최종적인 핵심 물음은 실체의 부정 이후에 비로소 제기된다고 보기 때문이다. 이 세상 모든 것은 그 자체로 존재하는 실체, 자기 자성을 가진 실체가 아니며, 따라서 실(實)이 아니고 가(假)이다. 그렇다면 그렇게 일체가 가라는 것을 아는 그 앎은 가인가 아닌가? 모든 것이 자기 아닌 것(他)을 통해 자기(自)가 되는 연기(緣起)와 의타기(依他起)의 산물이라면, 그렇게 연기와 의타기를 아는 그 마음은 의타기인가 아닌가? 나는 바로 이 물음이 석가가 연기로써 드러내어 중생을 깨달음으로 이끌어가고자 한 최종 물음이라고 생각한다. 이 물음은 우리의 앎이 궁극에서 부딪히는 역설을 드러낸다. '일체가 가(假)이다'라는 통찰은 의미 있는 통찰이지만, 이 통찰이 그 일체에 포함되어 그것마저 가가 되면 그 유의미성은 사라진다. 환(幻)을 아는 앎도 환이고 의타기를 아는 마음도 의타기라면, 그 앎이 무의미해지기 때문이다. '모든 것이 환이다'가 의미 있으려면 그 자체는 환이 아닌 실(實)이어야 하고, '모든 것이 연기(의타기)이다'가 의미 있으려면 그 앎 자체는 의타기가 아닌 절대(원성실성)이어야 한다. 일체의 궁극-아님을 아는 그 마음 자체가 궁극인 것이다.

 허공 속 일체 만물이 궁극이 아님을 아는 마음은 그렇게 궁극이 없음을 알기 위해 허공 전체를 비춰보는 적조(寂照)의 마음이며 스스로 허공이 된 무변(無邊), 무외(無外)의 마음이다. 궁극을 추구하다가 구경에는 궁극을 찾을 수 없음을 알아차리는 대각(大覺)의 마음이다. 궁극은 궁극이 없음을 아는 바로 그 마음 자체인 것이다. 만물의 실체 없음은 그렇게 실체 없음을 알아차리는 그 궁극의 마음, 무아와 연기와 공을 깨닫는 그 절대의 마음 위에서만 성립한다. 그 마음이 바로 깨닫는 마음, 부처(各覺)의 마음, 해탈의 마음, 열반에 든 마음이다. 그래서 나는 일체의 무실체성을 논하되 그렇게 실체 없음을 아는 그 궁극의 마음, 무외의 마음, 일심(一心)을 놓쳐서는 안 된다고 생각한다.

 왜 궁극의 마음을 말하는가? 모든 것의 궁극-아님, 실체-없음을 알아차리기 위해, 모든 것의 상대성에 깨어 있기 위해, 놓지 말아야 하는 것이 바로 궁극의 마음, 절대의 눈, 절대의 시점이기 때문이다. 궁극의 눈으로 보아야 일체가 궁극이 아님을 알 수 있고, 절대의 마음으로 보아야 일체가 절대 아닌 상대임을 알 수 있다. 절대의 마음은 그 마음 안에 주어지는 모든 것을 녹여내고 유동화하고 비실체화하는 용광로와 같다. 용광로는 모든 것을 녹여 유동화하되 그 자신은 녹지 않고 남아 있어야 한다. 용광로마저 녹아버리면, 그 안에서 유동화되어야 할 모든 것이 다시 고체화되고 실체화된다. 그렇게 절대의 마음은 모든 것의 연기성과 가상성을 유지하고 알아차리기 위한 마지막 보루이다. 그 마지막 보루인 절대의 마음을 잃어버리면, 그 앞에서 상대화되고 비실체화되어야 할 모든 것이 다시 절대화되고 실체화된다. 우리는 또다시 특정 이데올로기나 물질, 돈이나 권력을 실체화하고 절대화하면서 그 힘에 휘둘리는 삶을 살게 된다. 실체-없음을 논하는 오늘날과 같은 이 무실체의 시대에 모든 것이 유동화되고 상대화되는 것 같지만, 사실은 바로 그렇기 때문에 무수한 것들이 도로 고정화되고 실체화되며 절대화되고 권력화되어 우리 일상의 삶을 짓누르는 일이 벌어지는 것이다.

　나는 서양형이상학의 역사는 이 바른 궁극을 얻기 위한 사투의 과정이라고 본다. 그들은 궁극의 마음을 알지 못하기에 그 마음에 주어지는 온갖 것들, 이데아 또는 개별적 사물이나 개별적 영혼 아니면 신 등을 궁극으로 간주하며 실체화해 왔다. 이 모든 것들이 궁극이 아니라는 것을 아는 마음, 마음에 주어지는 일체의 상(相)을 여읜 텅 빈 무변의 마음, 우리 일반 중생의 살아 있는 마음, 바로 그 마음이 궁극이라는 것을 그들은 아직도 확연하게 알지 못한다. '일체유심조(一切唯心造)', '삼계유심(三界唯心)'의 마음, '심위태극(心爲太極)'의 마음, '인내천(人乃天)'의 마음을 알지 못하는 것이다. 그러므로 마음이 아닌 마음의 내용 내지 마음의 대상에서 궁극을 찾으려 하며, 그래서 오늘날은 언어나 정보, 정보처리 시스템으로서의 두뇌신경망이나 전산망 등을 절대화하고 마음을 그 아래 예속시키고 만다. 실체를 주장할 때도 실체를 부정할 때도 궁극이 무엇인지, 이 가상의 바탕이 무엇인지를 알지 못하는 것이다. 궁극은 궁극을 생각하는 바로 그 마음 자체라는 것, 일자는 일자를 생각하는 바로 그 마음 자체라는 것, 아공 법공의 공, 무자성의 공은 바로 텅 빈 마음의 공이며, 따라서 우리의 마음은 본래 '공인 마음', 스스로를 공으로 아는 '공적영지(空寂靈知)'의 마음이라는 것을 깨닫지 못한다.

　이 책은 이런 관점을 갖고 서양 형이상학의 흐름을 간략히 정리해 본 것이다. 무아와 공을 아는 동양 불교적 관점, 일심의 관점에서 서양의 형이상학 내지 실체론을 살펴본 것이라고 할 수 있다. 그러나 이러한 관점은 서술의 배경으로만 남도록 했다. 구체적으로 각 철학자들의 실체론을 논할 때는 가능한 한 나의 관점을 뒤섞지 않고 각 철학자들의 실체론을 그들 나름의 논리에 따라 서술하고자 노력했다. 따라서 나의 관점에서 덧붙이고 싶은 말은 본문이 아닌 각주에 첨부하는 정도로만 했다.

　　20여 년 전인 1997년에 『자아의 연구』라는 책을 냈었다. '서양 근·현대 철학자들의 자아관 연구'라는 부제에 합당하게 거기에서는 서양 근·현대 철학자 15명을 논했다. 이 책 『실체의 연구』는 범위를 확장해서 고대와 중세 그리고 탈근대를 포함하여 실체 개념을 중심으로 논의했다. 이 책에서 다루는 철학자와 그때 『자아의 연구』에서 다룬 철학자 중 겹치는 사람은 데카르트, 라이프니츠, 흄, 칸트, 니체이다. 자아와 실체가 서로 연관되는 주제이기에 내용상 불가피하게 겹치는 부분이 있지만, 가능한 한 다른 방식으로 서술하고자 노력했다. 그래서 다섯 철학자에 관한 한, 특정 내용을 다소 소략하게 다루고 지나간 부분이 있을지도 모르겠다. 그럴 경우 앞의 책을 참조하는 것이 작게나마 도움이 되었으면 싶다. 인간의 본질, 존재의 궁극에 대한 물음에 사로잡힌 사람, 그래서 서양 형이상학에도 관심을 가진 사람에게 이 책이 함께 나누는 대화가 될 수 있기를 바란다.

2019년 봄을 기다리며
가평에서 한자경

지은이 후기

'실체(實體)'의 실(實)은 시간 흐름에 따라 변화하는 허망이 아닌 진실을 뜻하고, 체(體)는 공간 배치에 따라 드러나는 이런저런 모습이 아닌 자체를 뜻한다. 그러므로 실체는 시간적 흐름과 공간적 배치에 들어서기 전, 일체 관계의 출발점이 되는 바로 '지금 여기'의 '이것'으로 지칭되는 것을 의미한다고 볼 수 있다. 손가락으로 눈앞의 돌과 나무, 꽃과 사람, 별과 달을 가리키면서 우리는 이 우주가 무수한 '이것'들, 무수한 '실체'들로 가득 차 있다고 느낀다. '이것'으로 지칭되는 개별자들이 모두 각각 그것을 그것이게끔 하는 개별적 본질, 자기 자성(自性)을 가지는 개별적 실체로 존재한다고 여긴다. 실체론적 사유이다.

그러나 불교는 처음부터 개별자가 자신만의 본질, 자기 자성을 가지는 실체가 아니라 무자성의 공(空)임을 논했다. 헤겔도 말하듯이, 감성적 확신은 '지금 여기'의 '이것'이 각각의 개별적 실체를 지시한다고 여기지만 시선을 돌리고 손가락의 방향을 바꾸면 이 세상 모든 것이 전부 하나같이 '지금 여기'의 '이것'이 되기 때문이다. '이것'으로 지칭되는 것은 개체적 본질이 아니라 오히려 개체의 비어 있음이고 결국 그 빈자리를 관통하는 만물의 일자성 내지 보편성이다. 개체의 무실체성 내지 공성을 통해 각 개체는 서로 만물과 하나이고 연결되며, 그렇게 개체는 개체 내에 우주 만물을 담고 있다. 일즉다다즉일(一卽多多卽一)이며, 일미진중함시방(一微塵中含十方)이다.

실체의 문제는 사물의 자기동일성의 문제이며 결국은 우리 자신의 자기정체성의 문제이다. 나는 서양 형이상학자들이 실체에 대해 얼마나 심각하게 생각하고 또 얼마나 다양한 논의를 전개해 왔는가를 밝혀보고자 했다. 사실은 그들이 주장하는 실체의 벽을 뚫고 들어가 각 개별자의 무실체성과 공성을 드러내고 싶었고, 그렇게 함으로써 우리 인간의 자기정체성을 빈 마음의 자기지(自己知)인 공적영지(空寂靈知)로, 무한의 신성(神性)으로 밝혀보고 싶었다. 나의 의도가 제대로 구현되었는지 아닌지, 이에 대한 판단은 독자에게 맡긴다.

목차

서평: 서양 형이상학의 역사, 바른 궁극을 얻기 위한 사투의 과정

염승준(원광대학교 원불교학과 교수)

"서양인들은 불교뿐 아니라 유교도 이런 방식으로 이해한다. 동양사상 자체를 개체적 자기의식을 무화시키고 무의식적 통일성을 지향하는 자연주의적 전체주의의 사유체계로 간주하는 것이다. 개체성을 부정하고 몰아를 지향함으로써 발생하는 자기의식의 결여로 인해 결국 스스로를 자유로운 존재나 주체적 인격으로 자각하지 못한다고 보는 이해이다. 세계철학사를 구상하면서 유학을 이런 식으로 해석하여 동양에서는 진정한 철학이 전개되지 못했다고 논한 자가 바로 헤겔이다. 오늘날까지도 일반적인 서양인의 동양 이해는 이러한 헤겔식의 편견을 벗어나지 못하고 있다. 어디 일반적인 서양인들뿐이겠는가? 헤겔식 동양관을 넘어서지 못한 채 동양사상에 대해 논하는 서양의 철학자들과, 그들의 사유체계를 절대적 진리처럼 좇고 있는 한국의 서양철학 전공자들, 그들의 공통적 특징이 바로 이러한 동양관일 것이다. 그것은 서양적 사유에서는 개체적 자아의식의 부정이 절대적 無로의 회귀 이상일 수 없기 때문이다. 그러므로 그들은 무로부터 자신을 구해줄 신을 필요로 한다. 반면 동양적 사유에서는 경계지어진 개체적 자아의식의 부정은 곧 무경계의 보편적 마음의 회복이다. 생멸심 근저의 여래심을 자각하는 것, 人心 근저의 道心을 깨우치는 것, 이것이야말로 진정한 개체적 자아의 자기실현이요 진정한 자유의 획득이었던 것이다. 신을 통한 구원이 아니라 스스로 부처가 되고 스스로 성인이 되는 것이 바로 동양의 이상이었다. 우리는 서양적 사고에 길들여진 나머지 너무 쉽게 동양적 이상을 망각하고 그들의 틀에 따라 우리 자신을 바라보고 있는 것이 아닐까?"[1]

— 한자경, 『불교철학과 현대윤리의 만남』 중에서

헤겔은 자신이 구상한 세계철학사에서 동양의 유학을 "개체적 자기의식을 무화시키고 무의식적 통일성을 지향하는 자연주의적 전체주의의 사유체계로 간주"했다. 오늘

---

1 한자경, 『불교철학과 현대윤리의 만남』, 예문서원, 2008, 26쪽.

날까지도 서양인과 서양의 철학자들은 헤겔식의 편견을 벗어나지 못하고 있고 한국의 서양철학 전공자들조차도 서양의 사유체계를 좇아서 동양에서는 진정한 철학이 전개되지 못했으며 "개체성을 부정하고 몰아를 지향함으로써 발생하는 자기의식의 결여로 인해 결국 스스로를 자유로운 존재나 주체적 인격으로 자각하지 못한다"고 보고 있다. 이와 같이 헤겔이 구상한 세계철학사의 영향으로 인해 국내외의 철학계가 그의 동양 이해와 동양관의 편견을 벗어나지 못하고 있다는 사실은 이미 많은 사람들이 비판해 온 바이다. 그러나 한자경은 단지 비판에만 그치지 않고 서양 형이상학의 역사를 '동양의 불교적 관점'[2]과 '일심의 관점'에서 집필했다. 그렇게 탄생한 책이 바로 『실체의 연구: 서양 형이상학의 역사』(2019)다.

불교의 존재론에 따르면 나(有根身)와 세계(器世間)를 형성하는 것은 유정(有精)의 업종자(業種子)인데, 헤겔 철학뿐만 아니라 서양의 개념과 언어구조가 우리의 경험을 규정하고, 그 경험이 다시 개념과 언어구조를 생산하고 있는 실정이다. 이 악순환의 고리를 끊기 위해서는 서양적 사고와 틀을 제거할 수 있는 '언설과 분별'이 필요하다. '헤겔식의 편견'을 벗어나기 위해서는, 그리고 서양의 관점에서 서술된 세계철학사를 능가할 수 있기 위해서는 '일심의 관점'에서 서양의 형이상학 내지 실체론을 살펴봐야 한다. 그렇지 않고 만약 모든 생각, 사념을 망상이라고 여겨 서양의 사고를 묵과한다면, "일체 학문과 이 현실세계를 완전히 남에게 내주는 꼴"[3]을 면할 수 없다. 헤겔의 세계철학사 구상에서 동양철학에 대한 이해가 잘못되었다면, 그의 왜곡된 분별과 언설을 가위로 잘라버릴 것이 아니라 얽혀 있는 실타래를 언설로 풀어내야 한다.

범부가 범부이고 부처가 못 되는 까닭이 언설과 분별로 얽혀 있기 때문이라면, 그 얽혀 있는 실마리는 기이고 깊게 머릴 것이 아니라 뭔 을 뭔 을 풀이나 이게 않을까? 땅에 밀려 넘어신 사는 땅을 낟고 일어서야 하듯, 언설로 얽힌 것은 언설로 풀어야 한다. 언설과 분별이 궁극 지점에서는 버려져야 할 것일지라도, 그 지점에 이르기까지는 불가피한 방편이다. 피안에 도달하여 버려질 뗏목이라고 그 뗏목을 아예 취하지도 않는다면 피안에 다가갈 수도 없지 않겠는가?[4]

---

2 한자경, 『실체의 연구: 서양 형이상학의 역사』, 이화여자대학교출판문화원, 2019, 10쪽.

3 한자경, 『화두: 철학자의 간화선 수행 체험기』, 도피안사, 2013, 148쪽.

4 한자경, 『불교철학과 현대윤리의 만남』, 예문서원, 2008, 4쪽.

『실체의 연구: 서양 형이상학의 역사』의 독자는 '언설로 얽힌 것은 언설'로 '한 올 한 올 풀어야 한다'는 것이 무엇을 의미하는지를 이 책의 1부 '고대의 실체론'에서 단박에 확인할 수 있다. 1장 '플라톤: 보편적 이데아와 개별적 실체에의 물음'의 핵심 내용은 플라톤이 이데아와 모상, 일(一)과 다(多)의 관계를 다가 일에 속하는 '참여(參與)' 또는 일이 다로 나뉘는 '분유(分有)'로 해석하는 '메테시스(methesis)'라고 할 수 있다. 저자는 플라톤이 이 관계에 대한 답을 섣불리 단정짓지 않고 『국가론』, 『파이돈』, 『파르메니데스』 그리고 그의 후기 저작인 『티마이오스』에 이르기까지 사유의 실험을 통해 끝까지 문제를 제기하면서 그 해결책을 모색하고 있다는 것을 생생하게 보여주고 있다. 저자의 설명을 착실하게 쫓아가기만 하면, 우리는 기존 철학의 역사에서 도식화된 플라톤과는 전혀 다른 플라톤을 만나게 되고 1장의 마지막 부분에 이르러서 플라톤이 모색한 해결책이 '동양의 불교의 관점'과 '일심의 관점'에 근접해 있다는 사실을 발견하고 놀라지 않을 수 없게 된다. 특히 이러한 결론에 도달하기까지 저자의 관점은 오직 '서술의 배경'으로만 남겨져 있을 뿐, 이 책의 처음부터 끝까지 오직 서양 철학자들의 원전을 중심으로 그들의 논리에 근거해서 그들의 언어와 개념으로 저자의 관점을 관철시키고 있다는 점에서 이 책은 학문의 엄격성과 객관성을 갖추고 있을 뿐만 아니라 국내외를 통틀어 유일무이한 서양 철학사라고 할 수 있다.

플라톤은 이데아와 모상, 일과 다의 관계를 해명하기 위해서 둘 가운데 어떤 하나도 상실해서는 안 된다는 입장을 견지한다. 참여설의 경우 다가 일에 참여하는 방식으로 연관성은 확보하지만, 이런 식의 참여로는 다를 상실하기 때문이다. 분유설의 경우 일이 다수의 개별자에 분유된다는 것은 일이 갖고 있는 단일성과 통일성을 상실하는 것이다.[5] 이 문제를 해결하기 위해서 플라톤은 최후의 방법으로 자신의 '이데아계'와 '현상계'의 이원론적 철학체계를 무너뜨릴 수도 있는 '제3의 류(類)'를 설정하게 된다.

그는 『파르메니데스』 및 그의 후기 저작인 『티마이오스』에서 "이데아계와 현상계, 보편적 이데아와 개별적 사물의 이원론에 대해 새로운 문제를 제기"하고 현상계에 존재하는 '개별적 실체'로서의 '제3의 류(類)'를 처음으로 주목하고 이것을 "가시계에 속

---

5   이데아와 모상, 일과 다의 관계에 대한 메테시스의 참여설과 분유설에 대해서는 한자경, 『실체의 연구: 서양 형이상학의 역사』, 이화여자대학교출판문화원, 2019, 47-50쪽 참조.

하지 않으므로 감각할 수 없고 가지계에 속하지도 않으므로 사유로서 파악하기도 힘든 것 따라서 알기 힘든 것"으로 '공간(chora)의 종류'로서 설명한다.

> 형상(①)은 생성되지도 소멸되지도 않는 것이며 자신 속에 다른 것을 받아들이지도 않고 또 자신이 어디 다른 것 속으로 들어가지도 않는 것이다. 눈에 보이지도 않고 또 자신이 어디 다른 것 속으로 들어가지도 않는 것이다. 눈에 보이지 않고 다른 방식으로 지각되지도 않으며 지성에 의한 앎(noesis)의 대상으로 존재한다. 반면 형상과 같은 이름을 갖고 그것과 닮은 둘째 것(②)은 감각에 의해 지각되고 생성되는 것이며 언제나 운동하는 것이고 어떤 장소에서 생성되었다가 다시 거기에서 소멸하는 것이며 감각적 지각(aisthesis)를 동반하는 의견(doxa)에 의해 포착되는 것이다. 이와 달리 셋째 것(③)은 언제나 존재하는 공간(chora)의 종류로서 자신의 소멸은 허용하지 않으면서 생성을 갖는 모든 것에 자리(hedra)를 제공한다. 이것 자체는 감각적 지각을 동반하지 않는 일종의 추론에 의해 포착되는 것으로 도무지 의견의 대상이 될 수 없는 것이다.[6]

한자경은 '지성에 의한 앎(noesis)'의 대상인 '형상'도 아니고, '감각에 의해 지각되고 생성되는 것'도 아니고 자신의 소멸은 허용하지 않으면서 생성을 갖는 모든 것에 '자리(hedra)'를 제공하는 이 '공간의 종류'가 불교의 '공(空)', '무아(無我)', '무자성(無自性)'과 다르지 않다는 것을 플라톤이 예감한 것으로 보고 있다.

> 플라톤이 사물 자체 x를 빈 공간으로 설명하는 것은 사물 자체가 무자성(無自性)이며 무아(無我)이고 공(空)이라는 것을 예감한 것이라고 볼 수 있다. 그러나 이데아도 무상도 아닌 제3의 류인 사물 자체 x를 더문는 것은 그가 이데아계와 현상계, 진과 속이 궁극적으로 둘이 아니라는 불이(不二)를 알지 못했기 때문이라고 본다. 그만큼 그 둘의 간극을 벌려놓는 개별자 자체를 무실체의 공으로 파악하기는 쉽지 않았을 것이다.[7]

저자가 주목하고 있는 '언제나 존재하는 공간(chora)'은 "자신의 소멸을 허용하지 않

---

6   『티마이오스』, 52a1-b3. 한자경, 『실체의 연구: 서양 형이상학의 역사』, 이화여자대학교출판문화원, 2019, 57쪽 재인용.
7   한자경, 『실체의 연구: 서양 형이상학의 역사』, 이화여자대학교출판문화원, 2019, 58쪽.

으면서 생성을 갖는 모든 것에 자리(hedra)를 제공"하는 것인데, 바로 '자리'를 제공하는 이 제3의 류의 특징이 불교의 "생멸심 근저의 여래심"과 유학의 "인심(人心) 근저의 도심(道心)"에 근접하고 이것이야말로 '진정한 개체적 자아의 자기실현이요 진정한 자유의 획득'이라는 '동양의 이상'과 일맥상통하고 있는 것이다.

저자는 『실체의 연구: 서양 형이상학의 역사』에서 "서양 형이상학의 역사는 바른 궁극을 얻기 위한 사투의 과정이다"라고 밝히고 있는데, 비록 플라톤이 이데아계와 현상계가 둘이 아니라는 불이(不二)를 알지 못했기 때문에 결국 '바른 궁극'이 무엇인지를 예감했음에도 불구하고 "도저히 설명하기 힘든 것"으로 후대의 서양 형이상학이 해결해야 할 과제로 남긴 것이니, 그의 철학 자체가 '동양의 이상'에 도달하기 위한 사투의 과정일 뿐만 아니라 그의 과제를 해결하기 위한 플라톤 이후의 고대, 중세, 근대 그리고 현대(탈근대)의 서양 형이상학과 실체론의 역사 전체가 또한 '바른 궁극'을 얻기 위한 사투의 과정이 되는 것이다.

원형도 모상도 아닌 '개별적 실체'로서의 '제3의 종류'에 대한 통찰은 플라톤의 아카데미에 입학하여 20년간 수학한 아리스토텔레스가 계승해서 자신의 형이상학의 출발점을 "궁극적 의미의 존재는 현상세계의 구체적 개별자"로 삼는다. 아리스토텔레스가 실체라고 생각한 것은 "개별자에게 속성을 제외한 속성 담지자인 기체(hypokeime-non)"인데, 이것은 플라톤이 "자신의 이원론 위에서 설정한 제3의 류, 속성들의 수용자로서의 그 무엇 x에 해당하는 것"이지만, 결국 아리스토텔레스는 그 실체를 '형상'이라고 인정하게 되고 결국 순수형상과 순수질료 '두 가지 실체를 인정하는 실체 이원론자'로 남게 된다.

아리스토텔레스가 과연 플라톤의 이원론과 다른 세계관을 제시했는지, 그가 이원론을 제대로 극복했는지는 계속 문제로 남겨진다. 그가 실체라고 생각한 것은 개별자에게 속성을 제외한 속성 담지자로서의 기체(hypokeimenon)이며, 이것은 바로 플라톤이 이원론 위에서 설정한 제3의 류, 속성들의 수용자로서의 그 무엇 x에 해당하는 것이다. 제1실체인 개별자에서 '실체'라고 불릴 수 있는 것은 결국 속성 담지자로서의 기체이다. 『범주론』에서는 기체로서의 실체를 각각의 개별자인 제1실체라고 간주하지만, 『형이상학』에서 이 기체로서의 실체는 결국 질료임이 밝혀진다. 그러나 아리스토텔레스는 실체를 기체가 아닌 '독립성'과 '이것'으로 규정함으로써, 실체를 다시 질료가 아닌 형상이라고 논한다. 이렇게 해서 그는 두 가지 실체를 인정

하는 실체 이원론자가 된다.[8]

한자경은 아리스토텔레스가 바른 궁극을 찾아가는 과정을 『범주론』, 『자연학』, 『형이상학』, 『영혼에 관하여』를 근거로 그의 논리에 따라 세밀하게 설명하고 있다. 아리스토텔레스가 궁극을 모색하는 데 있어서 사유의 실험을 통해 질문에 질문을 거듭하고 있기에, 독자가 그의 특정한 저서 한 권의 관점과 견해에 의지해서 그의 형이상학을 이해하는 태도는 바람직하지 않다.

비록 아리스토텔레스가 플라톤의 '실체 이원론'을 극복하지 못하고 실체 이원론자로 남고 말지만, 그가 발견한 '순수 사유'는 "사유(noēsis)와 사유대상(noēton)이 구분되지 않는 사유"[9]로서 '자기 자신에 대한 사유'라는 점에서 절대와 무한의 이데아를 인식 대상으로 삼은 플라톤을 넘어서며 이 책의 3장 '플로티노스: 개별적 실체 너머 일자(一者)'의 '자기앎'에 영향을 미치게 된다. 일자가 스스로 사유함으로 '사유자와 사유대상의 이원화'[10]가 생겨 그 결과로 이성이 생겨나고 이성에서 영혼이 영혼에서 시간 및 만물이 생성된다는 플로티노스의 철학에 와서야 서양 형이상학의 역사에서 최초로 현상 세계를 구성하는 순수형상과 순수질료의 이원론이 극복되고 "개별자 각각의 실체성을 부정하는 반실체론적 사유"[11]에 도달되게 된다.

궁극의 존재를 주객미분적 자기사유 내지 자기앎으로 간주하는 것은 플라톤적인 대상적 사유보다 한 걸음 더 나아간 의미 있는 통찰이라고 여겨진다. 다만 그러한 순수 사유 내지 신의 존재를 개별자들 너머의 외적 존재로 설정함으로써 현상과 현상의 근원, 자연과 신, 인간과 신을 분리시키는 이원성의 철학에 머무르는 것이 그 사유의 한계이다. 그리고 이러한 한계는 고대 그리스에서 중세 신학을 거쳐 근대에 이르기까지 지속되는 서양철학 전반의 한계라고 할 수 있다. 오히려 서양철학 내에서 수변적 학설 내지 이단으로 간주된 신비주의 전통만이 그러한 이원성을 넘어선 '불이(不二)'를 지향했다고 본다. 신을 외재적 초월자로 설정하는 것은 인간을 포함한 현상 사물을 개별적 실체로 간주하게 한다. 현상적 존재를 개별적 실체로 간주하

8   위의 책, 64-65쪽.
9   위의 책, 88쪽.
10 위의 책, 105쪽.
11 위의 책, 123쪽.

는 한, 신은 그 실체 바깥에 외부가 된다. 그러므로 개별적 실체가 존재하지 않는다는 무아(無
我)의 통찰 없이는 불이로 나아가기 어렵다.[12]

특히 아리스토텔레스가 자각한 '사유와 사유대상이 구분되지 않는 사유'와 그의 사
유를 좀 더 심화시킨 플로티노스가 밝힌 '일자의 자기앎'은 불교의 공적영지(空寂靈
智), 일심(一心), 성자신해(性自神解)의 경지에 근접하는 것인데, 이 통찰은 제3부 '근
대의 실체론' 제7장 데카르트의 철학으로 그 전통이 계승된다. 데카르트가 방법적 회
의를 통해 발견한 자아는 '의식활동 자체로서의 나'로, "주관과 객관, 나와 세계가 분별
되기 이전의 지점, 사유와 존재가 구분되지 않는 지점, 그 지점의 근원적 의식활동"[13]
을 의미한다. 고대와 중세까지 유한한 인간 너머의 '신적 사유'이며 '일자의 앎'으로 간
주되었던 것이 서양 근대의 실체론의 첫 장을 여는 데카르트에게서 최초로 인간 마음
의 무한성과 절대성으로 자각하게 된 혁명적 사건이 된다.

데카르트가 발견한 자아의 의식활동은 주관과 객관, 나와 세계가 이원적으로 분별되기 이전
그 둘을 하나로 포괄하는 전체로서의 의식이다. 그런데 데카르트는 자신이 발견한 이 의식활
동의 의미를 온전하게 읽어내지 못한다. 그는 자아와 세계, 주관관 객관을 모두 아우르는 전
체로서의 마음, 경계 없는 무한의 마음을 발견하고도 그 의식을 전체 세계 속 일부분인 개별
적 자아가 일으키는 경계지어진 유한한 의식으로 좁혀서 해석하고 만다. 다시 말해 주객포괄
의 절대 무한의 전체로서의 의식활동을 기존의 실체론적 개념틀을 따라 주객분별 구조 속의
주관으로서의 자아가 일으키는 의식활동으로 간주하고 만 것이다.[14]

그러나 데카르트 역시 서양의 실체 이원론을 극복하지 못해서 주관과 객관으로 이
원화되기 이전의 '미분화된 통일체'[15]로서의 자아를 '사유적 실체'로 그리고 그 경계 밖
의 상대가 되는 물체를 '연장적 실체'로 규정하게 된다. 데카르트의 철학 이후 근세의
합리론과 경험론은 "객관적 세계 자체"와 "그 세계에 대한 주관적 표상 세계라는 식의

---

12   위의 책, 89쪽.
13   위의 책, 208쪽.
14   위의 책, 209-201쪽.
15   위의 책, 22-24쪽.

이중적 세계를 주장한 것"이고 이러한 '근세 사유의 특징'을 한자경은 '세계의 이중화'[16]라고 규정한다.

근대 데카르트 이후 서양 철학은 합리론과 경험론 사이에서 부침을 겪으면서 칸트 초월철학에 와서 물질과 정신의 이원론적 실체론의 문제를 종합하고 해결하게 되고 피히테와 셸링을 거쳐 '절대정신'의 '자기지(自己智)'를 자각한 헤겔에 와서 서양 형이상학은 완결된다. 이상의 내용은 제3부 '근대의 실체론'과 제4부 '현대(탈근대)의 실체론'에서 살펴볼 수 있다.

한자경은 아리스토텔레스의 실체 이원론이 "고대 그리스에서 중세 신학을 거쳐 근대에 이르기까지 지속되는 서양철학 전반의 한계"임을 밝히고 "서양철학 내에서 주변적 학설 내지 이단으로 간주된 신비주의 전통"만이 이원성과 실체 이원론을 넘어서 '불이(不二)'를 지향했다고 본다. 이 책 1부 '고대의 실체론'에서 플라톤, 아리스토텔레스는 결국 실체론자로 남게 되고 오직 플로티노스의 철학이 '반실체론'에 근접하는데, 이러한 체계는 2부 '중세의 실체론'에서도 동일하다. 중세의 실체론에서 아우구스티누스의 '시간의 진리의 내면화'와 '진리의 내면성'[17]에 대한 자각이 서양 형이상학의 역사에서 '외재적 초월주의'가 '내재적 초월주의'로 이행해 가는 나름의 철학의 역사적 진보를 보여주고 있지만 그들도 역시 실체 이원론자로 남게 되고 에크하르트의 반실체론의 철학에 와서야 '개별자의 비실체성'과 '신과의 합일'이라는 '신비적 체험의 가능성'[18]이 열리게 된다.

이상의 내용을 통해 우리는 이 책의 저자가 '지은이 후기'에서 밝히고 있는 저자의 세 가지 의도가 제대로 구현되고 있다는 사실을 확인할 수 있게 되었다. 첫째, 서양 형이상학자들이 실체에 대해 얼마나 심각하게 생각하고 또 얼마나 다양한 논의를 전개해 왔는지를 밝히는 일, 둘째, 서양이 형이상학자들이 주장하는 '실체의 벽'을 뚫고 들어가 각 개별자의 부실체성과 공성을 드러내는 일, 셋째, 인간의 자기 정체성을 빈 마음의 자기지(自己知)인 공적영지(空寂靈知)로, 무한의 신성으로 밝히는 일.

실체의 문제는 사물의 자기동일성의 문제이며 결국은 우리 자신의 자기정체성의 문제이다.

---

16 위의 책, 25쪽.
17 위의 책, 139-150쪽.
18 위의 책, 183쪽.

나는 서양 형이상학자들이 실체에 대해 얼마나 심각하게 생각하고 또 얼마나 다양한 논의를 전개해 왔는가를 밝혀보고자 했다. 사실은 그들이 주장하는 실체의 벽을 뚫고 들어가 각 개별자의 무실체성과 공성을 드러내고 싶었고, 그렇게 함으로써 우리 인간의 자기정체성을 빈 마음의 자기지(自己知)인 공적영지(空寂靈知)로, 무한의 신성(神性)으로 밝혀보고 싶었다.[19]

철학의 역사는 칸트가 말했듯이 인간 이성의 자기전개의 역사다. 따라서 철학의 역사에 대한 책은 통일성과 일관성을 갖춘 체계와 서사를 갖춰야 한다. 한자경의 『실체의 연구: 서양 형이상학의 역사』는 이 요건을 모두 갖추고 있다. 이 책의 저자가 "서양 형이상학의 역사는 바른 궁극을 얻기 위한 사투의 과정이다"라고 밝히고 있기에, 만약 독자가 원한다면 서양 형이상학의 역사에 참여할 수 있다. 단, '바른 궁극'을 찾아가는 길에서 독자는 도식화된 철학사나 기존의 특정 학파나 학자의 지식과 관점에 의존해서는 안 되며, 지금의 주류의 시대정신으로부터도 거리두기를 해야 하며, 바른 궁극을 얻는 과정에서 등장하는 섣부른 답을 단정 짓는 쉬운 길도 피해야 하며 오직 자신의 이성의 빛이 인도하는 사유의 힘든 노동을 수행할 용기가 있어야 한다.

실체(實體) 개념의 비유어로 사용하고 있는 '용광로'에 대한 지은이의 말은 형이상학에 대한 협소한 이해, 반감 그리고 거부감을 가지고 있는 국내외 학계에 커다란 경종이 된다. 이 책을 꼼꼼히 읽은 사람이라면, 서양 철학의 역사에서 '실체 개념'이 단일하지 않으며 다양하게 전개되어 왔음을, 그리고 실체 및 형이상학에 대한 단편적인 이해는 "마치 빛이 사라진 깜깜한 밤에 모든 소가 검게 보이는 것을 보고 모든 소가 다 검은색이다"라는 상황과 다를 바 없음을 확인할 수 있다.

진화론적 유물론의 시대정신에 매인 오늘날의 현대인이 고대와 중세의 철학을 이해하기 쉽지 않지만, 이 책은 우리를 고대와 중세 철학에 초대하고 있다. 특히 플라톤과 아리스토텔레스의 철학에서 두 철학자들의 초기·중기·후기의 저서 전부를 다루고 있는데, 이는 독자가 두 철학자의 철학 전모를 파악할 수 있게 해준다. 플라톤은 이데아와 모상, 보편자와 개별자의 관계를 메테시스(methesis)로 설명하는데 그의 후기 철학까지 자신의 이원론적 실체론에 대해 끊임없이 문제제기를 하면서 수정해 가는 사유의 실험 자체가 매우 역동적이며 아리스토텔레스 철학의 경우 그의 주요 저서 『범주

---

19   위의 책, 426쪽.

론』, 『자연학』, 『형이상학』, 『영혼에 관하여』와 같이 상이해 보이는 주제들을 제한된 지면에도 불구하고 독자에게 그의 형이상학을 이해하는 데 핵심이 되는 모든 내용을 체계성과 통일성을 갖춰 상세하게 소개하고 있다.

한국뿐만 아니라 국외까지 포함해서 이 책이 갖는 수월성(秀越性)은 수없이 많지만 몇 가지를 들어볼 수 있겠다. 이 책의 제1부 「고대의 실체론」과 제2부 「중세의 실체론」은 근·현대 철학을 이해하는 데 큰 도움이 된다. 고대 아리스토텔레스의 '주와 객이 이원화되지 않은 사유'인 '신적 사유', 플로티노스의 유출설(流出說), '제1이성' 그리고 '영혼에 의한 시간 및 만물의 생성', 중세 아우구스티누스의 '시간과 진리의 내면화', 마이스터 에크하르트의 '신과의 합일 가능성'과 '영혼 비우기'는 데카르트의 '자아 발견의 의미'와 칸트 초월철학 이해의 도추(道樞)라 할 수 있는 '시간의 관념성의 이론', 서양 형이상학의 완성자인 헤겔의 절대정신의 자기지(自己知)의 바른 이해를 위해 결정적으로 중요하다고 할 수 있다.

특히 칸트가 『순수이성비판』을 비롯한 그의 주저에서 과학자와 수학자의 '절대시간'과 '절대공간'을 비판했음에도 불구하고 실증주의와 과학주의의 시대정신의 사슬에 매여 칸트 철학의 핵심인 인간 심층마음의 특징, 즉 초월적 통각의 능동적 활동성과 일체 모든 존재의 포괄적 형식으로서의 직관의 형식으로서의 시간의 관념성을 이해하고 있지 못한 국내외의 강단 학자들에게 도움이 될 것이다. 이뿐만 아니라 이 책 제5장 '아퀴나스: 개별자의 실체성'에서 토마스 아퀴나스(Thomas Aquinas)의 '존재의 유비'에 대한 내용은 『형이상학 서설』의 §59에서 칸트가 설명하고 있는 '유비(類比)에 따른 인식'에서의 유비 개념을 이해하는 데도 직접적으로 도움이 된다.

〈참고문헌〉

한자경, 『자아의 연구: 서양 근·현대 철학자들의 자아관 연구』, 서광사, 1997.
한자경, 『한국철학의 맥』, 이화여자대학교출판문화원, 2008.
한자경, 『불교철학과 현대윤리의 만남』, 예문서원, 2008.
한자경, 『화두: 철학자의 간화선 수행 체험기』, 도피안사, 2013.
한자경, 『실체의 연구: 서양 형이상학의 역사』, 이화여자대학교출판문화원, 2019.

『마음은 어떻게 세계를 만드는가: 한자경의 일체유심조 강의』

발행 연도: 2021년
펴낸곳: 김영사
240 페이지

여는 말: 왜 다시 마음을 이야기하는가

어느 날 문득 깨어나는 자의식. 그러면서 우리는 묻게 된다. '나는 누구인가?' '세계란 무엇인가?' 그러나 물음을 던진다고 답이 쉽게 보이는 것은 아니다. 찾고자 하지만 찾아지지 않아 마음이 텅 빌 때 그때 비로소 우리는 공(空)의 의미를 이해하기 시작한다. 그리고 우리가 경험하는 모든 것이 실은 눈에 보이지 않는 심연 속에 하나로 어우러져 있다가 인연 따라 일어나는 연기(緣起)의 산물임을 직감하게 된다. 있는 그대로의 존재의 실상을 깨닫기 위해 우리는 수행(修行)을 하고, 그 결과 우리가 발견하게 되는 것이 바로 우리 안의 보물, 우리의 본래마음이다. 이 마음이 곧 모든 것을 만드는 일체유심조(一切唯心造)의 마음이며, 자신의 빛으로 세계를 밝히는 공적영지(空寂靈知)의 마음이다.

공에서부터 공적영지까지, 나는 왜 굳이 비어 있음과 고요함을 간직한 마음, 그러면서도 무한한 깊이에서 일체를 품에 안은 채 신령하게 깨어 있는 마음을 말하고 싶어 하는 것일까? 오늘날 우리가 살아가는 이 세계가 온갖 분별과 분열, 경쟁과 투쟁으로 너무 숨가쁜 세상이기 때문일까? 욕망의 함성으로 가득 차고 분노의 절규로 시끄러운 세계, 그 세계 너머를 그리워하기 때문일까? 그러나 모든 것은 마음이 만든 것이다. 분별과 분열 너머 통합과 융합으로 나아가는 것, 경쟁과 투쟁 너머 상생과 공존으로 나아가는 것이 모두 마음 한자리의 변화로 가능하다는 것을 알기에, 언제나 마음의 본래자리를 찾아 그 길을 달려가는 듯싶다.

그곳은 우리가 장차 도달해야 할 자리가 아니고, 우리가 언제나 이미 거기에 서 있는 자리이다. 우리가 현상적으로는 서로 다른 위치, 서로 다른 지위를 점하고 있어도 근본에서는 모두가 서로 다르지 않은 하나이고 서로 평등한 존재라는 것을 직감할 때, 그 시선은 바로 공의 자리, 마음의 본래자리에서 나온 것이다. 이러한 시선이 바로 우리 각자 안의 심층마음의 빛, 청정한 마음의 빛이다. 불성(佛性)과 여래장(如來藏), 본각(本覺)과 영지(靈知)는 단순한 추상적 개념이나 철학적 가설이 아니고 인간 누구나의 마음 깊은 곳에서부터 발하는, 세상을 밝히는 빛, 현재적 마음활동인 것이다. 이 심층마음의 현재적 활동을 통해 현상의 모든 것이 인연을 따라 생성된다. 그렇게 심층마음은 모든 것을 만드는 마음, 일체유심조의 마음이다.

마음에 대해 또는 불교에 대해 나는 여러 가지 방식으로 책을 써왔다. 나는 〈불교의 무아론〉이 곧 〈일심의 철학〉이고, 불교의 핵심은 바로 〈유식무경(唯識無境)〉이고 〈공적영지〉라고 생각한다. 40년 넘게 계속 마음에 대해 글을 써놓고 이제 또다시 한 권을 더하려고 하는 이유는 무엇일까?

사실은 처음부터 이 책을 쓰려고 계획했던 것은 아니다. 2020년 봄 불교방송 BBS에서 〈불교를 다시 묻다〉라는 기획 주제 아래 불교를 쉽게 설명하는 강연을 해달라고 부탁받았다. 불교는 공부하면 할수록 더 어렵게 다가온다. 공부할 문헌은 방대하고, 생각할 깊이는 끝이 없다. 믿음(신)은 기본이고 이해(해)를 넘어 수행(행)과 깨달음(증)까지 더해져야 신해행증(信解行證)으로 불교가 완성되니, 밝혀져야 할 것들은 첩첩산중으로 쌓여 있는 느낌이다. 그런 불교를 쉽게 설명한다? 거의 불가능하다고 여겨지기도 한다. 그럼에도 불교 공부의 최종 목표는 분명 보시, 나눔일 것이다. 들어온 숨을 다시 내쉬듯, 나는 내가 알게 된 모든 것을 다시 꺼내놓고 싶다. 내가 이해했다면 남들도 그렇게 이해할 수 있게끔 글을 쓰는 것을 늘 추구해 왔다.

나는 불교의 핵심내용은 단지 개념적으로 짜맞춰진 이론체계, 희론(戲論)이 아니라 인생과 우주의 실상에 대한 석가와 수행자들의 통찰과 깨달음의 내용이며, 그 통찰과 깨달음은 모든 인간의 마음속에서 무한히 반복되면서 되풀이될 수 있어야 한다고 생각한다. 경전과 논전을 통해 내가 이해한 것이 바른 이해라면, 그 이해는 다른 사람에게도 그대로 전달될 수 있어야 될 것이다. 그리고 그것은 누구나 알아들을 수 있게, 아주 쉽게 말할 수 있어야 한다. 상대가 알아듣지 못한다면 그것은 듣는 자의 문제라기보다는 말하는 자의 문제일 것이다. 그래서 항상 쉽고 간단하고 분명하게 불교의 진리를 설명해 보고자 노력해 왔다. 물론 늘 성공적이지 못했다. 그러기에 다시 한번 더 이렇게 시도해 보는 것이다.

쉽게 설명한다고 불교의 핵심을 건너뛰고 싶지는 않았다. 오히려 가장 어렵고 가장 심오한 내용까지 하나도 빠뜨리지 않고 들춰내어 설명해 보고 싶었다. 그래서 공과 연기 그리고 수행에 대해서도 사유를 끝까지 밀고 나가고자 애썼고, 난해한 유식의 통찰과 신묘한 심층마음의 작용에 대해서도 그것이 구체적으로 무엇인지를 확연하게 드러내 보이고자 노력하였다.

그런 마음가짐으로 다섯 번의 강연을 했고, 그 내용을 다듬어 한 권의 책으로 엮어내 보았다. 불교의 가장 어려운 핵심내용을 가장 쉬운 말로 설명해 보고자 한 나의 노력이 과연 성공한 것일까? 답은 이 책을 손에 든 독자의 마음속에 있을 것이다.

닫는 말: 별은 항상 빛나고 있다

이 책에서는 공(空)과 연기(緣起)를 통해 불교의 세계관을 밝히고, 이어 불교 수행(修行)이 지향하는 해탈한 마음, 부처의 마음을 살펴본 후, 모든 인간에 내재된 그 마음을 일체유심조(一切唯心造)의 마음, 공적영지(空寂靈知)의 마음으로 해명하였다. 그래서 책 전체가 '공' '연기' '수행' '일체유심조' '공적영지'를 설명하는 다섯 장으로 되어 있다. 공과 연기는 무아(無我)를 설하는 초기불교의 핵심 개념이고, 일체유심조와 공적영지는 일심(一心)과 본각(本覺)을 설하는 대승불교의 핵심 개념이다. 이들이 수행을 매개로 하나의 불교를 이루고 있음을 말하고자 하였다.

유행처럼 번지고 있는 '비판불교'를 의식했기 때문일까? 나는 초기불교의 무아와 공 그리고 연기가 어떻게 대승불교의 일심과 본각으로 연결되는지를 밝혀보고 싶었다. 한마디로 무아와 일심이 상충하는 것이 아니라, 동전의 양면처럼 서로 가려진 이면으로서 서로를 완결하는 사상이라는 것을 밝히고 싶었다. 연기적 현상에 가려진 이면인 일심을 나는 표층의식에 가려진 '심층마음'이라고 칭하고, 갖가지 그림으로 가려진 '빈 종이'에 비유하기도 하였다. 동전을 뒤집듯 현상을 뒤집어 보거나 꿰뚫어 보지 않는 한, 우리는 동전의 뒷면, 현상의 이면, 그림의 바탕, 심층마음에 이르지 못한다. 내가 심층마음과 그 심층마음의 본래적 각성, 공적영지를 강조하는 것은 오직 그곳에서만 모든 인간이 현상적 차별상을 넘어선 절대평등성을 확인할 수 있기 때문이다. 그곳이 바로 공의 자리, 마음의 본래자리이다. 나는 심층마음의 본래자리는 표층의식의 분별과 분열이 고요해진 바로 그 자리라고 생각한다. 지리산 깊은 산속에서 쏟아질 듯 보이는 밤하늘 별들이 서울 한복판 밤하늘에서는 하나도 보이지 않는 것은 서울 하늘 위에 별이 없기 때문이 아니다. 도시의 불빛, 우리가 켜놓은 전깃불이 밤하늘의 별빛을 가리기 때문이다. 전깃불은 가까이에서 내가 보고자 하는 것은 잘 보게 하지만, 그 대가로 아주 멀리 있고 언제나 거기 있는 것, 매우 아름답고 멋진 별은 보지 못하게 만든다. 그런 식으로 표층의 분별의식은 내가 가까이 주목해서 알고자 하는 것은 알게 하지만, 결국 그보다 더 심층에 있고 언제나 거기 있는 것, 맑고 밝은 본래마음을 가려서 알아보지 못하게 만든다.

그러나 우리의 표층의식이 알아보지 못하는 그 순간에도 우리의 심층마음은 언제나 그 자리에서 그 자신의 빛으로 세상을 밝히며 깨어 있다. 누구나 자기 내면의 보물, 마음의 본래 자리에 이르러 조금은 더 평안하고 조금은 더 행복해지기를 기원해 본다.

목차

서평 : 불교철학이 교양교육이 될 수 있는 가능성

한자경 교수는 2020년 불교방송 BBS의 초청으로 〈불교를 다시 묻다: 불교의 세계관과 인간관〉이라는 주제로 다섯 차례에 걸쳐 강의를 진행했다. 그리고 2021년 강의 내용을 재구성하여 각 강의를 한 장으로 정리한 후 김영사를 통해 '마음은 어떻게 세계를 만드는가: 한자경의 일체유심조 강의'라는 제목의 책을 출간하였다.

한자경 교수는 '나는 누구인가'라는 물음 하나로, 동서양 철학을 넘나들며 40년이 넘도록 '마음'을 연구해 왔다. 더욱이 반야 학술상, 불교 출판문화상, 원효 학술상, 서우 철학상 등의 수상 이력이 보여주듯, 저자는 학계에서 널리 인정을 받으며 깊이 있는 연구와 다작의 저술 활동을 해온 학자로 꼽힌다. 그동안 한자경 교수의 책 대부분이 전문 연구서에 가까웠다면, 최근 몇 년간은 난해하고 심오한 불교철학을 일반 대중들에게 쉽게 풀어주어 불교철학이 무엇을 말하고자 하는지 이해할 수 있도록 노력하였다. 그래서 이번 책은 친근하면서도 명쾌하게 풀어낸 '모두를 위한 철학책'이라고 할 만하다.

불교철학의 가치 및 학습의 문제점

21세기 산업화 이후 오늘날 인류에게 가장 중요한 것은 더 이상 이면 전문적인 지식이 아니라 개인의 자기 발전과 사회적 배려이다. 특히 생명과 초월에 대한 추구, 마음의 조절, 그리고 인간 관계, 인간과 자연의 조화 등 인간 사회를 이루는 데 필요한 기본적인 측면에 각별히 신경을 쓰고 있다. 이러한 요구를 해결하기 위해 사람들은 지식을 수용할 수 있는 지식, 지식을 창출할 수 있는 지식, 쓸모없어 보이지만 유용한 지식이 필요하다고 생각한다. 다시 말해 대중은 자신을 향상시키기 위해 일종의 교양교육을 필요로 하고, 그 교양교육에 가장 적합한 학문이 철학이라고 생각한다. 그러나 일반 대중에게는 철학이 너무 모호하고 어려워서 대중이 일상생활에서 더 많이 접하는 것은 오히려 종교라고 할 수 있다. 이런 이유로 동아시아에서 불교철학의 영향력을 무시할 수 없다. 이렇게 불교철학은 점차 대중의 시야에 들어오게 되었다.

　불교는 방대하고 복잡한 신앙 체계, 철학 체계, 가치 체계로서 2,500년 넘게 그 역사를 이어왔으며 지속적인 활력과 항구적인 가치를 가지고 있다. 불교의 가치는 주로 인간 사회에 대한 배려, 개인의 마음의 조절, 인간과 자연의 관계 조절, 미래 사회에 대한 지대한 영향 등을 반영한다는 점, 사람들이 이러한 문제를 인식하고 분석할 수 있도록 돕고, 의미 있는 많은 의견들을 제공한다는 데에 있다. 이것으로부터 알 수 있듯이, 불교철학도 교양교육이 될 수 있는 가능성을 갖추고 있다.

　그러나 불교철학, 특히 불교의 교리와 실천을 깊이 이해할 때 학습자는 여러 가지 어려움에 직면한다. 불교철학 자체의 복잡성과 심오함은 많은 사람들을 두려움에 떨게 하고 불교 내부의 교파 차이, 불교 경전의 방대한 수, 그리고 학습자의 능력 차이와 같은 요소는 불교철학의 대중화를 몹시 어렵게 만들었다. 그래서 최근에는 불교철학을 단순화하고 대중화하는 방향으로 여러 학자들과 종교계 인사들이 많은 노력을 기울이고 있다. 『마음은 어떻게 세계를 만드는가: 한자경의 일체유심조 강의』는 바로 이에 대한 한자경 교수의 중요한 시도이다.

혁신적인 문장 구조에 담긴 대승적 노력

우선 '마음은 어떻게 세계를 만드는가: 한자경의 일체유심조 강의'라는 제목부터가 책의 의도를 잘 보여준다. '일체유심조'는 불교학에서 흔히 볼 수 있는 용어로, 『화엄경』의 "만일 사람이 삼세 모든 부처를 알고자 한다면, 응당 법계의 성품을 관찰해야 한다. 일체가 오직 마음으로 지은 것이니라.[若人欲了知, 三世一切佛, 應觀法界性, 一切唯心造.]"라는 구절에 나왔다. 그 뜻은 쉽게 말해서 모든 것이 마음에서 만들어진다는 것이다. 여기까지 보고 독자들은 그러면 마음이 어떻게 세계를 만들 수 있냐는 질문을 절로 떠올릴 것이다. 이 문제를 풀기 위해서 저자는 나와 세계 그리고 마음, 일상에서 대상을 인식하는 논리 법칙을 들여다보는 것을 시작으로 그것이 갖는 맹점들을 날카롭게 들춰내고, 그 속을 비집고 들어가 우리 사유 너머에 무엇이 있는지 파헤친다. 이를 바탕으로 눈앞에 펼쳐진 모든 사물이 어떤 방식으로 존재하는지, 나와 세계의 실상은 무엇인지, 또 그 수많은 현상을 가능하게 하는 '본래 마음'이란 무엇인지 불교의 다섯 가지 핵심 개념을 바탕으로 추적한다.

이 과정에서 저자는 일상과 맞닿은 예시와 다양한 비유로 독자들이 생소하게 느낄 수 있는 개념을 명쾌하게 풀어냈다. 난해하고 복잡한 개념들은 50여 개의 직관적인 그림과 도표로 정리해 독자들의 이해를 돕고, 촘촘하게 전개되는 논리 속에서 잠시 숨을 고를 수 있는 틈을 마련해 뒀다.

저자는 "'나는 누구인가?'라는 질문의 답이 쉽게 보이는 것은 아니지만 찾아지지 않아 마음이 텅 빌 때 그때 비로소 우리는 공의 의미를 이해하기 시작한다"고 하면서 "경험하는 모든 것이 실은 인연 따라 일어나는 연기의 산물임을 직감하게 된다"고 밝히고 있다. 이어 "존재의 실상을 깨닫기 위해 우리는 수행을 하고, 그 결과 발견하게 되는 것이 바로 우리의 본래 마음"이라며 "이 마음이 곧 모든 것을 만드는 일체유심조의 마음이며, 자신의 빛으로 세계를 밝히는 공적영지의 마음"이라고 의미를 전했다.

이 책은 공의 세계, 연기의 세계, 수행의 세계, 일체유심조의 마음, 공적영지의 마음 다섯 장으로 나누어져 있다. 저자는 구조에 맞게 차근차근 글을 써 학습자들을 불교철학의 세계로 끌어들였다. 이와 함께 이 책은 불교철학을 교육하고 학습하는 과정에서 직면하는 불교 내 교파의 수, 방대한 불경의 수 등에 대한 어려움들에 대해 언급하고 있다.

저자는 먼저 공과 연기를 통해 불교의 세계관을 밝히고, 불교 수행이 지향하는 해탈한 마음, 부처의 마음을 살펴본 후, 모든 인간에 내재된 그 마음을 일체유심조의 마음, 공적영지의 마음으로 설명하였다. 여기서 공과 연기는 무아를 설하는 초기불교의 핵심 개념이고, 일체유심조와 공적영지는 일심과 본각을 설하는 대승불교의 핵심 개념이다. 이로써 초기불교와 대승불교, 무아와 일심이 수행을 매개로 하나의 불교를 이루고 있음을 밝히고 있다.

이 시도는 간단명료한 문장으로 불교철학의 내용을 통합하였을 뿐만 아니라, 이 책이 제목과도 길 맞아떨어져서 많은 양의 불교 정신을 읽고 불교 세계를 정리하는 시간을 절약하게 해준다. 그것은 불교철학 학습에 대한 사람들의 두려움을 효과적으로 덜게 하면서 불교철학이 일반 교양교육이 될 수 있는 가능성을 보여주었다.

불교철학 보급을 위한 노력의 의미

위에서 언급한 바와 같이 현대의 급속한 기술 변화로 인한 대체 노동 장비와 그에 따른 여가 시간의 증가는 사람들에게 일반 교양교육을 더욱 필요로 하게 만들었다. 교양교육에서 현대인은 지식, 지혜, 선의와 사랑을 바탕으로 정신적으로 물질적 속박에서 벗어나고, 생활 속에서 다양한 물질적 이해 관계에 매몰되지 않으며, 스스로 슬퍼하지 않고, 진정한 자유를 얻을 수 있다. 일반 교양교육은 반성과 참모습을 강조하고, 마음의 성장과 인간 본연의 정신적 해방을 추구한다. 또한 진정한 학습과 탐구 속에서 개인의 잠재력을 보여주는 일, 생명의 의미를 깨닫는 일, 삶의 참뜻을 해석하는 일 등을 추구한다. 이처럼 오늘날 교양교육은 단순한 공감교육이 아니라 질의, 반성, 검토, 추궁, 해체, 심지어 전복까지 해야 한다. 학문적, 논리적 관점에서 바라볼 뿐만 아니라 지적 합리성 이면의 정의(定義)와 선(善)도 관심을 기울이고 다양한 지적 미덕을 개발해야 한다.

이러한 때에 불교철학은 대중화를 통해 동아시아, 나아가 세계에 중요한 역할을 수행할 수 있다. 이처럼 불교의 교리와 실천은 개인의 수행에 지도적 의의를 가질 뿐만 아니라 사회 윤리의 향상과 조화로운 사회 건설에도 큰 영향을 미친다. 불교철학은 교육을 통해 인류의 윤리와 도덕을 촉진하고 인류가 진정한 평화공존(平和共存)과 자애평등(慈愛平等)의 정신을 얻을 수 있도록 하며 인류가 생존할 수 있는 더 나은 사회 환경을 만들어줄 수 있다.

이 책은 사람들에게 이러한 불교의 진수를 이해할 수 있는 '방편문'을 제공하는 책이라고 할 수 있다. 대중이 불교철학의 핵심 취지와 체계를 빠르게 파악할 수 있도록 함으로써 불교철학을 깊이 배울 수 있는 기반을 마련하고 있기 때문이다. 또한 불교철학을 교육하기 위한 새로운 모델을 제시한다. 이처럼 이 책은 불교철학 분야에서 40여 년을 깊이 연구한 학자가 대중에게 안겨준 소중한 선물이기도 하다.

28

『능엄경 강해 Ⅰ·Ⅱ』

발행 연도: 2023년
펴낸곳: 서광사
능엄경 강해 Ⅰ: 392 페이지
능엄경 강해 Ⅱ: 516 페이지
대한민국학술원 우수학술도서

『능엄경 강해』에 앞서

현대 우주과학은 138억 년 전의 시간과 반지름 465억 광년 공간의 우주에서 펼쳐지는 별들의 신비를 파헤치고, 양자역학과 나노과학은 수억 분의 1mm보다 더 작은 미시세계의 신비를 드러내면서 우리에게 인간과 세계에 대한 무수한 정보를 제공해 주고 있다. 그러나 정작 천체망원경과 전자현미경을 통해 온갖 신비를 들여다보고 알아가는 인간의 의식 내지 마음이 무엇인가에 대해서는 어느 과학도 그럴듯한 답을 제시하지 못하고 있다. 우리는 우리에게 보여지는 대상 내지 현상을 알 뿐, 그것을 보고 아는 자기 자신이 어떤 존재인지는 잘 알지 못한다. 자신을 알기 위해 스스로를 대상화해서 파악하면, 그렇게 알려진 나는 다시 또 보여진 나, 대상화된 나이지 그 나를 보는 나 자신이 아니기 때문이다. 일체 앞의 세계를 완결하는 그 마지막 한 지점은 그 체계 안에서 설명되지 않는다. 과학은 그것을 '괴델의 불완전성 정리'라고 하고, 철학은 그것을 '거짓말쟁이 역설'로 표현한다. 보고 아는 나를 보여지고 알려진 나와 동일 차원에 놓으면 역설이 성립한다.

과학의 완전성을 내세우고 이 역설을 피하기 위해 사람들은 오히려 '보고 아는 나'를 부정하며 '보고 아는 나는 없다'고 말하기도 한다. 만약 전체 세계 너머에서 전체 세계를 마무리하는 마지막 한 지점, 따라서 전체와 하나가 아니면서 또 둘이 아닌 그 지점을 애써 도외시하는 것이다. 그러면서 의식이나 마음을 한갓 보여진 대상인 신체나 두뇌의 기능 또는 정보나 관념의 산물이라고 설명하고, 붓다가 설한 무아(無我)까지도 그런 식으로 해석한다. 그러나 그 마지막 지점은 부정하고 제거하려는 순간에도 여전히 거기에 들어 있어 역설은 피할 수 없다. 화자는 언제나 그 지점에서 말하기 때문이다. '보고 아는 나'가 없다고 무아를 말하는 그 마음이 바로 그 지점의 마음이다. 수행이 지향하는 마음, 일체 번뇌를 멸하여 열반에 이르는 마음, 해탈한 마음, 부처의 마음이 바로 그 지점의 마음인 것이다. 실제로 우리는 처음부터 끝까지 그 마음자리를 벗

어난 적이 없다. 무아의 참된 의미는 보여진 세계, 연기와 윤회의 세계 안에 자아는 없
다는 것이다. 붓다가 무아를 설한 것은 보여진 세계 전체를 보는 눈, 현상 전체를 완결
하는 그 마지막 지점은 현상 속 나가 아니라는 것을 말하기 위함이다.

그런데도 현대과학에 세뇌된 우리는 쉽게 그 마음을 지우려고 하며, 그 마음까지도
두뇌나 정보가 만든 환상이라고 여긴다. 현상세계 전체가 우리의 뇌나 정보가 만들어
낸 가상이고, 우리는 그렇게 우리가 만들어낸 가상을 보고 있는 것인데, 그 보는 자를
다시 보여진 가상 속으로 밀어넣는 것이다. 모두들 그렇게 말하면 그런가 라고 생각하
면서, 흔들리게 된다. '마음이란 것은 가상 속 가상이구나', '보는 마음의 확실성은 가
상 속 확실성이구나'라고 여기게 된다. 결국 도무지 깨어날 수 없는 환상에 갇히는 것
이다. 그렇게 되면 붓다가 말한 대각(大覺)과 해탈과 열반이 모두 그냥 환상 속 이야기
가 된다. 많은 사람들이 불교를 그런 식으로 읽는다. 현대에도 그렇고 예전에도 마찬
가지였다.

대승은 깨달음과 해탈과 열반을 그런 식으로 현상 차원으로 되돌려 상대화하려는
것을 악취공(惡取空)에 빠진 단멸론(斷滅論)이라고 비판한다. 보여진 현상세계 전체를
넘어서는 그 마음 한자리를 놓쳐 버리면 업보의 순환인 유전문에 갇혀 그로부터의 탈
출, 해탈이 불가능해지기 때문이다. 붓다가 강조한 환멸문의 수행, 해탈과 열반이 무
의미해지기 때문이다. 『능엄경』은 붓다의 가르침을 완성하기 위해, 그 마지막 지점인
마음 한자리를 확고하게 붙잡기 위해 쓰여진 경전이다. 수행하는 불자라면 놓쳐서는
안 되는 그 마지막 지점의 마음을 '신묘하고 맑고 밝은 마음'인 묘정명심(妙淨明心),
'원만하여 묘하고 밝은 마음'인 원묘명심(圓妙明心)으로 밝히면서 그 존재를 증명하고
있다. 그리고 그 마음에 입각해서 우리가 경험하는 자아와 세계의 실상을 해명한다.

『능엄경』을 읽으면서 '아난과 대중이 미증유의 것을 얻어 환희하였다'는 말이 실감
이 났다. 알고도 놓칠 뻔했던 마음, 스스로 느끼면서도 애써 외면하게 되는 마음, 그
마음을 이렇게도 확실한 언어와 탄탄한 논리로 이야기하다니! 다문제일 아난을 붙잡
고 붓다가 고구정녕으로 깨우쳐 주고자 한 것이 바로 이 마음이라니! 모든 중생 안에
깃든 이 어마어마한 보물을 놓치고 작은 것에 목숨을 걸고 사는 중생이 그리도 안타까
워 넘치는 자비심으로 중생을 일깨워 주려 하다니! 이 『능엄경』이 우리 한국의 역사
속에서 계속 읽히고 사랑받고 심지어 한글 창제 이후 세워진 간경도감에서 언해본으
로까지 출간되었다는 것도 놀라운 일이었다. 우리 선조는 이 마음을 놓치지 않고 알고

있었구나! 일반 백성들조차도 이 마음을 붙잡고 있었구나! 그러니까 최제우의 깨달음, '오심즉여심(吾心卽汝心)'이 가능했고, '인내천(人乃天)'이 나올 수 있었구나! 선불교가 기반한 '본래성불'과 '중생즉부처'가 무엇을 의미하는지, 간화선이 말하는 본래면목의 깨달음, 견성(見性)과 돈오(頓悟)가 무엇을 뜻하는지도 이 『능엄경』을 읽으면서 확연히 알 수 있었다.

내가 『능엄경』이 논증하는 마음(원묘명심)과 그 마음의 빛인 본각(本覺)의 각명(覺明)을 엄청난 보물이라고 여기는 까닭은 바로 여기에 현대의 심리학이나 심리철학, 뇌과학이나 인지과학이 해명하지 못하고 남겨 놓은 인간 마음의 핵심, 의식(意識)의 본질이 놓여 있다고 생각하기 때문이다. 나는 정보처리시스템 차원의 '명제적 의식'과 질적으로 구분되는 의식, 즉 정보를 자각하여 아는 '현상적 의식'의 정체가 바로 이 본각에 있다고 생각한다. 『능엄경』을 읽다 보면, 지금 여기에 깨어 있는 이 의식이 바로 심층 묘정명심인 진심에서 뻗어나오는 각명(覺明)의 빛이라는 것, 땅속 나무뿌리의 생명력이 땅 위 나뭇가지 끝에서 꽃을 피우듯이, 가장 심층의 본각의 밝음이 가장 표층의 현재적 의식의 성성한 깨어 있음을 이룬다는 것을 실감하게 된다. 살아 있는 중생의 마음과 알고리즘적 인공지능의 차이가 바로 이 각명의 빛에 있다는 것, 경험적 과학이나 사변적 철학 너머의 종교적 영성(靈性)은 바로 이 원묘명심의 보고(寶庫)에서 성립한다는 것, 우리는 누구나 공적영지(空寂靈知)의 마음으로 살아가며, 그래서 모두가 걸림 없는 무애(無碍)의 하나를 꿈꾸며 산다는 것, 이런 것들을 확신하게 된다.

『능엄경』을 처음 읽고 크게 감동받은 후 종종 대학원 수업에서 학생들과 함께 읽기 시작한 지도 벌써 10여 년이 되었다. 『능엄경』은 그 양이 많아서 한문 문장과 같이 읽다 보면 짧게는 두 학기, 길게는 세 학기에 걸쳐 읽어야 했다. 몇 번을 그렇게 읽으면서 나는 내가 왜 『능엄경』을 이렇게도 좋아하는 것일까 스스로 의아해하기도 했다. 그러다가 문득 그 답을 찾은 듯한 느낌이 든 것은 최근의 일이다. 어린 시절 명륜동 한옥집에 혼자 깨어 있던 밤이면 밀려오는 고요함과 적막감 속에서 나는 일체 분별이 사라지고 전체 우주와 그대로 하나가 되는 듯한 묘한 감정에 빠져들곤 했다. 그때 내가 의식했던 것은 적막을 뚫고 내 안에서 느껴지는 심장 고동과도 같은 미세한 진동이었다. 마음의 집중을 따라 몸 어디에서든 그 진동을 느낄 수 있었는데, 나는 그것을 내 안의 심장의 고동, 맥박과 같은 것이라고 생각해 왔다. 나중에 불교를 알고 수행에 관심을 가지면서 위빠사나 수행으로 호흡에 집중해 보기도 하고, 간화선 수행으로 화두에 집중해 보기도 했지만, 나는 늘 그 진동으로 되돌아왔다. 생각을 따라가지 않고 빈 마음으로 성성하게 깨어 있음을 가장 잘 느낄 수 있는 상태가 바로 그 진동에 머물러 있는 것이었기 때문이다. 그것은 일종의 파동처럼 느껴졌고, 우주의 파동과 주파수가 맞으면 활연관통하면서 시방 여래와 살아 있는 모든 중생의 마음이 하나로 통할 것 같은 그런 기대를 갖고 살아왔다. 나는 그것을 어디에서도 확인받지 못한 나만의 비밀 병기처럼 나의 수행법으로 혼자 사용하면서 살아왔던 것이다. 그러다가 어느 날 문득 내가 느껴온 진동이『능엄경』의 이근원통(耳根圓通)이 말하는 '흐름에 들어가 대상을 잊음(입류망소入流忘所)'의 그 흐름이 아닐까라는 생각이 불현듯 들었다. 고요를 뚫고 느껴지는 진동 내지 파동이 일종의 흐름으로 묘사될 수 있지 않을까? 진동에 나를 맡김은 흐름을 따라 일체의 매듭인 6근(根)을 풀어 한마음으로 돌아가는 그 출발점이 아닐까? 그래서『능엄경』에 사로잡혀 있었던 것일지도 모른다는 생각이 들었다.『능엄경』에서 마음을 찾아 아난이 눈물 흘릴 때 붓다가 그 정수리를 어루만지는 그 마정(摩頂)을 나는 몹시 부러워하기만 했다. 그러다가 또 어느 날 문득 '나는 늘 그렇게 어루만져지고 있었던 것이 아닐까'라는 생각이 들었다. 붓다, 여래법신, 진여가 이끄는 것이 아니라면, 어떻게 수십 년을 이 한 길을 걸어올 수 있었겠는가? 이처럼『능엄경』안에 불교의 진리가 모두 녹아 있고, 내 삶의 이모저모를 비춰볼 수 있기에, 내가『능엄경』을 좋아하는 것이 우연이 아닐지도 모른다는 생각이 들었다.

『능엄경』을 좋아하는 사람은 나뿐만이 아니다. 과거부터 수많은 사람들이『능엄경』에 매료되었으며, 따라서 우리말로 쓰여지거나 번역된 주해서도 적지 않다. 그러니 거기에『능엄경 강해』라는 이름으로 또 하나의 해설서를 더하는 것이 무슨 의미가 있을까? 스스로 이렇게 반문하면서도 작업을 계속하여 강해를 완성하고 나니, 과연 무엇이 이 책의 특징일까 되묻게 된다. 내용적으로 가능한 한 현대의 우리말로 풀이했고 철학적으로 설명해 보고자 노력하였지만 성공하였는지는 잘 모르겠다. 나른 책들보나 소금은 더 이해하기 쉽게 쓰여졌기를 희망해 본다. 내용 중심으로 장과 절을 나누어 설명하였고, 목차만 봐도 대충의 내용을 알아볼 수 있게 하려고 노력했다. 또 번다한 내용을 가능한 한 간략하게 도표화하여 이해를 돕도록 하였다. 짧은 내용은 짧은 도표로, 긴 내용은 긴 도표로 정리하였고, 긴 도표는 뒤에 따로 묶어두었다. 반라밀제 한역의 글자들은 기본적으로『신수대장경』을 따르되『정맥소』나『계환해』등에서의 수정을 참조하여 의미상 맞다고 생각될 경우 그에 따라 수정하였다.

기존의 책들과의 형식상의 차이는 본문의 글을 서분만 제외하고 모두 대화체 형식으로 바꿔서 희곡 대본처럼 꾸며본 것이다. 글 자체가 붓다가 아난, 파사익왕, 관세음보살 등과 나눈 대화체의 글이기 때문이다. 그래서 생생하게 대화 분위기를 살려보고자 했다. 다른 책들과의 또 다른 차이는 대화 전체를 존댓말로 번역한 것이다. 우리말 번역본에서는 모두 스승인 붓다는 제자에게 반말을 하고 제자 아난은 스승에게 존댓말을 하는 식으로 되어 있다. 그러면서도 붓다가 파사익왕한테 하는 말은 존댓말로 번역한다. 그러나 나는 나이 또는 사회적 지위를 따라 존댓말이냐 반말이냐를 선택하는 것은 평등한 인간관계를 해친다고 본다. 인도 범어나 한문에는 그런 선택이 없을 것이다. 따라서 모두 존댓말로 바꿔 본래의 분위기를 살려보고자 하였다. 이런 시도가 당연한 것으로 받아들여질 수 있는 날이 오기를 기다려본다.

마당 한쪽에 흙을 고르고 빨간색 노란색 봄꽃을 사다 심으면 하루만에도 마당에 아름다운 꽃밭이 생긴다. 또 마당 한쪽에 흙을 일구어 상추나 고추 모종을 사다 심으면 몇 달이고 맛있는 먹거리를 따먹을 수 있는 텃밭이 생긴다. 하루 이틀 일을 하면 금방 표가 나고, 그렇게 성과가 눈에 띄게 드러나니 일하고 나서도 기분이 좋다. 그런데 책상 앞에 앉아서 하는 공부는 백날을 해도 그게 그거다. 하는 나도 뭘 했는지 모르겠고, 밖에서 보는 남들도 도대체 뭘 하고 앉아 있는 건지 알지 못할 것이다. 그런 식으로 책상 앞에 앉아 『능엄경』을 붙잡고 있는 것이 벌써 며칠, 몇 달, 몇 년째인지 모른다. 아님 몇 생을 두고 하는 것인지도 모르겠다. 혹시나 이 책이 누군가의 사유와 삶에 작은 보탬이라도 된다면, 그의 덕에 내 노력이 헛된 일이 아니게 될 터이니, 그에게 감사하고 싶다.

가평 아침고요마을에서
한자경 씀

목차

능엄경 강해 I

능엄경 강해 II

서평: 사람다운 삶을 위한 '각명(覺明)'의 변주곡

박정원(이화여자대학교 학술연구교수)

1. 시작하는 말

사람으로 태어나 그냥 살게 되는 것만이 우리 삶이 아니고, 그냥 생각나고 원하는 대로 마음을 쓰는 것만이 우리 마음이 아니다. 그렇기에 인간의 철학과 문화, 예술과 역사적 탐구가 시작된 이래 인간의 마음과 삶에 대한 바른 성찰과 가치 있는 삶의 모습들은 세대를 이어가며 한시도 멈춘 적이 없다. 기본적인 생존 조건조차 위협을 받는 요즈음 그 어느 때보다도 이기는 삶, 능력 있는 삶, 힘 있는 삶, 건강하고 부유한 삶에 대한 선망과 추앙의 마음이 강렬해지고 있다. 하지만 역설적이게도 좋은 삶, 가치 있는 삶, 사람다운 삶에 대한 동경과 그리움의 마음 또한 나날이 넓고 깊어져 간다. 전자는 현상세계로 향하는 마음과 관련이 있다면 후자는 본질적 근원 세계로 향하는 마음과 관련이 있다.

물론 어느 방향에 더 관심이 있든지 간에 어느 쪽으로든 우리는 모두 나의 삶의 주인이 되는 나로서의 자아, 나 자신의 마음에 대한 정체를 알고 싶어 한다. 그런데 이 두 방향으로의 관심은 모두 우리 삶에 필수적이지만 또한 언제나 조화로운 것은 아니며 자주 대립적인 것처럼 보인다. 아주 오래전부터 불교 형이상학과 불교 수증론(修證論)은 우리 마음과 삶에 존재하는 이러한 대립성을 일찌감치 간파하였다. 그런 만큼 그 어떤 학문과 종교보다도 치밀하고 광범위하면서도 진실하고 간결한 메시지로 이 문제를 다루고 있다.

한자경 교수는 정년을 한 해 앞둔 2023년 12월에 자신의 학문적 여정의 또 하나의 큰 점을 찍는 스물세 번째 책인 『능엄경 강해 I』, 『능엄경 강해 II』 2권을 출간하였다. 한 교수의 평생에 걸친 철학 탐구에서 저술 활동의 의미는 자신의 책에서 표현한 대로 "떠나는 자가 집을 정리하듯이, 두고 떠나기 위해"[1] 집필된 것이기에 다른 무엇보다 '자신을 위한(爲己)' 것이다. 떠나는 자가 집을 정리한다는 말은 곧 자신의 철학 여정이 이전보다 한 단계 더 나아간다는 것, 곧 해탈의 진전을 가리킨다.

그러므로 우리는 한자경 교수의 책들에서 학자와 동시에 종교적 수행자의 모습을 발견하게 된다. 책의 내용을 따라가면서 우리 자신 또한 철학적 탐색에 그치지 않고 투명하고 맑은 수행적 만남을 체험하게 되는 것이다. 그러나 사실 이 과정은, 한 교수가 불교 경전을 강해한 자신의 책 앞부분에 명쾌하게 요약 정리해 놓은 해제를 쭉 훑어보는 것과는 달리, 읽는 사람에게는 결코 쉽거나 순탄한 여정은 아니며 오히려 고난에 찬 순례길에 가깝다. 왜냐하면 한 교수의 각 저서들이 다루고 있는 문제들 자체가 모두 하나의 큰 파라독스를 품고 있기 때문이다. 그것은 철학과 종교에서 필연적으로 마주하게 되는 파라독스이며 수행으로서의 공부를 시작하는 사람들이 만나게 되는 고통과 즐거움, 분투와 유희의 파라독스이다. 우리는 한 교수의 책들을 거치면서 이 파라독스들과 직접 씨름할 수밖에 없다. 이 분투는 남이 대신 해줄 수 없는 것이다. 하지만 우리는 스스로 선택한 이 분투를 통해 이 과정이 결국은 나 자신을 통해 궁극적 존재가 한바탕 변주곡을 연주하는 과정이었음을 어렴풋이 알게 된다.

이하에서는 먼저『능엄경 강해』가 한 교수의 철학 지평에서 어떤 위상을 갖는지『자아의 탐색』에서 다루고 있는 질문들과 관련지어 살펴보고(2장), 2권의『능엄경 강해』의 구성 형식을 분석하면서 여러 가지 독해법의 가능성을 탐색한다(3장). 그리고『능엄경』의 내용에 대한 한 교수의 철학적 해석의 특징들을 살펴보도록 하겠다(4장).

2. 한자경의 철학 지평에서『능엄경 강해 I, II』(2023)의 위상:『자아의 탐색』(1997)과 관련하여

한자경 교수는 1997년 출간한『자아의 탐색』에서 자아를 '대립성의 자각'으로 파악한다. 자아는 무엇인가, 나는 누구인가를 안다는 것은 자아가 어떤 대립성을 가진 존재인가를 자각한다는 것이다. 대립성으로서의 자아를 자각하는 일은 처음에는 이상과 현실, 이상적 자아와 그 경지를 동경하는 현상적 자아로서의 개인과의 대립적 관계로 현현한다. 이때 진정한 자아는 '우리 안의 신적인 것이고 우리의 자연성과 현상성을 넘어서는 것'[2]을 가리킨다.

1 한자경,『자아의 탐색』, 서광사, 1997, 240쪽.
2 위의 책, 104쪽.

하지만 곧이어 한 교수는 신적인 것과 인간적인 것, 현상적 자아와 그러한 현상성을 넘어서는 자아와의 대립적 상호관계를 다른 방식으로 탐색한다. 우리가 그토록 '이상으로 동경하는' 바로 그 존재는 현상적이고 상대적인 것들과 '동떨어져 있는 것'이 아니다. 우리가 우리 자신에 대해 느끼는 유한성의 의식, 결핍의 의식은 무한이 우리 안에 있지 않다고 생각하기에 느껴지는 것인데, 사실은 바로 무한이 우리 안에 존재하기에 느껴지는 것이다. 무한은 유한의 바탕이기에 유한 안에서도 발견되는 것이다.[3] 그런데 유한 안에서 발견되면서도 그것을 넘어서는 무한자는 물질적인 존재가 결코 될 수 없다. 각자가 1로서 머무르면서도 같이 1이 되어 하나가 된다는 것은 자기 경계를 벗어날 수 있는 정신의 영역에 있어서만 가능하기 때문이다.[4]

그러나 바로 이 지점에서 질문은 계속될 수밖에 없다. 우리 각자로 하여금 결핍과 동경의 에로스를 끊임없이 불러일으키는 무한자로서의 정신, 우리 각자와 동떨어져 있지 않은 그 마음, 그것이 어떻게 유한과 관계 맺고 있는가? 그 마음은 어떻게 자신 안에 존재하면서도 자신의 경계를 벗어나게 하는가? 우리의 참된 마음, 진실한 자아는 왜 그 자체로 온전하게 우리 안에 갖추어져 있는데 우리는 끊임없이 결핍을 자각하고 온전함을 동경하고 그리워하는가? 우리가 계속하는 수행의 실질적 의미는 과연 무엇인가? 왜 우리는 자주 생각과 경험을 서로 한계지우며 그 한계 내에서 반복하는 윤회 속에 빠지게 되는가? 동일한 경험과 생각의 순환 과정을 통해서도 그 둘의 한계를 동시에 벗어나도록 할 수 있는가?

한자경 교수는 『자아의 탐색』에서 다뤄지는 문제들이야말로 철학의 핵심 문제라는 것을 일찍이 간파하고 스스로 그 문제와 씨름하며 특히 불교 경전들을 강해하면서 해명하는 작업을 그 이후에도 수십 년 동안 계속해 왔다. 다른 강해서들이 본각(本覺)과 일심(一心)의 유식적 이해,[5] 사마타와 위빠사나 선(禪) 수행의 관계,[6] 아뢰야식(阿賴耶識)과 세계창조[7]를 집중적으로 해명한 것이라면 『능엄경 강해』 두 권은 "심층마음인 묘정명심 하나로 관통하여 설명하는 회통불교적 경전"[8]으로 해석한다.

---

3   위의 책, 144쪽.
4   위의 책, 210쪽.
5   한자경, 『대승기신론 강해』, 불광출판사, 2013.
6   한자경, 『선종영가집 강해』, 불광출판사, 2016.
7   한자경, 『성유식론 강해 1: 아뢰야식』, 서광사, 2019.
8   한자경, 『능엄경 강해 I』, 서광사, 2023, 16쪽.

'능엄경의 회통불교적 관점'에서 보면 자아의 대립성은 동일한 차원의 대립이 아니며 이 대립성은 공존 가능한 것으로 된다. 또한 '능엄경의 회통적 관점'으로 보면, 생각과 경험의 대립적 순환성과 한계는 폐쇄적인 윤회의 방향만 있는 것이 아니라 열려 있는 해탈의 순환 과정, 즉 스스로 닦아서 몸소 증명해 가는, 수증(修證)의 과정이 될 수 있다. 사실 우리는 이러한 파라독스와 열린 순환성의 과정을 통해서만 자아와 세계에 대한 진실한 깨달음을 얻을 수 있다. 한 교수는 이 과정을 능엄경이라는 거대한 파도의 수많은 겹들을 하나씩 풀어가며 논증하고 있다.

3. 『능엄경 강해』의 독해법: 차례와 제목, 색인을 활용하며 두 권을 동시에 소리내어 읽기

『능엄경 강해』 1권은 392쪽이고 2권은 515쪽으로, 전체 분량이 결코 적지 않지만 한역(漢譯) 능엄경 자체가 10권인 것에 비하면 상당히 압축적으로 정리된 것으로 볼 수 있다. 다른 불교경전 강해서와 마찬가지로 한자경 교수는 이 책에서도 원전 자체의 차례와 구성을 그대로 살리면서도 책 전체 구성 형식을 명료하게 이해할 수 있도록 순서와 차례 구성을 편집하고 각 장의 핵심 내용을 잘 드러내는 제목들을 붙이고 있다. 따라서 이 책의 요긴한 독해법의 하나는 책 전체를 읽기 전에 해제와 핵심 내용 정리 도표를 읽는 것 못지않게 차례와 순서에 어떤 제목들이 어떻게 서술되어 있는가를 천천히 확인하는 일이다.

1권은 돈오와 점수 중 '돈오', 즉 견도분과 관련된 것이고 2권은 '점수' 즉 수도분과 관련된 것이다. 『능엄경 강해』는 이 두 부분을 각각 사마타와 삼마제-선나로 구분한다. 사마타 견도분의 핵심은 진심인 묘정명심의 존재를 망심인 견문각지심과 구분하고 진심이 어떤 마음인가를 10가지 특징으로 밝히는 것으로, 그 소제목들의 서술이 매우 간결하고 진실하게 표현되어 있다. 진심은 멸하지 않고, 눈으로 보는 것이 아니라 마음으로 보는 것이며, 움직이거나 유실되지도 않고, 사물은 아니지만 사물과 분리되지도 않고, 두루하지만, 자연도 인연도 아닌 것이다.

사마타의 견도분에서 능엄경의 고유한 특징이 제목에 서술되어 있는데 이것은 여래장으로서의 묘정명심의 파라독스적 성격으로 공여래장과 불공여래장으로 표현된다. 묘정명심이 존재하지 않는 곳이 없다는 점은 1권 앞부분의 칠처징심 논의에서 1차적으로 다루고 있지만 공과 불공의 여래장으로 동시에 서술하는 것에서 우리는 하나의 거대한 도미노 조립 모델을 상상하게 된다. 같은 도미노 조각이 서로 반대 방향의 힘으로 인해 색다르게 펼쳐지는 모습이다. 상대와 절대, 유한과 무한, 자아와 세계 등의 대립적 모습은 진심을 중심으로 공존 가능한 모습으로 나타난다. 묘정명심은 그 자체로 무한과 절대의 지점에서 온갖 상대적인 것과 유한한 것들을 생성해 내는 근본 존재이다. 그리고 우리는 모두 각자의 마음 안에 이 근본 존재를 품고 있지만 사마타의 수행의 부족으로 이 점을 온전히 깨닫고 있지 못하다.[9] 그래서 능엄경 1권의 전체 제목이 사마타이고 견도분이 된다.

삼마제-선나의 수도분과 증과분에서 능엄경 강해의 순서와 제목의 서술은 더욱 흥미롭다. 수행의 참된 요체를 '매듭 풀기'로 보고 24명의 성인(聖人) 제자들의 수행 방편들이 제시된 이후, 이근원통이 집중적으로 다뤄지는데 한 교수는 한역 능엄경의 5권에서 7권을 내용을 중심으로 재분류하고 있다. 문수보살에 의해 선택된 '이근원통'의 장점이 다뤄지는데 그 이유를 소제목에서도 차례로 나누어 독자들이 논증을 따라갈 수 있도록 배려하고 있다. 또한 수행 중에 일어나는 장애인 마사(魔事)가 오음에 따라 달리 나타나는 것임을 제목에서 먼저 밝힘으로써 수행의 장애가 결국 1권의 사마타와 2권의 삼마제-선나 전 과정에서 일어나는 수행을 통해 직면할 수 있는 것, 즉 수증의 과정에서 대면하는 것임을 밝히고 있다.

한 교수의 해제와 그림을 통한 요약 정리는 이 책에서도 역시 빛을 발한다. 그러나 한 교수가 순서와 제목의 내용을 언어로 선택하고 해제와 그림을 통해 요약 정리한 경지에 미처 이르지 못한 채 이 책을 읽는 독자로서는 자칫 해제나 그림만 한두 번 읽고 마치 책의 전체 내용을 이해하였다는 착각에 빠질 수 있다. 따라서 오히려 다른 독해법의 가능성을 제안해 본다. 해제는 이 책 본문을 다 읽은 다음으로 미루어 두는 것이다.

물론 책의 순서로 보면 해제부터 시작하여 1권을 모두 읽고 나서 2권을 읽는 것이 자연스러워 보이지만 『능엄경 강해』의 경우에는 약간 다른 독해법도 가능한 것이다. 1권 사마타 견도분의 내용은 오히려 2권 삼마제 수도분과 선나 증과분을 통과하면서 더욱 빛을 발할 수 있다. 그래서 2권을 먼저 읽거나 1권과 2권을 동시에 읽어나가는 것도 좋은 독해법이다. 또한 본문과 강해 내용 어느 부분이든 소리 내어 천천히 읽어나

---

9   능엄경 1권 견도분에서 아난과의 문답과정에서 붓다는 아난에게 사마타의 수행력이 부족하여 망심과 망견에 휘둘리고 있음을 반복적으로 상기시킨다. 견도 자체가 사마타, 지혜를 품고 있는 정(定), 통철을 품고 있는 지(止)의 수행과 긴밀하게 관련되어 있음을 시사한다.

가는 것이 좋다.

경전을 소리 내어 읽는 것은 불경 필사(寫經) 못지않게 역사적 전통이 있는 독해법 중 하나이다. 조선 세조 대에 설립된 국립기관 간경도감에서는 『능엄경』이 한문과 한글 언해본 모두 간행되었는데 세조의 자부이며 유교 교화서 『내훈』의 저자이기도 한 정빈 한씨(소혜왕후, 인수대비)는 『능엄경』을 소리 내어 읽으면서 글을 바로잡는 역할인 창준(唱準)을 담당했었다.[10] 그러나 이 책에서 소리 내어 읽는 일은 본문과 강해 내용을 바로잡는 것이 아니라 긴 문단을 스스로 마디를 내어가면서 스승과 제자 사이의 묻고 답하는 곳에 함께 하는 듯한 현장감을 갖게 해준다.

『능엄경 강해』의 또 다른 독해법은 책의 맨 뒤에 나와 있는 색인을 활용하여 두 권의 본문 내용을 상호 관련지어 동시에 읽어나가는 것이다. 1권과 2권의 색인에는 공통적으로 다루고 있는 3개의 핵심 개념군이 있다. 이 개념군들은 모두 묘정명심의 실상과 활동을 가리킨다. 첫째는 각명(覺明)이다. 각명은 성각필명을 가리킨다. 성각필명은 '각성은 필히 그 자체로 밝다[性覺必明]'는 뜻이다. 각명은 견도, 견성, 견견과 같은 개념군을 이룬다. 둘째는 여래장이다. 공여래장과 불공여래장은 여래장이 현상의 본바탕이면서 동시에 현상 생성 작용을 한다는 것을 압축하는 개념이다. 셋째는 식(識)이다. 식은 아뢰야식과 아타나식 두 명칭을 포괄한다. 이와 함께 능엄경 1권이 돈오와 관련된 내용이고 2권이 점수와 관련된 내용이 중심이 되기 때문에 특히 2권의 색인에는 번뇌와 마사, 마장, 불각, 전도와 전의 개념들이 집중적으로 다뤄진다.

또한 색인에는 능엄경에 나와 있는 비유만 따로 모아 정리되어 있는데 오늘날 널리 알려져 있는 '달을 지시하는 손가락의 비유'를 포함하여 40개의 비유들을 만날 수 있다. 한자경 교수의 철학에서도 비유는 중요하다. 형이상학적 진리, 그리고 그 진리와 현상과의 관련성을 설명하는 데에는 비유가 매우 요긴하기 때문이다. 한자경 교수의 철학에서 유명한 비유로는 '꿈꾸는 자와 꿈, 꿈속의 나의 관계' 비유, '영사기와 빛, 영상의 관계' 비유, 그리고 '흰 도화지와 그 위에 그려지는 다양한 색깔의 그림들과의 관계' 비유가 중요하다.

이와 같이 『능엄경 강해』의 구성 형식을 분석하면서 여러 가지 독해법의 가능성을 탐색하는 일은 이 강해서에 숨겨져 있는 한 교수의 해석에 새롭게 눈뜰 수 있는 실마

---

10 탁효정, 「조선 전기 왕실불교의 전개양상과 특징」, 『불교와 사회』, 2018, 185-219쪽.

리를 추적할 수 있게 해준다.

4. 『능엄경 강해 I, II』의 철학적 해석들: 성각필명, 반문문성, 마사와 선경계

한자경 교수는 『능엄경』을 가리켜 "사유로써 사유의 한계를 넘어서게 하는"[11] 책이라고 말한다. 그는 이 책 내용의 형이상학적 의미를 해명하기 위해 세밀한 철학적 분석과 종합의 사유를 멈추지 않는다. 그렇기에 『능엄경 강해』 두 권은 그 자체로 한 교수 평생의 철학적 탐색의 결과들이 책 전체에 스며 들어 있어, 그 자체로 철학과 종교, 깨달음과 수행이 회통하고 있는 철학분석서이다.

한 교수는 『능엄경』에서 붓다와 제자들 간의 대화를 마치 희곡 대본처럼 문답 과정으로 배치하고 서로의 대화를 모두 평등하게 경어체로 살려낸다. 그런데 이 대화 방식은 플라톤의 저작에 나타난 소크라테스의 문답법과 대비를 이룬다. 플라톤의 저작에서는 소크라테스가 질문을 주도하면서 제자의 무지를 자각시킨다면, 능엄경에서는 아난을 중심으로 하는 제자들이 스승에게 계속 질문을 하면서 스승의 답변과 평등하게 함께 내용을 구성하고 이끌어간다. 또한 능엄경에 등장하는 파사익왕이나 24명의 제자들, 아난을 곤경에 빠뜨린 여인까지도 당시의 역사적 내용을 함께 실어 현장성을 더욱 살려내고 있다.

이 강해서에는 한 교수의 철학적 해석 중 단연 돋보이는 지점들이 몇 가지 발견된다. 우선 앞서 간행된 일귀 스님의 능엄경이 계환의 해석을 중심으로 편집된 것임을 밝히고 『능엄경 강해』는 진감의 해석(정맥소)을 중심으로 하되 필요한 경우 계환의 해석도 함께 비교하여 소개하고 있다는 점이다. 그러나 한 교수는 두 해석의 차이보다 공통점에 주목한다. 이 점은 성각필명(性覺必明)의 '필명'을 해석할 때 두드러진다. 성각필명의 풀이에 대해 계환해는 '필히 밝히려 해서'로 해석하고 정맥소는 '필히 명인데'로 해석하여 서로 차이를 보이지만 "어느 경우이든 명각은 근본무명의 망념에 해당한다"[12]고 해석한다. 성각필명의 뜻에서 중요한 포인트는 '각은 이미 밝다'는 사실이다. 각명은 각이 나의 '밝히려는 노력(명각)' 여하에 따라 달라지는 것이 아니다.

그렇다면 수행의 진정한 의미는 무엇인가? 수행은 성각필명, 즉 각명의 밝음이 본

---

11   한자경, 『능엄경 강해 I』, 서광사, 2023, 16쪽.

12   위의 책, 325쪽.

래 내 안에, 각자의 마음 안에, 만물의 존재 안에 이미 갖추어져 있음을 여실하게 아는 일이다. 각은 내가 밝히려고 하기 '이전에' 이미 그 자체가 밝은 것이다. 이것을 온전히 깨닫는 과정이 곧 수행의 과정이다. 능엄경 앞부분부터 붓다가 아난에게 사마타의 부재를 계속 이야기하는 것은 곧 각명의 본래적 밝음을 온전히 깨닫고 있지 않기에 다른 것들에 휘둘리고 있음을 거듭 경고하고 있는 것이다.

『능엄경 강해 II』에서는 각이 이미 그 자체로 밝다는 것을 온전히 깨닫는 과정으로서의 수행이 구체적으로 어떤 과정을 거쳐 성취되는 것인지 삼마제 수도분과 선나 증과분을 통해 본격적으로 논한다. 그리고 이미 잘 알려진 대로, 24가지의 매듭풀기 수행법들이 소개되고 이 중에서 관세음보살의 제안인 '이근원통' 수행법의 강점이 다뤄진다. 그런데 한 선생님의 철학적 해석이 여기에서 다시 빛을 발한다. 관세음의 '관음'은 세상의 소리의 내용을 따라가는 것이 아니라 소리를 듣는 자성(自性)을 돌이켜(反聞) 알아차리는 것(聞性)이다.[13] 반문문성 수행은 현상적 환(幻)을 좇지 않고(반문) 그런 환을 만들어내는 마음의 활동에 주목하는, 성을 듣는(문성) 수행이다. 이근원통 수행법의 강점은 바로 그 수행이 반문문성이라는 회광반조의 방향 때문이다. 성을 듣는 마음은 고요와 소요 두 가지를 모두 넘어서고 원만하게 하나로 소통하는 마음이다.

그런데 이 수행은 마치 달리는 기차 안에서 튕겨 나오는 것과 같은, 자연적이고 거대한 흐름을 반대로 거스르는 것이기에 즐겁고 쉬운 것이 아니라 괴롭고 힘이 든다. 반문문성 수행은 익숙한 일상적 습관으로는 쉽게 성취되는 것이 아니기 때문이다.[14] 이와 관련하여 능엄경 삼마제 수도분 공부를 할 때 50가지 마사 공부를 함께 병행하여 공부하는 것이 필요한 것은 이러한 어려움 때문이다. 마사(魔事)는 수행을 방해하는 장애물과 같은 것으로서 대상과 생각 양쪽에서 모두 일어난다. 한 교수는 우리의 일상적 삶으로부터 벗어나 수행이 바르게 진행되기 시작하면 필연적으로 거스름을 막으려는 마사가 일어난다고 해석한다. 즉 마사는 "수행자가 수행의 다음 단계로 넘어가지 못하고 현 단계에 갇혀 그 안에 머물게 하려는 방해 공작"[15]이다.

---

13   한자경, 『능엄경 강해 II』, 서광사, 2023, 130-136쪽.
14   간화선 화두 수행이 이와 동일하다. 의심이 눈뭉치처럼 불어가서 온몸이 의단덩어리로 활활 타오르는 과정은 괴롭고 힘이 든다. 그러나 이것은 역설적으로 화두가 타파되는 순간이 멀지 않았음을 반증한다.

그런데 『능엄경』에서 다뤄지는 마사는 대부분 우리 일상세계에서는 수행과 관련하여 심리적인 쾌를 불러일으키거나 그러한 대상으로 현현된다. 예를 들어, 자신이 큰 깨달음을 얻어 신비한 기적을 행사하고 주위의 많은 사람들에게 존경과 찬탄, 추종의 영향력을 발휘하는 모습 등으로 나타나기도 하는 것이다. 그런데 한 교수의 해석에 의하면 수행에서 만나는 마(魔)는 이전의 업을 통해 쌓아놓은 종자가 이룬 '습(習)' 때문에 일어나는데 그것은 원하는 대로 생각하고 바라는 대로 견해를 내어 자기 생각과 자기 견해에 집착하는 지견으로 굳어진다.[16]

능엄경은 이러한 마음의 상태나 경계를 만났을 때의 대처법을 알려준다. 그러한 마음과 경계라는 것은 잠시 그러할 뿐 그렇게 일시적인 성과임을 알고 깨달아 자각하면 좋은 경계(善境界)라고 할 수 있지만 그렇지 않고 스스로 성인이 되었다는 마음을 내면 마사에 빠져 수많은 삿됨을 받게 된다는 것이다.[17] 일시적 성과 자체까지 부정할 필요는 없지만 그 지점에서 스스로 성인이 되었다는 마음을 낸다는 것은 결국 그 지점에서 수행이 막히거나 멈추게 되는 것을 의미하고 곧바로 마사에 빠지게 된다는 것이다. 이것은 능엄경 1권에서 공여래장과 불공여래장의 차이가 같은 상황의 대립적인 도미노적 펼쳐짐을 다시 연상시키게 만든다. 현상계에서의 동일한 상황과 조건들이라도 우리는 그로부터 더 나은 수행의 계기로 삼을 수 있기도 하고 그 반대의 계기로 악화되는 계기로 빠질 수도 있게 된다.

이와 같이 한 교수의 철학적 해석은 『능엄경』을 공부하는 독자들이 자신의 인내력 부족이나 무지, 어리석음을 자책하면서 괴롭고 지칠 때, 혹은 그와 반대로 섣부른 확신으로 마냥 즐겁고 만만할 때, 마치 죽비소리와도 같이, 독자들을 바로 그 곁에서 각자의 방식대로 정신차리게 하여 막힌 곳을 뚫어내거나 부푼 가슴을 서늘하게 가라앉혀 그들을 멈추지 않게 만들 것이다.

5. 맺는 말: 성각필명, 각명(覺明)의 변주곡, 경계에서 춤추기

필자가 『능엄경』을 처음 접한 때는 2011년 봄학기 한자경 선생님의 『능엄경』 대학원 수업에서였으니 햇수로 올해가 13년째가 된다. 당시 필자의 『능엄경』 독해의 문제의식

---

15   위의 책, 386쪽.

16   위의 책, 473쪽.

17   위의 책, 397쪽.

은 서양철학적인 것이었다. 서양 기독교와 유물론 사이에서 젊은 날들의 숱한 번뇌와 어리석음의 삶을 반추하던 필자에게 능엄경의 존재론은 신선한, 그러나 낯설지도 않은 기묘한 세계와도 같았다. 그래서 『능엄경』은 언제나 지난 13년의 세월 동안 가까이 두고 항상 공부하는 중요한 책들 중 하나가 되어왔고 능엄경과 관련된 연구논문을 몇 개 집필하기도 했다. 하지만 필자에게 『능엄경』이라는 거대한 산을 완전정복한다는 것은 도무지 상상할 수 없다.

한자경 교수의 『능엄경 강해』 두 권도 역시 거대한 산인 것은 마찬가지다. 다만 이전의 능엄경 공부가 젊은 시절 필자의 지견에 치우친 불타오르는 활화산이었다면 한 교수의 『능엄경 강해』 공부는 친절한 안내서와 도반이 함께하는, 지치고 힘들면 쉬엄쉬엄 이야기도 나누며 가는, 덜 외로운 아름다운 산으로 다가온다. 이제야 희미하게나마 이 책의 곳곳에서 순환적 파라독스를 발견하게 되었기 때문인지도 모른다. 그리하여 필자는 이 작은 서평을 마무리하면서 다시 한 교수의 1997년의 『자아의 탐색』을 떠올리게 된다. 자아는 대립성의 자각이고 이 대립성은 상이한 차원의 동시적 존재라는 역설, 무한은 유한 안에서 발견된다는 무한의 파라독스를 이야기하던 그 당시의 한 교수의 문제의식을 다시 생각해 본다.

30여 년이 지난 지금, 한 교수는 그 문제의식으로부터 어떻게 달라졌을까? 무한한 신적인 존재는 우리 마음 바깥의 존재가 아니라는 것, 그 존재는 바로 우리 각자의 마음 안에 존재하는 묘정명심(妙淨明心)이라는 것을 한 교수는 『능엄경 강해』에서 분명히 확인한다. 그러나 무엇보다 신비로운 점은 『능엄경 강해』에서 묘정명심의 존재를 확인하는 과정으로서의 수증 논의의 싹이 이미 『자아의 탐색』에서도 발견된다는 점이다. 그래서 『능엄경 강해』의 전체 내용 자체가 묘정명심, 성각필명, 즉 각명(覺明)의 변주곡처럼 보인다. 그렇다면 우리 존재는 무엇인가? 각명을 우리 자신이 마음으로 깨달아 아는 과정은 그 변주곡이 펼쳐지는 경계에서 춤을 추는 존재가 아닐까? 그렇게 되면 우리는 더 이상 우리 자신의 제한된 생각이 경험을 한계 짓고 우리의 제한된 경험이 우리의 생각을 한계 짓는 폐쇄적인 윤회의 과정을 반복하지 않게 될 것이다. 우리의 매듭풀기 반문문성 수행이 경험을 새롭고 바르게 실현하고 우리의 새로운 경험이 우리의 매듭풀기 반문문성 수행을 더욱 북돋아 주는 그런 열린 해탈의 과정이 되는, 그런 사람다운 삶의 춤, 사람다운 마음의 춤을 추게 될 것이다.

단독 저서:

『칸트와 초월철학: 인간이란 무엇인가』, 서광사, 1992 (제5회 서우철학상 수상, 1993).

『자아의 연구: 서양 근·현대 철학자들의 자아관 연구』, 서광사, 1997 (문화체육부 추천도서).

『자아의 탐색』, 서광사, 1997.

『유식무경: 유식불교에서의 인식과 존재』, 예문서원, 2000 (대한민국학술원 우수학술도서).

『동서양의 인간 이해』, 서광사, 2001.

『일심의 철학』, 서광사, 2002 (문화체육관광부 우수학술도서).

『불교철학의 전개: 인도에서 한국까지』, 예문서원, 2003.

『불교의 무아론』, 이화여자대학교출판부, 2006 (대한민국학술원 우수학술도서/ 제2회 청송학
    술상 수상, 2008).

『칸트 철학에의 초대』, 서광사, 2006.

『나를 찾아가는 21자의 여정』, 서광사, 2006.

『명상의 철학적 기초』, 이화여자대학교출판부, 2008.

『한국철학의 맥』, 이화여자대학교출판부, 2008.

『불교철학과 현대윤리의 만남』, 예문서원, 2008 (제3회 원효학술상 수상, 2012).

『헤겔 정신현상학의 이해』, 서광사, 2009 (문화체육관광부 우수학술도서).

『대승기신론 강해』, 불광출판사, 2013 (대한민국학술원 우수학술도서/ 제10회 불교출판문화상
    수상, 2013).

『화두: 철학자의 간화선 수행 체험기』, 도피안사, 2013.

『선종영가집 강해』, 불광출판사, 2016 (세종 우수학술도서).

『심층마음의 연구: 자아와 세계의 근원으로서의 아뢰야식』, 서광사, 2016 (세종 우수학술도서/
    제7회 반야학술상 수상, 2017).

『마음은 이미 마음을 알고 있다: 공적영지』, 김영사, 2018.

『성유식론 강해 1: 아뢰야식』, 서광사, 2019 (대한민국학술원 우수학술도서).

『실체의 연구: 서양 형이상학의 역사』, 이화여자대학교출판문화원, 2019.

『마음은 어떻게 세계를 만드는가: 한자경의 일체유심조 강의』, 김영사, 2021.

『능엄경 강해 I』, 『능엄경 강해 II』, 서광사, 2023 (대한민국학술원 우수학술도서).

단독 역서

『전체 지식론의 기초』, 피히테 저, 서광사, 1996.

『인간의 사명』, 피히테 저, 서광사, 1996.

『인간 자유의 본질』, 셸링 저, 서광사, 1998.

『철학의 원리로서의 자아』, 셸링 저, 서광사, 1999.

『자연철학의 이념』, 셸링 저, 서광사, 1999 (문화체육관광부 우수학술도서).

공저

『욕망, 삶의 동력인가 괴로움의 뿌리인가』, (7인 공저), 운주사, 2008.

『마음, 어떻게 움직이는가』, (7인 공저), 운주사, 2009.

『청송의 선과 철학: 선사상과 서양철학의 회통』, (8인 공저), 운주사, 2011.

『분류와 합류』, (11인 공저), 이학사, 2014.

『동아시아의 칸트철학』, (5인 공저), 아카넷, 2014.

『칸트, 인간은 자연을 넘어선 자유의 존재다』, (2인 공저), 21세기북스, 2015.

편저

『죽음, 삶의 끝인가 새로운 시작인가』, (7인 공저), 운주사, 2011 (문화체육관광부 우수학술도
    서).

『믿음, 디딤돌인가 걸림돌인가』, (6인 공저), 운주사, 2012.

『괴로움, 어디서 오는가』, (6인 공저), 운주사, 2013.

『깨달음, 궁극인가 과정인가』, (6인 공저), 운주사, 2014 (문화체육관광부 우수학술도서).

『자비, 깨달음의 씨앗인가 열매인가』, (6인 공저), 운주사, 2015.

『분노, 어떻게 다스릴 것인가』, (7인 공저), 운주사, 2016.

『소유, 행복의 터전인가 굴레인가』, (6인 공저), 운주사, 2017 (세종 우수학술도서).

『생각, 키워야 하나 없애야 하나』, (6인 공저), 운주사, 2018.

『느낌, 축복인가 수렁인가』, (6인 공저), 운주사, 2019.

『번뇌, 끊어야 하나 보듬어야 하나』, (6인 공저), 운주사, 2020.

『의지, 자유로운가 속박되어 있는가』, (6인 공저), 운주사, 2021.

『본성, 개념인가 실재인가』, (6인 공저), 운주사, 2022.

『언어, 진실을 전달하는가 왜곡하는가』, (6인 공저), 운주사, 2023 (대한민국학술원 우수학술도서).

논문

「선험철학과 존재론」, 철학연구회 편, 『철학연구』, 23권, 1988.

「이성과 이념: 칸트의 '새로운 형이상학' 정초의 길」, 철학연구회 편, 『철학연구』, 24권, 1988.

「자유와 도덕법칙」, 대한철학회 편, 『철학연구』, 44권, 1988.

「니체에서 자아의 문제」, 계명대 독일학연구소 편, 『독일학지』, 7집, 1988.

「메를로뽕띠의 '신체성'과 후설의 '선험적 주관성'의 비교: 인간이란 무엇인가」, 한국철학회 편, 『철학』, 32권, 1989.

「마음이란 무엇인가」, 계명대 독일학연구소 편, 『독일학지』, 8권, 1990.

「경험의 논리와 초월의 논리: 피히테와 후설과 더불어 생각함」, 현상학회편, 『현상학과 현대철학』, 4권, 1990.

「홉스의 인간이해와 국가」, 한국철학회 편, 『철학』, 36권, 1991.

「칸트와 피히테에서 대상과 자아」, 철학연구회 편, 『철학연구』, 28권, 1991.

「하이데거철학에서 실존과 윤리」, 대한철학회 편, 『철학연구』, 48권, 1992.

「칸트철학체계에서 판단력의 위치」, 영남철학회 편, 『영남논총』, 8권, 1992.

「유식 사상에 있어서 식의 지향성」, 한국현상학회 편, 『현상학과 현대철학』, 6권, 1992.

「하이데거의 해석학적 존재이해」, 대한철학회 편, 『철학연구』, 49권, 1992.

「하이데거의 실존론적 진리관」, 대한철학회 편, 『철학연구』, 50권, 1993.

「무한의 파라독스」, 철학연구회 편, 『철학연구』, 33권, 1993.

「칸트철학에서 소월사아의 이해: 실새논과 관넘논을 넘어서서」, 안국설학회, 『설악』, 40권, 1993.

「피히테의 자아관: 무한과 유한 사이에서 유동하는 자아」, 대한철학회 편, 『철학연구』, 53권, 1994.

「라이프니츠의 모나드와 미세지각론」, 대한철학회 편, 『철학연구』, 54권, 1995.

「사랑의 본질」, 한국여성철학회 편, 『한국여성철학』, 1집, 1995.

「칸트의 물자체와 독일관념론」, 한국칸트학회 편, 『칸트연구』, 1권, 1995.

「후설 현상학의 선험적 주관성과 불교 유식철학의 아뢰야식의 비교: 선험적 주관성의 구성작용과 아뢰야식의 전변작용을 중심으로」, 한국현상학회 편, 『현상학과 현대철학』, 9권, 1996.

「헤겔철학에 있어 자아의 개체성과 보편성의 문제」, 대한철학회 편, 『철학연구』, 57권, 1996.

「삼성의 이해」, 동양철학회 편, 『동양철학』, 7권, 1996.

「데카르트의 자아관」, 계명대 국제학연구소 편, 『국제학논총』, 1권, 1997.

「유식불교의 실천론: 이장(二障)의 극복으로서의 해탈의 실천론」, 계명대 인문학연구소 편, 『동
　　서문화』, 29권, 1997.

「셸링철학에서의 자연과 자아」, 한국철학회 편, 『철학』, 56권, 1998.

「유식무경의 철학적 의미」, 한국동양철학회 편, 『동양철학』, 10권, 1998.

「무엇이 존재하는가: 이 철학적 수수께끼를 어떻게 풀어야 하는가」, 한국분석철학회 편, 『철학
　　적 분석』, 2권, 2000.

「선(禪)과 언어」, 대한철학회 편, 『철학연구』, 77권, 2001.

「동서철학의 융합」, 한국철학회 편, 『철학』, 66권, 2001.

「무분별지와 진여」, 불교학연구회 편, 『불교학연구』, 3권, 2001.

「감각질을 떠난 세계인식이 가능한가」, 한국분석철학회 편, 『철학적 분석』, 4권, 2001.

「불교의 생명론: 욕망과 자유」, 한국여성철학회 편, 『한국여성철학』, 2권, 2002.

「무아와 윤회 그리고 해탈」, 예문동양사상연구원 편, 『오늘의 동양사상』, 6권, 2002.

「마음의 본성과 견성의 문제」, 불교학연구회 편, 『불교학연구』, 5권, 2002.

「정도전의 불교 비판에 대한 비판적 고찰: 우주 내에서 인간 심(心)의 존재론적 위상에 대한 논
　　의」, 불교학연구회 편, 『불교학연구』, 6권, 2003.

「동학의 이상사회론: 동학의 종교성과 혁명성을 중심으로」, 서울대 철학사상연구소 편, 『철학사
　　상』, 17권, 2003.

「동학의 종교성: 유학에서 서학, 무교, 불교를 거쳐 동학으로」, 한국동학학회 편, 『동학연구』,
　　16권, 2004.

「사단칠정론에서 인간의 성과 정: 퇴계의 대설(對說)과 고봉의 인설(因說)의 차이를 논함」, 철
　　학연구회 편, 『철학연구』, 68권, 2005.

「18세기 조선유학자들의 〈천주실의〉 비판: 성호 이익, 하빈 신후담, 순암 안정복을 중심으로」,
　　철학연구회 편, 『철학연구』, 69권, 2005.

「불교의 생명관과 자비의 마음: 불교 생태학의 정초를 위하여」, 불교학연구회 편, 『불교학연
　　구』, 11권, 2005.

「유교와 천주교 사이의 다산: 인간 본성의 이해를 중심으로 논함」, 예문동양사상연구원 편, 『오
　　늘의 동양사상』, 13권, 2005.

「주희 철학에서 미발시 지각의 의미」, 서울대 철학사상연구소 편, 『철학사상』, 21권, 2005.

「도표의 정위와 인간의 시선: 〈하도〉·〈낙서〉·〈태극도〉와 〈천인심성합일지도〉·〈천명도〉의 뒤
　　바뀐 정위에 대한 양촌과 퇴계의 변(辨)을 중심으로」, 한국철학회 편, 『철학』, 88권, 2006.

「지와 관, 선정과 사념처에 관한 고찰」, 불교학연구회 편, 『불교학연구』, 19권, 2008.

「불교의 명상과 서양의 명상인지치료(MBCT)」, 한국명상심리상담학회 편, 『명상심리상담』, 3권, 2009.

「경험세계의 가상성: 세친과 칸트의 비교」, 한국칸트학회 편, 『칸트연구』, 23권, 2009.

「마음의 존재와 그 자각: 동서철학 비교의 지평에서 '전체로서의 마음'을 생각하기」, 한국철학회 편, 『철학』, 103권, 2010.

「주리와 주기의 함의 고찰: 다카하시 도루의 주리 주기에 관한 비판과 대안의 검토」, 대동철학회 편, 『대동철학』, 55권, 2011.

「'절대의 마음'에 대한 동서사유의 비교: 유식과 여래장사상 그리고 칸트와 독일관념론을 중심으로」, 불교학연구회 편, 『불교학연구』, 30권, 2011.

「불교의 수행: 간화선의 원리와 구조」, 교수불자연합회 편, 『한국교수불자연합회지』, 17권, 2011.

「이기영의 동서사유 비교 고찰」, 한국불교연구원 편, 『불교연구』, 36권, 2012.

「눈이 눈을 볼 수 있는가: 원측의 유식과 칸트의 초월적 관념론의 비교」, 불교문화연구원, 『불교학보』, 62권, 2012.

「다카하시 도루의 조선유학 이해의 공과 과: 주리 주기 분류를 중심으로」, 철학사상연구소, 『철학사상』, 49권, 2013.

「김동화가 본 한국불교의 정체성: 일심의 회통」, 한국불교사연구소, 『한국불교사연구』, 3권, 2013.

「간화선의 철학적 이해」, 한국선학회 편, 『한국선학』, 36권, 2013.

「유식불교에서 심(心)과 신(身)의 이해」, 대한철학회 편, 『철학연구』, 130권, 2014.

「주희의 감정론: 이성-감성의 이원성을 넘어선 마음의 영성에 관한 논의: 주희의 감정론에 대한 인지주의적 해석에 대한 비판을 겸함」, 서강대 철학연구소 편, 『철학논집』, 39권, 2014.

「미발지각이란 무엇인가: 현대 한국에서의 미발 논쟁에 관한 고찰을 겸함」, 한국철학회 편, 『철학』, 123권, 2015.

「각자위심에서 일원일심으로: '두렷하고 고요한 마음'의 회복을 통한 '정신개벽'의 길」, 원불교사상연구원 편, 『원불교사상과종교문화』, 68권, 2016.

「한마음이란 무엇인가: 한마음선원 대행스님의 〈한마음요전〉을 중심으로」, 한국선학회 편, 『선학』, 44권, 2016.

「서양화의 물결과 우리의 시선: 오리엔탈리즘적 불교관과 유교관의 비판을 겸함」, 원불교사상연구원 편, 『원불교사상과종교문화』, 81권, 2019.

「무아와 일심의 회통」, 한국불교학회, 『한국불교학』, 103호, 2022.

「능엄경이 논하는 원묘명심의 이해」, 원광대 종교문제연구소 편, 『한국종교』, 55권, 2023.

한자경(韓慈卿)의 약력

1959. 12. 서울 출생

1978. 3. – 1981. 8. 이화여자대학교 철학과(데카르트와 후설, 학사)

1981. 9. – 1983. 8. 이화여자대학교 철학과 대학원(현상학, 석사)

1983. 9. – 1988. 1. 독일 프라이부르크 대학교 철학과(칸트철학, 박사)

1988. 3. – 1988. 6. 이화여자대학교, 인하대학교 시간강사

1988. 9. – 2001. 8. 계명대학교 철학과 조교수, 부교수, 교수

1989. 9. – 1991. 8. 동국대학교 불교학과 대학원(유식불교, 석사)

1992. 1.   팽철호(彭鐵浩) 교수와 결혼

1992. 11.   딸 팽혜인(彭慧仁) 출생

1994. 2.   아들 팽정인(彭定仁) 출생

1996. 9.   1999. 8. 동국대학교 불교학과 대학원(유식불교, 박사)

1998. 3. – 1999. 2. 내민 국립사범내학교 빙문학사

2001. 9. – 2025. 2. 이화여자대학교 철학과 부교수, 교수

2015. 3. – 2015. 6. 상해 외국어대학교 교환교수(한국철학 강의)

2025. 3. – 현재. 이화여자대학교 철학과 명예교수

한자경의 제자들

고은진(제주대학교 학술연구교수)
김도연(서울대학교 철학과 박사과정)
박정원(이화여자대학교 학술연구교수)
신상후(한국학중앙연구원 한국학대학원 철학전공 교수)
왕연자(이화여자대학교 철학과 박사수료)
윤수민(성천문화재단 아카데미 실장)
최서린(이화여자대학교 철학과 박사수료)
한경옥(이화여자대학교 철학과 강사)